四库全书寻踪记

韦力 著

故宫出版社

图书在版编目（CIP）数据

四库全书寻踪记 / 韦力著. -- 北京 : 故宫出版社,
2021.9
ISBN 978-7-5134-1383-1

Ⅰ. ①四… Ⅱ. ①韦… Ⅲ. ①《四库全书》—研究
Ⅳ. ①Z121.6

中国版本图书馆CIP数据核字(2021)第048248号

四库全书寻踪记
韦　力◎著

出 版 人：王亚民
策　　划：江　英
责任编辑：程　鹃
装帧设计：周　晨
责任印制：常晓辉　顾从辉
出版发行：故宫出版社
地址：北京市东城区景山前街4号　邮编：100009
电话：010-85007800　010-85007817　邮箱：ggcb@culturefc.cn
制　　版：北京印艺启航文化发展有限公司
印　　刷：北京启航东方印刷有限公司
开　　本：787毫米×1092毫米　1/16
印　　张：34.5
字　　数：390千字
图　　数：187
版　　次：2021年9月第1版
2021年9月第1次印刷
印　　数：1–5000册
书　　号：ISBN 978-7-5134-1383-1
定　　价：186.00元

自序

关于《四库全书》在历史上的文化价值，周积明先生在其专著《文化视野下的〈四库全书总目〉》一书中给出了相当高的总结："《四库全书》的纂修是中国文化史乃至世界文化史上空前浩大的修书工程，它历时十五年之久，集中四千余人，共收录图书三千五百零三种，计七万九千余卷，三万六千余册。如果把《四库全书》原抄本的二百三十万张书页逐页相接，可以绕地球赤道一又三分之一周。其宏大气象足以与万里长城与京杭大运河相媲美。称它为'东方文化的金字塔'，应是当之无愧。"

《四库全书》的空前不仅在于体量上的巨大，更重要的是，该书的编纂直接推动了乾嘉朴学派的开创与兴盛。黄爱平的专著《四库全书纂修研究》认为："《四库全书》的纂修，又进而确立了汉学在清代学术界的主导地位，有力地推动了考据学的发展。"而之所以出现这种局面，乃是由于四库馆臣中有着多位重要的实学大家，正如洪亮吉在《邵学士家传》中所言："乾隆之初，海宇乂平已百余年，鸿伟瑰特之儒，接踵而见，惠征君栋、戴编修震，其学识始足方驾古人。及四库馆之开，君（邵晋涵）与戴君（震）又首膺其选，由徒步入翰林，于是海内之士知向学者，于惠君（栋）则读其书，于君与戴君则亲闻其绪论，向之空谈性命及从事帖括者，始骎骎然趋实学矣。"

除了洪亮吉提到的邵晋涵与戴震，历任四库馆管理层者达三百六十人之多，其中有许多学术大家，而这些人中有不少是崇尚汉学的，正如姚莹在《复黄又园书》中的总结："自四库馆启之后，当朝大老，皆以考博为事，无复有潜心理学者，至有称颂宋、元、明以来儒者，则相与诽笑。"虽然姚莹所言不无揶揄之意，但四库馆确如后世学者所言，成为汉学家的大本营，为此黄爱平在其专著中总结道："由于统治者的优容提倡以及《四库全书》开馆的影响，汉学上升为封建统治阶级的官方学术并很快占据了学术界的主导地位，从而使文字、音韵、训诂、校勘、考证、辑佚的研究成为一时风气，几至'家家许郑，人人贾马'，考据学迅速发展到全盛阶段，形成独具特色的乾嘉学风，影响到后世一代又一代的学者。"

就编纂性质而言，乾隆皇帝实乃这部大丛书的真正操纵人，关于他为什么要编一部如此空前规模的大书，陈垣先生在《〈四库全书编纂小史〉批注》中认为："《四库全书》者，清高宗所搜集之一大丛书也。《四库全书》之搜集，由何原因而起？其原因约有三端：即一因明末书籍散佚，二因高宗好学，三因当时文运勃兴。"然而《四库全书》既保存了大量的历史典籍，同时也禁毁了许多典籍，顾颉刚在给郭伯恭所撰《四库全书纂修考》所作序言中首先夸赞了《四库全书》宏富若海："海汇百川，纲举条贯，萃四千余年之文化，以成历代典籍之大观，甚盛事也。"同时他又指出乾隆借修书而毁书，给书籍史造成了空前厄运："惟其寓禁于征，故锢蔽摧残靡所不至，其沦为灰烬者又不知几千万卷也。试盱衡《四库》所入，忌讳略撄，即予点窜，删削更易，多失厥真。夫其禁者则散焉佚焉，其采者又残焉讹焉，书之厄运，岂非秦火而降一大事乎！"

修书的同时进行毁书，不知算不算是乾隆的一大发明，这场活动持续了二十年之久，其间所毁之书的数量，郭伯恭在其专著中称"十余年中所销毁之总数，当在十万部左右"，而黄爱平则认为"即在长达十九年的禁书活动中，全部禁毁书籍达三千一百多种，十五万部以上"，而这里面还不包括销毁的八万多块书板。可见，《四库全书》的编纂是一场文化盛事，同时也是一场巨大的文化浩劫。但即便如此，它仍然成为中国出版史甚至世界出版史上的一项壮举，故郭伯恭在其专著的自序中总结道："《四库》卷帙之富，集中国古来典籍之大成。论其完备，虽未尽包罗古今一切载籍，然当清代中叶，凡无背正学之典册，几全荟萃于斯，则固事实也。"

《四库全书》总计抄录了七部，在后来的岁月中，这七部大书有着各自颠沛流离的经历，保存至今者，约其总数之一半。而2020年是紫禁城建成600周年，我认为《四库全书》足可以视为600年来紫禁城中所编纂的最重要典籍的代表，理应让人们再次予以关注。因为《四库全书》的重要性，后世许多学者都对其方方面面进行了深入的探讨和研究，然从未有人将与《四库全书》有关的历史遗迹进行系统的考察探访，故而我决定以寻访的方式来纪念这场毁誉参半的重大文化工程。

我对于《四库全书》的寻访有两条主线，一是以人为目标，对与四库有关的历史人物遗迹进行寻访。遗憾的是，虽然涉及《四库全书》的重要人物有几百位之多，但能寻得遗迹者却甚寥寥，很多重要的名人遗迹消失得无影无踪，比如为四库编纂献书最多的"四大家"之一的汪启淑，我找不到任何与他有关的历史遗迹，这样的结局总令我感到遗憾。但这样的寻访也有令人欣慰之处，比如我找到了四库全书馆正总裁中的刘统勋、于敏中遗迹，副总裁中的曹文埴、刘墉、董诰、金简遗迹，《四库全书》总纂官原本有三位，除孙士毅无痕迹外，纪昀和陆锡熊的故居均已寻得。协勘总目官中我寻到了刘权之和任大椿的故居遗址，纂修官中找到了邵晋涵、周永年、戴震、翁方纲、朱筠等人的遗迹，而总阅官中则找到了窦光鼐。故整体而言，可以说寻访到了各类职务中的代表人物。

但是遗憾无处不在，有些重要人物未能寻得遗迹，比如正总裁中的永瑢、永璇、永瑆，他们对四库全书馆的协调起到了重要作用。还有一些重要人物虽寻得了历史遗迹，我却已将他们的资料写入了其他书中，比如正总裁中的裘曰修，副总裁中的曹秀先，纂修官中的姚鼐等，这些人为《四库全书》的纂修同样做出过贡献，我犹豫再三，为避免重复，还是暂时在此书中将他们放弃，这样的遗憾只能等待未来发现新的遗址后再亲自寻访，加以增补。

我的另一条寻访路线则是探访当年度藏《四库全书》的七座藏书阁，这些藏书阁有的完好保留至今，也有一些毁于战火，我则想办法访得了当年旧址所在，以此纪念。在后来的战争阶段，有些书被辗转多地以避战火，我则想办法寻找到当年的藏书之所，然后亲身探访。对于这些大书如今保存下来的部分，以及当年的藏书之所，我都尽可能找到原址并亲睹原书，但遗憾的是，存在台北故宫博物院的文渊阁原书，虽到其门却未能亲睹其貌。这样的遗憾不知何时才能够得以弥补。

在寻访的过程中，我得到了很多师友的帮助，他们给我提供的便利，我分别写入了每一篇文中，以不掠人之美，并表达对他们的感激；同时需要说明的是，本书的出版仅是阶段性成果，希望今后能够再找到更多与四库有关的遗迹，以便使得本书得到进一步充实。

韦力

庚子年小满日

序于芷兰斋

目录

十　庋藏

1

溯源

《四库全书》的编纂与《永乐大典》的辑佚有着直接关系。后者乃是源于明洪武二十一年（1388）解缙中进士后与朱元璋的一番谈话。解缙提出编一套内容广博、使用便捷的大类书，然而此事当时并未办成。及至靖难功成，不平之气充盈宇内，朱棣欲以文治笼络天下士，故在登基之初即命令解缙等人编纂一部包含古今事物的大书，此书转年编成，朱棣赐名《文献大成》。

然而由于《文献大成》编纂仓促，收书较少，朱棣并不满意，于是又命姚广孝等人重新编纂一部更大的类书，该书于永乐六年（1408）编纂完毕，由姚广孝等奉表进呈，总计二万二千八百七十七卷，凡例及目录六十卷，共装订为一万一千九十五册，朱棣赐名《永乐大典》。因此，《永乐大典》与解缙、姚广孝关系重大，故下文以探访两人遗迹的方式来讲述他们参与编纂这部大类书的过程。

就体量而言,《永乐大典》是中国古代最大的一部类书,有 22877 卷之多,再加上凡例和目录 60 卷,以包褙装的形式装订成为 11095 册,所收之书约有 8000 余种,在此之前,唐代编纂的类书《艺文类聚》收书 1431 种,宋代所编类书《太平御览》收书 1690 种,可见《永乐大典》体量何等宏大。

这部大类书原本名为《文献大成》,主编者乃是解缙,《明太宗实录》卷二十一载有永乐元年(1403)七月一日皇帝朱棣对翰林院侍读学士解缙所说的话:

天下古今事物,散载诸书,篇帙浩穰,不易检阅。朕欲悉采各书所载事物类聚之,而统之以韵,庶几考索之便,如探囊取物。尝观《韵府》《回溪》二书,事虽有统,而采摘不广,记载太略。尔等其如朕意,凡书契以来,经史子集,百家之书,至于天文、地志、阴阳、医卜、僧道、技艺之言,备辑为一书,毋厌浩繁。

古书没有索引,这让朱棣觉得查阅检索甚为困难,同时他想重编一部大类书;他又觉得元代阴时夫、阴中夫兄弟所编的《韵府群玉》、宋人钱讽的《回溪先生史韵》虽然也是类书,但所采之书太少,记载也太简略,想按照这样的体例增入更多门类,然后再编成一部大书,他明确跟解缙说体量越大越好。

解缙受命后组织了 147 人的编辑班子,用了一年半的时间编成一部大类书,《明太宗实录》卷三十六记载,永乐二年(1404)十一月丁巳日:"翰林学士兼右春坊大学士解缙等进所纂录韵书,赐名《文献大成》。赐解缙等百四十七人抄有差,赐宴于礼部。"然而,当朱棣翻阅《文献大成》时,他觉得该书并没有他设想的那样宏大,于是命太子少师姚广孝和解缙重新组织班子,编一部更大的类书。《明会要》中记载:既而上览所进书尚多未备,遂命重修,而敕太子少保姚广孝、刑部侍郎刘季篪及缙总之。命翰林学士王景、侍读学士王达、国子祭酒胡俨、司经局洗马杨溥、儒士陈济为总裁,翰林院侍讲邹缉,修撰王褒、梁潜、吴溥、李贯、杨观、曾启,编修朱纮,检讨王洪、蒋骥、潘几、王偁、苏伯厚、张伯颖,典籍梁用行,庶吉士杨相,左春坊左中允尹昌隆、宗人府经历高得旸、吏部郎中叶砥、山东按察司佥事晏壁为副总裁,命礼部拣中外官及四方宿学老儒有文学者充纂修,拣国子监及在外郡县学能书生员缮写。开馆于文渊阁,命光禄寺给朝暮膳。

这次的修纂下了更大本钱,关于参与修纂的人数,不同史料有不同的记载,但大多在2100人到2300人之间，孙承泽在《春明梦余录》中对此也有记载：

永乐中命解缙纂集类书为《文献大成》，嫌其未备，乃命姚广孝重修。正总裁三人，副总裁二十五人，纂修三百四十七人，催纂五人，编写三百三十二人，看详五十七人，誊写一千三百八十一人，续送教授十人，办事官吏二十人，凡二千一百八十人。

可见，为了编纂这部大书，所动用的人力远超此前数倍。这个修书班子设立在南京文渊阁，由姚广孝、郑赐和解缙担任监修，下设都总裁、总裁、副总裁、纂修、编写、缮录、圈点等职位，对于这些人的分工协作，张忱石在《永乐大典史话》中称：整修编辑机构分工由监修、总裁总其大成，都总裁一人由陈济担任，负责调节和沟通监修与总裁、副总裁之间的情况。副总裁除参与总的计划工作外，大致还兼管一个部门的实际任务，领导若干纂修人员，从事搜集和加工本部门的图书资料。在副总裁中，如撰有《诗传旁通》的王彦文兼诗经副总裁，太医院御医蒋用文、赵同友兼医经方副总裁。从这些人担任的职务来看，显然是与他们个人的专长相结合的。如果副总裁所主管的部门范围较广的话，再分成若干小组，修纂人员按照所分工的范围搜集资料，然后将所有资料由编写人依韵目编排和连缀起来，再由校对人员负责核实资料，最后是缮写工作。此外还设有"催纂"五人，监视编辑工作的进度。整修编纂机构虽然庞大但并不臃肿，人手众多却没有造成杂乱。由于组织严密，分工细致，保证了整修工作的顺利展开。

到了永乐五年（1407）十一月，该书编纂完成，皇帝看后很高兴，赐名为《永乐大典》。关于该书的编纂方式，凡例中有如下说明：

用韵以统字，用字以系事，凡天文、地理、人伦、国统、道德、政治、制度、名物，以至奇闻异见、庾词逸事，悉皆随字收载。事有制度者则先制度，物有名品者则先名品。其有一字而该数事，则即事而举其纲。一物而有数名，则因名而著其实。或事文交错，则彼此互见；或制度相因，则始末具举。包括乾坤，贯通今古，本末精粗，粲然备列。庶几因韵以考字，因字以求事，开卷而古今之事一览可见。

对于这种编纂方式的优点，黄惠运在其所著《庐陵史学》中引用凡例中的一节后接着评价说："有效地避免了过去官编类书由于单纯地分类编纂，以至于在类目较多的情况下，把同一条材料拆散割裂和同一条材料的重复出现所造成的编辑体例的混乱和分类的不科学……《永乐大典》兼容了分类和按韵两种编辑方法，反映了类书编辑发展过程中编辑传播方法的完备成熟和不断的进步性。”

朱棣在登基之初，就一而再、再而复动用大量文臣来编此大书，其动机被后世很多人猜测，孙承泽在《春明梦余录》中做如下猜想：

陆文裕深曰：宋太宗平列国所得裸将之士最多，无地以处之，于是设六馆修三大部书，命宋白等总之。三大部者，《册府元龟》《太平御览》《文苑英华》也。《御览》外又修《广记》五百卷。永乐靖难后，修《永乐大典》亦此意。余按，宋太宗诏诸儒编集故事一千卷，曰《太平总类》；文章一千卷，曰《文苑英华》，小说五百卷，曰《太平广记》，医方一千卷，曰《神药普救》，总赐名曰《太平御览》。若《册府元龟》一千卷，乃真宗编集也。文裕所考或未确乎。至靖难之举，不平之气遍于海宇，文皇借文墨以消垒块，此实系当日本意也。

孙承泽认为朱棣下令编《永乐大典》的目的，跟宋朝皇帝下令编几部大书类似，也是想借此笼络文人，因为朱棣乃是篡权上位，很多旧臣对他的这种行为怀有不满，而他则想借编书之举让人们渐渐忘记自己篡位这件事。

其实，早在孙承泽之前，元代的刘壎在《隐居通义·古今类编》中就说过类似的话：“迟以岁月，困其心志，于是诸国之臣，俱老死文字间。世以为深得老英雄法，推为长策。”宋朝皇帝夺取天下后担心老臣心有不满，于是将他们汇聚于文馆去编书，以此来消磨他们的志气。刘壎将这种举措称为“老英雄法”，也就是使英雄老去之意。王重民在《〈永乐大典〉的编纂及其价值》一文中也持这种观点：“朱棣在夺取政权以后，对忠于建文或不归附他的官吏和读书人，进行了极其残酷的杀戮以至灭族，甚至有些从三族株连到十族。但到了1404年，情况有些变化，归附的人需要进一步进行笼络；不归附的人也潜藏起来了，不是专凭严刑就能追究出来；更主要的是如何转移天下人的舆论。这是朱棣最不放心的事情，他的许多措施都和这件心事有关，所以扩大重修《永乐大典》，对朱棣说来，这是最直接的原因。”

但有人认为这种说法也不完全成立，李贽在《续藏书·侍讲学士王公》中称：

王达，字达善，无锡人。洪武间，为大同训导，过北平，私上谒成祖，成祖喜，礼

⊙… 解缙像 ⊙…《永乐大典》书影 ⊙… 解缙书法

⊙… 江西省吉安市吉水县气象局院内　⊙… 解缙墓

达。建文末，荐升国子教职。靖难后，姚广孝又荐达，升翰林编修，再升侍讲学士。达谦和恭慎，能诗文。上尝问达建文君事。对曰："建文君亦可与为善，顾辅导非人耳！"上终薄达。一日达侍，问达十难字，达识其八。上曰："朕更有难字难汝。"达惧，服银屑死。上顾怜之，命有司归其丧。或曰达草靖难登极诏，或曰草诏者括苍王景学士也。

王达在大同任职时，曾经前往北平见过朱棣，朱棣成为皇帝后，经姚广孝推举，王达升为侍讲学士。王达为人谦和，在诗文方面也很有才能，某天朱棣问他如何看待建文帝朱允炆，王达说了几句实话，这令朱棣对他的看法改变。又有一天，王达在朱棣身边时，朱故意写出十个很难辨认的字，让王达来辨识，王达认出了其中的八个，然后朱棣说，还要找更难的字来让他认，王达瞬间明白了朱棣的意思，于是回去后自尽。

朱棣对待登基之前的朋友尚且如此，可以想见对其他敢于说建文帝好的大臣更不客气。而虞万里在《有关〈永乐大典〉几个问题的辨证》中也谈到此事："是王达对成祖之问，似在编纂《大典》时。成祖于达，本有礼贤之意，任《大典》总裁，非关政治。及至对答间流露出在王达或许是正确评价建文帝而在成祖却视为异己的政治倾向，遂即威逼之，这从反面说明成祖编纂《大典》并无'老英雄'之意图。"

那么，朱棣修《永乐大典》的目的究竟是什么呢？虞万里在文中还引用了台湾苏振申《永乐大典之修纂》中指出的三个意图和目的：一、太祖、成祖之爱好典籍，留心学术，是为其学术意义；二、成祖欲思功过三代，追远汉唐，是为其历史目的；三、靖难之变后，为消垒块及笼络士民，转移社会注意力，是其为政治意图。

《永乐大典》的三位监修之一就是解缙。然而《明史》本传中却未曾记载解缙编纂《永乐大典》之事，想来这应当跟解缙的人生境遇有直接关系。解缙从小颖悟绝人，杨士奇在为其撰写的墓志铭中称："五岁，父教之书，应口成诵，七岁赋诗有老成语；十岁日诵数千言，终身不忘；十三尽读四书诸经，贯穿其义理，宿老不敢难也。而文思溢发。"正是凭借这份聪明，解缙在洪武十八年（1385）举江西乡试第一，三年后考中进士时也才 19 岁，《明史》中记载他中进士后，"授中书庶吉士，甚见爱重，常侍帝前"。

一个人过早成功也会有弊端，解缙身为少年才子，原本能得到皇帝的重视，朱元璋也的确对解缙颇为喜爱，常将他召在身边。然而解缙却因少年得志，未识收敛，口不择言，给皇帝提了很多的意见，比如给皇帝所写的上封事万言书，文中有"近年以来，台纲不肃，以刑名轻重为能事，以问囚多寡为勋劳"这样的直率之语。解缙把朝政说得一团糟，同时还指出了很多具体问题，不过那时的朱元璋还听得进逆耳之言，按照《明史》上的说法，"书奏，帝称其才"。

皇帝的夸赞令解缙更加得意，于是又给皇帝上了《太平十策》，他的傲慢之态引起了其他官员的不满，《明史》记载：

缙尝入兵部索皂隶，语嫚。尚书沈溍以闻。帝曰："缙以冗散自恣耶。"命改为御史。韩国公李善长得罪死，缙代郎中王国用草疏白其冤。又为同官夏长文草疏，劾都御史袁泰。泰深衔之。时近臣父皆得入觐。缙父开至，帝谓曰："大器晚成，若以而子归，益令进学，后十年来，大用未晚也。"

解缙因自己的骄傲态度受到了他人的弹劾，皇帝也知道他的为人姿态，于是改任他为御史。然而，当朱元璋清洗有功之臣李善长等人时，解缙又为其鸣冤，可见他的政治敏感度确实不高。但此时的朱元璋对他还算宽容，只是让解缙的父亲领着儿子返乡，让他回家去继续学习，十年后再予以重用。

可惜的是，解缙还没有等到十年后的重用期，在他回家后的第八年，朱元璋驾崩，解缙立即入京师祭拜。但是他的这种做法违反了朝廷的规定，并且那时他的母亲去世尚未安葬，父亲也已年高，有人抓住这些不孝和违制的把柄，举报给朝廷，因此解缙不仅没有得到重用，反而被贬谪为河州卫吏。

才高八斗的解缙没有料到竟是这种结果，但他当然不愿就此沉沦，于是写信给礼部侍郎董伦，请他代为周旋。在董伦的努力下，解缙被召回京师任翰林待诏。这样的低级职位当然难以让解缙施展才能，直到燕王朱棣夺取天下后，解缙才得到提拔。

关于解缙被朱棣提拔的原因，据《明史·王艮传》中的记载，似乎并不那么光彩：

燕兵薄京城，艮与妻子诀曰："食人之禄者，死人之事。吾不可复生矣。"解缙、吴溥与艮、靖比舍居。城陷前一夕，皆集溥舍。缙陈说大义，靖亦奋激慷慨，艮独流涕不言。三人去，溥子与弼尚幼，叹曰："胡叔能死，是大佳事。"溥曰："不然，独王叔死耳。"语未毕，隔墙闻靖呼："外喧甚，谨视豚。"溥顾与弼曰："一豚尚不能舍，肯舍生乎？"须臾艮舍哭，饮鸩死矣。缙驰谒，成祖甚喜。明日荐靖，召至，叩头谢。贯亦迎附。

因为这段史料，解缙被后世认定为品性不佳，如此背信弃义，当然受到后世唾弃。然而有人又考证出这段记载并不属实。罗晓乐、陈冬根所撰《解缙与方孝孺——论解缙的真实面目》一文中提及王世贞《史乘考误》对此提出了质疑，而明许浩的《复斋日记》中则谈及王艮在朱棣夺取天下的前一年已经病故，又提到解缙和胡广为王艮写过墓志铭，而王艮是吉水县带源村人：

带源《王氏族谱》记载，王艮病死于建文三年。王艮死后，解缙与胡广（即胡靖）都为他撰写了墓表。解缙《翰林修撰王君钦止先生墓表》清清楚楚写明：王艮"生洪武戊申年六月十五日，殁辛巳九月七日也"。辛巳年就是建文三年，即1401年。朱棣是1402年6月13日进入南京城的。证明王艮在"燕兵薄京城"前一年即已病故的明人笔记记载属实。此于解缙"驰谒"之说，也并无其他史料佐证。

由此可见，《明史》中的那段记载并不能成立。解缙虽然回家乡隐居八年，但他喜好臧否人物的性格却未曾改变，《明史》中称："然好臧否，无顾忌，廷臣多害其宠。又以定储议，为汉王高煦所忌，遂致败。"关于解缙以此致败的原因，《明史》中记载得颇为详细，他无意间卷入了太子之争，为此被朱棣所不喜。朱棣后借故将相关人等关入狱中，解缙等备受酷刑，很多人死于狱中，解缙却侥幸活了下来。永乐十三年（1415），锦衣卫的头领纪纲将囚犯名单呈给皇帝看，朱棣居然说了一句："解缙还活着呀？"纪纲心领神会，立即将解缙灌醉，而后将其埋入雪中，很快解缙就冻死了，时年47岁。而其家也被抄，直到仁宗即位后，他才得以平反。

关于解缙对《永乐大典》的贡献，《四库全书总目》在解缙的文集《文毅集》的提要中写道："其后成祖修《永乐大典》，缙实为总裁官。采用分韵编类之法，勒为巨帙。一切遗文坠简，竟赖以传于今日。"按照四库馆臣所言，解缙是《永乐大典》的总裁官，然黄权才在《〈永乐大典〉若干问题新论析》中却称："把对《永乐大典》的评价置于此，显然也有给解缙记功之意。但是归美于解缙，解缙其何堪？解缙其实是任比总裁更高的职位监修官，这款提要的作者太过于无思量，居然说'解缙为总裁官'！"

那么，解缙究竟对《永乐大典》有多大贡献呢？黄权才认为，解缙的主要贡献其实是在《文献大成》上，而《文献大成》是《永乐大典》的基础。朱棣登基后，应当是延续了其父当年的想法，方有《文献大成》之编，只是该编的体量未令其满意，方有后来重修之举，这也就是《永乐大典》的来历。而解缙实为编纂该书的最早倡议者，故其对《永乐大典》实有首创之功。

解缙墓位于江西省吉水县龙华中大道气象局院内。吉水县城极小，一副淡泊宁静、与世无争的样子，气象局所在的龙华中大道是县城里最繁华的地方，然而即便是这最繁华的地方，也给我一种超然隐居的感觉。也许自己久居雾霾之都，终日为俗事所累，这几年每隔一阵便外出寻访，能够让我从俗务中脱出身来，产生这种感觉，也算是给自己的一个奖励。

这一天，在寻访解缙墓之前，我刚刚找到了杨万里墓，两座墓址相距大约17公里。解缙最早葬于吉水县城北，明嘉靖四十年（1561），因为旁边的河岸坍塌，危及墓冢，知县于是将解缙墓迁葬到了县城东门外，也就是今天的气象局院内。因为吉水县城极小，故未费周折就找到了气象局。一进入气象局院中，立即看见解缙墓就在气象观测台的旁边，形似一个四四方方的小花坛，周围砌起石头台阶，台阶下立着文物保护标牌，显示此墓为省级文物保护单位，颁布时间为1987年。

台阶上就是解缙墓，四周长满青草，却又看得出有人经常打理，还种着几棵修剪得圆滚滚的小灌木围在前面，后面种着一排小松树。整座墓冢并不大，包括台阶在内大约几十平方米。其墓碑正中间写着"解文毅公之墓"，上面横向写着"明右春坊大学士"，两侧的对联是"太平十策纾民悃，永乐大典惠斯文"。从书法及所用材料来看，墓冢应当是近二十来年重新修过。撰此联者显然深知解缙之历史价值，特意提到了《永乐大典》。气象局进门处的宣传牌上也着重介绍了解缙与杨万里，然而要点却是刚正不阿与为官清廉，尤其对于解缙，基本上都是讲他如何做官，也许这才是当下时代对于解缙的理解吧，我的着眼点显然过时了。

可能是因为解缙墓在气象局院内，门口又是大街的缘故，这里生活气息极浓，毫无墓地常有的阴森冷清之感，反而因为周围的人来人往显出一种宁静。如果说起吉水县的人文，那么解缙墓可以算一个极佳的代表。这又让我想起了扬州的汪中墓。几年前扬州某小区开发，汪中墓正好处于建设工地中间，一度面临被平掉的危险，友人韦明铧兄等四处写文章呼吁，希望能够保留作为扬州学派代表人物的汪中墓。壬辰年我曾专程前往寻访汪中墓，当时墓冢被围在一个巨大的楼盘工地中间，我翻墙进去，见到墓冢周围长满一人高的荒草，周边杂树丛生，其场景可以直接用来拍摄《聊斋》。虽然荒凉，我仍然为韦明铧兄等人的呼吁而感动，墓冢被围起来，显然是不打算平掉了。前不久又关注了一下汪中墓的消息，如今小区已经入住，汪中墓作为人文景观将被永久保存下去。

在许多人看来，墓冢是一种不吉利的存在，日常生活中最好避而远之，但是如果处理得当，名人墓冢也可以作为人文景观，为城市增加文化氛围。城市的拆迁与改造的过程中，太多的古代人文景观被破坏甚至毁掉，而解缙墓与汪中墓的存在，正好为我们提供了一个解决的思路。

姚广孝

成祖首功，《大典》总成

朱棣能够夺取侄子朱允炆的天下，当然有很多原因，其中一人对该事厥功甚伟，此人即是姚广孝，而“广孝”之名正是朱棣夺取天下之后所赐。

姚广孝幼年时即已出家，田艺蘅所撰《留青日札》卷二十七中称：“广孝，幼名天禧，长洲人，世医。从相城道士席应珍。席通儒，多异术。质敏，尽得其传。尝白父不愿医，愿仕以显父母，父不从。一日入城，见僧官驺从之盛，叹曰：‘僧亦富贵如此邪！’元壬辰年，遂出家，入里之妙智庵，改名道衍。”

姚广孝本名姚天禧，今江苏苏州人，祖上世代行医。他在小的时候曾经跟随道士席应珍学习，席应珍对儒术、卦术都很在行，故姚天禧从小就学会了这些。然而姚天禧却不愿意学习祖业，他跟父母说不想学医，想去考取功名，给家族带来荣耀，但不知什么原因，父亲不支持他的这种想法。某天，姚天禧因事进城，见到当地的僧官出行阵势颇大，这让他很羡慕，于是一咬牙就出家了，法名为道衍。这一年他才 17 岁（一说姚 14 岁出家）。

此后的道衍在多个寺庙内挂单。明洪武八年夏，朱元璋下令让一些名僧进京考试，姚广孝也在受征之列，而后他通过了礼部的考试，并且在京结识了高僧宗泐。洪武十五年（1382），与之关系密切的宗泐已经升为左善世，朱元璋让宗泐推荐有名望的高僧，宗泐总计举荐了三人，其中之一就是道衍。经过朱元璋的批准，道衍被任命为北平庆寿寺住持。

朱元璋为什么让宗泐推荐三位高僧来京呢？原来这一年马皇后去世了。马皇后乃是红巾军元帅郭子兴的养女，原本没有任何名气的朱元璋正是因为娶了马氏，才在事业上得以发达，最终夺取了天下。马皇后的去世令朱元璋很是悲伤，想请高僧为马皇后诵经祈福，没想到这件事又给另一个重要的历史事件预埋下了引线。

对于这件事，道衍在《相城妙智庵姚氏祠堂记》中说：“[洪武]十五年壬戌秋八月，孝慈高皇后崩，列国亲王各奏取名僧归国修崇斋会。于是僧录司左善世宗泐学举道衍等三名。九月二十四日引至奉天门早朝，太祖高皇帝亲选道衍住持北京庆寿寺。”而道衍此番来京，意外结识了燕王朱棣，此事在《明史》中有载：“高皇后崩，太祖选高僧侍诸王，为诵经荐福。宗泐时为左善世，举道衍。燕王与语甚合，请以从。”

显然,《明史》的记载太过简略。但是道衍结识燕王这件事,的确对中国历史产生了重大影响,故后世演绎出许多不同的说法。比如查继佐在《罪惟录》中称:“[洪武]十五年,孝慈皇后崩,诏十王之国,王与高僧一,讽经禳荐。[道]衍以宗泐荐,得见燕王藩邸,则乘间请曰:‘臣观大王骨相非常,英武冠世,今皇图草昧,东宫仁柔,愿厚自爱。大王试乞臣府中,臣奉白帽着王。’”

这段话说,道衍趁做法事的机会见到了燕王,直言燕王长相非凡,早晚能够做皇帝。因为此语中的“白帽着王”乃是一句隐语,“王”字上面加个“白”字,就是“皇”,他以此来暗示朱棣早晚会登基。

对于《罪惟录》等书上的说法,郑永华先生认为纯属无稽之谈。郑先生在所著《姚广孝史事研究》一书中经过一番分析,认为就那时两人的身份来说,道衍不敢跟朱棣说这样的话,因为这种大逆不道的言论很容易招来杀身之祸,更何况朱元璋在那时已经选定朱标为太子,道衍的这种说法简直是犯上作乱。但无论怎样,道衍借为马皇后祈福的机会结识了燕王朱棣,这倒是一个事实。从此之后,二人开始了30多年的密切交往。而他们初次相识之时,道衍已经48岁。

洪武三十一年(1398),71岁的朱元璋驾崩,他的孙子朱允炆登上了帝位,改元建文,而那时朱允炆的各位叔叔都在地方任藩王。这些藩王拥兵自重,朝廷实际上指挥不了,于是朱允炆接受谋臣黄子澄、齐泰等人的建议,开始削藩。燕王朱棣因为势力大,也在被削范围之内,于是开始筹划对策。《明史》中载:“及太祖崩,惠帝立,以次削夺诸王。周、湘、代、齐、岷相继得罪。道衍遂密劝成祖举兵。成祖曰:‘民心向彼,奈何?’道衍曰:‘臣知天道,何论民心。’乃进袁珙及卜者金忠。于是成祖意益决。”

由此看来,劝朱棣起兵造反者正是道衍。对于他们之间的密谋,各种记载当然也很多,比如《国琛集》中称:“时文皇已有密谋,心许公可托,不敢言,试公一联:‘天寒地冻,水无一点不成冰。’公即对曰:‘世乱民贫,王不出头谁作主。’”

显然,这样的说法有着不少演义成分。李贽的《续藏书》卷九中则记载了道衍给朱棣出此主意的详文:“主上猜间宗室,侵渔齐藩,所戮辱囚首隶士伍,盖五王矣。大王先帝所最爱也,且又仁明英武,得士众心,主上所最忌也。夫燕,胜国之遗，而北方雄镇也。其民习弓马，地饶枣栗，悉雄蓟属。郡之材官良家子，彀甲可三十万，粟支十年。大王之护卫精兵，投石超距者又不下一二万。鼓行定山东，略河南，势若建瓴而下，谁为抗御？大王即不，南机先发，欲高卧得邪？旦暮匹夫耳。”

道衍的这段话，很容易让人联想到《三国志》中的隆中对。道衍在这里帮朱棣分析了自己的优势与劣势，而后跟朱棣说，机不可失，时不再来。他的一番说辞终于令朱棣下定决心，而后经过一系列的秘密筹划，接下来又是几年的战争，朱棣终于打下南京，建文帝朱允炆不知所终，朱棣成为永乐皇帝。

朱棣夺取了天下，接下来当然是分封有功之臣。因为道衍是僧人身份，朱棣赐道衍恢复本姓姚，同时赐名广孝。为什么给道衍起这样一个名字，按照王鏊在《姚广孝传》中的说法是："复姓赐今名，拟之于元之刘秉忠。"而查继佐在《罪惟录》中也有着同样的说法："按赐名广孝，亦有由。初元世祖时，授庆寿寺僧聪书以官，复其姓名为刘秉忠，位至太保。道衍欲附于忠后，曰广孝，位亦至少师。"

刘秉忠是忽必烈手下著名的文臣，原本也是僧人，但他出谋划策，使忽必烈在与众多皇子的斗争中脱颖而出，夺得了天下。道衍所为与刘秉忠极其相似，故朱棣从秉忠推演出"广孝"二字赐给道衍。

但是，姚广孝到达南京后却极力推辞朱棣封给他的官衔。朱棣看其态度坚决，于是只任命他为僧录司左善世。对于这个任命，后世也有许多猜测，因为姚广孝乃是朱棣夺取天下的首功之臣，而左善世的官阶仅为六品，显然这给后人留下了太多的想象空间。后来朱棣又任命姚广孝为太子少师，拜资善大夫，成为正二品。此后不久，朱棣命姚广孝编辑一部亘古未有的大书，那就是《永乐大典》。

《永乐大典》的编修跟《文献大成》有一定的关系。洪武年间，朱元璋命文臣解缙随侍身边，解缙注意到朱元璋喜欢翻看《说苑》和《韵府群玉》等类书，于是在洪武二十一年（1388）向朱元璋建议编一部更为实用的大类书，以便皇上使用。《明史》中记载了解缙给朱元璋所提的这条建议："臣观陛下好观《说苑》《韵府》杂书，与所谓《道德经》《心经》者，臣窃谓甚非所宜也。《说苑》出于刘向，多战国纵横之论；《韵府》出元之阴氏，抄辑秽芜，略无可采。陛下若喜其便于检阅，则愿集一二志士儒英，臣请得执笔随其后，上溯唐、虞、夏、商、周、孔，下及关、闽、濂、洛，根实精明，随事类别，勒成一经，上接经史，岂非太平制作之一端欤。"

但不知什么原因，朱元璋并没有采纳解缙的这个提议。此事过了十年，朱元璋又命侍读唐愚士编纂一部《类要》，然此书还未编完，朱元璋就去世了。

朱棣夺取天下后，又想起父亲编书之事，于是在即位一年之后命侍读学士解缙来编这部大书。不过后人认为因为朱棣在夺权时杀人太多，此举是想收拢人心。永乐元年七月一日，朱棣为此指示解缙："天下古今事物，散载诸书，篇帙浩穰，不易检阅。朕欲悉采各书所载事物类聚之，而统之以韵，庶几考索之便，如探囊取物。尝观《韵府》《回溪》二书，事虽有统，而采摘不广，记载太略。尔等其如朕意，凡书契以来，经史子集，百家之书，至于天文、地志、阴阳、医卜、僧道、技艺之言，备辑为一书，毋厌浩繁。"

朱棣说，他在翻看一些类书时，感到那些书收录的内容太少，所以他想编一部包罗万象的大书，并一再表示这部书以全为上，不要嫌部头太大。解缙接到命令后，很快组织人马编了出来。这部大书到转年的十一月就已完成，能够在这么短的时间内编成，一个重要原因就是当年解缙原本就想为朱元璋编这样一部书，已经搜集了大量文献底本，现在转为朱棣编书，而且性质相同，故很快就完成了这个任务。解缙将此书献给朱棣，朱棣为此书赐名《文献大成》。

然而朱棣翻阅该书时，却发现解缙并没有按照他的指令执行，因为收罗的内容并不广泛。解缙是一位儒生，所以更多的是关注儒学经典，对诸子之学没有太大兴趣。可是朱棣却对天文地理、阴阳术数、佛道两家之书都有兴趣，显然《文献大成》未能满足他，于是朱棣在永乐二年（1404）十一月命令姚广孝重新修纂。当时主抓此事者，除了姚广孝，还有刑部侍郎刘季篪以及右春坊大学士解缙，虽然三人共同完成该事，而姚广孝实为总负责人。《明史》中称："解缙等奉敕编《文献大成》既竣，帝以为未备，复敕姚广孝等重修，四历寒暑而成，更定是名。"

为了编纂这部大书，姚广孝组织了一大批相关人员，其中尤为重要的是总裁陈济。陈济本是布衣，然而读书十分广博，《明史》中载陈济"尝以父命如钱塘，家人赍货以从。比还，以其资之半市书，口诵手抄。十余年，尽通经史百家之言"。

陈济有钱就买书,并且记忆力超常,人称“两脚书橱”,故而被请入文渊阁来编这部大书。除此之外,姚广孝还请来了一些著名的僧人和道士共同参与该书的编纂,比如他所请来的僧人中有一位法名善启,朱彝尊所纂《明诗综》对善启介绍如下:“早负诗名,钱塘瞿宗吉赋牡丹诗,师与对垒,用一韵赋百首,独庵[姚广孝]南洲[溥洽]交器重之。尝被召纂修《永乐大典》,书成告归。”

因为这部大书中还有医家的内容,姚广孝也推荐了几位这方面的人才。可见姚广孝为了编纂这部大书下了很多的气力,并且在用人方面可以称得上不拘一格。而这部书所涉及的广博内容,《永乐大典》凡例中明确地说:“是书之作,上自古初,下及近代,经史子集,与凡道释、医卜、杂家之书,靡不收采……凡天文、地理、人伦、国统、道德、政治、制度、名物,以至奇闻异见,廋词逸事,悉皆随字收载。”

正因内容如此广博,姚广孝才动脑筋请来各方面的人才,共同参与该书的编纂。但是编成这样一部大书,除了相应的人才,还需要大量的底本,宫中虽然藏书丰富,但也有许多未备之本。于是在永乐四年,朱棣下令由礼部尚书郑赐派人在全国范围内征书:“[永乐四年夏四月]己卯,命礼部遣使购求遗书。于视朝之暇,辄御便殿阅书史,或召翰林儒臣讲论。尝问:‘文渊阁经史子集皆备否?’学士解缙对曰:‘经史粗备,子集尚多阙。’成祖曰:‘士人家稍有余资,皆欲积书,况于朝廷,可阙乎?’遂召礼部尚书郑赐,令择通知典籍者,四出购求遗书。且曰:‘书籍不可较价,直惟其所欲与之,庶奇书可得。’”

朱棣为了编这部大书可谓不惜成本,只要书好,不论多贵都可以购买,从而保证了《永乐大典》的质量。但是编纂这么一部大书却非易事,对于该书所用人员,孙承泽《春明梦余录》给出的数据是:“正总裁三人,副总裁二十五人,纂修三百四十七人,催纂五人,编写三百三十二人,看详五十七人,誊写一千三百八十一人,续送教授十人,办事官吏二十人,凡二千一百八十人。”但是,沈德符《万历野获编》却说:“时拜谒者,广孝以下二千六百一十九人,盖效力编摩者,较宋太平兴国中不啻十倍。”这个数字比《春明梦余录》所载多出近500人,但无论哪个更为正确,这都是一支庞大的队伍。姚广孝对这些人统筹安排,最终在永乐五年(1407)十一月编竣。《明太宗实录》载:“太子少师

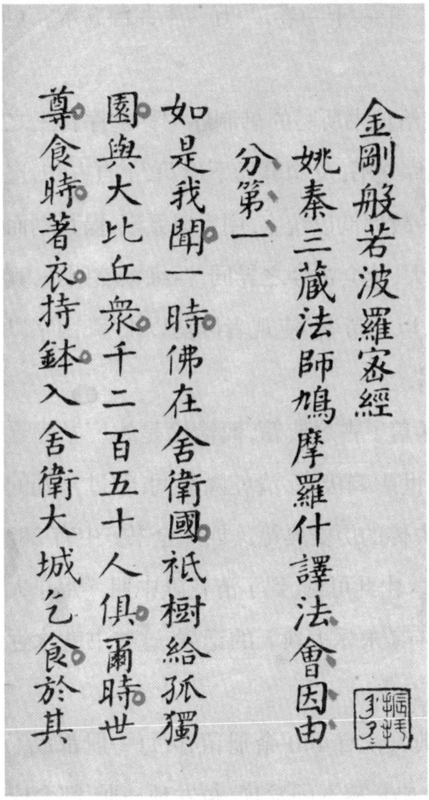

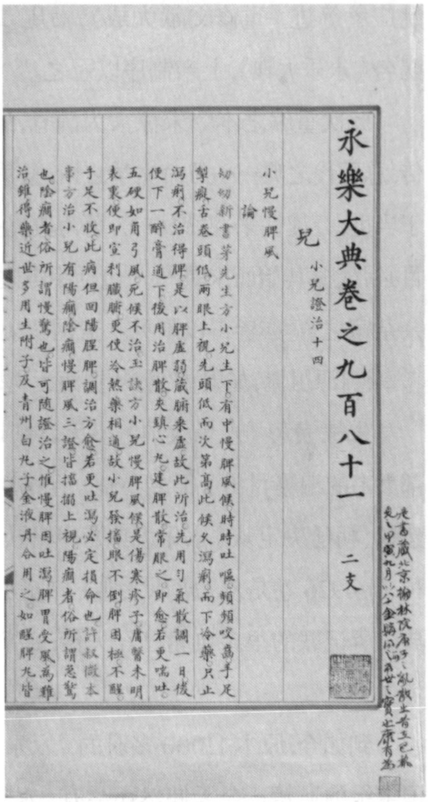

金剛般若波羅密經

姚秦三藏法師鳩摩羅什譯法會因由

分第一

如是我聞一時佛在舍衛國祇樹給孤獨園與大比丘衆千二百五十人俱爾時世尊食時著衣持鉢入舍衛大城乞食於其

永樂大典卷之九百八十一　二支

兒　小兒證治十四

小兒慢脾風

論

⊙… 姚广孝书《金刚般若波罗密经》一卷　民国有正书局石印本

⊙… 《永乐大典》卷九八一《小儿证治十四》　康有为收藏

姚广孝等进《重修文献大成》,书凡二万二千一十一卷,一万一千九百五本。更赐名《永乐大典》,上亲制序以冠之。"

此次重编之本令朱棣大为满意,他在给该书所写的御制序中称:"序百王之传,总历代之典……乃命文学之臣,纂集四库之书,及购募天下遗籍,上自古初,迄于当世,旁搜博采,汇聚群分,著为典奥……故用韵以统字,用字以系事,揭其纲而目必张,振其始而末具举。包括宇宙之广大,统会古今之异同,巨细粲然明备,其余杂家之言,亦皆得以附见。盖网罗无遗,以存考索,使观者因韵以求字,因字以考事,自源徂流,如射中鹄,开卷而无所隐。"

朱棣表彰《永乐大典》事无巨细地涵盖了古今典籍,而恰恰是姚广孝为这部大书的编纂付出了很多心血。此书对后世影响极大,清乾隆年间,经过朱筠的建议,朝廷决定从《永乐大典》中辑轶已失传的历史典籍,《四库全书》中有 282 种、计 4926 卷是从《永乐大典》中辑出者。由此可见,到了清乾隆中期,《永乐大典》所记载的很多典籍已经失传,如果没有《永乐大典》的记载,这些书就永远消失了。

到如今,原本 11000 多册的《永乐大典》仅有 440 余册留存,每一册都成了国宝级的典籍。今天偶然还会有《永乐大典》零本的发现,每发现一册,都会成为引起广泛关注的事件。我所知最近的一次,是 2013 年国家图书馆花约 800 万元买得一册零本。

姚广孝在编完《永乐大典》后的第三年,又主持了《明太祖实录》的第三次修纂。永乐十六年(1418)五月一日《太祖实录》编纂完成,姚广孝已在此前的一个多月去世了。在他去世前,朱棣还曾亲往探问,《明史》中记录了君臣二人的对话:"[朱棣]问所欲言,广孝曰:'僧溥洽系久,愿赦之。'溥洽者,建文帝主录僧也。初,帝入南京,有言建文帝为僧遁去,溥洽知状,或言匿溥洽所。帝乃以他事禁溥洽。而命给事中胡濙等遍物色建文帝,久之不可得。溥洽坐系十余年。至是,帝以广孝言,即命出之。广孝顿首谢,寻卒。"

朱棣问姚广孝有什么要求,姚完全不提个人的事,只是希望朱棣能够释放溥洽,因为这位溥洽是建文帝时的僧官,朱棣打入南京时,溥洽曾建议朱允炆化妆成僧人逃脱,也有人说,其实朱允炆就藏在溥洽的住所。于是溥洽就被关进监

⊙… 看到了姚广孝的墓碑

⊙… 远望姚广孝塔　⊙… 姚广孝塔雕造得颇为细腻

狱，一关就是十年多。在此之前，虽然姚广孝跟朱棣关系十分密切，但也绝不敢向皇帝提出把溥洽放出来，因为这涉及朱棣最为敏感的帝位问题。而今面对病重的姚广孝，朱棣立即答应了他的请求，下令将溥洽放出。

对于这件事，野史中多有记载。郑晓在《今言》中称："靖难兵起，[溥洽]为建文帝设药师灯忏咒长陵；金川门开，又为建文帝君削发。长陵即位，微闻其事，囚南洲十余年。荣国公疾革，长陵遣人问所欲言，言愿释溥洽。长陵从之，释其狱，时白发长数寸覆额矣。走大兴隆寺，拜荣国公床下，曰：'吾余生，少师赐也。'"看来溥洽确实在很多方面帮过建文帝，建文帝的逃遁也跟溥洽有一定的关系，难怪朱棣将其系狱十几年。溥洽被放出后，立即去见姚广孝，明确地说自己的余生乃是拜姚所赐。

姚广孝在去世前仍然惦念着自己的朋友，可见是一个重情义之人。永乐十六年（1418）三月二十八日，姚广孝去世，享年84岁，在那风云变幻的年代，他能够得以善终，也确实很难得。朱棣听到消息后，"辍视朝二日，赐祭，赠推忠辅国协谋宣力文臣，特进荣禄大夫、柱国、荣国公，谥恭靖。命有司治丧葬，亲制碑文于墓。"（《明太宗实录》卷一百九十八）

两天之后，朱棣派人前往宣读他亲撰的祭文，里面说："曩者奸宄构祸，朕举义师以定内难，卿竭忠效谋，克殚心膂，识察天运，言屡有验，一德一心，弘济艰难，辅成家国，其绩居多。"由这段话可见，朱棣并没有忘记姚广孝当年帮助他夺取天下的功劳，他御赐姚广孝谥号为"恭靖"。郑永华在《姚广孝史事研究》中称此为"明代永乐朝文臣得皇帝赐谥第一"，并且"姚广孝丧葬之仪盛况空前。朱棣亲自撰写神道碑铭，这在永乐一朝甚至整个明代都是绝无仅有的"。《明史》中亦称："明初，文武大臣薨逝，例请于上，命翰林官制文，立神道碑。惟太祖时中山王徐达、成祖时荣国公姚广孝及弘治中昌国公张峦治先茔，皆出御笔。"

可见，朱棣的确未曾忘记这位帮过自己大忙的人，故而对姚广孝的赏赐都是超规格的。姚广孝葬在北京附近，而他的墓塔位于北京市房山区崇各庄乡常乐寺村东。虽然身处北京，我却一直未曾探看过他的墓塔，某天我将房山区的历史遗迹做了路线上的规划，在探访完大觉寺后，转而驶上高速公路，前往寻找姚广孝墓塔。

从大觉寺重新驶入六环西路，南行40余公里，在青龙路口下道左转驶入S328省道，前行不远看到路牌，称此路又名泉湖西路，西行两公里后右转驶向良三路，再前行三公里右转是一条宽阔的无名路，穿过一座残破的小桥即进入常乐寺村。

在村内问过几人，大多知道墓塔所在方向，但因为附近的道路没有名称，故难以向我说清楚如何才能开到墓塔之前。于是我边开车边询问，然而村内行人很少，每遇岔路只能停下来等候。等候期间，我想到导航仪不知是否有这个具体地点，于是输入"姚广孝墓"几个字，果真显现在村东300米处。

按照导航仪所指的方向，果真在村外看到了土路旁的一块大碑，螭首的碑额上刻着"御制荣国公神道碑"，这正是我所找的姚广孝墓碑。石碑保护完好，加上下面的石赑屃，看上去将近4米高，外面有用青砖围起的碑券，我感觉碑券的年代不会太早。碑的四周是大片的空地，在空地后面搭着几个临时的帐篷，旁边还停着挖掘机，看样子要在此处大兴土木，不知道未来的姚广孝墓塔是否又会变成面积庞大的旅游景点。

沿着碑侧边的小路向后走，前行百十余米即是姚广孝塔，塔为砖制，塔基上刻满了精美的花纹，可惜塔额距地面将近十米，我的摄影技术又相当拙劣，无论如何都拍不清楚上面的铭文。按资料记载，姚广孝墓塔旁原本有许多碑刻，今日却一点痕迹也没有，只有零星的几棵枣树，看上去树龄不过百年。在大片的空地上，密密排布着许多种树坑，看来前面的施工工地果真是要恢复姚广孝墓的景观。且不管此事的动机是否为打着保护文物的名义搞经济，只要能够保护起来，总是一件好事，唯一的希望的是，将来在介绍姚广孝事迹时，一定要提到他对《永乐大典》的编纂所起到的重要作用。

II

初辑

《永乐大典》编纂于南京，编成后随着朱棣迁都运到北京，然后长期存于宫中，外间难以窥得。此书所收录的部分历史典籍后来渐渐失传，弘治皇帝朱祐樘喜欢翻阅该书，曾命臣工从中录出失传的医方。嘉靖年间大内失火，殃及存放《永乐大典》的书阁，明世宗朱厚熜担心该书孤本被毁，于是命臣工将《永乐大典》抄出一套副本，而流传于后世者，均为该副本，至于《永乐大典》原本的去向，至今未有确切说法。后世学者对此有不同的猜测，有人认为毁于明亡之际，还有的人说毁于清嘉庆二年（1797）乾清宫大火，更多的说法则是《永乐大典》正本埋葬于嘉靖皇帝的永陵中，甚至还有人认为正本至今仍在，只是秘藏于皇史宬的夹墙之内，然而这些说法均未得到证实。

明嘉靖四十一年（1562）负责抄录《永乐大典》副本者乃是徐阶，当时的张四维利用重录之机，从中辑出了《折狱龟鉴》及《名公书判清明集》二书，此为臣工最早从《永乐大典》中辑佚失传之本的记载。

进入清代，有徐乾学和李绂最早提出从《永乐大典》辑佚失传之书。雍正十年（1732），全祖望入京，与李绂定交，并住进李家的紫藤轩。雍正十三年（1735），李绂从宫中借观《永乐大典》，全祖望在李家得以看到该书，从中发现许多失传之本，于是与李绂约定共同从中辑录佚书，故全祖望乃是清代辑书第一人。

全祖望　首抄《大典》，辑佚先声

全祖望字绍衣，号谢山，自署鲒埼亭长、双韭山民，人称谢山先生，浙江鄞县人。博通经史，是浙东学派的大家，清代学术史上的重要人物，《清儒列传》称其“为学渊博无涯涘，于书靡不贯串”。乾隆元年（1736），全祖望会试中进士，入为翰林院庶吉士，后来因为官场排挤，被降为知县，于是索性辞官归里，先后在绍兴蕺山书院、肇庆端溪书院等担任山长，深得士林敬重。他一生著述极多，有《鲒埼亭文集》《天一阁碑目》等，一向心高气傲、喜欢刻薄评论别人的李慈铭在读到全祖望的文章时也深为佩服，评价他说：

予尝谓国朝人著作，若全氏《鲒埼亭集》、钱氏《潜研堂集》，皆兼包百家，令人探索不尽。次则朱氏《曝书亭集》、杭氏《道古堂集》，亦儒林之巨观，正不得以鸿词之学少之。

全祖望不是四库馆臣，也没有参加过《四库全书》的修纂工作，然而他却对这项伟大的工程起过重要的启迪作用，因为《四库全书》的修纂方式之一是从《永乐大典》中辑佚失传的重要典籍，而全祖望在四库馆这样提议之前已经进行了相关工作，正是他及其他几位同仁的做法启发了四库馆臣，从这个角度而言，全祖望可谓《四库全书》的先驱。

然而，昭梿却在《啸亭续录》中认为李绂才是《永乐大典》辑佚第一人：

余于丁卯冬，奉迎《纯高实录》曾一至其地。尝闻徐昆山先生述李穆堂侍郎言，其中藏全分《永乐大典》，较今翰苑所贮者多一千余本，盖即姚广孝、解缙所修初本，缮写精工，非隆庆间誊本之所能及。惜是日匆匆瞻礼，不得从容翻绎。未审是书存否也。

这段文字出自《啸亭续录》卷一《皇史宬》一节，故其中的“其地”指的就是皇史宬。昭梿说他到皇史宬去奉迎乾隆皇帝的《实录》，他听别人讲，徐乾学曾经说过，李绂对皇史宬所藏《永乐大典》的价值有较高的评价。

后来钱穆在《中国近三百年学术史》中也有相类似的说法：

又《穆堂初稿》卷四十三有《答方阁学问三礼书目》，已有请朝廷设写官抄写之议，徐健庵高詹事刻《编珠》序，请命儒臣讨论刊录之说，则又闻之穆堂也。

史广超所著《〈永乐大典〉辑佚述稿》中引用了以上两人的说法，而后又谈及台湾学者顾力仁引用了昭梿和钱穆的观点之后做出了如下断语：“右引文可知徐乾学有关《大典》之认识，盖闻诸李绂。”（顾力仁《〈永乐大典〉及其辑佚书研究》）。然而，史广超认为这样的结论并不正确，在其专著中引用徐乾学为高士奇续补《编珠》所作的序言：

阁中书籍，虞山钱氏以为数代之遗编在是，而明末多毁于兵火。以余所见，万历时张萱《内阁书目》存者十不得一二，犹往往有宋雕旧本，并皇史宬《永乐大典》，鼎革时亦有散失。往语詹事，皇上稽古右文，千古罕遘，当请命儒臣，重加讨论，以其秘本刊录颁布，用表扬前哲之遗坠于万一。余老矣，詹事孜孜好古，幸他日勿忘此言也……康熙三十二年十月朔日健庵徐乾学书。

可见，徐乾学在康熙三十二年（1693）之前就已经注意到《永乐大典》的价值。接下来史广超作了这样的推论："李绂（1673—1750），字巨来，学者称穆堂先生，江西临川（今抚州）人。康熙四十八年（1709）第进士，授翰林院编修。时《大典》藏于内府，民间当无由得见。李绂见到《大典》的时间，当在康熙四十八年第进士之后。而徐乾学于康熙九年（1670）第进士，二十二年（1683）迁翰林院侍讲。此时，他就有机会接触到《大典》，形成从《大典》辑录佚书的观点。且徐氏卒于康熙三十三年（1694），其时李绂仅二十二岁，尚未有接触《大典》的机会。徐乾学对《大典》的认识又怎能闻诸李绂呢？"

看来，李绂无法成为《永乐大典》辑佚的第一人，然而他的观念却对全祖望有所启迪。雍正十年（1732），全祖望来到北京，与李绂相识，而后住在李绂家中的紫藤轩。雍正十三年（1735），李绂从皇史宬借出一些《永乐大典》来翻阅，全祖望看到后大为惊异，于是他与李绂约定共同来辑佚此书中的失传之书。对此，全祖望的弟子董秉纯在《全谢山先生年谱》中谈到了这件事：

乾隆元年丙辰，先生三十二岁，成进士，入庶常馆……是年，与临川先生共借《永乐大典》读之。《大典》共二万二千七百七十七卷，取所流传于世者置之，即近世所无而不关大义者亦不录。但取欲见而不可得者，分其例为五：一经、二史、三志乘、四氏族、五艺文，每日各尽二十卷，而以所签分令人抄之。

而全祖望在《丛书楼记》中亦称："方予官于京师，从馆中得见《永乐大典》万册，惊喜，贻书告之。半查即来，问写人当得多少，其值若干，从臾予甚锐。"按照董秉纯所言，全祖望从《永乐大典》中辑佚失传之书，乃是乾隆元年之后的事情，而全祖望本人在《丛书楼记》中也有相同说法，但是，全祖望在其所辑佚的《荆公周礼新义题词》中却另有说法："雍正乙卯，予于《永乐大典》中得之，亟喜而抄焉。会修三《礼》，予因语局中诸公，令抄《大典》所有经解。"

雍正乙卯为雍正十三年（1735），这比以上两种说法至少早了一年，若以后者来算，全祖望从《永乐大典》中辑佚失传之书的开始时间，应该是在雍正十三年到乾隆元年之间，但无论是哪一年，这都比下令在全国征书的乾隆六年（1741）要早得多。

关于从《永乐大典》中辑佚书的价值，全祖望所写《抄〈永乐大典〉记》有如下明确的表达：

前侍郎临川李公在书局，始借观之，于是予亦得寓目焉……因与公定为课，取所流传于世者，概置之，即近世所无而不关大义者亦不录，但抄其所欲见而不得者。而别其例之大者为五：其一为经。诸解经之集大成者，莫如房审权之《易》，卫湜、王与之之二《礼》，此外莫有仿之者；今使取《大典》所有，稍为和齐而斟酌，则诸经皆可成也。其一为史，自唐以后，六史篇目虽多，文献不足；今采其稗野之作、金石之记，皆足以资考索。其一为志乘，宋、元图经旧本，近日存者寥寥，明中叶以后所编，则皆未见古人之书而妄为之；今求之《大典》，厘然具在。其一为氏族，世家系表而后，莫若夹漈《通略》，然亦得其大概而已，未若此书之赅备也。其一为艺文。东莱《文鉴》，不及南渡，遗集之散亡，《大典》得十九焉。其余偏端细目，信手荟萃，或可以补人间之缺本，或可以正后世之伪书，则信乎取其精多而用物宏，不可谓非宇宙间之鸿宝也。

在此记中，全祖望列出了抄与不抄的标准，虽然这个标准乃是从儒学正统出发，但毕竟他的抄书行为使更多的人意识到了《永乐大典》的巨大价值。

然而，《永乐大典》的体量实在庞大，全祖望在书海中辑佚失传之本十分不容易。他在《抄〈永乐大典〉记》中写道：

予尝欲奏之今上，发宫中正本以补足之，而未遂也。夫求储藏于秘府，更番迭易，往复维艰，而吾辈力不能多蓄写官，自从事于是书，每日夜漏三下而寝，可尽二十卷。而以所签分令四人抄之，或至浃旬未毕，则欲卒业于此，非易事也。

全祖望意识到《永乐大典》的巨大价值，他原本想给皇帝写一篇奏章，建议

鮚埼亭集外編卷一　　鄞　全祖望紹衣

賦一

泰陵配天大禮賦 有序

臣祖望承乏翰林竊念漢唐宋以來凡有大禮則其臣若揚雄杜甫范鎮之徒皆有篹述其文麟麟炳炳爲百世稱今臣幸逢

皇上重熙之盛得預

世宗憲皇帝配天大禮雖文字譾劣無能爲前人役而

朝廷盛事遠邁前代謹拜手稽首而爲之賦以志

⊙… 全祖望像　⊙…《鮚埼亭集外编》卷一

⊙… 全祖望墓地前的牌坊　⊙… 墓园里的“鲒埼亭”

皇帝下令从《永乐大典》中辑佚失传之本，以补宫中藏书之不足，但这件事没有办成，于是他只好个人为之，但将辑佚之书抄出，又费时费力，他说自己没有那么多钱雇更多的书胥，故只好自己辑佚，然后分给四个人抄写。可惜他在乾隆二年（1737）五月因散馆列下等，故在当年九月外遣出都，辑佚工作只好中止了。而在这一两年的时间内，全祖望辑出了几十种书，其中之一是《[永乐]宁波府志》，他在《[永乐]宁波府志题词》中写道：

成祖诏天下府州县皆修志书，时方修《永乐大典》，天下之志皆入焉。诸书皆以为十七年所修。考《大典》成于永乐六年，则志之修亦在六年以前也。书专为《大典》而作，既贡，书局未尝付梓，故今天下之传《永乐志》者最少。吾乡志书其为吾家所藏者，自宋以下无一不备，所少者《永乐志》耳，及抄《大典》始得之。是《志》也，里人纪征士宗德、李处士孝谦为之。

以此可见全祖望看重《永乐大典》的原因，史广超则称“全氏为注意《大典》方志辑佚之第一人”。而全祖望对此书发扬光大的贡献尚不止此，他在《丛书楼记》中写道“惊喜，贻书告之”，此处全祖望贻书告之者，正是丛书楼的主人扬州二马兄弟，其中之一的马曰璐立即找到全祖望，问他抄书的情况，后来小山堂主人赵昱也出钱请全祖望代抄《永乐大典》，这些都说明全祖望乃是清代第一位从《永乐大典》中辑佚之人。

全祖望墓位于浙江省宁波市南郊的王家桥，周围环境优美，干净整洁，更像一个小型公园。2012年3月31日，我前往宁波寻访全祖望之墓。据《谢山先生年谱》记载，全望祖去世时天气炎热，凌晨去世，当天午后就已经入殓。全祖望长期贫病交加，家人居然连殓葬费都拿不出来，只好向马曰琯求助，可是去到马家才知道，马曰琯也已经在全祖望去世的前十天先行去世了。好在马曰琯的弟弟马曰璐随后为之张罗，筹来一部分钱，可是也只够付一部分费用。全祖望家人只好将他生前所藏的典籍全部卖给卢镐族人，换来二百两银子，才将后事安排妥当。

前往拜谒全祖望墓之前，我在网上看到几篇今人探访全祖望墓的文章，似乎墓址不太好找，笔下也尽是萧瑟之气，于是在心里做好准备，可能会费一些周折。然而意外的是，这一天遇到的出租车司机对当地文史十分稔熟，一听我要去找全祖望墓，说一声“我知道”，马上就开车直接把我带到市委党校附近的一条小河边，指着一个小牌坊说：“你从这里走进去就是了，我的车子进不去，就在外面等你了。”

牌坊上写着“越魂史笔”，这无疑是用来评价全祖望的，因为他也是极有成就的史学家，曾经七校《水经注》。穿过牌坊，沿着小河走了一段，就看见临河的园林正中间立着一座大冢，旁边有文物保护标牌“全祖望墓”以及简介，简介写得十分详细：“墓平面呈长方形，面阔730厘米，进深420厘米。墓碑书‘谢山全太史墓’。墓前尚存全氏神道石坊及墓道。”访了这么多墓葬，以厘米来记录墓冢的大小，这里还是第一次见到。全祖望墓是典型的江浙墓葬形式，墓碑以长石横拦在正前面，上面刻着“谢山全太史墓”，“全”字为金色，余者为黑色，这一点跟别的墓碑上姓氏填成红色又有所不同，大概用金漆填写姓氏，更能体现出今人对全祖望的敬仰。难得的是墓碑与条石全是当年旧物，更为难得的是墓前两侧各有一根望柱，望柱顶端各立着一只石狮，看上去颇有风霜岁月之感，应该也是当年旧物，这样标准的封建产物居然逃过了“文化大革命”，完完整整地立在望柱顶上直到今天，实在令人称奇。

当年的墓道如今看上去已经成了花园小径，小径中的确有一个小小的石坊，但是与全祖望并不相关，石坊是明代的，正对着其六世祖全少微之墓。全少微墓形式与全祖望墓相似而略小，正面前并无墓碑，原本应该是墓碑的地方补上了一块新的条石，显然旧有的墓碑被人砸掉了，如今墓主的名字刻在旁边的一块大石上：“全少微，系全祖望六世祖，诸生，补监生，授和阳县同知。”墓园里还有一座新建的亭子，上面写着“鲒埼亭”，柱子上刻着“倜傥指挥天下事，风骚驱使古人书”。这副对联是全祖望为万氏白云庄所撰，以褒扬万斯同、万斯大，尽管对联是全祖望所撰，但毕竟是赞别人，刻在这里似乎有些奇怪。

根据记载，这里应该还葬着全祖望的爱子全昭德，但是我走了一圈，没有看到相关的痕迹，只看见一条翠绿泛黄的小蛇被我惊动，慢慢地从眼前爬过去。

六年之后，我又在宁波市洞桥镇沙港村访到了全祖望的故居。2018年4月23日，我跟周慧惠来到了宁波的洞桥镇，到达时已是中午，我们在一家面馆简单进餐，而后上车继续前行，去沙港村寻找全祖望故居。按照导航上的显示，沙港

⊙…“全祖望墓”文保牌

⊙… 全祖望墓地

谢山

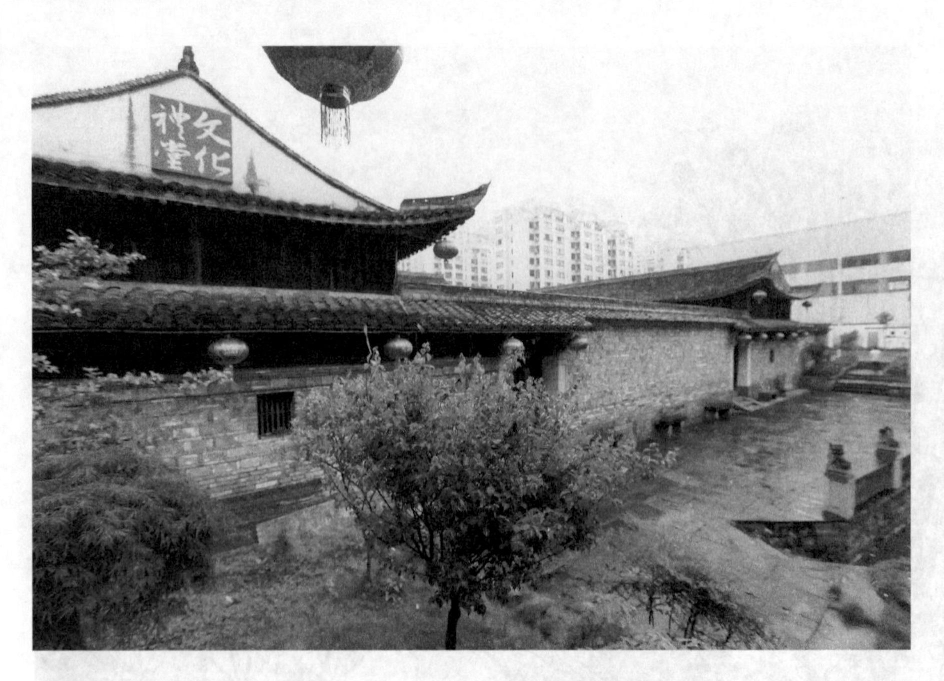

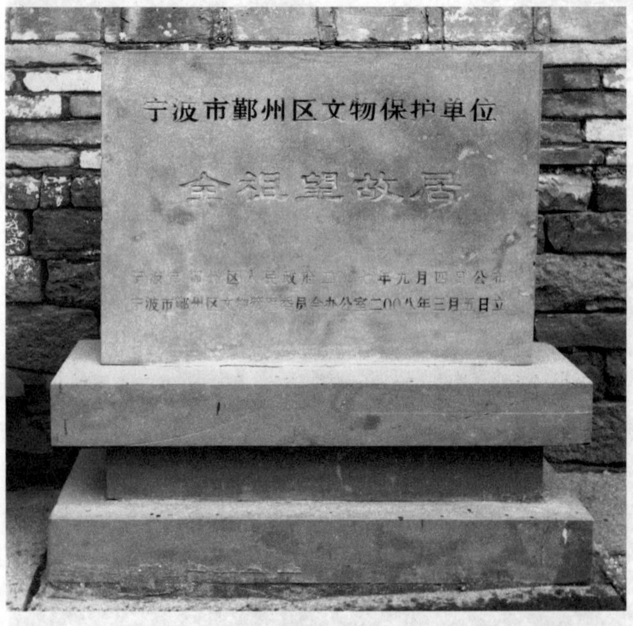

宁波市鄞州区文物保护单位
全祖望故居

⊙… 全祖望故居　⊙… “全祖望故居”文保牌

村距洞桥镇不足一公里，故很快就开到了这个旧村落。这个区域实际就跟洞桥镇隔着一条马路。其实沙港村已然并为洞桥镇的一部分，因为该镇面积的扩大，使得这一带也处在拆迁范围之中。

此时天已下起了雨，我看到路边有一个长长的大工棚，于是将车停在下面，而其后方就是一片待拆迁的老建筑。因为下雨的原因，在这里无处打问全祖望故居的具体方位，在这片老建筑内转来转去，却始终找不到相应的文保牌。

从这个区域一直穿行，眼前是一条不窄的河道，隔河望过去，对面老房的门洞内有两位老年妇女坐着聊天。我跟周慧惠跨桥而过，让慧惠去打问全祖望故居的具体位置。慧惠果真是大妈杀手，两位妇女站起身用当地话仔细指点前行之路。毕竟我俩对当地的道路实在不熟悉，一位大妈立即走入雨中带我们前去寻访。此时的雨时大时小，我立即让慧惠打伞跟这位大妈同行，自己则用衣服包裹好相机跟在她们后头。

好在路途不远，其实就在那个大棚的相反一侧，这一带也已盖起了大片的楼房，而在道路与楼房之间总算留下了一片老房子。大妈指着这些新翻建的“旧”房说：“这就是全祖望故居。”我注意到，路边的名牌上写着“沙港村文化礼堂”。此前我在网上查得全祖望故居在沙港村村委会的旁边，看来这个说法要修订一下，因为名牌上还写着“村史村情陈列”，看来这是全祖望故居当今的用途。

大妈带我二人找到目的地后，转身冒雨要往回走，慧惠当然不忍，提出打伞送回。大妈瞥了我一眼，而后跟慧惠说：“你看他淋成这样，还是让他打着伞吧，我们经常淋雨，这点儿雨根本不碍事。”我感觉大妈的这几句普通话说得颇为标准，但刚才一路上她却跟慧惠用当地话对谈。雨水把我浇成的狼狈相让大妈生了怜悯之心，于是她毅然决然地快步走回聊天之地。

跟周慧惠走入这片旧居，在墙边果真看到了“全祖望故居”的文保牌。文保牌的对面是一个一亩大小的池塘，而靠路口的位置还有一处新建的仿古建筑，这有可能就是王永健所言的全氏祖堂。如今祖堂上着锁，而走到全祖望故居门前，也同样如此。周慧惠猛然醒过味儿来：“今天是周一，例行的闭馆时间。”

冒着雨跑了这么远的路，如此结果，确实有挫败感，于是围着故居的外墙探看一番，希望能够找到管理员的联系电话，可惜这个愿望也落空了。好在池塘的对角有一个仿古小亭,处在高台之上,我走上前希望站在亭子上能够探望到院中内景。可惜这里的围墙太高,仅能看到一间大屋的侧脊上写着“文化大礼堂”字样。

此时的雨仍无停歇之意,只能站在亭内边避雨边四处张望,在小亭的一根立柱上看到了“全海良周永菊夫妇助捐”的字样,看来他们也是全氏之后。小亭的上端有壁画,其彩绘水平真不敢恭维。近些年来,仿古建筑颇为兴盛,可惜相应的美工未能达到古人的水准。

趁着雨的间歇从全祖望故居往回走,在路边一个小区的侧墙上看到了一组壁画,走近细看,原来画的全是全祖望的故事。这足以说明当地很以这位前贤为傲,然而墙上的全祖望却是唐人的装束,看来他对史学的谨严态度未能在自己的家乡传播开来。

三

倡修

乾隆年间，文治昌明，高宗皇帝欲搜集天下遗书，早在乾隆六年（1741）即下旨征集内府未备之本，这次征书虽然并不成功，却为后来编纂《四库全书》埋下了伏笔。乾隆三十七年（1772）正月初四，皇帝再次下令搜集古今典籍，然而各省督府担心皇帝借搜访书籍之名兴文字狱，故此次征书仍未显现成效。当年十一月二十五日，安徽学政朱筠见皇帝征书之诏，为此提出了搜访书籍的四条建议，其中就有从《永乐大典》中辑佚失传之书的要点。该建议得到了高宗的批准，下令从翰林院抽调官员来查校《永乐大典》。乾隆三十八年（1773）二月，皇帝派福隆安负责筹建『四库全书处』，此即『四库全书馆』之前身。

经过四天的核查，军机大臣向皇帝回奏《永乐大典》尚存九千余本，在皇帝的催促下，四库馆臣从《永乐大典》中辑出五百余种失传之书，其中385种4926卷收入《四库全书》正本，127种列入『存目』。因此后世学者几乎一致认为，《永乐大典》的辑佚直接促使了《四库全书》的开馆，同时辑佚也成为《四库全书》编纂的一项重要内容。而邵晋涵从《永乐大典》中辑出薛居正的《旧五代史》，乃是《永乐大典》辑佚工作的重要成果之一，正是该书的辑佚完成，才使得中国正史有了『二十四史』之称。

关于编纂《四库全书》的理论铺垫，有的学者认为乃是本自周永年提出的『儒藏说』，然周永年的这种观念应是本自明代福建藏书家曹学佺提出的编纂《儒藏》设想，因为曹看到佛教和道教分别有《大藏经》和《道藏》。乾隆初年，周永年再倡此说，但是周的说法是否启发了乾隆皇帝，使他下令编纂《四库全书》，学者也有不同观点。虽然周永年也是四库馆臣，并且从《永乐大典》中辑出了许多失传之书，但既然有『儒藏说』启迪《四库全书》编纂的说法，故将其排在此节。

朱筠 首倡辑书，因贬入馆

关于朱筠对《四库全书》的贡献，章学诚在《朱先生别传》中说过这样几句话："诏求遗书，先生欣然谓得行其志，且曰：'此为非常盛典，必当人用专长，书明识职，然后沿流溯本，可得古人大体，而窥天地之纯。' 因上书具言条例，优诏报可，于是遂开四库之馆。"

章学诚说皇帝下令在全国范围内征求稀见之书，朱筠闻此很是高兴，并立即响应，而后他给朝廷递了个折子，提出了一些具体的建议，这些建议被皇帝所采纳，从而促成了《四库全书》的纂修。故而可以说，朱筠乃是《四库全书》的第一功臣。

《清史稿·朱筠传》中也记载了他的这个贡献："诏求遗书，奏言翰林院藏《永乐大典》内多古书，请开局校辑。旋奉上谕：'军机大臣议复朱筠条奏校核《永乐大典》一节，已派军机大臣为总裁。又朱筠所奏将《永乐大典》择取缮写，各自为书，及每书校其得失，撮举大旨，叙于本书卷首之处，即令承办各员，将各原书详细检阅，并书中要旨总叙厓略，呈候裁定；又将来书成，著名《四库全书》。'《四库全书》自此始。筠又请仿汉熹平、唐开成故事，校正《十三经》文字，勒石太学。未几，坐事降编修，充《四库全书》纂修官，兼修《日下旧闻考》。高宗尝称筠学问文章殊过人。寻复督学福建。归卒，年五十有三。"

此传说得十分明晰，皇帝看到了朱筠的奏折后，命军机大臣商讨，而后按照朱筠的建议予以实施，由此设立四库全书馆。

朱筠所上奏折收录于中国第一历史档案馆所编《纂修四库全书档案》一书中，该奏折对四库全书馆的开办十分重要，故将其全文照录如下：

安徽学政朱筠奏陈购访遗书及校核《永乐大典》意见折

乾隆三十七年十一月二十五日

安徽学政臣朱筠谨奏，为谨陈管见，仰祈睿鉴事。

窃惟载籍重于左史，目录著于列代，典至巨也，制至详也。我皇上念典勤求，访求遗书，不惮再三。凡在鼓箧怀椠之伦，莫不蒸蒸思[奋]，勉献一得。矧臣蒙恩职厕文学，敢竭闻见知识一二，为我皇上陈之：

一、旧刻抄本，尤当急搜也。汉、唐遗书存者稀矣。而辽、宋、金、元之经注文集，藏书之家尚多有之，顾现无新刻，流布日少。其他九流百家，子余史别，往往卷帙不过一二卷，而其书最精。是宜首先购取，官抄其副，给还原书，用广前史艺文之阙，以备我朝储书之全，则著述有所原本矣。

一、金石之刻，图谱之学，在所必录也。宋臣郑樵以前代著录陋阙，特作二略，以补其失。欧阳修、赵明诚则录金石，聂崇义、吕大临则录图谱，并为考古者所依据。请特命于收书之外，兼收图谱一门，而凡直省所在现存钟铭碑刻，悉宜拓取，一并汇送，校录良便。

一、中秘书籍，当标举现有者，以补其余也。臣伏思西清、东阁所藏，无所不备。第汉臣刘向校书之例，外书既可以广中书，而中书亦用以校外书。请先定中书目录，宣示外廷，然后令各举所未备者以献，则藏弆日益广矣。臣在翰林，常翻阅前明《永乐大典》，其书编次少伦，或分割诸书以从其类，然古书之全而世不恒觏者，辄具在焉。臣请敕择取其中古书完者若干部，分别缮写，各自为书，以备著录。书亡复存，艺林幸甚！

一、著录校雠，当并重也。前代校书之官，如汉之白虎观、天禄阁，集诸儒校论异同及杀青，唐、宋集贤校理，官选其人。以是刘向、刘知几、曾巩等，并著专门之业。列代若《七略》《集贤书目》《崇文总目》，其书具有师法。臣请皇上诏下儒臣，分任校书之选。或依《七略》，或准四部。每一书上，必校其得失，撮举大旨，叙于本书首卷，并以进呈，恭俟乙夜之披览。臣伏查武英殿原设总裁、纂修、校对诸员，即择其尤专长者，俾充斯选。则日有课，月有程，而著录集事矣。

臣梼昧之见，是否可采，伏冀皇上睿鉴施行。谨奏。

朱筠的建议要点有四，他认为首先要搜集旧刻本和旧抄本，因为这些书留传稀见，错过时机就会失传。第二，应当搜集金石拓片及各种图谱，因为这是考证历史文献正确与否的重要依据，所以他建议朝廷下令让各个省分别去收集刻石和钟鼎文拓片，而后一并送往朝廷。第三，朱筠认为应当整理宫内所藏之书，因为这些书中有一些民间难得之本，而且称自己在翰林院时曾经翻阅过《永乐大典》，虽然此书在编辑上有些混乱，但是有些市面上失传之书可在其中看到，所以他建议从《永乐大典》里辑出已经失传的著作，这将是学术界一件幸事。第四点，他认为既然有修书之举，就应当效仿古人系统地编一部翔实的目录，并对此提出了具体办法，那就是让校书的馆臣给每一书写一篇提要，放在该书卷首。朱筠甚至建议原来武英殿的总裁、纂修、校对官等对写提要很在行，此事可以下令让他们来办理。

朱筠的这份奏折详细讲明了搜集资料的范围及相应的办法，重点提出要从《永乐大典》中辑出已失传之书。皇帝下令讨论朱筠的建议，军机处上谕档中载有乾隆三十八年（1773）二月初六日“大学士刘统勋等奏议覆朱筠所陈采访遗书意见折”，刘统勋在此折中对朱筠所提的四点建议一一给予答复，他基本赞同朱筠的提议，而对于从《永乐大典》中辑录失传书之事，刘统勋也派员核查，此折中称：

再，该学政又称：前明《永乐大典》其书虽少伦次，然古书之全者具在，请择取其中若干部，分别缮写，各自为书，以备著录，等语。查《永乐大典》一书系明永乐初年所辑，凡二万二千九百余卷，共一万一千九十五册，最称浩博，旧存皇史宬，复经移置翰林院典籍库。扃贮既久，卷册又多，即官隶翰林者，不得遍行检阅，今该学政所奏亦只系约略大凡，于原书未能悉其梗概。臣等因派员前往库内逐一检查，据称：此书移贮之初，本多缺失，现存在库者共九千余本，较原目数已悬殊。复令将原书目录六十本取出，逐细阅看。

经过一番核查，刘统勋向皇帝奏明《永乐大典》的编纂体例以及现存状况，虽然在此前已经有全祖望等人从《永乐大典》中辑录失传之书，但那属于私人行为，本次朝廷派员核查《永乐大典》乃是入清后的第一次官方行为。经过这样的核查，才使得清廷重视这部体量巨大之书，军机处上谕档中记载有乾隆三十八年二月初六日皇帝所下“谕著派军机大臣为总裁官校核《永乐大典》”。

乾隆三十八年二月初六日奉旨：

军机大臣议复朱筠条奏，内将《永乐大典》择取缮写各自为书一节，议请分派各馆修书翰林等官前往检查，恐责成不专，徒致岁月久稽，汗青无日。盖此书移贮年深，既多残缺，又原编体例分韵，类次先已割裂全文，首尾难期贯串，特因当时采摭甚博，其中或有古书善本，世不恒见，今就各门汇订，可以凑合成部者，亦足广名山石室之藏。着即派军机大臣为总裁官，仍于翰林等官内选定员数，责令及时专司查校，将原书详细检阅，并将《图书集成》互为校核，择其未经采录而实在流传已少，尚可裒缀成编者，先行摘开目录奏闻，候朕裁定。其应如何酌定规条，即着派出之大臣详悉议奏。

刘统勋所上奏折与皇帝的批示为同一天，由此可知，刘统勋的意见折虽然很长，但皇帝还是仔细看了一番，当天就给了批示。皇帝同意从《永乐大典》内辑录失传之书，他要求派军机大臣为总裁官，在翰林院内选择相关人员，而后将辑佚之书与《古今图书集成》进行核对，以此确定哪些书可以从《永乐大典》中辑出。皇帝还要求先开一个目录列给他，等他来决定辑佚哪些书，而对于朱筠奏折上所提的第四条建议，皇帝的批示为：

至朱筠所奏，每书必校其得失，撮举大旨，叙于本书卷首之处。若欲悉仿刘向校书序录成规，未免过于繁冗。但向阅内府所贮康熙年间旧藏书籍，多有摘叙简明略节，附夹本书之内者，于检查洵为有益。应俟移取各省购书全到时，即令承办各员将书中要指隐括，总叙厓略，粘贴开卷副页右方，用便观览。钦此。

这一条乃是针对朱筠建议给每一书撰写提要之事，皇帝觉得这种做法太费事，又想到以前宫内所藏之书也的确有过类似做法，于是决定对各地征来之书也要让相关人员写一篇提要，贴在每书的第一卷上，以便让人知道该书的大旨。而这件事后来就演变成了中国目录学中最重要的成果——《四库全书总目提要》。

对于朱筠所上奏折的价值，刘凤强在《朱筠对〈四库全书〉的贡献》一文中总结为："扩大搜书范围，由原来仅限于搜集民间藏书，进而扩展到宫廷藏书，从《永乐大典》中辑佚遗书，以至延伸到金石图谱。这样，便使所搜书籍无所不包了。此后纂修《四库全书》所著录书籍来源有三，一是辑《永乐大典》所得；一是各省及私人进呈书籍；一是内府藏书。这种模式基本是沿用了朱筠的建议。尤其是从《永乐大典》中辑出遗书500余部，均为举世罕见或已佚失的，对后世影响很大，大都被收入《四库全书》之中。金石图谱，原也并不在搜书范围之内，由于朱筠的建议，《四库全书》中收录了大量的金石学著作。据统计，金石著录部数36部，276卷；谱类著录部数25部，201卷。这就大大丰富了《四库全书》的内容。"

对于朱筠所提出的将不同版本予以校对之事，刘凤强在文中评价说："朱筠的奏折已明确提出以内府与外来书籍互校，并具体提出了编纂目录的设想，成为构思《四库全书总目》第一人。同时也为纂修《四库全书》提供了方法和步骤。"正是因为朱筠的这个建议，随之产生了中国历史上最大规模的一次典籍核查。而对于学术脉络的梳理，又使得乾嘉朴学成为清朝的显学。梁启超在《中国近三百年学术史》中点明了这个问题：

自康、雍以来，皇帝都提倡宋学——程朱学派，但民间——以江浙为中心，“反宋学”的气势日盛，标出“汉学”名目与之抵抗。到乾隆朝，汉学派殆占全胜，政府方面文化事有应该特笔大书的一件事，曰编纂《四库全书》……当时四库馆中所网罗的学者三百多人都是各门学问的专家。露骨地说，四库馆就是汉学家的大本营，《四库提要》就是汉学思想的结晶体。就这一点论，也可以说是：康熙中叶以来汉宋之争，到开四库馆而汉学派全占胜利，也可以说是：朝廷所提倡的学风，被民间自然发展的学风压倒。当朱筠（汉学家）初奏开四库馆时，刘统勋（宋学家）极力反对，结果还是朱说实行。此中消息，研究学术史者不可轻轻放过也。

梁启超直接把四库馆称为汉学家的大本营，而从清初形成的汉学与宋学之争，以四库馆的开办标志着汉学的全面胜利。故而暴鸿昌在《朱筠与乾嘉学术风气》一文中称：“如果从促成四库馆开设这一意义上说，朱筠对乾嘉学术风气的作用是不可低估的，其影响远胜其著述，这对认识清代学术史至为重要。”

原本乾隆皇帝在天下征书，主要意图是丰富宫中的馆藏，但经过朱筠的提议，使得皇帝想编纂一部天下最大之书，于是就有了开办四库馆之举。但人们并没有意识到随着四库馆的开办，形成了古文经学派也就是汉学派的大本营。为什么出现这样的一个结果？其实跟朱筠同样有着直接的关系。

关于朱筠的学术观，孙星衍在《笥河先生行状》中称：“先生以南宋已来，说经之学多蹈虚，或杂以释氏宗旨；明儒学无渊源，矫枉不得其正，又牵于制义声律，而经学放绝焉；国朝顾氏炎武、阎氏若璩，虽创通大义，惠氏士奇父子抱残守缺，而向学者尚未殷盛。先生以为经学本于文字训诂，又必由博反约，周公作《尔雅》《释诂》居首，保氏教六书，《说文》仅存，于是刊布许氏《说文》于安徽以教士。”笥河乃朱筠之号，由此《行状》可知，他的学术观是典型的古文经学派，故而他特别推举戴震。

然而戴震曾写过一篇《与彭进士尺木书》，表达了自己的义理观念，朱筠虽然很赞赏戴震，但却不赞同戴震的这种观念，曾经评价此信：“性与天道不可得闻，何图更于程朱之外复有论说乎？戴氏所可传者不在此。”但是，洪榜不同意朱筠的观点，曾写信与朱筠辩论，而章学诚在《答邵二云书》中对此事有如下评语：

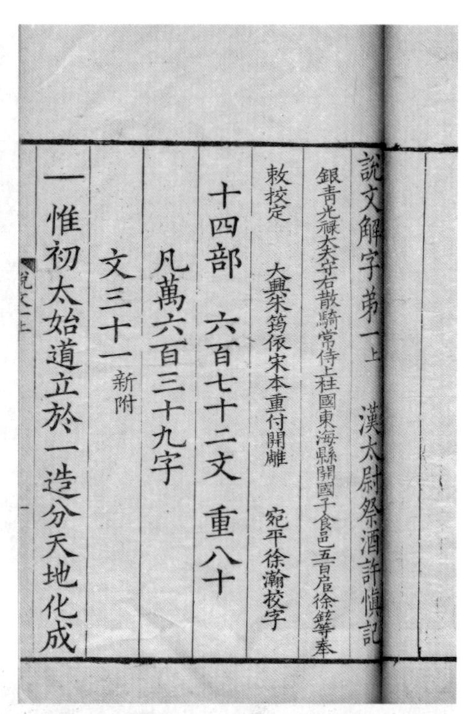
說文解字弟一上　漢太尉祭酒許慎記
銀青光祿大夫守右散騎常侍上柱國東海縣開國子食邑五百戶徐鉉等奉
敕校定　大興朱筠依宋本重付開雕　宛平徐瀚校字
十四部　六百七十二文　重八十
凡萬六百三十九字
文三十一　新附
一惟初太始道立於一造分天地化成

重刻說文解字敘
誥授起居注官翰林院侍講學士兼辦內閣批本事務提督安徽等處學政大興朱筠撰
大清乾隆三十有六季冬十一月筠奉
使者關防來安徽視學明季按試諸府
州屬輒舉五經本文與諸生月日提示
講習病今學者無師法不明文字本所
由生其狎見尢甚者至於謟訹不分鍛

⊙…《说文解字》十五卷　清乾隆三十八年朱氏椒华吟舫刻本　卷首

⊙…《说文解字》十五卷　清乾隆三十八年朱氏椒华吟舫刻本　朱筠序

⊙… 萧山朱氏祠堂门前没有朱氏字样　⊙… 朱氏祠堂内景

"时在朱先生门,得见一时通人,虽大扩生平闻见,而求能深识古人大体,进窥天地之纯,唯戴氏可与几此。而当时中朝荐绅负重望者,大兴朱氏、嘉定钱氏,实为一时巨擘。其推重戴氏,亦但云训诂名物,六书九数,用功深细而已,及举《原善》诸篇,则群惜其有用精神耗于无用之地。仆于当时力争朱先生前,以谓此说似买椟而还珠,而人微言轻,不足以动诸公之听。"

章学诚认为朱筠等推举戴震,只是看重戴在经学研究上的成果,对于其《原善》等义理之作,则只认为是空耗精神,他不同意这样的观点,曾经据理力争,可惜人微言轻,无法让他们改变态度。针对章学诚的这段话,《清代学术思想史重要观念通释》一书中有如下解读:"足见朱筠后来反对在《行状》中载《与彭进士允初》,是和他当初惋惜戴震《原善》诸篇出于同一动机:义理根本是'无用之地',唯有考据所得才有'可传'的价值。章学诚此书还透露出一个重要的消息,即戴章两人(特别是戴氏)从事义理工作,其最大压力反而是来自考证学派的'巨擘',如朱筠和钱大昕诸人在这些考证专家的心目中,义理不过虚存其目,真正学术则只有考证一门而已。"

朱筠给朝廷呈上修书奏折时正在安徽学政任上。乾隆三十六年(1771)十月,朱筠奉命提督安徽学政,他从北京出发之时,有几百位朋友、门生为其送行。朱筠跟众人说:"吾于是役,将使是邦人士为注疏之学,而无不穷经;为《说文》之学,而无不识字。"朱筠明确说,他在安徽任上要让当地学子重视实学,也就是后人所说的古文经学。朱筠还写过一篇《劝学篇序》,在序中仍然强调这样的观念:

余试士之文谓之经义,所以说五经及四子书之义也……诸生不读许氏书无以识字,不读毛、何、赵、郑氏书无以通经。诸生应使者试,为文不如此,其求合于诏令"清真雅正"之旨者益难矣。夫清真者,非空疏之谓,雅正者,非庸肤之谓。诸生将求免于空疏、庸肤以仰符诏旨,其必不能外乎识字以通经矣。

朱筠所说的"许氏书"乃指东汉许慎的《说文解字》,乾隆三十八年(1773),朱筠得到了汲古阁本的《说文解字》初印本,命王念孙等人仔细校勘,之后予以刊刻出版。他在该书的序言中写道:

大清乾隆三十有六年冬十一月,筠奉使者关防来安徽视学。明年按试诸府州属，辄举五经本文，与诸生月日提示讲习。病今学者无师法，不明文字所由生，其狎见尤甚者，至于"謟""諂"不分，"鍜""鍛"不辨，"據"旁著"处"，"適"内加"商"，点画淆乱，音训泯棼。是则何以通先圣之经，而能言其意邪？既试岁且一周，又明年春，用先举许君《说文解字》旧本重刻周布，俾诸生人人讽之，庶知为文自识字始。惜未及以徐锴《系传》及他善本评校，第令及门宛平徐瀚检正刻工之讹错。又令取十三经正文，分别本书载与不载者附着卷末，标曰《文字十三经同异》，略见古人文字承用之意，知者当自得之。

以此可见，《说文解字》乃是古文经学家最为看重的文字类典籍，而朱筠在此强调读书首先要从识字开始，这正是古文经学家共同的观念。经过他的努力，安徽一地终于改变了学风，洪亮吉在《书朱学士遗事》中称："先生去任后，二十年中，安徽八府有能通声音训诂及讲求经史实学者，类皆先生视学时所拔擢。夫学政之能举其职者，不过三年以内，士子率教及文风丕变而已。而先生之课士，其效乃见于十年二十年以后若此。"

即使朱筠离开了安徽学政之位，当地的学术风气却依然受其影响，而朱筠惜才爱才，故那时他的幕府中招揽了许多人才。洪亮吉在《伤知己赋并序》中称："一时人士会集最盛，如张布衣凤翔、王水部念孙、邵编修晋涵、章进士学诚、吴孝廉兰庭、高孝廉文照、庄大令炘、瞿上舍华与余，及黄景仁皆在幕府，而戴吉士震兄弟、汪明经中亦时至。"

朱筠跟他的弟弟朱珪都以爱才出名，李威在《从游记》中称："先生与弟先后翱翔翰苑三十余年，文学品望，并为时冠，四方学者称'二朱先生'。凡游日下者，问奇请益，踵相接也。先生汲引后进，常若不及。来学之士，一经诱诲，莫不争自濯磨，端品力学，时有'朱门弟子'之目。"正是这样的性格，使得朱门弟子遍天下，故有人议论朱筠荐士过滥，门人李威也曾为此事问过朱筠，朱筠回答说："子亦有疑于此欤？夫士怀才未遇，其或家贫亲老，跋涉数千里而来，若其名不获显著，羁旅孤寒，未见其能有合也。且彼实有所长，吾言稍假之耳，虽致非议，庸何伤？"

由此可见朱筠的胸襟，天下很多人怀才不遇，千辛万苦来到京城当然是想施展自己的才能，所以他才会努力帮助这些人，让世人知道他们的才能，即使遭到别人非议也在所不辞。正是因为他有这样的心态，使得朱门弟子遍天下。翁方纲在《哭竹君五首》中称“门墙著录到千人”，而朱筠对这些弟子们既关心爱护，又不计较小节。朱筠的弟子和朋友又大多受其影响，主要研究古文经学，故而姚名达在《朱筠年谱》中给了极高的评语：“朱筠是乾嘉朴学的开国元勋。”又称“朱筠是乾嘉朴学家的领袖”。

朱筠的学术观对《四库全书》的纂修产生了重大影响，其中的原因，刘凤强在文中说道：“《四库全书》的纂修与清代的考据学有着密切的关系，朱筠对于其门生弟子的影响也间接影响到《四库全书》的纂修。就四库馆员来说，很多都和他有着非同一般的关系，总纂官陆锡熊，提调官刘谨之、刘种之，协勘官程晋芳、任大椿、梁上国都是他的弟子，其他如纂修官戴震、邵晋涵，分校官王念孙在入馆前都曾在他的幕府，深受他的影响。这些都是对《四库全书》做出巨大贡献的人。”

四库馆臣中的重要人物有不少人都跟朱筠有关系，甚至有人认为当年朱筠给朝廷上的修书折，很有可能是出自邵晋涵和章学诚之手，钱穆在《中国近三百年学术史》中称：“二人相约同抄《永乐大典》，又开以后清廷纂辑《四库全书》之远源。盖四库馆之设立，其议起于朱筠条奏搜辑遗书，而开局阅校《永乐大典》，实为朱筠奏中要点，时邵二云、章实斋等在朱幕，朱奏盖出二云诸人，亦闻其绪论于谢山耳。穆堂、谢山则首辟此途也。”

钱穆所说的“二人”指的是李绂和全祖望，因为正是这两人策划从《永乐大典》中辑录失传之书。当年皇帝诏开三礼馆时，李绂、全祖望两人就曾向总裁方苞提议从《永乐大典》中辑书。李绂曾任三礼馆副总裁，而三礼馆也确实从《永乐大典》中辑出一部分相关文献。

虽然奏折出自幕僚之手，但毕竟主体观念乃是朱筠的，皇帝正是根据他的建言才有了纂修《四库全书》的想法。然而不知什么原因，四库馆开馆时皇帝并没有把他调入此馆任职，直到乾隆三十八年（1773）九月，因为生员宋邦孚欠考捐贡案的牵连，朱筠被连降三级。军机处上谕档载：“乾隆三十八年九月二十一日，内阁奉上谕：朱筠因生员欠考捐贡一案，部议降三级调用，自属应得处分。念其学问尚优，著加恩授为编修，在办理四库全书处行走。钦此。”

看来皇帝念朱筠建议修书有功，让他到四库全书馆去做编修。《四库全书》修成后，皇帝表彰相应的馆臣，却没有提到朱筠。既然朱筠是修纂《四库全书》的首创人，也在四库馆工作过几年，为什么是这样的结果？朱珪在《先叔兄朱公墓志铭》中讲到了缘由：

……秋，以某生欠考事部议降级，得旨：朱筠学问尚优，加恩授编修，在四库全书处行走。比归，总办《日下旧闻》纂修事。时金坛于文襄公敏中掌院为总裁，于公直军机，凡馆书稿本披核辨析，苦往复之烦，意欲公就见面质，而公执翰林故事，总裁、纂修相见于馆所，无往见礼，讫不肯往。爱公者强拉公至西园相见，公持论侃侃不稍下。金坛间为上言朱筠办书颇迟，上不之罪，曰：命蒋赐棨趣之。

看来朱筠跟《四库全书》总裁于敏中关系处得不好，于敏中向皇帝说朱筠办事迟缓，但皇帝并未处罚朱筠，只是让别人催办。此事亦可由李元度的《国朝先正事略》中所载《朱竹君先生事略》为证：“未几，坐事左迁编修，入四库馆，纂修《日下旧闻》。时文正薨，金坛总裁馆事，尤重先生。会以馆书稿本往复辨析，欲先生往就见，而先生执翰林故事，总裁、纂修相见于馆所，无往见礼，又时以持馆中事与意忤，金坛大憾。一日见上，语及先生，上遽称许朱筠学问文章殊过人，金坛默不得发，第言朱筠办书颇迟。上曰：‘可令蒋赐棨趣之。’时蒋方以旧侍郎直武英殿也。”

可见这种遭遇跟朱筠的性格有一定关系，他拒绝跟于敏中私下交往，要求公事公办地到四库馆去谈工作，以至于让于敏中觉得无法跟他搞好关系。其实从朱筠的角度来看，他倒并非刻意为难于敏中，只是他的性格如此。朱筠年轻的时候曾经住在刘统勋家，当他有些观念与刘统勋不同时，他不顾主客之间的身份，依然与刘争辩。后来刘统勋成为大学士掌管朝政，但朱筠依然与他“遇事执争如故”，并且他从此后不再到刘统勋家去与之见面，后来刘问到他时，朱筠的回答是：“无公事，不敢谒贵人。”

朱筠待对自己有知遇之恩的刘统勋尚且如此，对于敏中的这种态度也就可以理解了。他与于并无个人恩怨，只是性格使然，但那时朱筠身为四库馆的编修，是于敏中的部下，他们总得有工作上的商谈，无奈于敏中只好通过他人间接跟朱筠谈工作。《于文襄公手札》第四十通中称："昨得贵房师竹君先生札，火气太盛。办书要领并不在此，具札复之。至其误认东皋，亦系纂修并未悉原奉谕旨令愚总其成之故。抄录节次谕旨寄回，但愚不便言及，祈足下转送一阅。其原札并寄阅。所寄贵房师一札，希于阅后致之，并希劝贵房师办公勿过生意见，庶不失和衷共济之意。此事专仗足下调停，勿使穆堂独为难人为幸。"

看来朱筠给于敏中写信也同样不客气，于敏中只好通过他人加以协调，对于敏中的这封信，张升在其专著《四库全书馆研究》中认为："于氏与朱氏有矛盾是肯定的。从表面上看，矛盾是因办书而起，只是个人的断阻，而于氏后来攻击朱氏的借口也是朱氏办书稍迟。但是，从深层看，矛盾有可能是关系网的排他性引起的：朱氏人脉广，馆臣之中多有其幕僚、朋友，而于氏为总裁官，当然希望朱氏能成为自己人，先是拉拢，不从之后，则予以打击。"

张升又引用了《编修林君墓志铭》所言："君（引者案：林树蕃）之在馆也，职业之外，无所知。院长文华殿大学士金坛于公慕君名，从容谓君乡人曰：'卿乡林老先生，不能一枉过老夫耶？'数言之。以告君，君曰：'长者爱人以德，胡仆仆私谒为？'竟未尝一往。"以及郑福照编《姚惜抱先生年谱》乾隆三十九年（1774）所载："金坛于文襄敏中当国，雅重先生（引者案：指姚鼐），欲一出其门，竟不往。"对此，张升评价道："以上例子说明于氏要将馆臣罗织入自己的关系网之中，而纂修官林树蕃、姚鼐（他们恰恰与朱筠关系密切）并不顺从。可以说，作为四库馆实际主持者的于氏，应是馆臣中最重要的关系网之中心，而朱氏则是许多馆臣旧时关系网之中心，于氏要用新的关系网取代朱氏旧的关系网，而朱氏并不想完全从属于氏，故而有矛盾。"

也许正是这些原因，使得后来的《四库全书》功德簿上缺少了朱筠的大名，但根据王昶给朱筠所撰《翰林院编修朱筠墓表》中的记载，朱筠本人对此并不介意："君丰颐睟面，望之温然，间以谐笑，饮酒至数十斗不乱。或以为道广，然于名节风义之关，扬清激浊，分别邪正，断断不稍假易，且欲自厕于李元礼、范孟博之伦。宰执高君之名者，招之不往，怵以危词，君亦漠然置之。故四库馆之设，君不获与其役，人或为君惜，而君弗介意也。"

为什么朱筠能如此达观呢？这种态度同样缘于他的性格，江藩在《国朝汉

⊙… 朱氏祠堂院落内的房屋

学师承记》中写道："先生本无宦情，服阕后，欲遍游天下名山，已乞假矣……文正告之翰林院，取假呈归，曰：'兄实无疾。恐上再诘问，不敢欺罔，强为弟起。' 先生不答，既而輾然曰：'汝败我清兴矣。'"

看来朱筠对当官没什么兴趣，他跟上级请假说自己有病，其实是到处去游山玩水。他的弟弟朱珪也是朝中重臣，朱筠担心自己的行为影响到弟弟仕途，才勉强出来为官，但他私下却抱怨这是败自己的清兴。从这些记载也可看出朱筠为人的通达，尽管他的建议促成了清代最大的文化工程，最后他却并没有得到军功章，好在朱筠并不介意。

到如今，朱筠的墓址已查不到任何痕迹，按照《清史稿》所载，"朱筠，字竹君，大兴人"。大兴属于现在北京市的一个区，我在那里找不到与他相关的任何痕迹。前些年我在北京找到了他的旧居遗址，到如今已变得面目全非，但我依然想探得其他与之相关的遗迹。后来我在《清史稿》中所载《朱珪》中找到了线索："朱珪，字石君，顺天大兴人。先世居萧山，自父文炳始迁籍。文炳官盩厔（引者案：今陕西周至）知县，曾受经于大学士朱轼。珪少传轼学，与兄筠同乡举，并负时誉。"

原来朱氏兄弟的祖籍是萧山，到了父辈才迁居到北京大兴，于是我在萧山地区查找与之相关的遗迹。我在网上搜得了萧山的朱氏祠堂，于是给萧山古籍印刷厂的张鹏先生发微信向他了解情况。张鹏告诉我，萧山有好几个朱氏祠堂，他会代我去一一探访。几天之后，他回信称朱氏兄弟祠堂找到了，其地点在萧山区蜀山街道溪头黄村。张鹏同时告诉我，这个村已经整体拆迁，只剩下这个祠堂。我闻言大喜，但又担心哪天朱氏祠堂也荡然无存，便马上安排前往萧山，

2018 年 11 月 5 日晚，我到达杭州，这次的寻访还是麻烦盼盼为我带路。她第二天一早开车来到酒店，依然是我来驾车她看导航。车很快开到了溪头黄村社区，盼盼进社区办公楼内打听朱氏祠堂的具体位置，而我则在院落内拍摄四围环境。

如今这一带也在陆续拆迁之中，我在院门口遇到了一位回收物资的老人，向他打问朱氏祠堂的具体位置，他告诉我并不在此处，要原路返回两公里。盼盼打听的结果也是如此，于是我们上车按得知的路线慢慢行驶。

昨夜杭州下了很大的雨，今日一早的雨量虽然小了许多，但还是稀稀拉拉地

下个不停,这给问路带来了难度,故开车寻找只能是凭感觉。我开入了一个院落,这个院落已经荒废,由此穿出没多远就看到已经被拆掉的村庄,直觉告诉我,我们找对了地方。

站在停车处望过去,这片拆迁废墟面积巨大,说明当年是个很大的村庄。到如今,废墟上仅剩下几座还未拆掉的小楼,但目力所及却没看到仿古式建筑。张鹏在几天前已经打听到祠堂仍在,难道刚隔了几天就荡然无存了?这令我心下忐忑起来。盼盼比我乐观,说先看完了再下结论,于是我们向那几座仅存的小楼走去。

真是幸运,在一座待拆迁的旧楼侧边看到了一座仿古建筑,因为旧楼的遮挡,站在远处看不到它低矮的身影。走到它的门前,正门上悬挂着“赐谥文正”的匾额。朱珪比哥哥朱筠当的官大,曾是嘉庆帝的老师,原本也能主持朝政,但因和珅的嫉妒而受阻。《清史稿·朱珪传》中称:“珪初以文学受知。洎出任疆寄,负时望,将大用。和珅忌之,授受礼成,珪进颂册,因加指摘,高宗曰:‘陈善纳诲,师傅之职宜尔,非汝所知也。’会大学士缺,诏召珪,卒为和珅所沮。”

嘉庆四年(1799),弘历驾崩,嘉庆帝立即将朱珪召回,可见他对朱珪的重视。朱珪去世后赐谥文正,这也是祠堂正门上悬挂此匾的原因。然而除此之外,这里的几块匾额上并没有朱氏祠堂的字样。正在此时,我听到旁边的楼房内有动静,走过去一看,里面有个中年人正用工具撬起地上的瓷砖,我问他旁边是不是朱氏祠堂,他点头称是。祠堂上着锁,我问他可否找到开锁人,他警惕地问我来做何事,盼盼走上前向他大吹我来探访历史遗迹的重要性。

看来还是盼盼会说话,此人说这个祠堂很少开,但是旁边的窗户可以打开。而后他走上前用力一推,果真窗户开了,我马上走上前向内拍照,但隐隐看到,原来祠堂不止门前这一进,后面还有院落。我问此人可否跳窗入内拍照,他却告诉我这里有探头。我问他能不能避开探头,此人却不同意,他建议我说:“你应当站在探头前对着探头拍照,让看监控的人知道你不是来偷东西,只是来拍照。”

这样的思路颇为清奇,我倒愿意试一试。然而我腿伤之后,翻墙越户的本领大为下降,好在这些废墟上有很多砖块,于是搬来几块垫在脚下,而后翻入祠堂内。盼盼也是女汉子一枚，如法炮制进入祠堂。

果真如那人所言，祠堂的墙上安装着探头，于是我举起相机对着探头拍照，以此表明自己不是来偷东西的。但在拍照时，我却想到那位看监控的人会不会觉得我是在示威，但既然已经进来也就顾不了这许多了。

这间祠堂内部面积不大，里面堆放着一些桌椅杂物，正中的位置有一个新做的木屏风，上面刻着乾隆和嘉庆两个皇帝给朱珪所题对联。祠堂内门打不开，用力一推看到里面用铁丝拴着，于是想办法将其拧开，终于走入后院。因为下雨的原因，后院的地面积满了水，只好沿着边路慢慢地蹭过去。后院的右墙为碑廊，左侧则是那栋正在拆迁的小楼。从小楼的窗户其实能够翻进祠堂院落，但那位指路人为什么不告知从他拆瓷砖的房间内就能进入后院呢，我感觉他是有意让我站在探头前表演。

碑廊的墙壁上嵌着多块刻石，但均为新刻，其中有两块介绍的正是朱筠生平。我见此大喜，说明来对了地方，而这块简介上也提到了朱筠谏言从《永乐大典》上辑录失传之书的事情。

院落的后方同样是一座仿古建筑，门楣上挂着“朱氏家庙”的匾额，此庙也上着锁，于是如法炮制推开窗户，隔窗向内张望。里面的结构跟前一进房屋基本相同，也是堆放着一些杂物，正中的位置有供桌也有木龛，只是因为龛上有玻璃，看不清里面供奉的何人，想来应当是朱家始祖。侧墙上还摆放着一些牌位，因为距离太远，看不清牌位上的字样，但朱筠、朱珪兄弟既然有这么大的名气，那上面应当有他二人的名讳。

拍照完毕后返回时，只能由原路从屋内翻出。那位指路人依然在那里撬着瓷砖，我问他为什么不让我从旧楼内进入院中，他没有回答，而盼盼则问他为什么要撬这些瓷砖，此人称现在家里不很富裕，他想将多余的房屋出租：“但我的房子没有铺地砖，我把这些地砖铺上后，每间房就能涨二百块钱房租。”

续倡儒藏，及身云散

周永年

关于乾隆皇帝编纂《四库全书》的动机，有人认为是受周永年“儒藏说”的影响，也有人反对这种说法。王绍曾先生持前一种说法，他的《十八世纪我国著名目录学家周永年的生平及其主要成就》一文，乃是最早对周永年生平事迹做系统研究的论文，此文明确称：“儒藏之说，本来始于明末曹学佺，但他并没有提出具体办法，付诸实行，也没有从理论上加以阐述。实际上周永年才是真正的倡导者和实践者。”

而后王绍曾引用了周永年为传播儒藏思想而给他人写信时提到此事时所言：“他在《与孔荭谷札》中说：‘昔曹能始欲为儒藏而未就，窃以此艺林中第一要事。’《与李南涧札》又说：‘曹能始儒藏之议，自古藏书家所未及，当亦天下万世有心目者之公愿。’《复韩青田师》也说：‘门生连年奔走四方，仍于故纸堆中做活计。偶感于曹能始儒藏之议，窃思续而成之。’可见他倡为儒藏说，是想完成曹学佺未竟之志，并且把它看成是‘艺林中第一要事’。”

关于儒藏的概念，周永年在《儒藏说》中有如下解释：“书籍者，所以载道纪事，益人神智者也。自汉以来，购书藏书，其说綦详，官私之藏，著录亦不为不多，然未有久而不散者。则以藏之一地，不能藏之天下；藏之一时，不能藏于万世也。明侯官曹学佺，欲仿二氏为儒藏，庶免二者之患矣。盖天下之物，未有私之而可以常据、公之而不能久存者。然曹氏虽创此说，采撷未就。今不揣谫陋，愿与海内同人，共肩斯任。务俾古人著述之可传者，自今日永无散失，以与天下万世共读之。凡有心目者，其必有感于斯言。邱琼山欲分三处以藏书，陆桴亭欲藏书于邹鲁，而以孔子之子孙领其事，又必多置副本，藏于他处。其意皆欲为儒藏而未尽其说。唯分藏于天下学宫、书院、名山古刹，又设有经久之法，即偶有残缺，而彼此可以互备，斯为上策。”

周永年有感于书籍聚散无常，他认为曹学佺提出的仿佛藏和道藏来修一部儒藏的想法很正确，因为将这些儒学著述汇为一编，而后藏到不同的地方，这样就不容易损毁，同时还应当建立一种长期保管的制度，方能让儒藏得以长久递传。故王绍曾认为“这是处在封建社会末期的周永年所设想的一幅公共图书馆的蓝图”。

为了实现这个理想，周永年还制定了具体实施细则，该细则被称为《儒藏条约三则》,虽然条款较为粗疏,却能表达出周永年的藏书理念。比如其中写道:“书籍收藏之宜,及每岁田租所收入,须共推老成三五人经理其事。凡四方来读者,如能自供给,即可不取于此。寒士则供其饮食。须略立规条,如丛林故事。极寒者且量给束脩,免其内顾之忧。有余仍储存之,以为置书增田之费。”

这段话涉及儒藏的费用维持问题,同时他有书籍为天下公器的概念,认为儒藏不但要免费给读者看,如果遇到穷人还应当补贴费用。这都是很不错的想法,周永年还是位行动派,他向朋友们宣传自己的观念,但真正响应者仅有好友桂馥一位,桂馥将自己的藏书全部拿到了周永年的藏书楼。桂馥在《周先生传》中写道:“先生于衣服饮食声色玩好一概不问,但喜买书。有贾客出入大姓故家,得书辄归先生,凡积五万卷。先生见收藏家易散,有感于曹石仓及释、道藏,作《儒藏说》。约余买田,筑借书园,祠汉经师伏生等,聚书其中,招致来学,苦力屈不就。顾余所得书,悉属之矣。”

周永年在去世前托人请章学诚为其写传记,章所作《周书昌别传》中对周永年的公共图书馆思想大为夸赞:

藉书园者,书昌之志也。书昌故温饱,橐馁于书,积卷殆近十万,不欲自私,故以藉书名园。藉者,借也。尝以其意,请余为《藉书目录》之序。余序之曰:书昌尝患学之不明,由于书之不备;书之不备,由于聚之无方。故竭数十年博采旁搜之力,弃产营书,久而始萃。今编目所录,自经部以下,凡若干万卷,而旧藏古椠,缮抄希觏之本,亦略具焉。然书昌之志,盖欲构室而藏,托之名山;又欲强有力者为之赡其经费,立为法守,而使学者于以习其业,传抄者于以流通其书,故以藉书名园。又感于古人柱下藏书之义,以为释老反藉藏以永久其书,而儒家乃失其法,因著《儒藏》之说一十八篇,冠于书首,以为永久法式。呜呼!书昌于斯,可谓勤矣。

遗憾的是,直至周永年去世,他倡建的借书园或者又称藉书园终未能建立起来。

那么周永年的儒藏说是否通过乾隆年间编纂的《四库全书》得以实现了呢?王绍曾先生在《十八世纪我国著名目录学家周永年的生平及其主要成就》中说得较为客观:“《四库全书》的纂修,是乾隆三十七年(1772)安徽学政朱筠上开馆校书的条陈开始的,实际上周永年的《儒藏说》倡议在前,而且已经很有影响。当时如罗有高、刘音等人,对《儒藏说》都广为传播。周永年的朋友王昶在《西安大兴寺重修转轮藏经殿记》里也主张'旁搜博采,合经史子集四部萃为一书,复锓之版以流通于世'。这很可能是受了《儒藏说》的影响。"

郭伯恭在《四库全书纂修考》中也持这种观念:"《四库全书》编纂之动机,其政治作用固大,但就表面而言,当时所受之影响,尚有两端:其一,汉学之勃兴……其二,儒藏说之提倡——儒藏之说,渊源于明曹学佺,而邱琼山欲分三处以藏书,陆桴亭欲藏书于邹鲁,亦皆有儒藏之思想,俱未能尽其说。乾隆间,历城周永年见收藏家易散,乃援前说倡'儒藏说',提倡集合儒书与释藏、道藏鼎足而三……当时士大夫颇有受其影响者,于是儒藏之说,由个人而及国家,由理想而成事实,故《四库全书》之成就,士林以倡导之,归诸永年。"而任松如在《四库全书答问》中也将"儒藏说"视为编纂《四库全书》的三大动因之一:"编纂《四库全书》就表面而言,有三大原因。周永年先唱'儒藏说',提倡集合儒书,与释藏、道藏鼎足而三,一因也;乾隆帝继下诏求遗书,令直省督抚学政搜集名著,汇送京师,二因也;朱筠、王应彩复奏请校办《永乐大典》,主张择取其中散片,各自成书,三因也。"

但也有人认为乾隆皇帝编纂《四库全书》并不是受"儒藏说"的影响,郭合芹在《"儒藏说"与〈四库全书〉》一文中称:"乾隆帝编纂大型丛书《四库全书》,并未受到周永年'儒藏说'的影响,他编书的思想行为是随着形势的发展自然而然产生的。周永年'儒藏说'主要内容之一就是汇集天下图书,而乾隆帝早在六年就开始征书,很显然乾隆帝征集天下遗书的活动并未受周永年之影响,周永年更未提倡政府编书,他筑借书园时只希望'强有力者为之赡其经费'。而乾隆帝最初征书也只是沿历代成例,并且想'富在石渠,用储乙览',以博'稽古右文'之美名。朱筠奏陈辑校《永乐大典》,才引发乾隆帝把已征之书及内府藏书和《永乐大典》辑佚本,汇为一编,以及为了进一步充实编书而进行的全国大规模的征书、禁书活动。乾隆帝征书、编书并未受周永年及其'儒藏说'影响,倒是朱筠直接成功地促使了辑佚《永乐大典》的活动,从而导致了《四库全书》的编纂。"

关于周永年的"儒藏说"与《四库全书》的编纂思想有没有关联性的问题,郭合芹认为:"周永年提出'儒藏',典藏有关'吾儒'之书籍,而乾隆帝编纂《四库全书》所收书籍内容包罗万象，包括对西方书籍的收录。而这些在周永年的'儒藏说'中是不曾提及的。周永年'儒藏说'只是藏书家藏书针对书籍现状有感而发，从而提出书籍典藏等有关问题，却不是旗帜鲜明地建议乾隆政府编书，而《四库全书》的编纂与'儒藏说'也没有直接的因果关系。"又称："乾隆帝在谕旨中多次提到'光册府而裨艺林''昭我朝文治之盛'等相近字样，却只字未提周永年及其'儒藏说'。若乾隆帝受周永年'儒藏说'之影响而编纂《四库全书》，凭他作为一代盛世之君的胸怀和见识，他会在谕旨中有所提及或反映。"

张银龙、赵晓丹在《周永年"儒藏说"提出时间考兼论其对〈四库全书〉纂修之影响》一文中也认为儒藏说与《四库全书》的纂修没有关联性。此文首个着眼点乃是关于儒藏说提出的时间是否早于四库馆的开办问题，该文中写道："'儒藏说'提出的具体时间，目前研究者尚未有人涉及，恐是资料太少之故。唯李常庆在《〈四库全书〉年表》中载明：1736，乾隆元年，周永年重提'儒藏说'。但未注信息来源。查周永年生于1730年，乾隆元年尚是7岁小儿，纵然他天资异常，此时能提出'儒藏说'这样的思想，显然难以想象，此说有轻率之嫌。"

关于儒藏说提出的最早时间，此文引用了赵希璜所作《题周朗谷大令震甲晒书图》之诗及其诗注：

二樵昔作曝书图，赵德通经愧故吾。

航海秋风欣附李，行吟春梦笑追苏。

卅年回首潮阳事，万里空怜颍士奴。（老仆王吉祥随余四十余年矣）

杜库曹仓让儒藏，渊源朗谷过庭趋。（壬辰客潮阳李南涧先生幕，随南涧渡海，海舟溢水入舱，书簏尽湿。余亲为披阅曝诸日中，适朗谷尊人书昌信至，有儒藏之说，顺德二樵为南涧作曝书图。）

而后推论说："壬辰，当为乾隆三十七年（1772年），是年五月，李文藻转任潮阳县令。'适朗谷尊人书昌信至'，说明此信为新写，而其中谈及'儒藏说'。由此可知，'儒藏说'的提出最少迟至1772年。"接下来该文继续引用各种文献，而后讲道："在上述相关文献中，有多件可以断定时间下限为乾隆三十七年（1772

年)，此或并非偶然。鉴于前后一段时间均未能发现周永年以及其好友有关于‘儒藏说’的记述，因此，不妨大胆推测，‘儒藏说’的提出即在1772年初或不久之前。若如此，其对乾隆纂修四库产生舆论导向作用几无可能。据《纂修四库全书档案》记载，乾隆三十七年正月乾隆帝谕令直省督抚学政购访遗书开始，于翌年二月设立四库全书馆，七月，周永年即被征入四库馆。”

周永年既然入四库馆工作，他当有机会在馆内继续宣扬自己的“儒藏”说思想，然而从现有的资料来看，他似乎并没做这件事。清王培荀在《乡园忆旧录》中讲了这样的故事：“周林汲先生，字书昌，名永年，历城人。嗜古多闻，读书过目不忘，以荐入四库全书馆，赐编修。典试贵州落水，以救获免。后又放山东主考大臣，奏系该员本籍乃止。家酷贫，赵渭川助以金，并赠诗云：‘髯翁贫病今犹昔，时欠长安卖药钱。堪笑石仓无粒米，乱书堆里日高眠。’论者谓绝似先生行乐图。与先王父交善，尝以商彝托先王父代售，其情况可想。性好书，有仆四人，专为收掌。先王父在都日，寓舍比邻，朝夕过从，家仆田升亦代为经理。所刻书，多寄余家代为消散。其家藏书最多，先生在馆时，蒙上垂问家藏书籍，刻有书目二部，遂以进呈。点出一千余部进之，后印以御宝发还。堂官某求暂留借观，未数日而其家籍没，书遂入大内矣。”

王培荀以上的描绘颇为详细，因为他说周永年与其祖父毗邻而居，故其所载有可能是周永年的实况。王培荀说周永年生活很困难，他甚至请王的祖父代售古董，但周对书的酷爱却给王培荀留下很深的印象，虽然家中穷，但周永年却雇有四位仆人专门为他整理藏书。同时，周也通过刻书出售来赚钱，并将个人藏书整成书目进呈给皇帝，皇帝竟然点出其中一千多部让其进献。按照王培荀的说法，这些书钤盖玉玺后又发还给周永年，想来应当是翰林院在征书修纂《四库全书》时钤盖在书封面上的木记。遗憾的是，这些书发还后被某官借去，该官又出了事，这些书全部被抄没了。

王培荀在文中还讲到周永年在藏书上所遇到的其他厄运：“出门每以五车自随，在德州书院将归，以书寄朋好处，逮返，而其书尽为人窃去。在济宁时，留书某家，为水漂去。子东木，名震甲，为河南太康令。以二千金往江南买书以归，家中无人，戚某守宅，书籍、古玩、字画尽为所鬻。及归里问所藏，则零篇断简，无一

儒藏說　歷城周永年書昌

書籍者所以載道紀事益人神智者也自漢以來購書藏書其說綦詳官私之藏著錄亦不爲不多然未有久而不散者則以藏之一地不能藏於天下藏之一時不能藏於萬世也明侯官曹氏學佺欲仿二氏爲儒藏庶免二者之患矣蓋天下之物未有私之而可以常據公之而不能久存者然曹氏雖倡此議採擷未就今不揣譾劣願與海内同人共肩斯任務俾古人著述之可傳者自今日永無散失以與天下萬

仁和吳氏

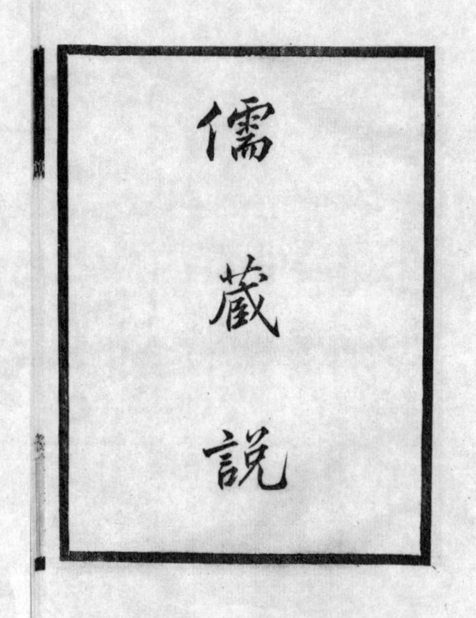

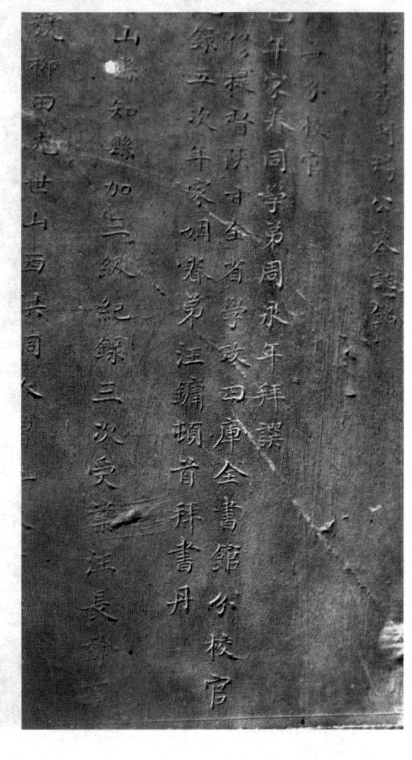

⊙… 周永年撰《儒藏说》民国七年吴氏双照楼刻本　卷首

⊙… 周永年撰《儒藏说》民国七年吴氏双照楼刻本　牌记

⊙… 周永年撰写的墓志铭

⊙… 东流水街口的水潭

全者。先生在日，常以抄本三十种质于四川李雨村。雨村于逆匪之变，万卷楼被火焚，未尽者亦被人抢去。”

周永年真是不幸，他的藏书受尽磨难，而他想建造的借书园也就因此烟消云散了。但从他的经济状况来看，周永年藏书重量不重质，并且他在做生意方面也同样是干啥赔啥，章学诚在《周书昌别传》中写道："初入翰林，以谓官清则贵有守，惟治生有具，乃可无求于人。于是鬻间架，权市货，倩贾客为之居廛，俄而大耗其资，则矍然省曰：'商贾末也，力农本也，弃本逐末，我则疏矣。'则又僦田讲求艺植，倩农师为之终亩，凡再遇丰年，而俄田所获，不足偿其粪溉，则又矍然省曰：'农夫耒耜，士之贽也。我不食业，而耕是谋，失吾本矣。'遂评辑制举之文，镌印万本，以为诸生干禄者资……然而应科举者多迂之，印本不售，而刻印资多券质，责逋计子母，即鬻万本不足偿，于是至大狼狈。"

周永年想了很多办法做生意赚钱，但他干的每一行都不能如其所愿，想来他买大量的书也是为了建成自己的借书园，同时来实现"儒藏说"的理想，可惜也未能如愿。以此推之，他后来不再提"儒藏说"应当跟他的境遇也有一定的关系。张银龙、赵晓丹在《周永年"儒藏说"提出时间考兼论其对〈四库全书〉纂修之影响》中写道："从文献中关于周永年的介绍文字也可推断，'儒藏说'的社会影响并不广泛。清章学诚的《周书昌别传》与桂馥《周先生传》有提及'藉书园'与'儒藏说'，而成瓘[道光]《济南府志》卷五十三《周永年传》中提到'借书园'却未及'儒藏说'，民国赵尔巽《清史稿》周永年传中也未点明'儒藏说'，亦可见所谓'儒藏说'社会影响之一斑。"

那么周永年的"儒藏说"究竟对《四库全书》的编纂有没有影响呢？张学军在《周永年的"儒藏说"与〈四库全书〉》一文中引用了郭伯恭和任松如先生所言后总结说："由此看来，周永年提出的'儒藏说'只为《四库全书》的编纂做了舆论上的准备，与《四库全书》的编纂并未有直接关系。"为此，张学军在文中解释了两点："儒藏是仿照佛藏、道藏而设，不是官方所修，其佛藏、道藏的结集，最初的动机是为了对付由迫害而导致的经典的毁灭。而《四库全书》是以朝廷力量向全国征集古今书籍，加以整理分类，然后缮写七份并分存于全国重要城市。在客观上有条件地保存和传播了大量古籍，这似乎与周永年的《儒藏》相似，但真正的动机是清帝借此把全国书籍普查后加以整理删改，便于控制文化传播，达到消灭清初史事之记载，遏制汉人之反清观念的目的。《四库全书》修成后，七部中只有几部存在外省，士人借阅还需要经官动府，很难读到，这与周永年的流通书籍的愿望也大相径庭。并且《四库全书》未收佛藏和道藏，因为《四库全书》概不收录不合乾隆口味的著作，所收之书，也经过了诸多删改，这也未必符合‘儒藏说’倡议的本意。”

虽然很难找到证据来说明儒藏说对《四库全书》的影响，但作为四库馆臣的周永年却为该书的编纂付出了很大的心血。乾隆三十五年（1770），周永年中顺天乡试举人，时年41岁，但转年他就联捷成为进士。那时他的乡人刘统勋正在组建《四库全书》编纂班子，于是举荐他加入。乾隆三十八年（1773）闰三月二十一日，刘统勋等在《办理四库全书处奏遵旨酌议排纂四库全书应行事宜折》中写道：“臣等公同酌议，查现在纂修翰林纪昀、提调司员陆锡熊，堪膺总办之任。此外，并查有郎中姚鼐，主事程晋芳、任大椿，学政汪如藻，原任学士降调候补之翁方纲，亦皆留心典籍，见闻颇广，应请添派为纂修官，令其在馆一同校阅，悉心考核，方足敷用。又查有进士余集、邵晋涵、周永年，举人戴震、杨昌霖，于古书原委亦能多识，应请旨行文调取来京，在分校上行走，更足资集思广益之用。”

而当年七月十一日，皇帝在上谕中批准了刘统勋的举荐：“前据办理四库全书馆总裁奏请将进士邵晋涵、周永年、余集，举人戴震、杨昌霖调取来京，同司校勘，业经降旨允行。但念伊等现无职任，自当予以登进之途，以示鼓励。着该总裁等留心试看年余，如果行走勤勉，实于办书有益，其进士出身者，准其与壬辰科庶吉士一体散馆；举人则准其与下科进士一体殿试，候朕酌量降旨录用。钦此。”

周永年在四库馆主要的工作乃是从《永乐大典》中辑出失传之书，多罗质郡王永瑢接到以上上谕后，又向皇帝提请：“伏查进士邵晋涵等自上年到馆纂辑《永乐大典》内之五经散片及成部之□，迄今一载有余，臣等留心试看，该进士等均属实力编排，行走勤慎。理合奏明，遵旨将进士邵晋涵、周永年、余集俱授为翰林院庶吉士，准其与壬辰科庶吉士一体散馆；举人戴震、杨昌霖作为进士，准其与乙未科进士一体殿试，以示鼓励。”

因为周永年在四库馆工作勤恳，乾隆四十年（1775）四月二十八日，皇帝下令给周永年等人破例提拔："此次散馆之编修俞大猷，业经授职。其清书庶吉士黄寿龄、平恕、李尧栋、茅元铭、许兆椿、周厚辕，俱着授为编修，王坦修着授为检讨。汉书庶吉士余集、沈孙琏、朱绂、潘曾起、苏青鳌、裴谦、百龄、李镕、庄通敏、邹炳泰、邵晋涵、方炜、莫瞻菉、朱攸、闵惇大、周永年，俱着授为编修。彭元统、萧九成、图敏、王汝嘉、黎溢海、张家驹、王福清，俱着授为检讨。王兆泰、陈国玺、陈科锠，俱着以部属用。此次因办理四库全书，需员纂校，是以散馆人数较上次少，而留馆者转多。后不为例。钦此。"

对于周永年对辑佚《永乐大典》所做出的贡献，章学诚在《周书昌别传》中说：

宋元遗书，岁久湮没，畸篇剩简，多见采于明成祖时所辑《永乐大典》。时议转从《大典》采缀，以还旧观。而馆臣多次择其易为功者，遂谓搜取无遗逸矣。书昌固执以争，谓其中多可录。同列无如之何，则尽举而委之书昌。书昌无间风雨寒暑，目尽九千巨册，计卷一万八千有余，丹铅标识，摘抉编摩，于是永新刘氏兄弟《公是》《公非》诸集以下，又得十有余家，皆前人所未见者，咸著于录。好古之士，以为书昌有功斯文，而书昌自是不复载笔矣。

按照当时的记载，一万一千多册的《永乐大典》在乾隆时期余下了九千多册。按照章学诚的说法，四库馆派了多位馆臣负责辑佚，但大多数馆臣都找容易干的来下手，以至于很多书难以辑出来。周永年认为这种做法不对，据理力争，这些人借机把工作都加到了他的头上，他于是将九千多册《永乐大典》全部通读了一遍，从中辑出了十几部失传之书。

周永年凭一己之力能够将剩余的《永乐大典》全部读一遍，他有没有这么多的时间能够看如此数量巨大的书呢？司马朝军在《〈四库全书总目〉编纂考》中说："章氏此说一直颇有市场，甚至被夸大到不可信的程度，似乎《永乐大典》本是周永年一人所为。"

为了印证自己所言，司马朝军先生首先翻阅《纂修四库全书档案》，从中找出军机大臣进呈《永乐大典》总裁等人员记过次数清单，以及其他的几份清单，而后作出如下统计：

经笔者考证，参与《永乐大典》辑佚的有49人，其中有30人为校勘《永乐大典》纂修兼分校官:戴震、周永年、陈昌齐、庄承篯、邹炳泰、邵晋涵、杨昌霖、陈初哲、黄轩、平恕、范衷、吴省兰、闵思诚、余集、吴寿昌、黄良栋、王增、吴鼎雯、励守谦、陈昌图、林澍蕃、王嘉曾、黄寿龄、萧芝、庄通敏、王春煦、俞大猷、于鼎、汪如洋、许兆椿;有5人为协勘总目官:刘权之、汪如藻、程晋芳、任大椿、张羲年;有3人为武英殿提调官:彭元统、吴裕德、周兴岱;有3人为校办各省送到遗书纂修官:翁方纲、邹奕孝、郑际唐;有3人为武英殿分校官:王汝嘉、沈孙琏、徐步云;有1人为天文算法纂修官:陈际新;还有4人(秦泉、周厚辕、苏青鳌、徐天柱)不见于职名表。

之后做出这样的结论:"这种迹象表明,《永乐大典》本的纂修绝非只是校勘《永乐大典》纂修兼分校官的专职,协勘总目官、武英殿提调官、校办各省送到遗书集修官、武英殿分校官、天文算法纂修官等均参与其事,共襄伟业。"所以他认为:"《永乐大典》本成于众手,过去仅归功于周永年一人的说法显然不能成立。"

然而按照《清史稿·周永年传》中所言:"永年在书馆好深沉之思,四部兵农、天算、术数诸家,钩稽精义,褒讥悉当,为同馆所推重。"可见,他在四库馆校书的确下了很大功夫,故李慈铭在《越缦堂日记》中有如下一段说法:"《四库总目》虽纪文达、陆耳山总其成,然经部属之戴东原,史部属之邵南江,子部属之周书昌,皆各集所长。书昌于子,盖极毕生之力,吾乡章实斋为作传,言之最悉。故子部综录独富。虽其间去取失宜,及部叙未当者,要不能以一疵掩也。耳山入馆而先殁,虽未及见四部之成,而目录颁行时已不及待。故今之言修四库书者,尽功归文达。然文达虽名博览,而于经史之学则实疏,集部更非当家。经史幸得戴、邵之助,故经则力奠汉学,识诣既真,别裁自易。史则耳山本精于考订,南江尤为专门,故所失亦鲜。子则文达涉略既遍,又取资贷园,弥为详密。唯集颇漏略乖错,多滋异议。"

李慈铭认为《四库全书》虽然标明纪昀和陆锡熊是总纂,但《四库全书总目》中经部的纂修主要是戴震,史部是邵晋涵,而子部则为周永年。陆锡熊去世得早,后人把《四库全书总目》的功劳都记到纪晓岚头上,李慈铭认为这样不公平。而王绍曾先生在其文中也持这样的观念:"尽管纪昀'博览群书,旁通六家',但以他一人的精力,绝不可能遍读卷帙浩繁的四库诸书,更不可能对每种书、每个历史人物都作出恰当的评价。我们承认纪昀的笔削,但不能也不应该抹杀提要作者的功绩。只有弄清楚这一点，我们才充分肯定周永年（包括戴震、邵晋涵、翁方纲、姚鼐等人在内）在纂修《四库总目》中的历史性贡献。”

由李慈铭所言，可见《四库全书总目》中的子部有不少是周永年的心血，而子部中究竟哪些是由周永年所纂，史料未见记载。司马朝军在其专著中引用了陈垣在《中国佛教史籍概论》中所言："《四库全书》成书仓促，谬误本多。唯释家类著录十三部，存目十二部，谬误尚少，此必稍通佛学者所为。吾尝考之，四库馆员中以佛学名者无几，吾颇疑其出于历城周书昌永年也……尝阅王述庵昶《春融堂集》四十五《再书楞严经后》，有云：'今天下士大夫能深入佛乘者，桐城姚南青范、钱塘张无夜世荦、洛南周永年书昌及余四人……今《四库提要》《开元释教录》条下，注云江南按察使王昶家藏本，而存目《正宏集》条下，则注云编修周永年家藏本。'吾因此颇疑释家类提要出永年手，故舛误尚不多也。”

按照陈垣先生的猜测，子部释家类的提要应当主要是周永年所写，这是因为周永年虽然喜欢读儒家著述，却对佛学著作颇为偏爱。王培荀在《乡园忆旧录》中写及此点："先生晚年，喜谈禅，澜翻释典，见僧辄举佛经相与辩难，不解，即以杖击其秃顶。”

可见，周永年对佛经的研究超过了许多僧人，他喜欢跟僧人探讨佛经，如果对方不懂，就用手杖击打其头顶。而章学诚在《周书昌别传》中亦称："京师士大夫讲梵学者，有历城周编修永年最为深奥。于丛林方丈、讲僧，鲜有许可。”

周永年虽然不是出家人，但他却看不上很多僧人对佛经见解太浅，足以证明他对子部释家类著述的偏爱。然从尹鸿保在《书周征君逸事》中所载来看，其实周永年对典籍的研究不限于佛学方面，在其他方面的见解甚至能令博学的纪晓岚心服："河间纪晓岚先生，夙号渊博，时相聚会，征君冲和谦抑，若无所长。晓岚语侪辈曰：亦独人耳。既而邵二云山人来，坐谈甚久，晓岚听之，不解所谓，乃心服。”

关于周永年的遗迹，徐北文在《林汲山人周永年》一文中称："想联合自己的友好，共同在济南成立一所'借书园'。其地址是在五龙潭畔……他的好友桂馥就和友人们在五龙潭畔修建了'潭西精舍'，并书写了《潭西精舍记》的石碑文字。”然而申斌、尹承在《清代学者周永年研究四题》一文中却说："徐先生提到的《潭西精舍记》在桂馥《晚学集》卷七，该文主要考订文献中关于北渚亭的记载，并无一语涉及周永年及借书园事；'潭西精舍' 的修筑和《潭西精舍记》的撰作都在周永年下世两年后的乾隆五十八年(1793)，并且见载于民国时期《续修历城县志》卷十九《古迹考》中吟咏潭西精舍的大量诗文，也并无一篇涉及周永年和借书园。”那么，周永年所建的借书园究竟在哪里呢？上文认为：

周水年去世后，由于生前刻印书籍欠下了大量的债务，很多书籍都被抵债，散亡颇多。但借书园的名号却被周氏后人保留了下来。同治年间，王大淮为周永年编辑的《先正读书诀》作序称：“‘借书园’水竹环碧，缥缃凌云，古香旖旎，弦诵声达户外。”这说明周氏后人仍用借书园的名号，这里所提到的借书园正在永年之子周震甲及其后人所居的“朗园”(遗址在今济南五龙潭公园内)。王培荀《乡园忆旧录》卷四云：“周东木，名震甲，林汲先生子也……予以世好谒见于朗园……藏书万卷，种竹千竿，入门巨竹拂云。清泉汹涌过亭下，飒飒如风雨声，汇为方塘。”周永年早年故居为东流水街一座临街小楼，不能有王大淮所述的景象，而与王培荀所述朗园如出一辙，故其所指“借书园”为“朗园”无疑。

如此说来，借书园仍然在当今济南市的五龙潭公园内。五年前我曾来此公园寻找周永年遗迹，只找到了一块遗址石。2019年4月22日，在齐鲁书社副总编刘玉林带领下，我在济南市探访了几处遗迹，其中之一是闵子骞的祠墓，在该院落内的碑廊里刘先生发现了一块周永年撰写的墓志铭，我见此大喜。此块墓志铭上落满了尘土，因为一时找不到清理工具，刘先生竟然用手磨出两道字痕，终于让我看清楚上面刻着“同学弟周永年拜撰”。想来这是周永年的一篇佚文，如果能得到一张拓片将其公布，会给周永年的著作添加新材料。

跟随刘玉林再次走入五龙溪，此次的路口不是我前两次走的那一个，因为迎面看到的五条立起的石龙雕像是以往未曾得见者，但这五条龙看上去感觉更像是恐龙中的长颈龙。前行不远就看到了那个熟悉的水潭，水潭的正中有两米高的太湖石像浪花般矗立在那里。刘玉林告诉我，此处亦是济南的著名泉眼之一，如果该泉涌水则济南市其他的泉眼都会冒水，因为它乃是水位最高的泉。此水潭旁卧有另一块太湖石，正面刻着“东流水街”字样，而周永年当年的故居就在此街上，如今该街已拆，仅以此石标明历史。

此石的背面刻有徐北文所撰并书的《东流水街记》，其中有云，“清代四库全书纂修官周永年宅此”。如此著名的一座藏书楼到如今竟然变成了一块石头，多少令我心有不甘，于是又在附近探看，无意间瞥到此石旁边有一个院落，院门上钉着的门牌号竟然是“东流水街105号”。如此说来，该街还有房屋遗存。然而刘玉林却跟我说，这条街仅余这一个号牌，因为此处是中共山东省委秘书处旧址，故而成了文保单位，得以保留。果如其所言，此院门上悬挂着山东省第一批重点文物保护单位铭牌。

不管怎样，有遗迹在总是令人兴奋，而这是上两次我来此处时未曾发现者。走入院中，在门廊内看到了机关旧址介绍牌。院中的建筑看上去是新的仿古制式，右侧的回廊与公园相连，院当中有一个泉眼，按照铭牌上的介绍，此泉名洗心泉。向内张望，清晰的池底上看到了一层投入的硬币。近期看到两则报道，有中国游客在登飞机时向发动机内扔硬币，为此产生了很大的风波。两相比较，往泉眼里扔硬币似乎也变得能够理解。

刘玉林介绍说，穿门而过的那二层小楼是当年的旧建筑，只是现在做了外立面的粉刷，故与旁边的建筑一样看上去都很新。仔细端详，果真这座小楼乃是旧物。

从院中走出，前方是一个小广场，广场的前方有两尊石雕像。刘玉林告诉我，这是王尽美和邓恩铭。我们继续向公园内行走，我想穿到这个院落的另一侧，以便寻到东流水街更多的痕迹。但在另一侧看到的依然是回廊，且回廊正在维修中，有挡板，故难以看清楚里面的情形。于是在公园内又四处探看，希望能找到申斌、尹承文中说到的朗园，可惜未果。

征书

编纂体量浩富的《四库全书》，首先需要大量的底本，底本的来源之一是对《永乐大典》的辑佚。但如上所述，从《永乐大典》中辑佚之书毕竟是少数，因为《四库全书》著录和存目之书多达一万余种，故所用底本除内府所藏之外，主要是靠民间征集。经皇帝一再催促，各地督抚动员许多藏书家贡献出所藏，经过初步甄选后运到四库馆，因此说，《四库全书》之成，跟私人藏书家的献书之举有着直接关系，而对于其中献书五百部以上的，朝廷奖励每家一部雍正版铜活字本《古今图书集成》。因为献书的藏书家众多，故本节仅以献书最多者为代表。而当时献书最多的四家分别是浙江宁波范懋柱天一阁、杭州鲍士恭、两淮马裕和杭州汪启淑，业界称之为『献书四大家』。然而遗憾的是，汪启淑如今已无任何遗迹存在，故本书只能列三家而已。

范钦·天一阁

递传最久，名扬华夏

天一阁在藏书界的神圣地位不容置疑，而我对于它的向往也由来已久。20多年前我第一次拜访天一阁，在门口见到了当时的馆长骆兆平先生，他给我留下了极为深刻的印象。此后的一些年中，我又结识了虞浩旭先生，他也担任过天一阁的馆长，后来虞馆长办起了《天一阁文丛》，将我列为编委，我由此与天一阁有了更多的交往。最近几年，我曾几度陪朋友到天一阁游览，因为要照应朋友，并未留意到天一阁内的一些细节，这也算是一个不大不小的遗憾。

直到2017年，这个遗憾总算消除了。这年的春天我在天一阁办了一场讲座，去了才发现，他们安排我的讲座地点是天一阁内的状元厅，让我很是惊喜，并且居然有了古人讲学的感觉，不免既虚荣又惭愧。而我也趁这次讲座的机会，结识了现任天一阁博物馆馆长庄立臻和副馆长郑薇薇两位女史，并由她们带着对天一阁做了一次深度探访。

庄馆长首先带我参观了天一阁正门外侧的古籍阅览室“待访楼”，这是一座仿古的两层建筑，一楼有不少人正通过电脑查寻资料，而二楼则建成了接待室的模样。在这里我又一次见到了天一阁善本部主任饶国庆先生，与饶主任的上一次相见是在十年前，隔了这么长时间再相见，依然觉得亲切异常。而后饶主任带我到天一阁内参观，虽然已来过几次，但我每次走到此阁的门前，心中都会微微有些小激动。

天一阁的正门前有一堵影壁，上面是一幅以高浮雕的形式制作的山水画，然其制作工艺非雕非塑。饶主任向我讲解这件作品的制造手法，原来这也是一门独特的工艺，在我听来，其制作手法依然属于“塑”而非“雕”，但这种工艺在毫无遮挡的室外能够坚持多久呢？天一阁的大名如此响亮，正是因为一个“久”字，我真希望与天一阁有关的一切都能长长久久。

影壁前的铜雕像正是天一阁的创建人范钦。从现有的记载来看，范钦藏书并无祖传，而他的工作经历似乎也跟藏书没有关联。明嘉靖十一年（1532），范钦考中进士，任湖广随州知州，之后又任过工部员外郎、江西袁州府知府、福建按察使及云南右布政等。但他为何喜好藏书，却未见到相应史料。骆兆平编纂的《天一阁藏书史志》，在“人物志”部分谈到范钦藏书时称：

范钦爱读书和藏书，宦迹所到之处均留心收集典籍。归里后，更集中精力从事抄书、校书、刊书等文化活动。明人沈一贯说“司马公于书无所不蓄”，嘉靖四十年（1561）至四十五年（1566）间，范钦在宅东建天一阁，藏书七万余卷。

其实我很好奇，范钦藏书的视角也跟当时的藏书风气大不相类，他在各地为宦的过程中为何要留心收集这些“另类”的典籍？按照常理，绝大多数藏书人都有取法乎上的本能，尽量搜集时代更久远的典籍。在他那个时代，搜集宋元版应该不难，一者明嘉靖年间距宋元时代有如我们今天距他的时代，时至今日搜集明嘉靖本虽然不能说是唾手可得，但稍微下些功夫还是能够收到一定的体量。范钦那个时代，宋元本并不十分稀罕，再加上他的官职不低，收入颇丰，然而他却不买看似更有价值的宋元版，而把重点放在了当世出版物。

1931年，赵万里先生曾两上天一阁，而后写出了《重整范氏天一阁藏书纪略》，他发现天一阁的所藏以史部占大多数，其中地方志以及登科录、乡试录留存最多，这些书大多为其他馆所未备。天一阁藏书的价值由此而凸显，但问题就来了：当年范钦为什么会有这样的藏书思想呢？赵万里在该文中写道：

当年范东明选书的标准，与同时苏州派藏书家完全采用两个不同的方式，他是“取法乎下”的。明以前刊本书籍很少受他收容，除了吴兴张氏藏的宋小字本《欧阳文忠公集》是天一阁旧藏外，很少有此例外。唯其如此，明人著述和明代所刊的明以前古籍因他保存了不少。换言之，天一阁之所以伟大就在能保存朱明一代的直接史部。

这正是范钦的伟大之处，他独特的藏书视角为后世留下了第一手的原始史料，但是我也好奇，这是他当年的歪打正着，还是有意为之呢？我将这个问题抛给了饶主任，饶主任认为这里面包含着范钦的政治抱负，他想通过这些史料来了解民情。看罢范钦的雕像，由右侧继续向内走，见到的第一座仿古建筑乃是东明草堂，旁边的说明牌上有如下介绍：“范钦性喜藏书，自嘉靖九年开始藏书活动，他宦游四处，悉心求购。东明草堂系天一阁建成之前范钦的藏书处，因范钦号东明，故题其书室为‘东明草堂’，又称‘一吾庐’，现东明草堂于一九八〇年重建。”东明草堂里面布置成了客厅的模样，有庄严肃穆之感。右侧布置成了书房，架上虽然陈列着一些线装书，但从书根的颜色可以看出是一些仿造品。不过饶国庆告诉我，这里摆放的几个书匣都是旧物。

⊙… 天一阁正门

其实，天一阁只是范家的藏书楼，因为该楼太有名气，后来逐渐成为整个范氏庄园的代名词。20年前来此阁时还可以进入一楼参观，到如今门前已经拉起了隔挡线，这种举措当然是为了使它不受到更多的磨损。天一阁究竟是建于何时，目前没有查到确切的年份，只能知道它大致建于明代嘉靖末年。马涯民在《天一阁记》中有如下推断：

天一阁的创建，大概在明嘉靖四十年（1561）范钦不去做兵部侍郎而回家隐居以后，嘉靖末年（即四十五年，1566）以前，这六年之间。确在哪一年建，现在已无从查考了。范钦的书室，本来叫“东明草堂”，也叫“一吾庐”。他回家以后，阅览所藏的碑帖，偶然检得元朝揭傒斯所作《天一池记》碑拓本，记中引汉郑玄注《易经》系辞传大衍句有“天一生水，地六成之”的言语，他以为如果把藏书楼的名字叫“天一”，可借以水制火的意义，就可以永远不至烧毁。

如果以明嘉靖四十年（1561）计，这座书楼已有了450多年的历史。关于楼名的来由，此段话举出了两个方向，但这两者都跟范钦看到了元代揭傒斯所作《天一池记》拓片有关。而《天一阁文丛》第五辑所载王宏星《“踏着范钦的足迹江西行”考察记》一文，则对此进行了田野调查式的确认。

2006年12月，天一阁举办了“第三届中国藏书文化节”，其中一个项目是到江西寻访范钦的遗迹，第一站是到江西鹰潭市的龙虎山大上清宫，前往此处考察的目的：“是要搞清楚天一池的位置及它与天一阁的关系。”王宏星猜测：“天一阁在浙江宁波市月湖景区西岸，天一池地处江西鹰潭市龙虎山景区的大上清宫中，两者相隔遥远，是四百多年前明代进士出身的宁波人范钦使两者之间在文化内涵上有了一定联系。”

进行这样的考察起因于全祖望在《天一阁碑目记》中的一段介绍，说范钦在搜集碑帖拓本时，“忽得吴道士龙虎山天一池石刻，元揭文安公所书，而有记于其阴，大喜，以为适与是阁凿池之意相合，因即移以名阁”。而全祖望的这段介绍应当是马涯民在《天一阁记》中所写的原本出处。王宏星等人经过一番实地考察后得出的结论是：“过去天一阁藏书楼定名多认为出于《周易》中‘天一生水，地六成之’的说法，应该说这只是范钦在古籍文献中得到了天一生水的启示，而龙虎山大上清宫中的天一池则为其提供了实物依据。”

⊙… 端坐在这里的范钦先生

⊙… 东明草堂内景

⊙… 天一阁的雕塑

确如王宏星所言，对于天一阁楼名的来由，后世大多认为是本自“天一生水，地六成之”这个说法。比如乾隆皇帝在《文源阁记》中就把此句话当成天一阁楼名的来由：“藏书之家颇多，而必以浙之范氏天一阁为巨擘，因辑《四库全书》，命取其阁式，以构庋贮之所。既图以来，乃知其阁建自明嘉靖末，至于今二百一十余年，虽时修葺，而未曾改移。阁之间数及梁柱宽长尺寸，皆有精义，盖取‘天一生水，地六成之’之意。于是就御园中隙地，一仿其制为之，名曰文源阁。”

乾隆皇帝称天一阁在建造之时，无论是书楼的间数或梁柱的尺寸都暗合“天一生水，地六成之”这句话，他认为这种建造手法是天一阁能够留传久远的重要原因，所以下令《四库全书》的七阁都要按照天一阁的式样来建造。

乾隆皇帝是怎么知道天一阁情况的呢？起初他也是耳闻，在乾隆三十九年（1774）六月传谕大臣前往天一阁去查看实况：

浙江宁波范懋柱家所进之书最多，因加恩赏给《古今图书集成》一部，以示嘉奖。闻其家藏书处曰“天一阁”，纯用砖甃，不畏火烛，自前明相传至今，并无损坏，其法甚精。着传谕寅著亲往该处，看其房间制造之法若何？是否专用砖石不用木植？并其书架款式若何？详细询察，烫成准样，开明丈尺呈览。

根据这段记载，乾隆皇帝最初认为天一阁没有受过火灾，乃是缘于此楼全是砖石所建而不用惯常所用的木料，因此命寅著到现场了解这种传闻是否准确。王先谦所编《东华续录》中记载了军机大臣查看之后的结果：

天一阁在范氏宅东，坐北向南，左右砖甃为垣，前后檐上下俱设窗门，其梁柱俱用松杉等木。共六间：西偏一间，安设楼梯；东偏一间，以近墙壁恐受湿气，并不储书；唯居中三间排列大橱十口，内六橱前后有门，两面贮书，取其透风；后列中橱二口、小橱二口；又西一间，排列中橱十二口。橱下各置英石一块，以收潮湿。阁前凿池。其东北隅又为曲池。

查看的结果显示传闻不实，天一阁也主要是一座木结构的建筑，但它有独特的保护方式，使得祝融忽视了这座书楼。在大臣的汇报中还提到了阁名的来由：

传闻凿池之始，土中隐有字形如“天一”二字，因悟“天一生水”之义，即以名阁。阁用六间，取“地六成之”之义，是以高下深广及书橱数目尺寸，俱含六数。特绘图具奏得旨览。

而乾隆皇帝认为，正是这个楼名冥冥中得到了神助，才使得天一阁留存至今，所以才下令将储存《四库全书》的七阁全部按照天一阁的规制建造。

且不管天一阁这个名称究竟所本为何，至少乾隆皇帝有着自己的看法。然而这种说法受到了赵万里的质疑，他在《纪略》中讲了第一次看到天一阁时的情形：“阁前一泓清水，有小桥可通前后假山，青藤和不知名的羊齿类植物，荫盖着全部的山石。石上小亭，摇摇欲坠。阁后一片荒凉，青榆树高出屋沿。回视阁的全部，仅有五楼五底的容积。西边一间，有梯可达阁之上层；东边一间，租给闲人住着。炊烟正从窗缝里吹向阁的上空，那时住家的媳妇正在预备晚餐。阁的东西柱上，悬着薛叔耘的对联。旁外的柱上，挂着范氏传统的戒条：‘不准子孙无故开门入阁，罚不与祭’等条例。楼上的窗户，关得像铁桶一般的严紧。”

我来到天一阁门前时，眼前所见的情形跟赵万里先生所言基本相同，只是书库早已被迁走，无法看到他所说的“炊烟”。但楼前的水池以及假山上的小亭依然存在，小亭经过加固，假山上青苔遍布，走在上面脚下打滑，故而登上假山的小径也被拉线拦了起来。而饶主任网开一面，拿走遮挡物让我登山拍照，只是一再嘱咐我小心滑倒。站在小山之上，可以看清楚天一阁完整的外观，其实从格局上看，天一阁与《四库全书》七阁并不相同。而此前赵万里也注意到了这一点：“细察阁的建筑方式，和其他宁波住宅，并无多少不同之点。所用材料，简陋非凡。消防设备，简直等于零。和藏《四库全书》的文渊阁规模相比，真有天渊之别了。我不信文渊阁是模仿着天一阁盖的。”

难道大臣们对皇帝的命令也是阳奉阴违吗？以我的观察，《四库全书》部头庞大，所以《四库全书》藏书阁的建造者作了变通，表面看四库七阁也像天一阁那样是两层建筑，然而七阁的里面则做成了明二暗三的格局。从这个角度来看，四库七阁与天一阁相比，并不只是体量上的差异，其实建筑结构也完全不同。

其实，天一阁对于《四库全书》的贡献，不仅是提供了七阁外观建造的参照，而且为《四库全书》的编纂贡献了许多底本，乾隆三十八年（1773）二月二十九日上谕称：

闻东南从前藏书最富之家，如昆山徐氏之传是楼，常熟钱氏之述古堂，嘉兴项氏之天籁阁、朱氏之曝书亭，杭州赵氏之小山堂，宁波万［范］氏之天一阁，皆其著名者。又闻苏州有一种贾客，唯事收买旧书，湖州贾客书船，平日兑卖书籍，与藏书家往来最熟。如能向此等人善为咨询，四处借抄，仍将原书迅速发还，谅无不踊跃从事。至书中即有忌讳字面，并无妨碍，必不肯因此加罪。着将此专交高晋、萨载、三宝，务即恪遵朕旨，实力购觅，并即举一反三，迅速设法妥办，以副朕殷殷伫望之意。

可见乾隆皇帝对当时的藏书之家颇为了解，他听闻东南地区有很多著名藏书家，尤其是徐乾学的传是楼、钱曾的述古堂、项子京的天籁阁、朱彝尊的曝书亭、赵昱的小山堂以及范钦的天一阁，然而他在上谕中的叙述顺序有些混乱，因为以建筑时间论，天一阁应该排在最前面。同时乾隆皇帝还想到，当地的书贾可能熟悉谁家藏有什么书，因此他命浙江巡抚去了解这些情况，而三宝在奏折中回禀了探访的结果：

臣钦遵谕旨，飞饬杭嘉湖道孔毓文、宁绍台道冯廷丞，督率府县及各学教官，并又专委杭州府同知陈虞盛、王燧，嘉兴府同知舒希忠，分赴各家，细加采访。查得项氏天籁阁历年久远，明季已毁于火，子孙并无读书之人，所有藏书，早经散失，莫可稽考。曝书亭久经坍废，书亦散佚无存，但为时较近，尚易踪迹。其族孙现任嵊县训导朱休度，曾经觅送过三十二种，内选取一十二种，已在前二次进呈书目之内。现又饬令嘉兴府知府张绍元加意访求，不拘多寡，陆续购送。万［范］氏天一阁，据宁波府知府徐昆查系范氏，阁中书籍尚未散失，但收存已久，半多残缺不全，又无书目，现在道府各官查开书目，俟到日分别查办。至小山堂近在省城，当委杭州府知府彭永年督同县学各官，亲向赵氏子孙细问原委，实因家业日替，旧藏书籍或已售卖，或已遗失，容俟加紧寻觅。

浙江巡抚三宝派人分头去实地调查，调查的结果是天一阁中藏书最多，然而这些书也因收藏的年月太久而变得残缺不全，但至少比其他各家的情况要好得多。

官府来人调查天一阁藏书情况，这令当时的主人范懋柱很惶恐，于是主动提出愿意将所需之本贡献给朝廷，三宝在乾隆三十八年四月二十八日的奏折中提到这件事：

据天一阁后人范懋柱等呈请，愿将祖遗天一阁原贮各书恭进，用伸芹曝，惟冀转呈等情。前来臣查范氏收藏书籍，据开不下数千种，第历年久远，不无残缺，更有与臣前奏单内各书重复者颇多，除检去外，现实有书六百零二种。

也许乾隆皇帝有另外的考虑，他竟然没有接纳范懋柱向朝廷的献忠，当年五月十七日皇帝给三宝所下谕旨中称：

前经三宝奏，据鲍士恭等愿以家藏旧书上充秘府，并先缮书目进呈，曾传谕该抚以外省进到之书，大小长短不齐，留之无益，将来办竣后，仍给还各本家，自行收藏，无藉伊等恭进。今复据三宝续购遗书，开单具奏，并称天一阁后人范懋柱等，具呈请抒诚愿献等语。该抚想尚未接奉前旨，是以复为此奏。现已明降谕旨，凡各省解到之书，抄录已竣，概令给还本家珍守。所有范懋柱等呈出各书，着三宝先行传谕伊等，将来解京抄毕，仍发回浙省，令其领取收藏。

皇帝明确说，征集来的书抄写完毕后要退还给本家，为了能够将这些书退还，皇帝让相关人员制定了一系列切实可行的办法，其实这些办法最终并未实施，因为真正退回的书很少。但三宝还是将皇帝的谕旨转达给了范懋柱，他在当年六月初七日的奏折中写道："遵即飞行宁波道府，传唤范懋柱等，谨将钦奉上谕，即令该道府就近宣示，俾使仰戴圣主鸿慈，愈知世为珍守。"三宝在此奏折中对于具体的退书办法也有说明：

至原检出书籍，现已檄行藩司派员解赴宁波跟同府县，亲交范氏后人收领，仍取领报查外，至于浙省书局向办章程，原系派分收掌登号清检，各有专员，其购买与访借，分列簿籍登记，将部数、本数、系某员经手、某家之书，逐一详登簿内。除将业已入奏听候饬取者，另行敬谨收贮外，若退还之书，悉系查明簿内原经手访借之地方官暨教职绅士等，开列书目部数清单，即令解回交还本人收领，取领报查销号，上下悉有稽考。诚如圣谕，不令承办之员扣留缺少，及吏胥借端需索等弊。

三宝在这封奏折的末尾还强调了一句："臣唯有凛遵圣训，时刻留心稽查，以仰副圣主惠爱体恤之至意。"可见，作为浙江巡抚，他还是很能体会到皇上之用意的。而天一阁努力贡献底本，也的确受到了皇帝的奖赏，从数量论，天一阁是向四库馆献书最多的四家之一，为此皇帝在乾隆三十九年（1774）五月十四日下谕旨以示嘉奖：

⊙… 严肃的范钦先生　⊙… 天一阁的天花　⊙… 阁楼下的书架

⊙… 二楼上的告示“烟酒切忌登楼”　⊙… 尊经阁内景

今阅进到各家书目，其最多者，如浙江之鲍士恭、范懋柱、汪启淑，两淮之马裕四家，为数至五六七百种，皆其累世弆藏，子孙恪守其业，甚可嘉尚。因思内府所有《古今图书集成》为书城巨观，人间罕覯，此等世守陈编之家，宜俾尊藏勿失，以永留贻。鲍士恭、范懋柱、汪启淑、马裕四家，着赏《古今图书集成》各一部，以为好古之劝。又进书一百种以上之江苏周厚堉、蒋曾莹，浙江吴玉墀、孙仰会、汪汝瑮，及朝绅中黄登贤、纪昀、励守谦、汪如藻等，亦俱藏书旧家，并着每人赏给内府初印之《佩文韵府》各一部，俾亦珍为世宝，以示嘉奖。

皇帝对天一阁等踊跃献书者不仅如此，他还要求将献书人的姓名写在《四库全书简明目录》中，乾隆三十九年七月二十五日，皇帝在谕旨中称：

第此次各省搜访书籍，有多至百种以上，至六七里［百］种者。如浙江范懋柱等家，其裒集收藏，深可嘉尚。前已降旨，分别颁赏《古今图书集成》及初印《佩文韵府》，并择其书尤雅者，制诗亲题卷端，俾其子孙世守，以为稽古藏书者劝。今进到之书，于纂辑后，仍须发还本家，而所撰总目，若不载明系何人所藏，则阅者不能知其书所自来，亦无以彰各家珍弆资益之善。着通查各省进到之书，其一人而收藏百种以上者，可称为藏古之家，应即将其姓名附载于各书提要末；其在百种以下者，亦应将由某省督抚某人采访所得，附载于后。其官板刊刻及各种陈设库贮者，俱载内府所藏，使其眉目分明，更为详备。

直到如今，《四库全书总目》内的确可以看到某些献书多者的名字，这种做法使得献书人千古流芳。然而这种做法也有弊端：这使得每部书的底本并未标明原版本，故后世考证《四库全书》底本的版本颇费周折，这也是该书被后世诟病之处，显然，当年皇帝的用意乃是不没献书人之功，并未想到后世会有一大群目录学家版本学家要追究这部大书用了哪些版本。当然也有人认为，讲求文治武功的十全老人可能并不在乎版本，但既然如此，他为什么要建五经萃室，为什么又要搞天禄琳琅专藏？虽然有人说天禄琳琅所著录的宋元本有不少都不可靠，而鉴别水平的高低以及人为的偷梁换柱，那是另外的话题，但就乾隆皇帝本身的意愿，他还是喜欢藏一些稀见的宋元版，由此推论，他下令编纂《四库全书》乃是从内容着眼，并没有考虑到版本问题。

此前我几次来到天一阁都未能登楼，而天一阁能够长久保存的原因之一正是范家不准闲杂人等登楼的铁律，难怪历来能够登上天一阁看书之人都以此为荣，几乎每位登楼者都会郑重地把登楼之事写入文中。这次因为身边站着饶主任，于是我斗胆提出了这个非分之想，没想到他爽快地答应了，带我走到楼的侧旁打开一把铁锁，而后顺着楼梯登上了天一阁。

此刻我想到了孟浩然的诗句“人事有代谢，往来成古今。江山留胜迹，我辈复登临”。在此之前，黄宗羲、阮元等大儒都曾在此楼上徘徊，而今天，我脚踏他们的足迹也登了上来，虽然无法把酒临风，但心旷神怡宠辱皆忘却真真切切。

为了防火，今日的天一阁中未曾安装照明设备，故饶主任是打着手电带我登楼。在楼梯间的侧墙上，我看到了登楼的严格规定，骆兆平在《天一阁藏书管理的历史经验》一文中讲到了天一阁在防火方面所动的脑筋：“天一阁建造在范氏住宅的东面，远离灶火。阁前的水池，相传与月湖暗通，池水终年不涸。清康熙四年，范钦的曾孙范光文请来能工巧匠，在池旁堆筑假山，种植树木，保持水土。阁的四周都有空地并建筑围墙，起到了隔绝火种的作用。同时还严禁烟火入阁，在楼梯边挂着一块‘烟酒切忌登楼’的大字禁牌。清末缪荃孙随宁波太守夏闰枝去天一阁，后来他作记云：‘范氏派二庠生衣冠迎太守，茶毕登阁，约不携星火。’足见其防火制度之严，连当地的太守也不许违背。”

到如今，那块“烟酒切忌登楼”的禁牌依然挂在那里，在手电光的照射下，显得庄严肃穆。好在我不吸烟，故随身既无烟也无打火机，但饶主任在登楼之前还是向我确认了此事，足见他的严谨与负责任。

天一阁楼上情形的照片我也看过不少，但今日眼前所见依然令人震撼。楼上是一个大通间，书柜一排排地排列在木质地板上，形成了多个凹字形，每个书柜上写着一个字，作为编号，而正中的位置则挂着“宝书楼”的匾额。承蒙饶主任美意，他让我坐在此匾下的太师椅上给我拍照，遗憾的是这里灯光太暗，拍出来的照片模糊不清，这让我登楼的荣耀略减了一分。

饶主任告诉我，天一阁原藏之书已经放到了书库，这里面存放者只是一些变通本，而我注意到每个书柜下都放着一块太湖石。饶主任说这是英石，其作用乃是吸收潮气。据说天一阁建造之初，此物就已存在，然而我用手触摸该石，并未感到石头上吸满了水。饶主任称，英石能够吸水只是传说，他也觉得此物并没有防潮作用。然而这却是天一阁留存下来的原物，其文物价值自不待言。冯贞群在《芸草避蠹英石收湿之说》一文中称："英石阁中见存一十七方。"既然是见存，则可说明原本的英石数量比现在还多，并且该文中还引用了袁枚《小仓山房诗集》中的诗："久闻天一阁藏书，英石芸香辟蠹鱼。今日椟存珠已去，我来翻撷但唏嘘。"小注写道："橱内所存宋版秘抄俱已散失，书中夹芸草，橱下放英石，云收阴湿物也。"

看来当年天一阁的防护所用除了英石还有芸香草。关于天一阁的芸香草还有一个凄美的故事，谢堃在《春草堂集》中称：

鄞县钱氏女绣芸，范茂才邦柱室，丘铁卿太守内侄女也。性嗜书，凡闻世有奇异之书，多方购之。尝闻太守言，范氏天一阁藏书甚富，内多世罕见者。兼藏芸草一本，色淡绿而不甚枯，三百年来书不生蠹，草之功也。女闻而慕之，绣芸草数百本犹不能辍，绣芸之名由此始。父母爱女甚，揣其情，不忍拂其意，遂归范。庙见后，乞茂才一见芸草，茂才以妇女禁例对，女则怅如所失，由是病。病且剧，泣谓茂才曰："我之所以来汝家者，为芸草也。芸草既不可见，生亦何为？君如怜妾，死葬阁之左近，妾瞑目矣。"

这真是一位奇女子，居然爱书爱到骨髓。因为听说天一阁藏书极富，且阁中有芸香草可以防虫，心生羡慕，并绣了几百本芸香草，也因此被人称为绣芸。绣芸后来嫁进了范家，以为这样就可以登楼看书，并且见到真正的芸香草，可是成婚后她才知道天一阁是禁止女眷登楼的，这个打击让她无法承受，一病不起，临死前对夫君说，自己嫁入范家就是为了看真正的芸香草，没想到竟然是这样的结果，如果丈夫怜爱她，就请把她葬在天一阁旁边，以便让她长眠在芸香草的附近。故事总是令人心有戚戚，事实却是另一回事，因为芸香草并不能起到防虫的作用，因为赵万里就看见天一阁的好几个柜子里都有了蠹虫。

天一阁乃是一座木结构建筑，南方潮湿，这样的建筑显然难以保持久远。其实我所登临的天一阁已经经过了多次翻修，今日所见应该是 20 世纪 30 年代所做的整体维修。1935 年，相关部门对该楼进行了系统维护，《浙江省立图书馆馆刊》第三卷第六期刊有《修建天一阁初步工程记》一文，里面有如下段落：

此阁式样一切仍其旧式，新配木料多用花梨、杉木、银杏之类，绝未加入洋松。

勾栏改用乌老雅绿石，堂前门及后挂面，俱加菱窗。中间照壁门八扇围屏式，前刻黄梨洲《天一阁藏书记》，后刻全谢山《天一阁藏书记》。阁下藻井，特请画师袁建人先生手绘，其彩色图案仿宋李明仲《营造法式》，为海内绝无而仅见者。前后园林假山，亦均修改完毕，恢复旧有九狮一象之状，补植花木多种。前池石上加凿"天一池"三字，集《纪泰山铭》八分书，以慰司马之宿志。

参观完天一阁，饶主任带我接着去看书库，在书库里，我看到办公桌上放着一些小的白布包。饶主任告诉我，里面放的就是芸香草，这是他们从云南特意定制的。我随手拿起一包来，果真散发着令人心怡的气味，于是又想到，既然我喜欢闻，难道虫子就讨厌它吗？当然我不是蠹虫，无法体会它们的感受。

西风吹净，了无痕迹

鲍廷博的知不足斋在藏书界名气响了二百多年，如今到了我要去拜访它的时候，却找不到相关的遗迹，虽然早有心理准备，面对这种结果，还是忍不住跟带我前来的范笑我兄大发一顿感慨。现在各地发展经济都在打文化牌，知不足斋曾经受到乾隆和嘉庆两朝皇帝的关注，若把这座书楼恢复起来，仅凭这两位皇帝的关照，宣传噱头就已经足够，我跟笑我兄说，想办法鼓励当地的大力者来搞这方面的投资，肯定能吸引很多游客前来到此一游。这天寻访乘坐的是范笑我的朋友顾威剑先生的车，顾兄在嘉兴旅游局工作，对当地情况较为了解，他说确实有一个人在当地搞过农庄开发，想建成休闲旅游场所，他跟这位老板还属于半熟人，可惜当时没有想到"知不足斋"这个品牌。

我很好奇，鲍廷博当年何以能收到那么多好书？历史上对他的身世着笔不多，只说他家几代经商，殷富好文，应该也算个财主，鲍廷博的父亲鲍思诩就喜欢藏书，曾买过不少宋元孤本，好像"知不足斋"这个堂号本是鲍思诩所起，鲍廷博拿来接着使用，到他儿子那一辈也接着叫这个堂号。如此算来，知不足斋至少也算是三世藏书。

知不足斋名气大显于天下，跟乾隆年间修《四库全书》有很大关系，当时为了寻找底本，乾隆皇帝下令在全国范围内征集善本书，鲍廷博以他儿子鲍士恭的名义向朝廷进献了626种书，成为当时私人进献底本数量最多的四家之一。

鲍廷博当时为什么不以自己的名义献书，历史上未见记载。而周生杰、杨瑞合著的《鲍廷博评传》一书猜测说："其一，历史上商人一直处于四民之末，没有身份和地位与官府交通。虽然明清时期商人的地位大为提高，一度处于四民前列，但是，传统的理念在鲍廷博心中仍占主导地位，故他不便也不愿意亲自出面；其二，鲍士恭年轻有为，全方面地继承了乃父（引者案：实为其父）的文化素养，对于藏书、校书和刻书事业也是'沉浸不倦'，且待人接物十分得体，很令鲍廷博喜爱，鲍廷博亦有意培养儿子，让他多与人接触。"

但即便如此，还是有人知道实际献书人是鲍廷博，比如阮元在《知不足斋鲍君传》中就明确说，献书人实际是鲍廷博，他儿子只是出面人："乾隆三十八年，高宗纯皇帝诏开四库馆，采访天下遗书，歙县学生鲍君廷博集其家所藏书六百余种，命其子仁和县监生士恭由浙江进呈。"

关于鲍家是否为主动献书，从相关史料来看，似乎是官衙先找的鲍家，然后才有献书之事。乾隆三十八年（1773）闰三月二十六日，浙江巡抚三宝在奏折中写道：

访知省城内尚有鲍士恭、吴玉墀、汪启淑、孙仰曾、汪汝瑮五家，素号藏书，即小山堂书籍，亦间有收买。随往各家访问，曲为开导。鲍士恭等俱能仰承德意，佥称：际此盛朝旷典，欢洽儒林，莫不踊跃争先，情愿呈献，以供石渠之选。

按照三宝的说法，他是先访得省城内有五大藏书之家，其中有鲍家，然后上门开导，而鲍士恭闻听朝廷有征书之举，立即表示情愿进献。皇帝看到三宝的奏折后，让大学士刘统勋转达他给三宝的谕旨：

今日三宝奏，据鲍士恭等呈称，愿以家藏旧书，上充秘府，计共一千九百余种，先缮书目进呈。已交四库全书处校勘查办矣。现今所有内府旧藏，并《永乐大典》内检出各种及外省进到之书，均分别应抄、应刊，以垂永久。无论应刊者，另须缮写付梓，其原本毋庸复留；即应抄者，皆一律缮写装潢收贮。其本省进到抄本，大小长短不齐，与现写陈设本不能画一，留之亦属无益。或其中并有不必存者，俟编纂书目时，只须载其名，而不必留其书。所有进到各书籍，将来办竣后，仍须给还各本家自行收藏，无借伊等恭进。交此传谕三宝，转谕鲍士恭等知之。（《军机处上谕档》）

乾隆皇帝下令将有用之书誊抄送入四库馆，原本则退还给原书主，还让三宝将此上谕讲述给鲍士恭听，也让其明白皇帝之心。当年的六月七日，三宝给皇帝所上奏折中称："臣随饬传鲍士恭、吴玉墀、汪启淑、孙仰曾、汪汝瑮等到署，臣遵旨宣示。鲍士恭等跪聆之下，咸以只取抄存，无须呈进，仰见圣主典体下情，无微不至，同声感戴，实出诚悃。"

按照三宝的说法，鲍士恭等人听到圣旨之后，十分感念皇帝对百姓的体贴，于是踊跃贡献出自己的藏书，供四库馆臣挑选，而知不足斋为献书最多的四家之一。清李桓在《国朝耆献类征初编》中称："海内藏书家踊跃进献，先生聚家藏善本六百余种，命长子士恭隶仁和县籍进呈乙览，先生之书大半宋元旧板旧写本，又手自校雠，一无伪讹，故为天下献书之冠。"李桓说，鲍廷博通过长子鲍士恭进献藏书的数量为四家献书最多者，而《浙江通志》也称："廷博长子士恭以所藏精本六百二十六种进献，内多为宋元以来之孤本、善本，居私家进书之首。"

可是查阅相关史料，扬州二马的后人马裕献书量为776种，天一阁后人范懋柱献书638种，这两家都比知不足斋的626种要多。如何解释这个问题，周生杰等所著《鲍廷博评传》一书谈到前人有着不同的统计方式，经过详细核查，他们认为鲍家的实际献书为723种，如果将明张大复所撰《昆山人物传》与《名宦传》分成两部书来计算，那也就是724种，即便如此，还是比马裕少一些，既然这样，如何解释前人所言的“献书之冠”和“进书之首”这种说法呢？《评传》中认可蔡文晋《鲍廷博年谱初稿》中的结论：

《四库全书官私目录》一书有《四库底本来源表》，私人献书部分鲍士恭进书626种，著录250种，存目129种，共采用379种，最多属类为书画31种，次多者为小说杂事15种。献书数量为当时之冠。

如果这种说法可以成立，就能符合前人对知不足斋所给出的评价。但当时皇帝并未对前四家排座次，乾隆三十九年（1774）五月十四日的上谕中说道：“今阅进到各家书目，其最多者为浙江之鲍士恭、范懋柱、汪启淑，两淮之马裕四家。为数五六七百种，皆其累世尽藏，子孙恪守其业，甚可嘉尚。”他赏给每家一部《古今图书集成》，并且从他们所献之书中挑出几种题上御制诗，在鲍家所献《唐阙史》上的题诗为：

知不足斋奚不足，渴于书籍是贤乎？

长编大部都庋阁，小说卮言亦入厨。

阙史两篇传摭拾，晚唐遗迹见规模。

彦休自号参寥子，参得寥天一也无？

另外，皇帝还赐给鲍家铜版画《平定回部得胜图》和《平定两金川战图》。这些赏赐无论在当时还是现在，都可以称得上是巨额奖励，因为《古今图书集成》当年仅刷印了64部，有一万卷之多。晚清民国年间，康有为曾经藏有一部，每逢他缺大钱时，就把这部书抵押给银行贷款，可见该书在民国时代也能得到银行认可。如今这部书的价值就更大了，20年来，出现在古籍拍场上的《古今图书集成》仅有零册，从未见有整部出现，并且即便把这些年见到的零本书全部加起来，数量也不到该书全部的十分之一。鲍廷博能得到这么一部书，也感到很骄傲，于是刻了一枚方章，章文是“老屋三间赐书万卷”，今日见到的知不足斋旧藏大多

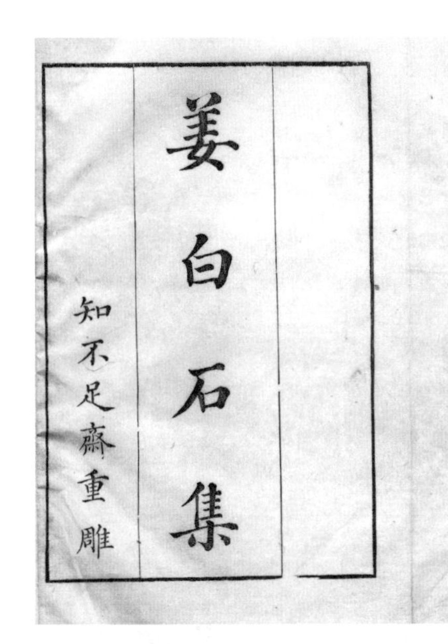
姜白石集

知不足齋重雕

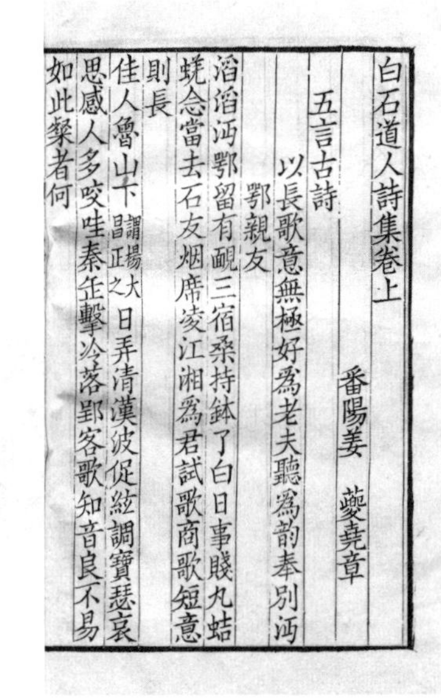
白石道人詩集卷上　　番陽姜　夔堯章

五言古詩

以長歌意無極好爲老夫聽爲韻奉別沔鄂親友

滔滔沔鄂留有醴三宿桑持鉢了白日事賤丸蛞蜣念當去石友烟席湊江湘爲君試歌商歌短意則長

佳人魯山下（謂楊大昌正之）日弄清漢波促絃調寶瑟哀思感人多咬哇秦缶擊吟落郢客歌知音良不易如此槩者何

仇十洲先生繪圖

列女傳

知不足齋藏版

⊙… 乾隆知不足斋刻本《姜白石集》牌记　⊙… 乾隆知不足斋刻本《姜白石集》卷首

⊙… 知不足斋藏《列女传》牌记　⊙… 知不足斋藏《列女传》内插图

⊙… 衰草枯杨，曾为藏书场

⊙… 这应当是鲍廷博登舟之处

钤有这方藏书章。

因为知不足斋的名气，再加上这方章的影响，晚清民国间，有几位书商仿刻了一批知不足斋的藏书印钤在书上，冒充知不足斋藏本，因为造得颇有水平，使得当时不少藏家中招。

乾隆皇帝赏赐的那两种战图也很珍贵，是在法国用西式方法制成铜板，运回中国之后再刷印而成，流传到今天，成套的极少。在当时，这些战图只作为皇帝的赏赐之用，故而民间少有流传，到了今天更是难得一见。其实，乾隆皇帝也颇大度，因为他在紫禁城内有间书斋，也叫知不足斋，按照那个时候的规矩，所有与皇帝相关的名号都必须避讳，其他的人即使堂号起得更早，但如果跟皇帝的重了名，也应当立即改换，以此表示对皇帝的尊敬。然而乾隆皇帝却跟大臣说，鲍家的知不足斋已经挺有名了，就不用改了，更何况这个名称是谁更早起还不好说呢。

当年，很多人乘船前往知不足斋去看书，以我的想象，鲍廷博每次必拿出这部御题之书来向众人显摆。鲍廷博为什么能买得起这么多好书，我也觉得奇怪。按照资料记载，鲍家从鲍贵这一代开始经商，鲍贵是搞制造铁器的生意，按今天的分类，应该算是冶金制造业，至少在今天从事这个行业发财很不容易。到了鲍贵的儿子鲍思诩这一代，似乎转行做了账房先生，到了鲍廷博，也没有史书记载他从事怎样的正业，所以，真不明白他是靠怎样的营生挣钱以支付那巨额的购书款。

但有一点可以肯定，那就是鲍廷博是真的爱书，他一生的精力基本都用在购书、校书和刻书上，同时，他还具备搞文献的先天优势，那就是记忆力极强。古代没有电脑，更不可能有百度文库和知网，所以记忆力超强是搞文史的先决条件，而鲍廷博恰恰具备了这个先天的优势，翁广平在《鲍渌饮传》中有这样一段描述鲍廷博的文字：

生平酷嗜书籍，每一过目，即能记其某卷某页某讹字，有持书来问者，不待翻阅，见其板口，即曰此某氏板，某卷刊讹若干字，案之历历不爽。

这种本领，在今人中我只见过史学家黄永年先生与之约略相似。鲍廷博对传统文化最大的贡献，应该是刊刻了《知不足斋丛书》，这部书流传甚广，到今天还能买到全套。他为了让这部书尽量没有错讹，在校书上竭尽全力，同时代的校勘大家卢文弨在《征刻古今名人著作疏》中曾经这样评价他：

吾友鲍君以文者，生而笃好书籍，于人世一切富贵利达之足以艳人者，举无所概于中，而唯文史是耽，所藏弃多善本，并人间所未尽见者，进之秘省之外，复不私以为枕秘，而欲公之。晨书暝写，句核字雠，乃始付之梓人氏，枣梨即精，剞劂亦良，以是毁其家不恤也。

《知不足斋丛书》因为校勘精良，广受学界关注，连皇帝都听说了有这么件事，鲍廷博去世之后，其子鲍士恭接着刊刻这部大丛书，又过了些年，才最终将这部书的30集全部刻完。其间嘉庆皇帝还曾专门过问这部丛书的进度，可见该书影响之大，也足证其校勘之精。然而，洪亮吉对古代藏书家进行分类时，却把鲍廷博和黄丕烈并列为"鉴赏家"，而"鉴赏家"排在了五等中的第四等，这有点无视鲍廷博对校勘古籍做出的贡献。每每说到这些时，我觉得自己很有点像古书界的愤青，好替古人鸣不平，又总觉得今人太过苛刻，没有真正设身处地去理解一个藏书家对于文献所付出的艰辛。

阮元编过一部《宛委别藏》，乃是他任浙江巡抚期间留心访求《四库全书》未收之书汇集而成，总计找到175种，并仿《四库全书总目》之例，为每部书撰写提要，而后将该书进献给皇帝。阮元的儿子阮福在《揅经室外集序》中称：

家大人在浙时，曾购得《四库》未收书进呈内府，每进一书，必仿《四库提要》之式，奏进《提要》一篇。凡所考论，皆从采访之处，先查此书原委，继而又属鲍廷博、何元锡诸君参互审订。家大人亲加改定、纂写，而后奏之。

由此可知鲍廷博也参加了《宛委别藏》提要的编写，而这些也可视为鲍廷博与四库之间的关联。

2013年1月1日，我前往嘉兴寻找鲍廷博的遗迹。周生杰、杨瑞在《鲍廷博评传》中写道："鲍廷博领到所赐《古今图书集成》后，欢喜异常，在桐乡青镇杨树湾建专门书斋小心翼翼地保存，名书斋曰'赐书堂'，共3间。光绪六年（1880），鲍廷博曾孙鲍寅献呈西湖文澜阁保藏，又演绎了璧还官府的佳话。"

以此可知，鲍廷博故居位于浙江省嘉兴市乌镇镇杨树浜村，来到杨树浜村一带，看到的却是一片大工地和一个建成的庄园。顾威剑兄说，他几年前来的时候，这个村子还在路边，而今却看不到影子了。沿着乌民线继续向前开，不到一公里就来到了白马墩村村委，是一座三层的现代楼房，院落很大，至少能停五六十辆汽车。进楼内打问杨树浜村的情况，一位接待人员说，杨树浜村归白马墩村管辖，但现在白马墩村已全部拆平，迁移到了另一个地方，现在村址用来搞开发。我问他还有没有杨树浜村的村牌在，他告诉我早就没有了。

从村委出来，外墙有数个公告栏，范兄逐个浏览，突然像发现新大陆似的叫我快来看，原来里面贴着一张《桐乡市城乡居民合作医疗意外伤害调查情况表》，这个表格内列着两个人的姓名，其中一位朱姓者，他的意外伤害情况是骑电瓶车在路面摔倒，最让我等感兴趣的是，他的住址是"乌镇镇白马墩村杨树浜组"，我终于在现实中找到了资料中记载的与鲍廷博相关的地名。

原路往回走，在杨树浜村马路对面有一块湖状的湿地，顾兄说，这就叫"浜"。杨树浜的名字恐怕就是由此得来，范兄猜测说，很可能当年知不足斋鲍家的码头就在这个浜的某个角落里，而鲍廷博也是经常在此上下船，进行着他的访书之路。我佩服他的这个想象力，也认为他所说的接近实际情况。

在杨树浜村的东面有一片仿古庄园，顾兄介绍称此处叫"华庄"，他说，这位建设者现在的身份是香港人，原来也是从本村出去的，挣了钱之后，回来建了这个农庄，但经营得不太好，近来卖给了另一个集团，要在此建成养生馆。这个庄园占地面积很大，我觉得至少有几百亩大小，所建的木桥、栏杆已经塌了一半，里面堆着的用具东倒西歪，感觉已长期无人管理。在看庄园的过程中，顾兄突然叫我等快来看，原来他在拍一个公交车站牌时有了发现。他指着站牌说："上面有杨树浜的字样。"走近细看，果真有这个站名，但那个"浜"字可能是写错了，变成了"滨"，也许有人指出了这个错误，在"滨"字上又贴了张纸条，变成了"浜"字，可惜这个贴条也掉了下来。我跑到马路对面去看相反方向的站牌，那个"浜"字可能也是错的，上面也贴着纸条，但至少改正过的字没有掉下来。

在这个站牌的后面，沿街盖着一排小楼房，范兄向施工者打问，一位管事者告诉他，这就是杨树浜村搬到此处的新地址，我不死心，问他们听没听说过原村曾经有过知不足斋，老者摇摇头说："从未听说过。"意欲寻找的知不足斋已没有了踪迹，连知不足斋所在的村庄也经历了沧海桑田的变迁，真可谓世事无处不昙花！

扬州二马·小玲珑山馆

献书第一，曾疑隐善

我在第一次寻访藏书楼时犯了一个错误，把个园里的丛书楼当成了扬州二马的藏书楼，近两年才知道这是个误会。这个误导来源于个园变迁的历史，个园里的不少楼名都跟扬州二马的堂号完全一致，这是个很奇怪的现象。虽然我知道街南书屋后来被个园的主人黄至筠买下，但并没有找令人信服的理由，说明为什么个园中的一些堂号跟街南书屋里的很相像。但无论怎样，至少说明扬州二马的藏书楼我是访错了，那当然有必要重来一遍。

扬州二马指的是马曰琯和马曰璐两兄弟，他们是康熙初年著名的大盐商，这是世人皆知的事。我好奇的是兄弟俩人在那个时代竟然不分家，共同置办产业，共同爱好文化，这倒是一种极为奇特的现象。还有一个奇特的现象，那就是马氏兄弟在那个时代也算得上江南数一数二的大财主，在人们心中，这样的金主爱文化那铁定是附庸风雅，然而有记载说，乾隆元年马氏兄弟同举博学鸿词科。

他们居然如此洒脱，按今天的说法就是很“拽”，考上之后却调头而去，只为证明自己有这本事，而并不想因此得到什么一官半职。可是，我从另一份资料中看到，马氏兄弟中只有马曰璐被推荐去参加博学鸿词科，而他以“亲老不赴试”。究竟事实如何，我也没详加考证，无论怎样，当年考博学鸿词科也不是件容易的事，有很多天下一流的学者都没能考上，这至少说明，扬州二马对文化的热爱已经到了很高的水准，绝非人们想象的那样只是做有学问状。

在扬州东关街的中段很容易就看到了街南书屋的文保牌，上面标明街南书屋的门牌号是东关街 309 号，旁边还有一个专置的信箱状的物体，中间有一个圆洞，底下写着“敬惜字纸”。这是我在扬州看到的第三个这类设施，足以显现当地人对于文化的敬畏之心。从外观看，街南书屋是新修好的仿古建筑，门口挂着两串红灯笼，我正准备进入，却看到门的右方还有一块文保牌，上面写着“苏北行政公署旧址”。底下的文字介绍称，1949 年苏北行政公署成立，1950 年这个公署就由泰州移到了这里。原来这座古老的藏书楼还为革命事业做出过贡献，不知道这算不算是老树发新枝。

街南书屋的大门敞开着，我信步入内，里面的影壁做得十分精致，像是用黄杨木做的巨大木雕，地面是光可鉴人的大理石。影壁旁边立着一块牌子，上面写着“营业区域”,我把这四个字理解为闲人免进。眼前所见跟我想象的古代藏书楼形成了心理上的反差,但既然进来了,总是希望能够拍到几张照片,于是就在回廊的位置四处拍照。整个建筑是南派的庭园式装修,中厅做成透光的天井状,四周用玻璃幕墙围了起来,静静的,看不到人影。向内望进去,里面有一面墙,用线装书装饰着。用书做背景来拍藏书楼,效果当然最好,于是我蹑手蹑脚地往里走。但我的小动作还是被一位保安发现了,他马上向我走了过来。既然已经被发现了,不妨大义凛然一些,我索性就大模大样地在原地拉开了三脚架准备拍照。

但这位保安比我想象中有涵养得多,和蔼地问我有什么事情。我说自己来访藏书楼,看到这面影壁上的对联刻有“藏书”二字,所以就走了进来。其实我没有瞎编故事,这面书墙两侧的抱柱上确实挂着一副对联,上联是“藏书何止三万册”,下联是“种树常教四十圃”。保安告诉我,这里已经改成了酒店,真正的街南书屋藏书楼在酒店的后院。这句话让我大喜过望,但我觉得如果只是说来拍藏书楼,酒店可能会不太欢迎,既然编故事,不如索性就编到底。于是我接着问酒店的价格,他说房价每晚高低差别很大,最便宜的大概是七百多块钱,高者几千的都有。我就等他这句话,于是提出想看看房间,如果合适的话,可以转住到这里。

这位保安应该见惯了我这种人,只是笑笑就带着我到后院去观看,从他笑笑的模样上,我能感觉到他知道我在编故事,只是不想点破而已,心下惭愧之余,我对他顿生敬意。俗语说“相府丫鬟七品官”,看来很有道理,藏书楼里的保安也如此有修养。他带着我边走边介绍,告诉我整个街南书屋近两年才修复完毕,完全是按照当年的模样重新建设的,现在局部作为酒店来经营,也是一种可持续发展的方式。在后院中,以围墙隔出几个院落,我一眼就看到其中一个院落的门楣上挂着“小玲珑山馆”的堂号,顿时眼睛放亮。

当年扬州二马兄弟从太湖得到了一块极漂亮的太湖石,此石具备透、皱、瘦三字之奇,因之把这个院落起名为小玲珑山馆。但是我始终没搞懂,小玲珑山馆应该算是街南书屋的一部分,还是应该反过来,但总之扬州二马的藏书堂号人们始终是以小玲珑山馆称之,而很少人把它叫作街南书屋,这也是当年我没有找到的原因之一——当然我承认这句话有点自我辩解之意。

看到了小玲珑山馆之后，我顿时对街南书屋的其他部分失去了兴趣，穿过圆洞门，里面别有洞天。院落占地有十几亩，正中的位置是个水塘，水塘的四周坐落着一些仿古建筑，我沿着右路的回廊前行，看到了几处不同的建筑。转到正前的位置，即是两层楼高的丛书楼，这就是复建的当年扬州二马的藏书楼。我围着楼四处拍照，准备推门入内时才发现正门上着锁。这位有教养的保安告诉我，丛书楼现在的用处是作为重要的客厅，只有一些重要场合才会开放。我想想自己当然没那么重要，只好隔着玻璃向里张望一番。一楼摆成了客厅的模样，没能看到书架，二楼的情形如何无法知道，也算是这次喜出望外之余的小遗憾。

按照资料记载，马氏藏书楼应该有两进院落都是作藏书之用，因为他们当年的藏书量很大，从这里望去却只建成了一进。按照《清史列传》上的说法，扬州二马"藏书甲大江南北"，全祖望在给丛书楼所写的《丛书楼记》中写道："百年以来，海内聚书之有名者，昆山徐氏、新城王氏、秀水朱氏其尤也，今以马氏昆弟所有，几几过之。"那个时候，徐乾学的传是楼、朱彝尊的曝书亭、吴焯瓶花斋等，都是一流的藏书之所，而这些著名藏书楼中的善本大多却归了小玲珑山馆，由此可知其藏书之富。当时的大藏书家吴翌凤也曾评价说："小玲珑山馆中四部略备，与天一阁、传是楼相埒。"

乾隆三十七年(1772)，皇帝有了征书之举，由于各地督抚的各种顾虑，征书效果并不理想，于是乾隆三十八年(1773)，闰三月初三日，皇帝在给军机大臣李质颖的上谕中称：

前允廷臣所议，查校《永乐大典》，选择付刊，并令将各省采送书籍及武英殿旧有官版各书，一并汇合厘次，分别经史子集，编叙目录，命为《四库全书》，用昭册府大全。而各省奏到书单，甚属寥寥，因明降谕旨，令各该督抚善为访求，毋得少有避忌，予以半年之限，迅速办理。并以藏书之家，江浙为尤盛，因专交高晋、萨载、三宝，就所属地方，设法访问，借抄汇送，仍向书贾书船，广事咨询，妥协搜求，以期渐臻美备。

面对征书不多的状况，皇帝再次下谕，并且特意点出江浙地区藏书最盛，所以这些地方的督抚要更加努力访求遗书。同时，皇帝不知从哪里听到扬州马氏兄弟家中藏书量很大，在此上谕中又称：

至淮扬系东南都会，闻商人中颇有购觅古书善本弃藏者，而马姓家蓄书更富，凡唐宋时秘册遗文，多能裒辑存贮，其中宜有可观，若能设法借抄副本呈送，于四库所备储，实有裨益。李质颖系翰林出身，于典籍气味尚近，且现为盐政，查办尤易为力。止须派总商内晓事之人，如江广达等，令其因亲及友，广为访借，不必假手吏胥，更可不致滋扰。着传谕李质颖，即遵旨妥办，查访藏书内流传已少及现在并未通行各书，向其家借出，缮录副本呈送，其原书速行给还。仍将应抄书目先行奏闻，其书即速抄出，陆续呈进，务期裒集精良，多多益善。将此由三百里传谕该盐政知之。

皇帝竟然特意向李质颖点到了马家藏书，并且让他派得力干员前往马家商谈借抄底本事。而此上谕发出后的十几天，也就是三月十五日，两江总督高晋等就给皇帝上了奏折：

臣等恭读之下，仰见我皇上天恩浩荡，体恤周挚。凡有书籍之家，均应感戴鸿慈，竞献所藏，无敢隐秘。臣等益知有所遵循，随飞饬江苏两藩司通行各属，并移安徽、江西抚臣，一体钦遵，妥速办理。

高晋认为皇帝体恤民情，这些藏书家听闻到征书之举肯定会踊跃献书，奏折中又写道：

旋又闻得扬州商人马裕家藏书最富，并经飞札扬州府知府陈用敷，亲诣查问，开列书目申送。臣高晋细加检阅，就其书中拣出一百三十三种。以六十八种借发苏州书局校勘，臣萨载现在选取进呈；以六十五种饬令扬州府借出，督同府学教授金兆燕等，就近检查解省。续又拣出六十二种，开单饬知，一并借出。正在查办间，接准盐臣李质颖札会，奉到上谕，饬查商人马裕家内书籍，现在钦遵查办。

高晋称，他已经了解到扬州二马后人马裕家中藏书量最大，并且已经给扬州知府去信，让他到马家征书，而后他又说，之后不久就接到了李质颖列来的目录。五天之后，高晋又给皇帝上了封奏折，详细讲述征书的现况，其中又提到了马家献底本之事：

查马家书籍内，发局校阅之六十八种，业经校竣。其堪备采择者，计五十九种。近日苏城藏书之家感颂皇仁，倍加踊跃，将所藏书目自行送局选择。统计前后得书共一百二十五种，同拣出马家之五十九种，通计一百八十四种，开具目录，恭呈御览。

而在高晋上奏折的同天，李质颖也给皇帝上了奏折，回报征书的情况：

奴才钦遵圣训，当即选派晓事总商江广达等八人，令其因亲及友，广为访借，务期必得，以多为贵。至于商人马裕，素有藏书。今年三月内，奴才未奉谕旨之前，督臣高晋谕令扬州府知府陈用敷，向其家购觅书籍。今奴才钦奉上谕，传该商到署，宣示德音，善言询问。该商欣喜踊跃，即将书目呈出。奴才查其全目共一千三百八十五种，内督臣高晋选去一百三十三种，又已经选定尚未取去知会奴才查办者六十二种。今奴才悉心采择，又选出二百十一种，开叙目录，向其家借取抄缮。

李质颖称自己在接到上谕之前就已经到马家去征书，以此来表示他对皇帝征书的高度重视，李在奏折中接着称：

马裕禀称：商人受皇上培养深恩，沦肌浃髓，今蒙购访遗书，商人家内所藏，苟有可采，得以仰邀睿览，已为非分之荣，何敢复烦抄缮，致需时日，只求将原书呈进，便是十分之幸了。奴才察其言词诚切，出自实心，似应准其所禀。

李质颖说，马家人感念皇恩浩荡，所献之书能够得到皇帝御览，就已经感到无上光荣，因此主动提出不需要抄录，愿意将底本直接献给朝廷。然而皇帝在此奏折上的朱批为："俟办完《四库全书》，仍将原本发还，留此亦无用也。"看来皇帝在强调他征书之前的承诺，只采用内容而不要原书。

本月二十八日，皇帝命大学士刘统勋向两江总督、江苏巡抚、两淮盐政等转达旨意，因为他发觉献书目录中没有多少好书：

至昨阅单内所开各书，亦多系近代人诗文等集，其于古书善本，尚不概见。马裕家夙称善于收藏，何所存仅止于此？或原办时，尚系地方官往彼询访其家，未免心存畏惧，又惮将善本远借，故所开尚尔不精不备，亦未可知。并着李质颖善为询觅。如单外另有佳本，仍开目录续奏，以便检核借用，务期多多益善。

乾隆一再强调原书要退还给本家，并告知献书者不要有顾虑，但他发现马裕所献书单大多是近代人的一些诗文集，真正的好书并不在里面，而马家藏书一向极有名气，怎么可能只藏这些普通之本，因此他疑心是地方官员到其家访书时令马家畏惧，同时又担心借出善本无法真正归还，所以才有所隐瞒。于是乾隆派李质颖暗中再行查访，想办法征集到真正的善本。

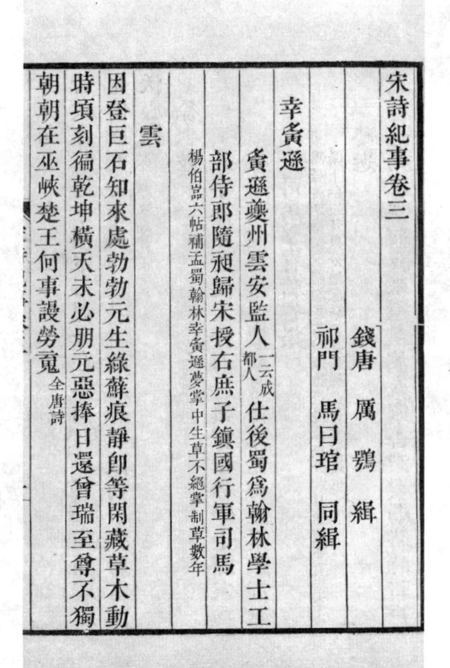

宋詩紀事卷三

錢唐 厲鶚 緝

祁門 馬曰琯 同緝

幸夤遜

夤遜夔州雲安監人（一云成都人）仕後蜀爲翰林學士工部侍郎隨昶歸宋授右庶子鎮國行軍司馬

楊伯嵒六帖補孟蜀翰林幸夤遜夢掌中生草不絕掌制草數年

雲

因登巨石知來處勃勃元生綠蘚痕靜即等閑藏草木動時頃刻徧乾坤橫天未必朋元惡捧日還曾瑞至尊不獨朝朝在巫峽楚王何事謾勞魂（全唐詩）

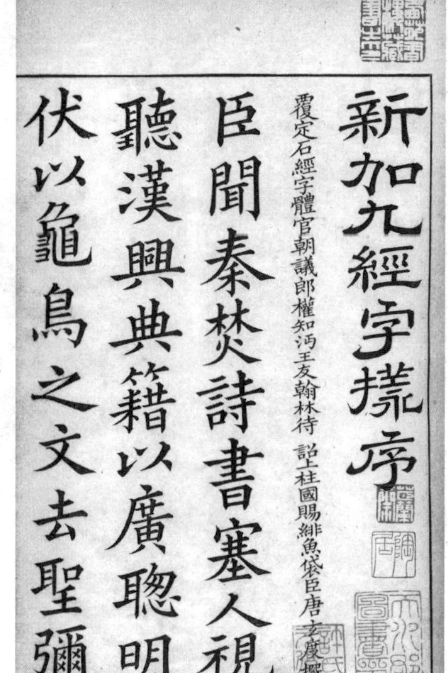

新加九經字樣序

覆定石經字體官朝議郎權知沔王友翰林待詔上柱國賜緋魚袋臣唐玄度撰

臣聞秦焚詩書塞人視聽漢興典籍以廣聰明伏以龜鳥之文去聖彌

感舊集卷一

漁洋山人選 德州盧見曾補傳

錢謙益 二十二首補遺十五首

謙益字受之號牧齋一號蒙叟晚自稱東澗遺老江南常熟人萬歷庚戌進士及第官禮部尚書有初學有學等集（古夫于亭雜錄余初以詩贄于虞山錢先生時年二十有八其詩皆丙申後少作也先生一見欣然爲之序又贈長句驥騄奮蹴踏萬馬喑不驕勿以獨角麟儷彼萬牛毛蓋用宋文憲贈方正學語也又采其詩入所撰吾炙集所以題拂而揚詡之者無所不至余嘗有詩云不薄今人愛古人龍門登處最嶙峋山中柯爛蓬萊淺又見先生制作新白首文章老鉅公未遺許友入閩風如何百代論騷雅也許儕才到阿蒙今將五十年回思往事眞平生第一知已也 吳駿公偉業梅村集致孚社諸子書弇州先生專主盛唐力還大雅其詩學之雄乎雲間諸子繼弇州而作者也龍眠西陵繼雲間而作者也風雅一道舍開元大歷其將誰歸至古文辭則規先秦者失之摹擬學六朝者失之輕靡震川毘陵扶衰起敝崇尚八家而鹿門分條晰委開示後學若集衆長而掩前哲其在虞）

困學紀聞卷一

浚儀王應麟伯厚甫

易

危者使平易者使傾易之道也處憂患而求安平者其惟危懼乎故乾以惕无咎震以恐致福

修辭立其誠修其內則爲誠修其外則爲巧言易以辭爲重上繫終於默而成之養其誠也下繫終於六辭驗其誠不誠也辭非止言語今之文古所謂辭也

履霜戒於未然月幾望戒於將然易貴未然之防至於幾則危矣

⊙… 厉鹗与马氏兄弟所编的《宋诗纪事》 ⊙… 这就是被人艳称的“马版”之一《九经字样》

⊙… 马氏兄弟初次刊刻的《感旧集》 ⊙… 马氏兄弟出资刊刻之《困学纪闻》

⊙… 丛书楼正门

李质颖接到命令后立即调查，在乾隆三十八年四月十九日的奏折中报告了结果：

至马裕家藏书总目，共一千三百八十五种，奴才前奏业已声明，合计前后共送过七百七十六种，下剩六百九种，俱系通行共见之书，无可再加采选。奴才恐其或有善本另藏，未尝载入目内者，亦经详细密访。据各商总咸称：马裕为人小心谨饬，今所送之书目，乃其家因卷帙繁多，虞其遗失，逐一登明，以便查考，系伊家原有之藏书私账，所以纤悉不遗，俱开在内，江广达等闲时常到其家，曾见此书目，等语。奴才窃思初次奉到上谕之时，传谕该商，即欣然将书目呈出，及至借抄之际，又再三禀请，恐稽时日，求将原书呈送。是其感激天恩，乐于从事，出自中心所诚，然合之众商总之言，亦属确情，似无别有秘藏之事。

李质颖说，马家呈上的书目属于马家私账，应该是真实无虚，同时也私下了解到马裕为人很小心，不太可能敢做出糊弄朝廷之事，并且有不少人都看到过这本藏书总目，所以说，马家所献之书绝无隐藏善本之事。

到了乾隆四十二年（1777）六月十五日，两淮盐政已换为寅著，他给皇帝的奏折中又讲到马家愿意贡献底本之事：

据江广达复称：前项书籍，奉前盐政督同商等访购呈进，即与自行购进一例，似应钦遵谕旨，毋庸发还本家，即请留备馆阁之储，商等实深荣幸。又据马裕禀称：商人家藏书籍，恭逢皇上加恩采访，既已荣幸非常，况蒙御制题《鹖冠子集》诗一章，赏给《古今图书集成》一部，恩施异数，惟矢悉心研悦，已沾奕世荣光。且前项书籍业荷睿鉴，审定刊抄，未便仍为商家藏本，致滋亵渎。伏请奏明留备馆阁之储，感激无地各等情。据此，奴才复加查询，实系该商等欣幸冀望愚忱，蓄怀已久，可否仰邀皇上天恩，俯允所请。如蒙恩准，自应遵候总裁等开单行知，奴才委员赴翰林院请领，再行呈缴。

但皇帝仍然强调要将原书退回，他在当年七月十二日给寅著的上谕中称："江广达等呈进各书，既系众人访购，自难复行分给，着如所请，即留备馆阁之储。至马裕家以商人而能收藏载籍至七百余部之多，殊堪嘉尚，自当将原书仍行发还，俾得世守珍藏，毋致散佚。"乾隆认为，马裕以商人之家而藏书如此之多，已是十分难得，应该让他继续将书珍藏下去，并且世代相传。有意思的是，乾隆

⊙… 丛书楼全景

还在这份上谕中批评为寅著代写奏折的幕僚文笔太差："至折内将'等'字误书'得'字，已属粗心。且已请将原进书籍存留，又称候总裁开单行知，委员请领，前后自相矛盾。此乃庸陋幕友行文不通所致。已于折内批示，将此一并传谕知之。"

经过三次征集，相关人员先后从马裕家选走了776种藏书，这个数量成为当时全国私人进献给四库馆藏书最多的一家。为了表扬马裕献书第一的无私行为，弘历奖励给小玲珑山馆《古今图书集成》一部，另外还赐给马裕《平定伊犁御制诗三十二韵》《平定金川御制诗十六韵》及《得胜图》三十二幅，并且在马裕家贡献的《鹖冠子》一书上题诗后发还马家。皇帝赏赐了这么多东西，当然是马家的极大光荣，也是当时一件极轰动的事。

嘉庆年间，马氏家境衰落，街南书屋出售给了陈氏。到了嘉庆二十三年(1818)，当时的大盐商黄至筠把街南书屋买了下来。有资料说，黄至筠就是在街南书屋的基础上建起了个园；但也有研究者认为这种说法不正确，街南书屋和个园本来就属于两个园林，只是都被黄至筠买下了而已。

我很羡慕当年马曰琯、马曰璐兄弟的那种生活方式，我想不只是我，恐怕他们的生活是每个爱文化人的梦想。盐商多得是，但并不是每一个有钱的盐商都有扬州二马这样的生活姿态。他们并不满足于自己的衣食富足，而是遍请天下名流"与众乐"，经常在小玲珑山馆举办诗会。李斗在《扬州画舫录》中写道："扬州诗文之会，以马氏小玲珑山馆、程氏筱园及郑氏休园为最盛。"李斗还对诗文之会有详细的描写，比如写明举办诗会时桌上陈设了哪些东西，摆放什么样的食品等。最让我感兴趣的是，书中说这些文人在诗会上写的诗作立即就开始刊刻，刊刻完后还允许作者三天内改稿给予重刻，然后就把刻出来的诗集递送到城中喜欢诗的人手中。原来古人刻板如此神速，不亚于今天的微信和微博。如果从出版角度来比较，现在交给出版社一部书稿，一年内印出来已经是谢天谢地了，半年能印出来就算神速，这跟扬州二马比起来不知道差多少倍。

许多史料都记载扬州二马对人极好，很多学者长期住在他们家，既可以研究马家的藏书，也可以以此写出自己的著作，马曰璐甚至还能给予这些学者生活上的帮助。比如厉鹗年老无子，在那个时代这是很严重的一件事，马氏兄弟出钱给厉鹗纳了个妾，为他解决实际问题。厉鹗在小玲珑山馆编《宋诗纪事》，此书当

⊙… 敞亮的厅房　⊙… 书墙影壁和对联

⊙…院落的门楣上挂着“小玲珑山馆”的堂号

16号楼
NO.16
15号楼
NO.15
17号楼
NO.17
国学馆

然名气很大，然而并不是厉鹗一人所作，其中的卷一至卷十是与马曰琯合编，而卷十一至卷二十是与马曰璐合编。这种合编不只是挂个虚名，厉鹗谈到这部著作时也曾说道："幸马君嶰谷、半槎兄弟相与商榷……念与二君用力之勤，不忍弃去。"全祖望当年也常年住在小玲珑山馆，利用这里的藏书编出了《宋元学案》。后来全祖望得了眼病，马氏兄弟专门花钱请来名医帮他治疗。全祖望去世之后，马曰璐还帮着他料理后事。有一年，郑板桥躲债到了镇江，马曰琯听说之后，马上帮郑板桥还了债。而朱彝尊的弟子收集到了老师的稿本《经义考》，因为部头太大，刊刻费用很高，所以一直以稿本流传，也正是马氏兄弟出钱，才把这部大书刊刻出来。还有蒋衡手书的《十三经》，也是由马氏出巨资把这个大部头装潢成书，最终进献给乾隆皇帝，而皇帝深为喜爱，把它刻板上石，我的书斋中还存有一部拓本。如此想来，我也应当感谢马氏兄弟。总之，他们二人做了那么多的大好事，但后世的名声又怎样呢？有些人评论说他们不过就是有钱的盐商，真不明白人们为什么对有钱的文化人会有着如此的偏见。

马氏兄弟刻书也很有名，小玲珑山馆刻的书极其漂亮，在当时就被称为"马版"。《清稗类钞·鉴赏类》引前人评论说："小玲珑山馆马氏重刻五经文字、九经字样，气动墨中，精光四射，视西安原本，几几青出于蓝。"我对马氏兄弟的所刻之书也很感兴趣，这些年中努力收藏，总算收集到了大多数，其中板片转让之前所印之本确实令人悦目。

这次来到街南书屋，想要看到藏书当然不可能，但那块传说中的玲珑石呢，能看见吗？我向这位保安请教这块石头在哪里，他指着园中的一座假山说："可能在那里。"这座假山可能的确是用太湖石堆砌而成，但我却看不出玲珑，这也是我此趟意外所获中的小遗憾。但有遗憾也不是坏事，至少让我留个念想，有一天我要再来扬州，专访玲珑石。

编纂

为了编纂《四库全书》，首先要成立相应的机构——四库全书馆。皇帝对此书的编纂十分重视，故先后安排16位军机大臣、大学士等担任四库总裁，又设副总裁14位，总阅官15位，总纂官3位，总校官一位，另外还有提调官、协勘官、分校官等一系列职务，余外还有大量的抄录人员。尽管有着这样庞大的机构，但仅编纂、抄写北四阁就花了十年时间，有的学者认为，如果再加上后来的南三阁，七部全书的完成前后耗时18年之久。

这些工作人员除了辑佚失传之书外，同时还要处理大量的献书，他们的工作首先是要对各地献来之书进行真伪全残的甄别，而后对选出之书进行校阅，还要根据皇帝制定出的标准，对选出之书作出标明应刊、应抄、应存的建议，同时还要在查阅各书时，清理出悖逆、违碍之文，故本节选择有代表性的相关编纂人员加以介绍。

刘统勋·刘墉

先阻后助，父子相继

清昭梿所撰《啸亭杂录》中对刘氏父子的事迹多有记载,“本朝父子祖孙宰相”一节写道:“如阿文端公(兰泰)之子为傅文恭公(明安),阿文勤公(克敦)子为文成公(桂),张文端公(英)子为文和公(廷玉),刘文正公(统勋)子为文清公(墉),马文穆公(齐)之侄为傅文忠公(恒),其子为文襄公(康安),高文良公(斌)之侄为文端公(晋),其子为参政公(书麟),皆父子宰相。”

可见刘统勋、刘墉父子与张英、张廷玉父子都曾先后担任宰相,然而在乾隆六年(1741)十二月,刘统勋在任左都御史三个月时曾上书弹劾大学士张廷玉,此事震动朝野。《清史列传》卷十八《刘统勋》载:“六年十二月,疏言:‘大学士张廷玉历事三朝,遭逢极盛,然而晚节当慎,责备恒多。臣窃闻舆论,动云相城张、姚两姓,占却半部缙绅。今张氏登仕版者,有张廷璐等十九人,姚氏与张氏世姻,仕宦者有姚孔钗等十人。虽二姓本系桐城巨族,得官之由,或科目荐举,袭荫议叙,日增月益,以至于今,未便剧议裁汰。惟稍抑其升迁之路,使之戒满引嫌,即所以保全而造就之也。请自今三年内,除特旨升用外,概停升转。’”

由此可知,刘统勋弹劾张廷玉主要是因为桐城籍的官员在朝中势力太大,而这个时期,汉臣张廷玉与满臣鄂尔泰分立门户,渐渐形成朋党相争之势。根据前朝的经验,乾隆对此最为反感,故刘统勋的弹劾使得乾隆帝可以借机打压两派势力,但那时鄂尔泰与张廷玉门下士众多,乾隆帝需要找一个突破口,才能清理两派势力。

乾隆十年(1745)鄂尔泰病故,乾隆十五年(1750)张廷玉乞休,乾隆帝认为清理两派的时机业已成熟,而他选择的突破口则是在胡中藻《坚磨生诗钞》中找违碍字句。

坚磨生乃胡中藻之号,他是乾隆元年(1736)的进士,并且是鄂尔泰的门生,故胡中藻与鄂尔泰之侄甘肃巡抚鄂昌关系密切,而那时的刘统勋任陕甘总督,皇帝给他下密旨说:“谕刘统勋:亲往鄂昌抚署中,将其与胡中藻往来应酬之诗文、书信严行搜查,并其与别人往来字迹中有涉讥刺、嘱托者,亦一并搜查封固,差妥人驰驿送来。汝查伊字迹中若实有诽谤可恶情节,则汝一面奏闻一面前往安西传旨,令彼离任,查其随身所带字迹,抚务汝亦暂为兼管候旨,不可稍涉瞻徇,不可预露风声。钦此。”(《清代文字狱档·刘统勋奏赴兰查办鄂昌诗文信札》)

刘统勋根据皇帝的密旨,很快查封了鄂昌的诗文和信札,而后他在给皇帝所上奏折中进一步揭发鄂昌有受贿情形："协办陕甘总督尚书刘统勋奏，遵旨查出鄂昌诗稿、札稿及书札。臣与鄂昌共事甘省，见其书辞闪烁，好为隐饰，意其不过遇事多疑，识见鄙琐。今阅札稿，除发价派属员代买物件等事罪止不应外，至如闻伊弟鄂容安将有北路之命，遂有奈何之辞。又于史贻直则夤缘纳贿，于黄廷桂则舞弊市恩，实出意料之外。谨进。"（《清代文字狱档·刘统勋不瞻顾谕》）

此事查清后，鄂昌被赐令自尽，而这件事也对刘统勋的心理形成较大影响，由此他明白在君权至上的环境下不能拉帮结派，同时必须按照皇帝的旨意行事。昭梿在《啸亭杂录》中载有刘统勋为人之直：

刘文正公当乾隆中久居相位，颇为上所倚任。公性简傲，不蹈科名积习，立朝侃然，有古大臣风。尝有世家子任楚抚者，岁暮馈以千金，公呼其仆人，正色告曰："汝主以世谊通问候，其名甚正。然余承乏政府，尚不需此，汝可归告汝主，赠诸故旧之贫寠者可也。"有赀郎昏夜叩门，公拒不见。次早至政事堂，呼其人至，责曰："昏夜叩门，贤者不为。汝有何禀告，可众前言之，虽老夫过失，亦可箴规也。"其人嗫嚅而退。薨时，上亲奠其宅，门闾湫隘，去舆盖然后入。上归告近臣曰："如刘统勋方不愧真宰相，汝等宜法效之。"

即使是多年交往的好友，刘统勋依然不受对方之馈赠，他让仆人转告朋友说，如果真有钱应当散发给一些贫困之人。有拿钱捐官的人夜里要与之相见，他也拒之门外。刘统勋去世后，皇帝夸赞他为真宰相，要求众大臣效仿其为人之正，而他的这种为人方式也影响到其子刘墉。

乾隆三十八年（1773），皇帝下令开四库馆编纂《四库全书》，为此在全国范围内寻找底本，这件事又逐渐演变成为查缴禁书活动。乾隆四十三年（1778），刘墉在任江苏学政时查到了徐述夔的《一柱楼诗》，由此引发了一起著名的文字狱案。

徐述夔是江苏扬州府东台县人，《一柱楼诗》乃是他的诗集。乾隆四十二年（1777），徐述夔后人与邻居蔡嘉树家发生田产纠纷，此时徐述夔已经去世十五年，而蔡嘉树发现《一柱楼诗》中有些违碍字句，于是他以此要挟徐述夔后人徐食田和徐食书。按照当时的规定，如果主动呈缴禁书就不会受到追究，于是他们两人主动将《一柱楼诗》呈缴给东台县，故而相关部门并未追究徐氏兄弟之罪。然而蔡嘉树继续向上举报，他指出《一柱楼诗》中有"明朝期振翮，一举去清都"

等悖逆之语。而此时刘墉也收到了其他人同样内容的举报，于是他给皇帝上奏折称："臣在金坛办理试务，有如皋县民人童志璘投递呈词。缴出徐述夔诗一本，沈德潜传一本，并称徐述夔已故，既见此书恐有应究之语，是以呈出等情。臣查童志璘是否挟嫌、有无教唆之处，应行地方官究问。其徐述夔诗语多愤激，而沈德潜所作传内有'伊弟妄罹大辟'之语。或者因愤生逆，亦未可定。其所著述如有悖逆，即当严办，如无逆迹，亦当核销，以免惑坏人心风俗。现移督抚搜查办理。谨此奏闻。"（《清代文字狱档·刘墉揭发徐述夔案》）

乾隆皇帝看到《一柱楼诗》后，原本认为本书中并无多少悖逆之语，但他觉得可以借此警示江南大员，让他们努力清查禁书。乾隆皇帝竟然将《一柱楼诗》的校对者徐首发和沈成濯两人的名字连在一起，将其解释为剃光头发之意。这是诋毁大清的剃发制度，为此牵连甚广，最终形成了很大的文字狱案，而刘墉对此案的查处也起到了一定的作用。

其实刘统勋、刘墉父子为官之谨慎，跟他们的人生经历有一定的关系。乾隆二十年（1755），刘统勋给皇帝所上奏折引起了皇帝的不满，父子二人竟然全部被革职后押解入京，《清史列传》中称："谕曰：'刘统勋奏西路情形一折，乖谬已极……刘统勋如此乖张，贻误军旅重务，若以其系汉人为之宽恕，而不治以应得之罪，则是朕歧视满、汉，且复何以用人，何以集事耶？刘统勋着革职，拿解来京治罪。'"而关于其子刘墉，《列传》中亦称："伊子刘墉亦着革职，交刑部。永常、刘统勋在京诸子，并着拿交刑部。"

因为谏言失宜，竟然将刘统勋在京之子全部押入监牢，这种连坐是何等令人胆战心惊，好在一个月后，皇帝又下令将刘统勋父子释放，然其在谕旨中又说："刘统勋在汉大臣中，平日尚奋往任事。朕于万无可宽之中，求其一线可生，予以自新之路。刘统勋着从宽免其治罪，发往军营，在司员内办理军需，效力赎罪。倘伊以为士可杀而不可辱，欲来京甘受典刑，亦惟其所自处。伊子俱着释放，刘墉着加恩令在编修上行走自效。"

这样的经历使得刘统勋父子在很多问题上必须小心行事，罗继祖在《枫窗三录》中写道："诸城刘统勋，乾隆朝名宰辅也。晚年阻修四库书，人或病之。然其对乾隆语颇有味。当西疆甫定，户部奏州县府库多空缺，乾隆怒，欲尽罢州县

⊙… 刘墉墓原址 ⊙… 刘墉之墓 ⊙… 刘墉塑像

⊙… 穿过永清门，进入第二进院落　⊙… 堂门紧闭的清爱堂

官之不职者，以旗员代之。召统勋咨询，且曰：'朕思之三日矣。' 盖乾隆怀满汉民族成见，以为旗员皆贤也。业宣诸口，为大臣者若剀切直陈其不可，必触逆鳞，事莫挽且获罪。统勋默不语，乾隆变色请责，统勋徐曰：'圣聪思至三日，臣昏耄不敢率对，容熟思之。' 翌日入对曰：'州县官以治百姓，当使身为百姓者任之。' 其言婉而讽。乾隆亦默会其意，霁颜曰：'然。' 事得寝罢。"

罗继祖直言，刘统勋是乾隆朝著名宰相，然其晚年却阻止修纂《四库全书》，为此遭到了一些人的非议，然而罗继祖却又说，刘统勋能够巧妙地阻止乾隆准备将各地州县官员一律让满人来担任之事，可见刘统勋虽然为人小心，但依然能够通过巧妙的办法坚持原则。因此，他在乾隆三十八年十一月去世时，皇帝给予他很高的评价，《清史稿》中载有皇帝所下谕旨：

大学士刘统勋老成练达，品行端方。雍正年间耆旧，服官五十余年，中外宣猷，实为国家得力大臣。自简任纶扉，兼综部务，秉持公证，眷畀方殷，并命为诸皇子总师傅。久直内廷，勤劳懋著，虽年逾七旬，精神甚为矍铄，冀其可常资倚任。今晨肩舆入直，至东华门忽婴痰疾。比闻之，即遣御前大臣、尚书公福隆安赍药驰往看视，已无及矣。遽闻溘逝，深为轸悼！着加恩晋赠太傅，入祀贤良祠。朕即日亲临奠醊，并赏内库银二千两，经理丧事。其任内革职、降级之案，概予开复。伊子西安按察使刘墉，着谕令即驰驿来京治丧守制。应得恤典，仍着该部察例具奏。

刘统勋在去世前的几个月，也就是乾隆三十八年闰三月，他被皇帝任命为《四库全书》正总裁。然如罗继祖所言，刘统勋曾反对纂修《四库全书》，为何他还能被任命为总裁呢？菅广慧在《四库全书馆中的山东士子》一文中认为："四库修书，乾隆倾注了大量心血，自始至终，每进一书，均亲阅。刘统勋曾从国家财政等角度考虑，反对修书，但一旦乾隆主意已定，修书工作开始他又鼎力相助，其才德忠心如此。"

朱亚非等著《明清山东仕宦家族与家族文化》一书中提到，安徽学政朱筠提议辑佚《永乐大典》及广泛征书时，刘统勋曾表示反对，"而朱筠的建议却在朝臣中激起了很大争论，朝臣中很快形成了以刘统勋为代表的反对派和以于敏中为代表的赞成派。刘统勋认为校对之事'非政之要，而徒为烦'反对重新纂修《永乐大典》，在他周围聚集了一大批信奉理学的官僚士人，反对校辑古书"。关于刘统勋反对的原因,该书中的解释是:"刘统勋反对的原因是'非政之要',他是以政治需要为出发点来衡量是否应校辑古书。而乾隆帝有诸多目的想借校辑古书来完成,故而在他的默许和坚持下,赞成派占据上风,以刘统勋为首的反对派最终败下阵来。"

查相关史料,后世称刘统勋反对纂修《四库全书》一说的原始出处,应是姚鼐在《朱竹君先生别传》中所言:"先生奏言翰林院贮有《永乐大典》,内多有古书世不见者。请开局使寻阅,且陈搜辑之道甚备。时刘文正在军机处,顾不喜,谓非政之要而徒为烦,欲议寝之。而金坛于文襄公独善先生奏,与文正固争执,卒用先生说上之。四库全书馆自是启矣。"

按照姚鼐的说法,朱筠提议从《永乐大典》中辑录失传之书,而那时刘统勋在军机处,认为动用大量的人力物力来辑佚古书,不属于国家的军政大事,然而于敏中却认为朱筠的建议很有道理,于是跟刘争论了起来,而皇帝最终还是采纳了朱筠的建议,由此开办四库全书馆。正是这种说法使得后世认为刘统勋阻止纂修《四库全书》。

然而史广超在《永乐大典辑佚述稿》中却注意到《于文襄论四库全书手札》中有于敏中所言如下一段话:"《永乐大典》内凑集散片,原如鸡肋,但既办辑多时,似难半途而废。"而在这段话后,于敏中有如下小注:"诸城似有不乐于裒辑之意,然未明言也,秘之。"这里诸城乃是代指刘统勋,对于这段小注,史广超认为:"此信写于乾隆三十八年七月,此时于敏中尚言刘统勋未明言其不乐辑佚之意,则在朱筠上奏之时,亦不可能有与于敏中廷争之事。具体情形如何,已不可考矣。"

在这里于敏中明确称,虽然刘统勋不愿意花费大量的人力物力从《永乐大典》中辑佚,但他并没有明确地表明观点。既然如此,那他也就没有可能跟于敏中在朝廷中争论是否应当辑佚《永乐大典》。故而后世广泛引用的姚鼐在《朱竹君先生别传》中的说法,显然不是实情,毕竟于敏中是争论的另一方,他本人都说刘统勋并未明言,哪里还会有争论之事呢?刘统勋虽然没有明言,但他内心是不愿意搞这项宏大的文化工程的,他当时的心态如何?因为找不到更多的相关史料,后人只能猜测,比如任松如在《四库全书答问》中有"刘统勋当初反对修书系何理由”一节中写道：“刘氏反对修书，其理由有四：修书非当时急务，一也；四处搜访遗书，易滋骚扰，二也；恐乾隆帝借此大兴文字之狱，三也；恐朝野文人学士因此益启朋党之争，四也。”

想来乾隆知道刘统勋反对纂修《四库全书》的态度，但他还是任命刘为四库馆正总裁。对于这个任命，朱亚非等著《明清山东仕宦家族与家族文化》中猜测说：“乾隆三十八年闰三月，乾隆帝特别任命刘统勋作为《四库全书》馆正总裁。在刘统勋坚决反对校对古籍后，乾隆此举可谓颇有深意。首先是刘统勋之能力堪当此重任，再则是乾隆帝的用人之术，以实际的任命向刘统勋表明了自己的决心。”而刘统勋接到任命后，对此工作做得十分努力：“刘统勋接受任命后倒是兢兢业业、尽职尽责，他特地推举尚在流放中的纪昀做《四库全书》总裁官，此外还招揽了大批优秀的汉学家，如戴震、朱筠等人。但是时隔不久，刘统勋即因病去世。刘统勋反对校辑之举不但没有成功，反而亲自参加到纂修《四库全书》的行列。经过这件事，刘统勋在学术思想上有所转变，其家族也有多人参与到纂修《四库全书》的行动中，这对刘氏家族来说有很大的影响。”

虽然刘统勋在四库馆只工作了大半年就去世了，但是他对很多具体事项作出了安排，比如他在乾隆三十八年二月二十一日就给皇帝上了《议定校核〈永乐大典〉条例并请拨房添员等事折》，里面写道：

臣等伏查《永乐大典》一书，成自前明，但夸捃拾之繁，未协编摩之式，虽善本之流存不少，而遗编之丛杂尤多。仰蒙论断精微，折衷至当，钦承训谕，获奉准绳。窃惟采录固在无遗，而别择尤宜加审，今欲征完册以副秘书，则部分去取之间，不可不确加详核。臣等恪遵谕旨，将应行条例，公同悉心逐一酌议，谨拟定十三条，另缮清单进呈，恭请训示。

为了从《永乐大典》中能够顺利地辑出失传之书，刘统勋制定条例十三则，对于工作地点及相关的人员，该折中详细写道：“查翰林院衙门内，现有以西房屋一区，从前修辑《皇清文颖》及《功臣传》各书，皆在此纂办。今奉旨校核《永乐大典》，应请即将此项房屋作为办事之所，于检查较为近便。惟是此项书籍几及万本，篇帙浩大，头绪纷繁，所有查校人员，必须多为派出，分头赶办，方能迅速排纂，克期集事。臣等谨遵旨于翰林等官内，择其堪预分校之任者，酌选三十员，专司查办,仍即令办事翰林院。并酌派军机司员一二员作为提调,典簿厅等官作为收掌,常川在署,经理催趱,毋致稍有作辍。但现在并非另行开馆,其派出之翰林官等,俱毋庸请支桌饭银两。至此书卷册繁重,出入搬运,需人执役,翰林院原设供事人等,额数有定,不敷派拨,应请酌设供事十名,皂役四名,纸匠二名,以供差遣,俱照例给予公费,俾资口食。"

皇帝收到刘统勋的奏折后,批示道:"是,依议。将来办理成编时,着名《四库全书》。钦此。" 看来皇帝对刘统勋的建议颇为满意,正是因为这封奏折,皇帝想起来给这部大丛书起名为《四库全书》。而在当年的闰三月十一日,皇帝又任命刘统勋、于敏中等为《四库全书》的正总裁:"现在办理《四库全书》,卷册浩繁,必须多派大臣董司其事。刘统勋、刘纶、于敏中、福隆安、王际华、裘曰修俱着为正总裁,英廉、庆桂外,并添派张若溎、曹秀先、李友棠为副总裁。钦此。"(《军机处上谕档》)

为了纂修《四库全书》,皇帝下令在全国范围内征集了大量私人藏书,当时下令这些书用完后还要退还给藏书家本人。然而所征之书数量巨大,如何能够保证这些书不被搞乱? 这需要仔细安排,故刘统勋在乾隆三十八年五月十八日给皇帝所上奏折中提议:

臣等恭奉谕旨,仰见我皇上表章典籍,嘉惠士林,既令四库广集群编,仍以善本复归原璧,凡属薄海操觚之士,更无不感激欢欣。伏查盐政李质颖交馆之书已七百七十余种,现在派令纂修等分别校查。而浙江省奏报之书又二千七八百种,江南所采亦不下千百种,日积日多,若不预定章程,诚恐将来归还时,难于分别。臣等酌议刊刻木记一小方,印于各书面页,填注乾隆三十八年某月、某省、督抚某、盐政某送到,某人家所藏,某书计若干本,并押以翰林院印,仍分别造档存记。将来发还之日,即按书面木记查点明白,注明底档,开列清单,行文各督抚等派员领回,按单给还藏书之家,取具收领存案。如有交发不明,唯该督抚是问。如此则吏胥等既无从私自扣留,而藏书家仍得全其故物,且有官印押记,为书林增一佳话,宝藏更为珍重,盖戴圣主右文公好之仁于无既矣。

刘统勋的建议得到了皇帝的批准,直到今天,仍然能够看到四库底本上钤盖的这方木记,而此木记也成为后世鉴定某部书是否为四库底本的重要依据之一。他在乾隆三十八年四月初三日还给皇帝上奏折提议从北京的藏书家中征集底本："臣等遵旨纂办《四库全书》，现将《永乐大典》所载及内府旧藏书目详检办理，其外省采访遗书，自必日就裒辑，而京师旧家藏书及京官携其家藏书籍自随者，亦颇有善本，足资采录。应令将书目抄送，择其未经见之书，暂为借存，给予照票，每积有四五十部，汇单奏闻一次。并于单内将某书系某朝某人者，今从某家借出之处声明一折。"（《办理四库全书档案》）

由此可见，刘统勋虽然在四库馆工作时间不长，但他提出了一系列重要的建议，而这些建议基本都被皇帝采用，并一直实施到四库馆结束。更为难得者，则是在他去世后，他的儿子刘墉也被任命为四库馆总裁，继续从事他未曾完结的事业。乾隆四十一年（1776）九月二十四日，皇帝下谕旨称："曹秀先、蔡新现在阿哥书房行走。张若溎年逾七旬，俱不必办理《四库全书》总裁事务。遇有算法等书，仍著蔡新阅看。沈初、钱汝诚、刘墉俱着充《四库全书》处副总裁。钦此。"（《军机处上谕档》）

刘墉在四库馆工作期间也有一些建树，比如乾隆四十二年（1777）三月二十四日，皇帝所下谕旨中提到了刘墉奏折中所言："今日据刘墉奏，昨进四库全书内《少阳集》誊写错字，伊未经看出，请交部议处一折。四库全书誊写，屡有错误，经朕指出更正者不少，若不定以处分，将来鲁鱼亥豕，累牍连篇，成何事体！但若将奏请处分之人交部，其未经奏请者转得置身局外，何以得情理之平？着自今年正月起，所有进过书籍讹错之处，交军机大臣通行查核。经朕看出错讹者，其分校、复校名下错至两次，总裁名下所校错至三次者，均着查明，奏请交部议处。此议处处分原轻，不过示以知愧。既已分阅，可不悉心乎？此后着交军机大臣照此每三月一次，查办奏闻。其总纂官纪昀、陆锡熊，总校官陆费墀，所办书籍既多，竟应免其处分，而伊等应更详慎办理，期于无悮。如或因此稍有懈弛，则非朕体恤伊等之意矣。将此谕令四库馆总裁等知之。钦此。"

刘墉在四库馆工作时也因为一些小的事故受到了罚俸处理，《起居注册》中载："又议三通馆承办《皇朝文献通考》讹错草率之校阅官陈万全、总裁官刘墉等照例罚俸一疏，奉谕旨：刘墉着罚俸六个月，陈万全着销去记录一次，仍罚俸六个月；王杰着销去记录一次，免其罚俸；彭元瑞着销去记录一次，仍罚俸一个月，

⊙… 清爱堂全貌

注于记录抵消。”

仅为一些小的失误就被罚去了半年的工资，可见在四库馆工作亦非易事。而刘墉在晚年被任命为上书房总师傅，还曾因几日未曾前往受到了惩处，乾隆五十四年（1789）三月初七日的《内阁上谕档》载：“朕阅内左门登载上书房阿哥等师傅入直门单，自三十日至初六日所有皇子皇孙之师傅竟全行未到，殊出情理之外，因召皇十七子同军机大臣并刘墉等面加询问……刘墉、胡高望、谢墉……俱交部议，严加议处。”

刘墉一直在朝中有廉吏之名，乾隆末年和珅专权，京城官员以奢华为尚，他却依然穿着破衣烂衫，昭梿在《啸亭杂录》中载：

乾隆末，和相当权，最尚奢华，凡翰苑部曹各辈，无不美丽自喜，衣褂袍褶，式皆内裁。其衣冠敝陋，幅幅无华者，人皆视为弃物。时刘文清公故为敝衣恶服，徜徉班联中，曰：“吾自视衣冠体貌，无一相宜者，乃能备位政府，不致殒越者，何也？寄语郎署诸公，亦可以醒豁矣！”时人争服其言。

如此处世方式，可见其清廉本色。嘉庆九年（1804）年底刘墉去世，皇帝给予其很高的赞誉：“前任大学士刘统勋翊赞现朝，嘉猷茂著。伊子刘墉克承家世，清介持躬。扬历中外，游陟纶扉。年逾八旬，精神矍铄。兹闻溘逝，深为轸悼，加恩晋赠太子太保，入祀贤良祠，即派庆郡王永麟带领侍卫十员，前往奠醊，赏给陀罗经被、银一千两。并命墉侄镮之来京经理丧事。”

对于刘墉去世时的情形，英和在其所作《刘文清公诗集跋》中有如下记载：

嘉庆甲子岁，公年八十五矣，腊月二十二日偈直南书房，适和在懋勤殿作书，公呼至，告以雍正至乾隆初南书房旧事，复理前作传语，且云：“昨已嘱瑛梦禅镌印记，曰洞门童子，以当息壤，今为期已迫，岂展限耶？”既行，复还坐，纵谈良久。起曰：“吾去矣，毋恋。”是月二十四日晨兴，饮啖如常，至未申间，端坐而逝。

刘墉去世时年85岁，这在当时当然是高寿。去世前能如此安详，可见他的确是一位世事洞明之人。

刘墉墓位于山东省高密市方市乡白家庄村北。2019年4月27日，山东齐鲁书社副总编刘玉林先生带我在山东境内寻访。这天我们先去找刘墉墓，司机小徐导航来到了白家庄，然行驶到村中时，前行之路却被竹竿拦了起来，旁边的牌子上写着“防疫重地，闲人免进”。我们的车只能停在这里，刘玉林带我从旁边绕过去步行前往。

走入其中，方看到前面有面积颇大的养殖场，刘玉林猜测这可能是为了防止非洲猪瘟的传入。我们按照查得的地址绕行到村北，站在村边看到一个池塘的对岸有一个用灰砖垒起的院落。我们远远地看到院落的门口挂着竖形的匾额，上面写着“刘墉墓原址”。眼前却看不到路，如何能够走到近前，我们绕到村的另一侧，在那里看到了一位老妇人，她告诉我们说，要走正规之路会绕得很远，若从田间穿过去，会近很多。

抄近路当然是本能，然而在这条近路上却有一条水沟横在当中，刘玉林飞身跃过，他忘记了我如今已经没有这等矫健的身手。但已走到这里，我一咬牙还是跳了过去。可惜我高估了自己如今的跳跃能力，踏上的一只脚仅搭上对面的沟沿，沟沿上的草瞬间让我滑入沟内，好在刘先生手疾眼快，他一把抓住了我的手，将我拉上了岸。

那个院落面积不小，然而里面主要是荒草，并未见其他的建筑与碑石，院落的后方有一个一人多高的墓丘，墓前所立新碑上刻“刘墉之墓”。想到此墓园门口所挂匾额，既然说是墓址而里面又有墓丘，看来此墓乃是后来修复者。

从白家庄原路返回，前往注沟镇逢戈庄去探看刘统勋、刘墉故里。开到此庄时，在路边所见标牌仅写明是“刘墉故里”而并没有提到刘统勋，其父子二人当然是同一故里，也许因为电视剧的原因，刘罗锅的名声更响亮一些吧。

在村边的一个小广场上看到了刘墉全身塑像，他身穿官服头戴官帽却系着一条红领巾，不知这是怎样的寓意。从塑像的挺拔身姿来看，并无罗锅之态。我特意走到了塑像背面，除了一条大辫子，并没有特殊的凸起。在塑像的后墙上有一些浮雕，上面刻着“廉洁、奉公”字样，所刻人物没有标明姓名，想来其中会有刘统勋父子。

步行进入村中，在村委会旁看到了“清爱文化园”。园中大门敞开，在院内首先看到了碑廊，里面有几十块刘墉书法刻石。在另一个院落里摆着一口铡刀还有一口大铁锅，旁边的说明牌上写着这是“刘氏家法”。介绍牌上说若有不肖子孙辱没祖宗，情节严重者会刀铡油烹，这样的家法真够严酷。而我在网上查得该村内建有刘墉纪念馆，我们参观清爱园时进来几个人，我走上前向他们打问纪念馆在哪里，其中一人告诉我说，这里就是。

纪昀

身膺总纂，《提要》总成

按照四库馆的设置，其领导层乃是由总裁、副总裁和总纂构成。前两级官员主要是领导挂帅，负责协调相关事务，而总纂乃是编纂《四库全书》的实际负责人。四库馆自开馆以来，总计有三人任过总纂官，分别是纪昀、陆锡熊和孙士毅，其中孙士毅任职时间最短，故实际工作主要是纪昀和陆锡熊负责，但陆锡熊入馆时间较晚，又去世得较早，只有纪昀自始至终担任此职。因此可以说，对于《四库全书》，尤其是《四库全书总目》的贡献，以纪晓岚为最大。

纪晓岚出生于河间府献县崔庄，据说其出生之时就出现过奇异现象，当地人都称其是火精转世，而他自己在《阅微草堂笔记·槐西杂志》中也有这样的自道：

余四五岁时，夜中能见物，与昼无异。七八岁后渐昏暗，十岁后遂全无睹。或半夜睡醒，偶然能见，片刻则如故。十六七岁以至今，则一两年或一见，如电光石火，弹指即过。盖嗜欲日增，则神明日减耳。

以纪晓岚做事之谨严，想来他的这段自述不是编造，由此可见他在年轻时的确具有特异功能。而他对文献之偏好，受其父亲影响最深，纪晓岚的父亲纪容舒是康熙年间的举人，曾任云南姚安府知府等职。纪容舒对考据学颇感兴趣，著有《唐韵考》等书。纪晓岚的堂兄纪昭为乾隆二十二年（1757）进士，著有《毛诗广义》一书。这样的家庭氛围对纪晓岚当然有重要影响。

雍正十二年（1734），纪容舒入京为官，他将儿子纪昀带到了北京。纪昀在京期间，父亲命他拜董邦达为师学习经史。经过刻苦学习，纪昀在乾隆十九年（1754）考取进士，与其同科者有王鸣盛、王昶、朱筠、钱大昕等，这些人后来都成为著名的大学问家。

关于纪晓岚跟乾隆皇帝之间的故事流传甚多，其中有一个传说乃是乾隆皇帝五十大寿时各地官员献上了大批寿联，皇帝翻看后都觉得不甚满意，于是他令纪昀写一副，纪昀应声而出："二万里河山，伊古以来，未闻一朝一统二万里；五十年圣寿，自今而往，尚有九千九百五十年。"此联令皇帝颇为欣喜。

此后的几年，纪昀一直在宫中任文臣，比如乾隆二十四年（1759）任功臣馆总纂，转年又任国史馆总纂，之后又做方略馆总校。可见他在编纂图书方面颇为擅长，然未承想几年后却卷入了一场大案。

纪昀有三子三女，长女嫁给了举人卢荫文，卢荫文的祖父卢见曾为两淮盐运使。乾隆三十三年（1768），彰宝向皇帝举报两淮盐运使“均有营私侵蚀等弊”，皇帝立即下令查办相关官员，并下令“将卢见曾原籍资财，即行严密查封，无使少有隐匿寄顿”（《清高宗实录》）。此时纪昀已被提升为侍读学士，他偶然听闻消息，而后想办法告诉了卢见曾之孙卢荫恩，卢荫恩立即派人送信回家。当富尼汉率兵前往查抄时，“卢见曾家仅有钱数十千，并无金银首饰，即衣物亦甚无几”（《清高宗实录》）。

两淮盐运使是富得流油的肥差，为何其家中没什么财产呢？乾隆皇帝根本不相信，他认定有人走漏了风声，于是给刘统勋等人下令要查出这个人，最终将纪晓岚查了出来。按照野史上的说法，纪晓岚的报信方式其实很巧妙，因为他不敢留下字据，于是想出了个妙招，在一个空信封内装了一些食盐和茶叶，里面一个字也没写。卢见曾收到后很快明白“此盖隐‘盐案亏空查（茶）封’六字也”（《清朝野史大观》卷六）。于是卢见曾立即转移了财产，只是因为他弄得太干净了，引起了皇帝的怀疑，以至于把纪晓岚查了出来。

据说皇帝亲自审问纪昀，而其辩称自己的确没有写一个字。袭毓所撰《清代轶闻·纪晓岚逸事》中记载了当时的对答之语：“上曰：‘人证确凿，何庸掩饰乎？朕但询尔操何术以漏言耳。’纪乃白其状，且免冠谢曰：‘皇上严于执法，合乎天理之大公。臣眷眷私情，犹蹈人伦之陋习。’上嘉其辞得体，为一笑。”

皇帝跟纪晓岚说，事情已证据确凿，你辩解也没用，我只想知道你靠什么办法不着一字地传出了信息。纪晓岚如实地讲述了他的妙招，并且跟皇帝谢罪说，皇上严于执法合乎天理，而我徇私情也是人情所在。正是他的这句话让十分生气的皇帝为之一笑，并未严厉惩罚，只是下旨把他发往乌鲁木齐效力赎罪。

纪晓岚在乌鲁木齐一带仍然做文案工作，还写了一组《乌鲁木齐杂诗》。两年之后，也就是乾隆三十五年（1770）年底，皇帝突然想起了他，下旨令其返京。犯了如此重罪，纪晓岚仍然能在乌鲁木齐安心工作，缘于他事先知道过不了几年他就能够安稳返京。这并非他能掐会算，而是他认识一位算卦很准的人，对于这件事，纪晓岚于《阅微草堂笔记》中有记载，此书中有《拆字术》一篇，讲述了三个故事，第三个说：

又戊子秋，余以漏言获谴，狱颇急，日以一军官伴守。一董姓军官云能拆字，余书“董”字使拆。董曰：“公远戍矣，是千里万里也。”余又书“名”字，董曰：“下为口字，上为外字偏旁，是口外矣。日在西为夕，其西域乎？”问：“将来得归否？”曰：“字形类君，亦类召，必赐还也。”问：“在何年？”曰：“口为四字之外围，而中缺两笔，其不足四年乎？今年戊子，至四年为辛卯，夕字卯之偏旁，亦相合也。”果从军乌鲁木齐，以辛卯六月还京。

为何能算得如此之准呢？纪晓岚的解释是：“盖精神所动，鬼神通之；气机所萌，形象兆之。与揲蓍灼龟事同一理，似神异而非神异也。”纪晓岚的运气确实不错，因为前一段卫拉特蒙古土尔扈特部首领渥马锡率领近17万人回归大清，这个壮举令乾隆帝十分高兴，纪晓岚闻听此讯，立即写了一首赞颂此事的诗进献给皇帝，皇帝看后心情大悦，于是下令“纪昀着加恩赏授翰林院编修”。

其实纪晓岚早在14年前就已任此职，因为泄密一事，使得他的职务又回到了起点。巧合的是，乾隆三十八年（1773），皇帝要编纂《四库全书》，而纪晓岚的才学在朝中颇有名气，在总裁刘统勋的推荐下，纪晓岚与陆锡熊同时被任命为该项文化工程的总纂，在目录学上极为重要的《四库全书总目》也是完成于纪昀之手。

按照四库馆的职位设置，总纂之下有多位纂修官，他们要分门别类地审核征集来的书籍，每刊一书纂修官均需撰写一篇提要，而此提要一并提交给总纂官纪昀和陆锡熊，两个人在此基础上进行修改和润色，而后呈报给皇帝。等《四库全书》编纂完成后，这些提要汇为一书，这就是后世极具名气的《四库全书总目》（又称《四库提要》）。

从表面看，纪晓岚是《四库全书总目》一书的编者而非撰者，然实际情况是纪晓岚对纂修官所写提要进行了大量修改，正如朱珪为他所撰的《墓志铭》中所言：“公馆书局，笔削考核，一手删定，为《全书总目》，裒然巨观。”而江藩在《国朝汉学师承记》中也有相同说法：“《四库全书提要》《简明目录》皆出公手。大而经史子集，以及医卜词曲之类，其评论抉奥阐幽，词明理正，识力在王仲宝、陆孝绪之上，可谓通儒也。”

因此，黄云眉在《从学者作用上估计〈四库全书〉之价值》一文中明确说道：

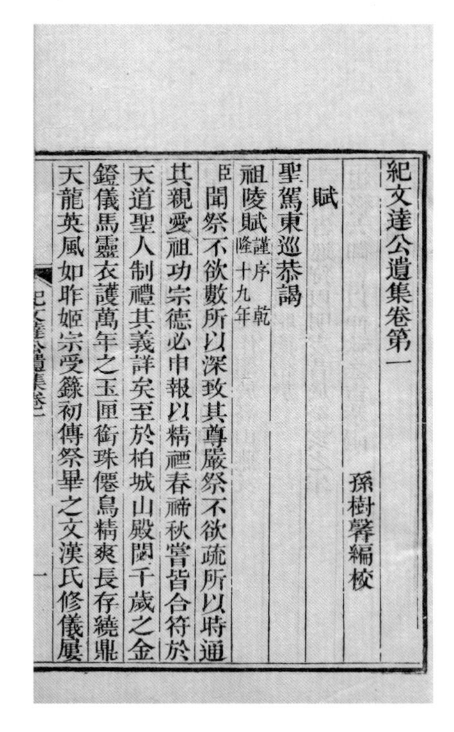

紀文達公遺集卷第一

孫樹馨編校

賦

聖駕東巡恭謁

祖陵賦謹序乾隆十九年

臣聞祭不欲數所以深致其尊嚴祭不欲疏所以時通其親愛祖功宗德必申報以精禋春禘秋嘗皆合符於天道聖人制禮其義詳矣至於柏城山殿閟千歲之金鐙儀馬靈衣護萬年之玉匣銜珠僊鳥精爽長存繞鼎天龍英風如昨姬宗受籙初傳祭畢之文漢氏修儀屢

紀文達公遺集卷一　一

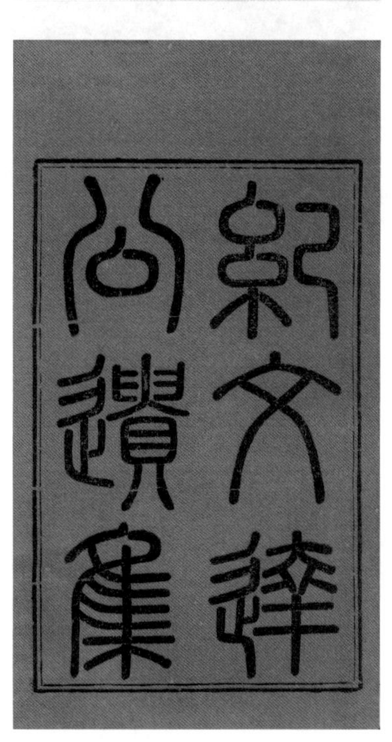

⊙… 纪昀画像　⊙…《纪文达公遗集》卷首　⊙…《纪文达公遗集》

⊙… 纪晓岚墓园　⊙… 纪晓岚故居正门

“就形式观之，《提要》似为多人心血之结晶品，其实此书经纪氏之增窜删改、整齐划一而后，多人之意志已不可见，所可见者，纪氏一人之主张而已。”

即此可知，《四库全书总目》虽然出自多人之手，但最终经过纪晓岚整齐划一的修改，故该书的整体思想其实是纪晓岚一人的。正因为这个缘由，后世学者中有人批评纪晓岚把四库馆弄成了汉学家的大本营，因为纪晓岚偏爱汉学而排斥理学，将很多持理学思想的纂修官排斥在四库馆之外。

但事情远非这么简单，四库馆中主要是持汉学观念的纂修官，这跟当时的社会大氛围有一定关系，纪晓岚本身虽然偏爱汉学，但他基本上还是秉持着一种公正的态度，比如他在《四库全书总目》卷一《经部总叙》中称："夫汉学具有根底，讲学者以浅陋轻之，不足服汉儒也。宋学具有精微，读书者以空疏薄之，亦不足服宋儒也。”

以此可见，纪晓岚也注意到了汉学与宋学之间各有优劣的问题，他在《四库全书总目·四书集注》中又称："考证之学，宋儒不及汉儒。义理之学，汉儒亦不及宋儒。” 因此他认为："消融门户之见而各取所长，则私心祛而公理出，公理出而经义明矣。”

正因纪昀有着如此客观的思想，才使得《四库全书总目》于后世受到广泛夸赞，比如昭梿在《啸亭杂录·纪晓岚》中称："北方之士，罕以博雅见称于世者，唯晓岚宗伯无书不读，博览一时，所著《四库全书总目》，总汇三千年间典籍，持论简而明，修词澹而雅，人争服之。” 周中孚在《郑堂读书记》中则认为："窃谓自汉以后簿录之书，无论官撰、私著，凡卷第之繁富，门类之允当，考证之精审，议论之公平，莫有过于是编。”

《四库全书总目》的价值，于当世同样受到了学者们的高度夸赞，余嘉锡在《四库提要辩证·序录》中认为该书是古代最重要的目录学著作："今《四库提要》叙作者之爵里，评典籍之源流，别白是非，旁通曲证，使瑕瑜不掩，淄渑以别，持比向、歆，殆无多让；至于剖析条流，斟酌今古，辨章学术，高挹群言，尤非王尧臣、晁公武等所能望其项背。故曰自《别录》以来，才有此书，非过论也。故衣被天下，沾溉靡穷。嘉、道以后，通儒辈出，莫不资其津逮，奉作指南，功既巨矣，用亦弘矣。”

纪晓岚为了编纂《四库全书总目》可谓呕心沥血,以至于他一生除此之外没有留下多少著作。有人奇怪于纪晓岚这么大的才学为什么没有很多著述传世,清张维屏在《听松庐文钞》中给出了如下回答:"或言纪文达公博览淹贯,何以不著书?余曰,文达一生精力,具见于《四库全书提要》,又何必更著书?"

从历史记载来看,纪晓岚的确为这部书付出了极大心血,但为此他也受到了不少惩处,起初他在四库馆勤勤恳恳工作,多次受到皇帝的奖赏,比如《军机处上谕档》中载有乾隆三十八年八月十八日皇帝给内阁的上谕:

办理四库全书处,将《永乐大典》内检出各书,陆续进呈。朕亲加披阅,间予题评,见其考订分排,具有条理,而撰述提要,粲然可观,则成于纪昀、陆锡熊之手。二人学问本优,校书亦极勤勉,甚属可嘉。纪昀曾任学士,陆锡熊现任郎中,着加恩均授为翰林院侍读,遇缺即补,以示奖励。钦此。

纪晓岚和陆锡熊所写提要几乎是修改一篇给皇帝呈上一篇,看来皇帝颇为满意,称只要有空缺的职位就提拔二人,而此后纪晓岚也的确在职位上步步高升。然而在此书编纂完成后,皇帝却偶然发现书中有错误,觉得这些错误乃是由于纪昀等人没有细看的结果,于是下令让纪晓岚等人一一核查原书,将错误之书抽换书页另写,而相应的费用由纪晓岚承担。乾隆五十二年(1787)六月初六日皇帝下令:"文津阁所贮《尚书古文疏证》,内有引用钱谦益、李清之说,从前较[校]订时何以并未删去?着将原书发交彭元瑞、纪昀阅看。此系纪昀原办,不能辞咎,与彭元瑞无涉。着彭元瑞、纪昀会同删改换篇,令纪昀自行赔写,并将文渊、文源两阁所藏,一体改缮。"(《军机处上谕档》)

那时的纪昀已经当上了礼部尚书,但皇帝依然追究他当年所犯之错。纪晓岚在接旨后的第五天给皇帝上了奏折,他首先承认自己的错误:

本月初八日文报到京,臣敬接廷寄谕旨,跪读之下,惶骇战惧,莫知所为。谨遵旨与臣彭元瑞将阎若璩《尚书古文疏证》底本内所引李清、钱谦益诸说,详检删削。臣纪昀现在遵办赔写外,伏念臣一介庸愚,叨蒙简擢,俾司四库总纂之事,受恩稠叠,迥异同侪,理应办理精详,方为不辜任使。乃知识短浅,查核不周,致有李清《诸史异同录》一事,虽幸蒙恩宥,已自觉日夜疚心。兹阎若璩《尚书古文疏证》复有失于删除之处,更蒙我皇上格外矜全,不即治罪。闻命之下,感愧交并。

检讨一番之后，纪晓岚当然也要解释一下出错的原因："伏查《四库全书》虽卷帙浩博，其最防违碍者多在明季、国初之书。此诸书中经部违碍较少，唯史部、集部及子部之小说、杂记，易藏违碍。以总目计之，不过全书十分之一二。当初办之时，或与他书掺杂阅看，不能专意研寻；或因誊录急待领写，不能从容磨勘，一经送武英殿缮写之后，即散在众手，各趱功课，臣无从自行核校。"

编纂《四库全书》时各地贡献来大量底本，虽然有纂修官事先做一遍筛选，但纪晓岚无论如何也不可能将上万种书一个字一个字读一遍，皇帝已下令在选书之时哪些人的书要全毁或抽毁，但是别人的著述中引用到这些抽毁之书的字句，纪晓岚当然无法一句一句地挑出来。然而跟皇帝当然不能作更多的解释，即使是纪晓岚认为某书中所言没什么问题，但皇帝的命令不可更改，他只能努力撤回相应之书，靠矫枉过正来令皇帝满意。

关于纪晓岚准备抽毁之书，乾隆五十二年十月初三日，军机大臣给皇帝列了一个名单，现抄录如下：

一、《国史考异》，系考订明太祖、成祖两朝国史之是非，其中引钱谦益之说甚多，而不著其名，且词相连属，难以删削，应行撤毁。

《十六家词》内，纪昀所指邹祇谟《满江红》词一首，辞意愤激，然并无谤讪之意，似可毋庸抽毁。唯书中有龚鼎孳所著词一种。查龚鼎孳所著全集业经销毁，不应复存此词，应一律抽毁，改为《十五家词》。

朱彝尊《曝书亭集》，并无违碍。唯纪昀指出《谭贞良墓表》内所称"贞良百折不回，卒保其发肤首领，从君父于地下"等语，似有语病，应一律抽毁。

吴伟业《绥寇纪略》、陈鼎《东林列传》二书，均无违碍，而内外之词称谓有乖体制，应一律改正。

黄虞稷《千顷堂书目》多列已毁之书，应行一律删削。

姚之骃《元明事类考》、仇兆鳌《杜诗详注》，俱袭引钱谦益撰著，而去其名，应一律删削。

一、朱鹤龄《愚庵小集》，纪昀所指《书元好问集后》一篇，意在痛诋钱谦益，持论未为失当。诚如圣识，若于推许钱谦益者既经饬禁，而于诋訾钱谦益者复事苛求，未为允协。唯朱鹤龄未与钱谦益绝交之先，往来诗文，有赠某先生诗等作，又《笺注李义山诗注序》内红豆庄主人皆系指钱谦益，应一律删削。其全集仍应拟存。

一、吴绮《林蕙堂集》间有近于慨叹兴亡之语，多系文人习套，并无谤讪，仍应拟存。

一、叶方蔼《读书斋偶存集》，语无违碍，纪昀指出《南海子》诗“何当小住三千岁，再见桑田变海时”二语，诚如圣谕，此系文人习用套语，仍应拟存。

一、王士正《精华录》内《秋柳》诗，所用白门、梁园、琅琊、洛阳、灵和殿、永丰坊，皆咏柳习用故典，似无所指，仍应拟存。

一、查慎行《敬业堂集》内《殿庭草》绝句“东风吹绿花砖缝，下有陈根几百年；惆怅履綦行迹尽，雍和门外浴堂前”，详其词句，似系偶然寄托，尚无别意，仍应拟存。

再，臣等查王士正集内有《赠一灵道人》绝句一首，查一灵道人即系屈大均。又查慎行集内有内《清明后一日同戴田有游南池》一首，查戴田有即戴名世。其诗均不应存，应行挖改抽换，以昭画一。

从此单中可知，军机大臣都认为纪昀想撤回的一些书其实可以留存，因为细看之下并无违碍之语，而纪晓岚为饱学之士，他当然知道很多书的撤回其实没什么道理，但天命不可违，他也只能通过这种办法来使皇帝息怒。而后纪晓岚又被皇帝指派到其他几阁去查相应错误，对于抽换之书所需费用则一并由纪晓岚承担。可见他为编纂此书呕心沥血，却受到了很重的经济处罚。

好在纪晓岚得以善终，然其去世前家里却颇为清贫，汪德钺所撰《纪晓岚师八十序》中称：“吾师居台宪之首，据宗伯、司马之尊，登其堂如寒素，察其舆马、衣服、饮食，备数而已，其俭也若此。精力绝人，巨细毕究，自束发以逮服官，书卷则寝食不离，簿书亦钩考维严，其勤也又若此。”

可见其家中除了一些书，几乎没什么财产。不知道这个结果跟乾隆皇帝对他的惩罚是否有直接的关系，然而这部伟大的《四库全书》却永远跟纪晓岚之名紧紧联系在一起。

2012年我曾前往献县瞻仰他的墓，该墓园的管理者仍然是纪晓岚的后人，这样的巧遇令我大感惊喜。虽然他的墓是毁后重修，但毕竟今人没有忘记他对

⊙… 纪晓岚故居后院　⊙… 纪晓岚故居厅内情形

《四库全书》所做出的巨大贡献。

纪晓岚在北京的故居位于北京市珠市口西大街241号,我曾两次到这里参观,然所拍照片不理想,故撰写此文时决定重拍。那日是己亥大年初五,虽然阴着天,我还是驱车前往。其实纪晓岚故居距琉璃厂很近,这些年来每次到琉璃厂访书时都从门口经过,这一带乃属游客集散地,虽然附近有几个较大的停车场,但每次经过时都会看到一辆辆的大轿子车在外面等候,故而我过门而不入恐怕有几百回之多。今日开车来到此处,几个停车场内依旧爆满,无奈只好把车停在便道上,然后步行走向故居。

也许是全神贯注驾车之故,步行走到这里所见景物却颇为不同,纪晓岚故居原本面积不小,后来几经转变,在原址上建起了晋阳饭庄,好在侧旁还留下了一个窄窄的院落,成为人们凭吊纪晓岚的地方。以往几次跟朋友到晋阳饭庄吃饭,该饭庄的两侧是一些大杂院,今日走到这里,却发现已经改造成街边公园。公园的入口处写着"京韵园",也许是天气寒冷的原因,园内没有一位游客,那些大巴拉来一车一车的游客为什么都去转街呢?看来人们对物质的渴望远超精神享受。京韵园的地面基本上是用老条石铺就,亦可见建造者之用心。

走到晋阳饭庄门前,虽然只是上午十点,里面已经有了不少食客,而饭庄外立面也用水泥作了立体造型。站在饭庄门前,已然看到了纪晓岚故居门口的那架紫藤花枝。如今门前的变化是比几年前多了一组铜制的桌椅,后有一尊铜像,手持烟杆,这应当是受电视上形象的影响,似乎几部电视剧中都称纪晓岚为纪大烟袋。而此雕像的后方新立了一块标牌,上面刻着"中共地下党秘密联络站遗址",纪晓岚故居还起过这样的作用,以往却未曾听闻过。

纪晓岚在此居住了近三十年,后去世于此。他的子孙仍居此处,后来几次转手,曾经还被梅兰芳买下。梅兰芳与一些同道在此组办过"北平国剧学会"。而此处雕像后墙上钉着的纪晓岚故居介绍牌却未提到这件事,只写着"1930年,爱国民主人士刘少白租下此宅,'阅微草堂'遂成为'刘公馆'。1936年,京剧科班富连城将此宅购买作为学员宿舍和练功场地"。

雕像的侧旁是阅微草堂标志性的一架紫藤萝,现在是冬季,看不到繁花似锦,然更能看清楚它的老树虬干。因为此藤乃纪晓岚手植,我每次看到它都有别样的亲切之感。

拍完门前的情形，我没有急着走入室内，而是先转到了故居的另一侧，如今这一带也建成了公园，此处的墙面上贴着一些与京剧有关的介绍展板。看来这里跟另一侧的公园原本为一体。走入公园内，正中位置一块巨大的随形石上刻着"京剧发祥地"几个大字，京剧与此地的关系我以往却未曾留意过。

拍完公园走入室内，掏出50元购票，售票员又找给我40元，我脱口而出问了一句："您找错了吧，票价不是40元吗？"售票员看了我一眼说："现在是10元了。"而今除了废品降价外似乎样样都涨钱，这里却逆势而为地降价，这令我颇感不适应，而递过来的门票长度超过20厘米，这是我近些年所见最长的门票，随口问售票员为什么把门票做得这么长，他只用"是啊"二字来回答。

以往前来此处时，正厅的两侧乃是出售旅游纪念品的柜台，如今全部撤换成展板，正中摆放着纪昀的雕像，从手法看与以往所见形象有较大差异。两侧展板的下方摆放着几组展柜，里面陈列着一些线装本的《四库全书》，然这些书全部有函套，且开本比《四库全书》真本大不少，不清楚里面是放大本还是拼版。

转到影壁的背面，这里摆放着一组蜡像，看样子是乾隆皇帝坐在中间，左右两侧自然是纪晓岚与和珅。只是纪晓岚的形象更像电视连续剧中的某演员，与我见到的画像差异更大。然不知什么原因，皇帝座前的茶几上却摆放着一些零钱，看来游客已经习惯到任何地方都要往功德箱里投放点儿心意。

穿堂而过来到后院，这一带也整修了，院中一组雕像：纪晓岚站在那里，旁边有位女子在弹古筝。而其身后的那棵海棠树，按照介绍牌上所写，也是纪晓岚手植。

走入后厅，这里布置成了书房的模样，正前方挂着"阅微草堂旧址"的匾额，影壁上所挂之画是纪晓岚坐在书架之前，看上去颇有历史感。正堂的右侧为四库书房，禁止入内，站在门口望进去，里面布置得颇为静雅，只是架上之书虽然盒盖上刻着"四库全书"字样，但每一函的尺寸都比前厅所摆更大，看来布置者未曾看到过《四库全书》原本的尺寸。与四库书房相对的一侧布置成了会客厅的模样，但所悬挂的标语似乎与该书房不很匹配。该厅内正中摆放着刘少白雕像，四围依然是传统的仿古家具，只有侧旁一个书架上以洋装书的方式摆放着一些线装书。

穿过此堂，后面布置成了画廊的模样，此处的墙上挂着一些售卖的字画，图案基本是应 2019 年猪年的景儿。在里面转了一圈，仅注意到这里的灯笼都写着“纪府”二字，以此显示这里当年可能是纪家的内院。我只是觉得如果这里售卖一些仿制的《四库全书》，似乎氛围更加符合。

陆锡熊　四库功臣，四库苦臣

为了弄清楚书隐楼的资料，我还闹了一个笑话。我在网上查到了上下两册的《古书隐楼藏书》，当即网购回来，结果书拿到手才知道这是一部道家经典，跟我想要了解的上海那座藏书楼毫无关系。

作为藏书楼的书隐楼位于上海市黄浦区天灯弄77号，此前很多报道都称它是乾隆进士沈初的故居，可是我觉得，在三百多年的历史中，这座建筑几易其主，曾经在这里藏过书的，先后有数人，如果要把它作为藏书楼而不仅仅是古建筑来纪念和保护的话，将它归在陆锡熊名下更为合适。

书隐楼最早的历史要从明末说起，当时上海县城内有三大名园，分别是豫园、露香园和日涉园，如今豫园尚残存部分遗迹，露香园仅存一个地名，日涉园则为今日书隐楼的前身。日涉园最早的主人是明代陈所蕴，此人素有泉石之好，曾经搜集各种奇石逾万，万历二十年（1592）购下唐氏废园20亩，请当时的叠山名手精心设计营造，耗时12年始建成。陈所蕴有《日涉园记》详述造园始末以及园中景象，其中写道，“东西两楹，一贮群籍，一设卧具”，说明建园之初即有藏书楼。陈所蕴故去后，家道日衰，到了清朝顺治年间，日涉园被陈氏族人卖给了名绅陆明允，至乾隆年间，陆明允的后裔陆秉笏在园中增建了传经书屋，传经书屋是这座遗址里最早出现的有具体名字的藏书楼。

关于陆秉笏，我所查得的史料并不多，仅知其号“淞南老人”，建起了传经书屋后，每日焚香燕坐其中，春秋佳日则招一二亲友赋诗谈文。关于陆秉笏的资料虽然不多，名声不显，但是他的儿子却名气极大，那就是四库总纂官陆锡熊。后来陆锡熊得到御赐的杨基《淞南小隐》画卷，因为其父陆秉笏号“淞南老人”，恰好与御赐的画卷同名，于是将藏书楼传经书屋更名为“淞南小隐”，并请来同殿称臣的好友沈初为书斋题匾。后又将“淞南小隐”更名为“书隐楼”。晚清沪上绅士秦荣光有《竹枝词》特记此事：

日涉园居沪海陈，景图卅六主人身。

传经陆氏添书屋，小隐淞南画赐臣。

《同治上海县志》亦载：

后归陆明允，改门向东，在水仙宫后。明允裔孙秉笏添建“传经书屋”，秉笏子锡熊以总纂《四库全书》，得预重华宫侍宴联句，蒙赐杨基《淞南小隐》图，上有御题七言绝句一首，秉笏别号适与之合，因改“传经书屋”为“淞南小隐”。

将“淞南小隐”更名为“书隐楼”的原因，我没有看到具体的史书记载，但是根据大家推测，这是因为“隐”字有退归林下的意思，而陆锡熊当时正在朝中为官，不太合适，因此将“淞南小隐”变通为“书隐楼”。

到了清末，陆氏一族又如日涉园前主人陈氏一样变得没落，日涉园也被分割成几块零星售出，其中主宅一度为赵姓购去，赵姓之后，大约在20世纪30年代，宅子又为郭姓所有，直到今天。《上海古迹谈》记载："竹素堂街（今名天灯弄）有巨宅一，昔为邑绅赵名照所居，大厅共有五六之多，其后门在引线弄，今为郭绅住宅。”这里的“郭绅”就是今日书隐楼业主郭氏一族的先祖郭福田。

到了“文革”时期，日涉园剩余部分亦遭到极大破坏，日渐荒芜，几成废园。直到有一天，人们重新注意到这座位于城市中心的旧宅，因为楼中尚存沈初所题“书隐楼”牌匾，而将这座旧宅命名为书隐楼，而其主人也因之变成沈初。沈初（？—1799）字景初，乾隆二十八年（1763）进士，曾任礼部、兵部侍郎，以及顺天、江西学政，以文才见长，曾任四库馆副总裁，主持编辑《浙江采集遗书总录》《石渠宝笈》及《秘殿珠林》等。其实在古时候，邀请名人或友人为自己的书斋题写牌匾本是平常之事，所以并不能以牌匾的落款来认定书斋的主人，例如梁章钜的“较文讲艺之斋”牌匾即由好友伊秉绶所题，这样的例子比比皆是。当时沈初与陆锡熊同在四库馆任职，陆锡熊请来沈初题写匾额，是极合情理的。因此，我觉得这里有一个误会，应该找个机会替它澄清一下，那就是这座藏书楼真正的主人应该是陆锡熊，虽然在他之前陈所蕴也在这里藏过书，建过藏书楼。

陆锡熊字健男，一字耳山，乾隆二十六年（1761）进士，赐内阁中书舍人，直军机处，充方略馆纂修官，奉命编《通鉴纲目辑览》，乾隆三十八年（1773）与纪昀一同被任命为总纂官，是年《办理四库全书处奏遵旨酌议排纂四库全书应行事宜折》中详载各人职司，其中就有：

至各书详检确核，撮举大纲，编纂总目，其中繁简不一，条理纷繁，必须斟酌综核，方不致有参差挂漏。臣等公同酌议，查现在纂修翰林纪昀、提调司员陆锡熊，堪膺总办之任。

而陆锡熊勤勤恳恳，上任不到半年，深得上心，乾隆皇帝颁旨予以奖励：

而撰述提要，粲然可观，则成于纪昀、陆锡熊之手。二人学问本优，校书亦极勤勉，甚属可嘉。纪昀曾任学士，陆锡熊现任郎中，着加恩均授为翰林院侍读，遇缺即补，以示奖励。

从现有记载来看，乾隆皇帝是一个赏罚分明之人，但是赏与罚的力度，区别还是比较大，比如乾隆四十三年（1778）二月二十九日，皇帝下令赏赐办理《四库全书》有功之臣，其中就有陆锡熊之名："至陆费墀、陆锡熊、纪昀，虽均已加恩擢用，但纂办各书，均为出力，着赏给缎匹、荷包、笔、墨、纸、砚，以示奖励。"这些赏赐无非就是一些绸缎布匹以及文房四宝，并无贵重之物，然而皇帝所赏乃是一种荣誉，能够得到多少实惠实在其次。

又比如乾隆四十六年（1781）十二月二十六日，因为《四库全书总目提要》编纂完成，陆锡熊也受到了表扬，上谕称："《四库全书总目提要》现已办竣呈览，颇为详核，所有总纂官纪昀、陆锡熊着交部从优议叙，其协勘查校各员，俱着照例议叙。"一个多月后，《军机大臣等奏拟遵旨拟赏四库全书议叙人员及未经引见名单片》中列出了详细的拟赏名单和物品，给陆锡熊的赏赐是："内阁学士纪昀、光禄寺卿陆锡熊，少詹事陆费墀，司业曹锡宝，中允衔王燕绪，检讨何思钧，庶吉士仓圣脉。以上七员，每员墨刻一本、如意一柄、八丝大缎二匹、砚一方、笔一匣、墨一匣、绢笺十张。"

这次所得的赏赐仍然是以文房用具及丝绸为主，其实对于官宦之家，这些东西算不上有多么珍贵，所以更多的是体现皇上的恩典与荣耀。但是相比较而言，乾隆皇帝处罚起来就要严厉得多了。乾隆四十七年（1782）十月二十九日上谕记载，乾隆皇帝发现毛奇龄所撰《词话》中有违碍字句，大为生气：

四库馆进呈原任翰林院检讨毛奇龄所撰《词话》一书，内有"清师下浙"字样，殊属悖谬。毛奇龄系康熙年间翰林，书内恭载我朝时事，理应称"大清"或"王师"等字样，乃指称清师抬写，竟似身事前明、未经在本朝出仕者，谬妄已极。毛奇龄尚系素有文望之人，且身故已久，朕不肯因其字句悖谬，遽照从前戴名世等之案办理。但此等书籍经纂修、校对阅过，即应按照馆例签改进呈，乃漫不经心，俱未看出，是非寻常疏忽可比。除将原书交馆改正，并查明此外有无似此等字样一并签改外，所有书内列名之总纂官纪昀、陆锡熊，总校官陆费墀、王燕绪，分校官刘源溥，俱着交部分别议处。至誊录生不通文理，照本缮写，着加恩免其查办。并着行文外省各督抚，细心查办，有似此者一体改录。

乾隆皇帝因此下令吏部严惩涉事官员："纪昀、陆锡熊俱着降一级，从宽留任；陆费墀、王燕绪俱着降一级，留任。"而吏部接旨后，立即处罚了相关人员。细读乾隆皇帝的指责之语，似乎毛奇龄也并没有说什么太过分的话，仅是称"清师"，而没有尊称为"大清王师"而已，而陆锡熊等人就因为没有看出这个小疏漏而降级，乾隆皇帝处罚之严可见一斑。而陆锡熊在四库馆所做的贡献，其实远远大过他的疏漏，其好友王昶在《都察院左副都御史陆君墓志铭》中写道：

复开《四库全书》之馆……特命陆君锡熊偕纪君昀任之。两君者，君考字画之讹误、卷帙之脱落与他本之互异、篇第之倒置，祈其是否不谬于圣人；又博综前代著录、诸家议论之不同，以折衷于一是；总撰人之生平，撮全书之大概，凡十年书成，论者谓陆君之功为最多……且《四库全书》定于御览，尊于册府，分布于海寓，腾今迈古，千载未有，皆君审定而考证之。世之读《提要》者，见其学术之该博，议论之纯粹，显显然如在目前。

随着皇帝进一步翻阅《四库全书》，陆锡熊的厄运还在后面，乾隆五十二年（1787）六月十二日，皇帝在谕旨中写道：

前因热河文津阁所贮《四库全书》，朕偶加披阅，其中讹谬甚多，因派扈从之阿哥及军机大臣等复加详阅。并令在京之阿哥及大学士、九卿等将文渊、文源二阁所贮书籍，一体校阅。今据和珅等阅看各书，其讹舛处不一而足。此内阎若璩《尚书古文疏证》一书，有引李清、钱谦益诸说，未经删削，并《黄庭坚集》诗注有连篇累页空白未填者，实属草率已极。着将承办之总校、分校等交部议处。现据纪昀奏请将《尚书古文疏证》内各条遵照删改，陆续赔写，并请将文源阁所贮明季国初史部、集部及子部之小说、杂记诸书，自认通行校勘，凡有违碍即行修改，仍知会文渊、文津二阁详校官画一办理，再行赔写抽换，务期完善等语。从前办理《四库全书》，系总纂纪昀、陆锡熊、总校陆费墀专司其事。朕以该员等纂辑订正，着有微劳，不次超擢，数年之间，晋阶卿贰，乃所办书籍竟如此荒谬舛错。如果从前缮写时，誊录率意脱落遗漏，自不难将已邀议叙现膺民社各员斥革治罪。但此等讹谬，该誊录等惟知照本缮写，势不能考订改正，而纂校各员则系专司考订之责，自应详加细阅，方不致讹谬丛生，乃一任其袭谬沿讹，竟若未经寓目者。该员等所办何事，其咎实无可辞。

阎若璩的《尚书古文疏证》乃是一部经学名著，只是在引文中引用了李清和钱谦益的话语，但即使是这样，皇帝也认为是纪昀、陆锡熊、陆费墀等人的责任，下令让这些人去检查文津阁《四库全书》中还有哪些错误，查出来之后要有相应的替换，而所需费用均由这些主办者来承担。这时的陆锡熊已经离开京城，正在福建担任学政，但皇帝仍然让他跟纪晓岚每人承担一半撤换书页的费用：

今纪昀既自认通行复阅明末各书，并请将看出应换篇页自行赔写，并部议处，而陆锡熊则因现出学差，陆费墀丁忧回籍，转得置身局外，是使纪昀一人独任其咎，转令现在派出之大小各员分任其劳，实不足以昭平允。着将文渊、文源、文津三阁书籍所有应行换写篇页，其装订挖改各工价，均令纪昀、陆锡熊二人一体分赔。

陆锡熊接到谕旨之后，还要给皇帝写谢恩折，于是在乾隆五十二年十一月初六日给皇帝上了《福建学政陆锡熊奏谢曲垂宽宥仅令分赔工价折》，先是感谢皇恩浩荡，又承认自己工作不仔细，而后提出：

于书中舛错讹谬之处，未能逐加删改，咎愆丛积，实不能自置一词。复蒙圣慈，不加严谴，仅令一体分赔工价，而臣又因奉差在外，未克即同纪昀等复行校勘，图补桑榆。清夜抚衷，负惭无地。在圣主曲垂宽宥，屡邀恩上加恩，而微臣腼荷矜全，弥切愧中增愧。臣具有天良，不敢竭力驽骀，上酬鸿造。所有感激微忱，谨缮折恭谢天恩，伏祈睿鉴。

对于赔偿的数额，陆锡熊在折中提出，可以先从他的薪水中扣除："再，臣应赔工价数目，现虽未奉行知，但臣应得养廉，除支用办公外，拟先扣存福建藩库，以备照数拨用。合并声明。"

乾隆五十五年（1790）正月，陆锡熊福建学政任满回京，而后带人前往盛京校勘文溯阁《四库全书》，当时的盛京将军嵩椿在乾隆五十五年三月二十八日的奏折中写此事道：

窃照遵旨前来校阅文溯阁全书之总裁臣陆锡熊等，今已陆续到齐，即应开局校办，但设局公所必得宽大地方。奴才从去年到任，因有奴才高祖所遗旧房，收拾居

⊙… 书隐楼的第一进院落　⊙… 书隐楼的第二进院落还算完好

⊙… 依然完好的大门

⊙… 荒芜的院落

住。其历任将军原有官署一所，现今空闲，房屋尚大，院落宽敞，又与文溯阁甚近。奴才嵩椿商同府丞福保，打扫洁净，为校阅书籍公所，尽足敷用。伊等已于本月二十六日开卷校阅起。

而他们的具体工作方式，陆锡熊在当年五月初四日的奏折中有如下叙述：

再查文溯阁书函，应照三阁新定架图重行排次。所有改匣、刻匣、撤衬、加衬各事宜，经臣随时督同武英殿派出之主事三宁、笔帖式永清等分头办理，现在亦已一体改刻装订完竣。其续到留空各书册首，应用文溯阁宝，臣已就近敬谨请出补用。至应撤回另办之排架图册等，谨一并查明带回，分别办理。臣现在会同副都统成策、府丞福保赴阁，将归架各书亲自监阅，按照改刻匣面流水逐函详检，通加妥协排定。俟办毕后，即行起程回京，恭复恩命。

陆锡熊等人的工作一直做到当年的七月十二日，工作完毕后，他在写给皇帝的奏折中提到了同时在盛京查看该书的工作人员姓名，其中有郑际唐、翁方纲、关槐、潘曾起等，而对于具体的查看方式以及查出来的结果则有如下详述：

臣等自三月内分书校勘以来，每日带同看书人等严立课程，卯入戌出，细心翻检，敬照三阁厘定章程，于应删应订之处，逐一刊正。其填写部类、抽撤考证及译改辽、金、元人地官名，亦均详悉画一妥办，务在疵类尽除，勒成定本，不敢稍有疏漏。现在各员名下分阅之书，业经全数校毕。臣复行核签，亦已次第竣事。计阅过书六千一百余函，此内点划讹误随阅随改外，共查出誊写错误、字句偏谬书六十三部，漏写书二部，错写书三部，脱误及应删处太多应行另缮写书三部，匣面错刻、漏刻者共五十七部。内除错落偏谬各书俱已随时缮补改正，匣面错落各处亦经一面抽改添刻外，其漏写、错写等书，俟臣回京同纪昀查明，与应行另缮写之本，俱即自行赔写完妥，请交原派应赴盛留办底本之张焘敬谨赍送，会同府丞福保按函抽换。所有原办疏漏应议之总校、分校各官，俟另缮清单，恭呈御览。伏祈皇上睿鉴。

到了乾隆五十六年（1791），文渊阁、文源阁的书也发现了错漏，陆锡熊闻讯后主动向皇帝提出，派他再到盛京重新校勘文溯阁之书，此时正是天寒地冻之时，陆锡熊前往盛京的途中在山海关染上风寒，到达盛京后方两个月就因病去世，终年59岁。然而，校书之事并没有因他的去世而完结，奉天府丞福保在乾隆五十七年（1792）二月二十六日的奏折中写道：

兹于二月二十五日,副都御史陆锡熊病故。奴才伏思校勘书籍各员,此次蒙皇上天恩,准其再至奉省详细阅看,以补前次之阙漏。该员等自必感激天恩,断不敢草率贻误。惟陆锡熊应校各书,需有接看之员,虽现有陆锡熊带来帮同看书人等,但恐无人督率,或致疏懈。奴才与礼部右侍郎刘权之面商,此分书籍,均匀摊派现在分校各员,详细复校,以专责成。

读到这些奏折,真令人叹息。陆锡熊兢兢业业纂修《四库全书》,最终为此而死,而其去世后,所带去的随行人员依然要完成校勘工作。如今这部大书栖身于甘肃省图书馆,想来每一册陆锡熊及其助手应该都逐页翻看两遍以上,为此付出的辛勤可想而知。

陆锡熊去世后,他的儿子将其灵柩运回浦东,安葬于陆家祖茔,墓碑是由纪晓岚撰写碑额,墓志铭则出自王昶。陆锡熊因为跟纪昀同时担任《四库全书》总纂官而声名鹊起,然而他也正是因为《四库全书》而命丧冰天雪地的东北,真是时耶命耶。当年在修《四库全书》之时,陆锡熊也曾拿出自己家藏的图书进呈给四库馆做底本,如今检《四库全书总目》,著录为“光禄寺卿陆锡熊家藏本”的进呈书目,共计有 21 部,可惜作为藏书家的陆锡熊经常是被人忽略,人们更多的是把他作为官员来研究。

将书隐楼归在沈初名下,除了那块牌匾的原因,还有郑逸梅先生的误解。他在《书隐楼后人郭俊纶》中说:“南市有一座日涉园,为《四库全书》总纂陆锡熊的旧居。附近有书隐楼,这是乾隆癸未榜眼沈初号云椒的住宅。沈初任《四库全书》副总裁,和陆锡熊同主纂政,这个宅子,可能是由陆氏介绍沈氏购下来的。”我不知道郑先生写这篇文章时是哪一年,当时的书隐楼尚完好无损,因为他说:“登上书隐楼,那是沈初偃息读书之所,楼四面可通,俗称走马楼,坐落在二进二楼中央。”很可惜,我的机缘远没有郑先生那么好,当我来到书隐楼时,所见已是满目疮痍。

天灯弄属于老城区,为了找到它,我在老城区的弄堂内穿来穿去,终于在一个墙角看到了上海市文物局所立的文物保护牌,“书隐楼”三个字填着红漆,但是旁边的大铁门紧锁,敲了半天也无人应门。铁门对面有间小店正在装修,我向店主打问如何才能进入书隐楼,他笑了笑,说可以进去,但是要收费,30 元钱。这个收费并不高，我当然同意，于是掏出来 60 元给他递上。他告诉我说，不是自己要收这个费用，而是书隐楼里主人的规定。他边说边掏出手机打了个电话，随后让我耐心等一会儿。

大约过了五分钟，书隐楼的大门打开了，从里面探身出来一位看上去五六十岁的妇女，她只把大门开了一半。我告诉她，我是来探访藏书楼，而非像游客那样随便看看。她听到了我的话，热情地把我让进院内，我又把那 60 元钱掏出来递给她说，同来的司机也想参观。这位妇女不好意思地笑一笑，跟我说她并不是想收这个门票费，因为不断有游客前来骚扰，她为此很烦，所以就用收费这个办法来阻止一些人，既然我是来拍藏书楼，那司机就可以免费了。于是，她从我手里仅抽走了其中的 3 张 10 元纸币。

在进院的那一刻，这位妇女告诉我，院子很深，要小心脚下。我一看，原来门口长着一棵极其粗大的樟树，树根部分已经把门全部封死，有人用利器将树根砍掉了一半，院门才勉强能够打开。待我一进院中，她立即反身把门关上，并且从里面反锁。这个奇怪的举措让我有了一瞬间的小紧张，我看看大门，再看看院中的荒草落叶，顿时感觉自己进入了《聊斋》世界，可惜的是这位妇女并不似蒲松龄所描述的婴宁或者葛巾。我跟着她向院子深处走去，绝没想到在上海的市中心老城区还能有这样大的荒宅。她一边走一边不停地向我讲述，说自己祖上在 150 多年前就买下了这个院子，她就出生在这里，自己的孩子也出生在这里。因为院落太大，很少和外人接触，孩子在精神方面有些问题，后来得了自闭症，她就把孩子送到了精神病院，昨天她还去看过孩子，又说精神病院里的伙食太差，孩子总是吃不好。我问她为什么不让自己的先生去照看，她说已经离婚了，离婚的原因之一就是因为孩子的病。我不好再问，只好默默地一边听着她絮叨，一边向院子的更深处走去。

整座宅院破败得难以想象，各种植物肆意生长，毫无节制，仿佛时间停在某一个辉煌之点后，就毫不停歇地向着颓败那头直坠下去，院墙之外的辛亥革命、"破四旧"以及改革的春风统统没有来过这里，沉寂得有如被世界遗忘。很快，我的身上被各种草虫叮起了几个疙瘩，她见我不停地挠着胳膊，不以为意地说："没关系，这是草蚊子，没有毒的。"她自我介绍说叫郭誉文，祖上叫郭俊纶，"文革”时这里曾经被占用做工厂,那些人完全不懂得保护,所以把这座精美的宅院破坏到了这种程度。不知不觉,郭女士带着我来到了第三进院落,说后面还有。这里面积之大,远超我的想象。郭女士自己住的地方就在第三进院落中,其状近乎在废墟中刨出一块可以容身之所。我问她,一个人住着这么大的荒宅,不感到害怕吗?她说自己不信鬼,所以住在这里也不觉得怎么害怕,只是有时会受到邻居的欺负。院中的房屋有平房,也有楼阁,但楼梯都已经腐朽或脱落,她说自己有次上楼,不小心把楼板踩断掉了下来,就再也不上楼了。

她指给我看第三进院落两旁精美的砖雕,雕刻面积足足有两三平方米,这么大面积的镂空砖雕保存得如此完整,很是罕见,让我感到惊喜的是,这些砖雕上的人物每一个都很完整,发髻、表情及动作栩栩如生,并不像别处的砖雕,所有人物头部都被敲去。我数了数其中一块砖雕的人物,原来是八仙。郭女士见我对这些砖雕感兴趣,又让我看屋里堆着的大片木雕,让我无意间看见一张八仙桌的桌面,其实这个桌面就是当年给宫里进贡用的金砖,用金砖作桌面,这是我在上海看到的第二块,只是天色已暗,屋内灯光昏黄,我无法看清年款。屋子里还有一台五英寸的小电视,这么小的电视机,我在30年前也未曾见到过,上面落满了灰尘,乍一看以为是个收音机。这个小电视的出现,让我想象了一下郭家30年前或者更早的日子。

我还留意到,这座宅院的好几处大门极为特别,是以颜色深浅不同的薄青砖斜拼成图案,再贴在木门上,我想这些可能是当时的装饰潮流,同时也有防火的作用。最后一进的院落后面是极高的院墙,郭女士自豪地说:“这是私人院落里最高的院墙,比故宫的围墙还要高,你看它跟后面的四层楼一样高。”这又让我觉得非常奇怪,一座私宅,为什么要修如此高的院墙呢?这是我第一次见到私宅有如此高的院墙,但是否真的比故宫的宫墙还要高,我没有把握。我问了郭女士一个非常俗气的问题,那就是这么大的院落是否有房产证。郭女士说,这是她祖上的私产,有地契,所以没有办房产证,文物部门来说过保护的事,但从来不给维修经费,她自己家也没有那么多钱来维修。我继续着自己的俗气,问她为什么不卖给有实力的人,让他们来保护呢?她神色淡漠地说:“现在房地产市场不好,卖价不高,也就能卖到一亿多吧。”这个数额与她的表情形成强烈的反差,我反问她，一亿多还不高吗？她回答说："卖一亿多，分到我头上也就二十四分之一。因为有好多亲戚，现在院子放着没人管，但是分钱的时候就全都出来了。我们附近的邻居对我有意见，主要就是因为这个院落拆迁不了，他们四周就不会有人来整体拆迁。"

我马上明白过来，这又是一个两难的局面，政府其实是想保护的，但这么大面积的私产，尤其涉及众多后人，利益难以平衡，只好就此搁置。参观完整座宅院，我冒昧地问她，能否为她和书隐楼拍张照片，她大方地答应了，并主动走到门楣上刻着"古训是式"的大门下站好，让我拍照。在她看来，这座有着"古训是式"的大门，才能真正代表书隐楼。她的选择让我想起了一个问题，我问她，你知道以前是谁在这里藏书吗？她回答说："沈初，都这么说。"

于敏中

《四库》首功，《天禄》别成

于敏中一生的大多数时间都在跟书打交道，杨慧慧在《清代金坛于敏中氏族的文化贡献》一文中列出了他所参与编纂过的书：

乾隆七年（1742）《钦定临清纪略》，乾隆十二年（1747）《钦定满洲祭神祭天典礼》，乾隆十五年（1750）《钱录》，乾隆二十七年（1762）《钦定皇舆西域图志》，乾隆三十四年（1769）《国朝宫史》，乾隆三十九年（1774）与许宝善等增订康熙时朱彝尊所著《日下旧闻》为《日下旧闻考》，乾隆四十年（1775）《钦定天禄琳琅书目》，乾隆四十一年（1776）《钦定胜朝殉节诸臣录》，乾隆四十二年（1777）《钦定满洲渊流考》，乾隆四十三年（1778）《钦定西清砚谱》，等等。当然，敏中最重要的文化贡献，是他大力促成并主持《四库全书》的编纂。

可能也正因如此，李玉安、陈传艺编著的《中国藏书家词典》称于敏中为“清目录学家、图书馆官员”。

关于于敏中个人藏书的情况，我未查得具体的历史资料，然而在《四库全书》征集书的过程中，于敏中也做出了自己的贡献，郑伟章在《书林丛考》中说：“《总目》著录于敏中家藏本 11 种，280 卷。其中经部 3 种，165 卷；史部 2 种，25 卷；子部 4 种，62 卷；集部 2 种，28 卷；入存目 2 种。所藏医家类书甚精，尤以李时珍《本草纲目》等 3 种为难得。”

郑伟章认为，《四库全书总目》著录了于敏中家所藏的 11 种书中，以《本草纲目》等最为难得。除此之外，于敏中贡献的另外两种李时珍著作是《奇经八脉考》和《濒湖脉学》。于敏中所献之书还有《元朝名臣事略》《雍录》和《伤寒总病论（附《音训》《修治药法》）。既然有这么多书能够被选中，说明于敏中所献之书不止此数，他家应该有不小的藏书量。

如前所言，于敏中在书史上最大的贡献是在《四库全书》方面，《清史稿·于敏中列传》中称：“时下诏征遗书，安徽学政朱筠请开局搜辑《永乐大典》中古书。大学士刘统勋谓非政要，欲寝其议。敏中善筠奏，与统勋力争，于是特开四库全书馆，命敏中为正总裁，主其事。”

这段话十分重要，故而被相关学者广泛引用。此前乾隆皇帝在全国征善本书，朱筠则借机提出从《永乐大典》等古书中辑出当时失传的古书，而后编一部真正有价值的大书。据说刘镛之父刘统勋却反对朱筠这个提议，他认为当务之急应当是搞国家大事，而不应当把精力用在编书上面，在此关键时刻，于敏中站了出来，他跟刘统勋据理力争，认为朱筠的建议很好。经过一番辩论，乾隆皇帝接纳了朱筠的提议，正式开办四库全书馆。既然于敏中赞同此事，皇帝就命其为四库全书馆的正总裁，让他来主抓这项伟大的文化工程。

这种说法也可以皇帝的上谕为证，乾隆五十二年（1787）六月十三日，皇帝在批阅“寄谕琅玕等传令陆费墀赔办江浙三阁书籍工价并着盐政织造常川查察”时说：“因思此事发端于于敏中，而承办于陆费墀，虽朕旨有办大事不能无小弊，亦不应为之已甚也。其条款章程俱系伊二人酌定……”

乾隆皇帝明确称《四库全书》这件事就是“发端于于敏中”，可证于敏中对于《四库全书》这部大书得以面世起到了至关重要的作用，并且他还说《四库全书》编纂过程中的具体条款和章程也都是由于敏中和陆费墀二人所制定。

如此说来，于敏中才是《四库全书》的真正促成人。既然皇帝要搞这么大一项文化工程，绝不可能仅靠于敏中一人来张罗全局。黄爱平所著《四库全书纂修研究》中详细列出了四库全书馆的组织结构，该馆的正总裁就有16人之多，这16位正总裁的前三位当然是皇子。有意思的是，反对开四库全书馆的刘统勋以及乾隆朝最有名的贪官和珅也在其中。

正总裁之外，四库馆另有副总裁10人、总阅官15人、总纂官3人等，合计有362人之多，其中还有两位兼职者，故黄爱平统计出四库馆实际在职人数是360人。当然，这只是最初列名者，随着事情的推进，还另有100多人的名单变化。

于敏中为什么能被选为正总裁呢？这当然跟他在朝中的地位有很大的关系。于敏中是乾隆二年（1737）的状元，一路升迁做到了户部尚书，品级也很高，张升在《四库全书馆研究》一书中称：“总裁任职的基本条件为：其一，一定的身份。除皇子外，正总裁均为正一品或从一品；副总裁则为正二品。总裁多是清廷各部门的负责人，包括军机大臣、大学士、各部尚书与侍郎，可以起协调各部门的作用。其中正总裁一般是皇子、大学士、各部尚书兼任，副总裁则多为各部侍郎兼任。”看来，能够做到正总裁的除皇子之外，大臣的级别必须在从一品之上。

张升说到的第二种能够任正总裁的途径，则是由皇帝的指派。皇帝是根据什么条件来指派大臣为四库馆的正总裁呢？除了其从一品以上的职位外，能够得到皇帝的信任也是个重要条件,《清高宗实录》载有乾隆帝说的一句话:"即如于敏中、程景伊、王际华,俱朕所信者,伊等亦能谨禀自持,看来汉尚书中,唯嵇璜不免与外吏稍通声气。"乾隆皇帝明确点出于敏中是他信任的人,这反过来也可证明他对四库馆的编纂看得十分重要,他特意派自己信任的重臣来主抓此事。

既然如此,那为什么要安排16位正总裁呢?因为四库馆组织的人员十分庞大,达3800余人,用这么多总裁也是为了分管相应的方方面面,张升在其专著中写道:

总裁人众,亦有较明确的分工:有的管全馆,沟通各方面关系,有的管刻书,有的管后勤。例如,永瑢、舒赫德应是负责总揽全馆的;福隆安则是在乾隆三十八年二月被派往四库馆经理饭食;英廉主要是管后勤,起协调作用;金简主要是办武英殿刊印之事;于敏中是军机大臣,军机处事务繁多,修书也只是兼办。

然而四库馆毕竟是一个编书机构,这些正总裁是否也参与到了具体的编辑事务之中呢?按照四库馆的设置,正副总裁和总阅官之下有总纂官3人,分别是纪昀、陆锡熊、孙士毅。天下人都知道《四库全书》的真正编纂者就是这位纪晓岚,在他前面排名的几十位,按照今日的理解应当都是领导挂名,他们不做具体的事务。然而从实际情况来看也并非完全如此,乾隆三十九年(1774)二月二十一日下谕旨说:

皇六子质郡王永瑢、舒赫德、福隆安,虽派充总裁,并不责其翻阅书籍,乃令统领馆上事务者。英廉办理旗务及内务府各衙门,事件较紧,也难悉心校阅;金简另有专司,此事本非其职。至于于敏中,虽系应行阅书之人,但伊在军机处办理军务,兼有内廷笔墨之事,暇时实少,不能复令其分心兼顾。所有皇六子永瑢、舒赫德、于敏中、福隆安、英廉、金简,但着从宽,免其部议。其余总裁,每日到馆,岂可于呈览之书,竟不寓目。

乾隆皇帝倒也直白,他点出的三个名字均为满人。他说这三位虽然被任命为总裁,但他们并没有翻阅书籍的职责,他们只负责其他事务,看来还是要用信任的人来管理能干的人。这句话中专门点到了于敏中,皇帝说于敏中的本职工作太多,原本要让他仔细查阅书籍,但他真查不了也没关系,除他之外总裁必须每日到四库馆去看书。

既然如此，那这些总裁中哪位才是实际工作的负责人呢？有意思的是，四库馆前期的真正负责人竟然就是反对开此馆的刘统勋。不知皇帝这种任命是否是有意惩罚他，但四库馆刚开办不久他就去世了，该馆的实际工作是由于敏中负责。

当时桐城派的实际创始人姚鼐也在四库馆工作，他的职位是“校办各省送到遗书纂修官”。这个职位总计有6人，除姚鼐之外，建议编《四库全书》的人朱筠也任此职，另外翁方纲也为此6人之一，可见这个职位的工作也很重要。对于正总裁的变化，姚鼐在《朱竹君先生传》中说：“未几，文正（编者按：刘统勋谥文正）卒，文襄总裁馆事。”

前面提及，乾隆皇帝已经明言于敏中因为工作繁忙，不必每日来查阅编辑之书，然而姚鼐却说，刘统勋去世后，庞大的四库馆真正的主持人其实就是于敏中。而今《于文襄手札》已出版，从这些手札中可以看到，于敏中对《四库全书》的编纂下了很大的气力，他不只是进行宏观的指导，具体到每一部书，他也会提出自己的意见，比如他在信中称：

《宋史新编》体例既乖，即非史法，若删去附传，尚可成书，则抄存亦似无碍。第恐每篇叙事或多驳而未纯，改之不可胜改，又不如存目为妥。至《北盟会编》历来引用者极多（未便轻改），或将其偏驳处于提要声明，仍行抄录似亦无妨。但此二书难于遥定，或俟相晤时取一二册面为讲定，何如。

于敏中在审核《宋史新编》时，认为该书所编的《提要》有问题。而对于具体的编纂流程，他也会提出自己的意见：

《鹖冠子》莜塘添出处甚多，此番可谓尽心。但止寄签出之条，无书可对，难于悬定，因将来单寄回足下，可并前日之单，同原书校勘，酌其去留，无庸再寄此间也。校对遗书夹签，送总裁阅定，即于书内改正，此法甚好。可即回明各位总裁酌定而行，即或将涂乙之本进呈，亦属无碍。惟改写略工，以备呈览。

除此之外，对于入选的书应该归入哪一部，他也有着具体的意见：“酌定《竹谱》改入子部农家，《少仪外传》改入经部小学，以为相合。（乾隆三十八年五月二十四日）”而对于提要所写的评语是否公允，于敏中同样有自己的看法：

又阅提要内《宝真斋法书赞》有“朱子储议一帖”云云数句，与此书无大关系，而储议事尤不必举以为言，因节去另写，将原篇寄还，嗣后遇此等处，宜留意斟酌。又见所叙《金氏文集》《北湖集》两种，誉之过甚。果如所云，即应刊刻，不止抄录而已，已读其诗文不能悉副所言。且《金氏文集》“忠义堂记”列入扬雄，其是非尤所未能得当。愚见以为提要宜加核实，其拟刊刻者则有褒无贬，拟抄者则褒贬互见，存目者有贬无褒，方足以彰直笔而示传信。

由以上摘录可知，于敏中虽然事务繁忙，但他依然细看每一部书，并且对馆臣所写提要也会提出自己的修改意见。他这位总裁绝不是挂名，而是参与到了具体事务之中。

然而前面提到于敏中还有其他事情要做，他怎么可能全部看完这么庞大的一部书呢？皇帝显然也想到了这一点，他在《谕内阁嗣后四库馆校阅各书着照程景伊所奏章程办理》中说：

前因四库全书馆呈进各书，每多稽缓，经总裁等议设总校六员，分司校勘，各总裁仍随时抽阅，以专责成。本日召见程景伊，据奏：应进各书，经总校阅看后，如总裁等全为检阅，不特担延时日，且总校等转得有所推诿。若不将如何抽看之处，定有章程，亦非核实之道。请此后总裁等于每十本内抽阅二本，粘贴总裁名签，其未经抽阅者，于书面粘贴总校名衔，如有错误，各无可诿等语。所奏自属可行，嗣后四库馆校阅各书，即着照此办理。各总裁、总校等务宜悉心校勘，毋致再有舛误。钦此。

原来，皇帝要求每位总裁实行抽查制，每10本书中抽阅2本，为了能够分清责任，还要求总裁在抽阅之书上粘贴上自己的名字。看来，皇帝是担心总裁实行抽阅制后不认真看书而只是应付差事。

既然如此，那为什么于敏中还会这样尽心尽力地查阅书籍呢？这件事应该跟他的特殊境遇有一定的关系，王钟翰点校的《清史列传》在“于敏中”一条内有如下的记载：

三十九年七月，内监高云从漏泄朱批记载，事觉，词连敏中曾向讯观亮记载及伊买地受骗具控，曾恳敏中转托蒋赐棨办理等事。上亲诘敏中，敏中奏高云从面求转托，实无允从，并以未能据实劾奏引罪。

經筵講官戶部左侍郎臣于敏中謹
奏為
聖文日富
鉅製宜宣恭請編刻以昭化成事欽惟我
皇上濬哲天成緝熙時懋每當
勅幾勤政之暇尤著立言載道之功經緯為章積盈卷
冊臣伏見
御製詩篇前蒙
俞付剞劂

御製用白居易新樂府成
五十章並效其體 有序
白居易新樂府五十章
少即成誦喜其不尚辭
藻而能紀事實具美刺

御製全韻詩 有序
四聲切韻之書始自周顒而成
於沈約其書雖不傳而拈韻者
必以是為準則然韻非自二人
創之擊壤卿雲何一非韻句乎
不啻此也義經尚書多有韻語
則尤古於三百風人之詠但以

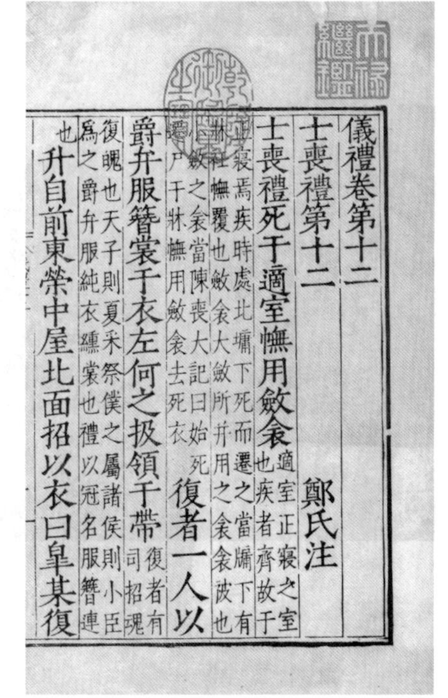
儀禮卷第十二
士喪禮第十二　鄭氏注
士喪禮死于適室幠用斂衾 適室正寢之室也疾者齊故于正寢焉疾時處北墉下死而遷之當牖下有牀衽幠覆也斂衾大斂所并用之衾衾被也小斂之衾當陳喪大記曰始死遷尸于牀幠用斂衾去死衣 復者一人以
爵弁服簪裳于衣左何之扱領于帶 復者有司招魂復魄也天子則夏采祭僕之屬諸侯則小臣為之爵弁服純衣纁裳也禮以冠名服簪連
也升自前東榮中屋北面招以衣曰皋某復

⊙…《御制文初集》三十卷　清乾隆二十九年内府刻本　于敏中等乾隆二十八年奏章

⊙…《御制拟白居易新乐府》四卷　清乾隆于敏中写套印进呈巾箱本

⊙…《御制全韵诗》五卷　清乾隆于敏中写武英殿刻巾箱本

⊙…《仪礼》十七卷　明嘉靖刻本　天禄琳琅旧藏

⊙… 相府前路的标牌　⊙… 站在大门口向内探望，里面已经全部变成了工地

看来，在四库馆刚开办一年多，于敏中就受到了他人的牵连。为这件事，乾隆皇帝很生气：

于敏中以大学士在军机处行走，日蒙召对，朕何所不言，何至转向内监探问消息耶？自川省用兵以来，于敏中书旨查办，终始是其经手。大功告竣在即，朕正欲加恩优叙，如大学士张廷玉之例，给以世职；乃事属垂成，而于敏中适有此事，实伊福泽有限，不能受朕深恩。于敏中宁不知痛自愧悔耶？因有此事相抵，于敏中着从宽免其治罪，仍交部严加议处。

乾隆皇帝说自己对于敏中特别的信任，每日里都会跟他探讨军机大事，本想按照康熙朝大学士张廷玉的事例给于敏中封世袭之职，然正在这关键时刻，于敏中却犯了这种错误。按照乾隆皇帝的看法，这是因为于敏中福分太浅，承受不起皇帝对他的深恩，所以把他交给有关部门严加审理。

皇帝的态度当然会左右审讯的结果。这些部门决定将于敏中撤销一切职务，可能皇帝也觉得这样的处分太严重了，于是未免其职。不知是否出于这个原因，于敏中在编书的过程中变得十分卖力气。他在繁忙的工作中抽出时间努力审核四库提要稿，并且做出了许多具体调整，可见《四库全书》之成跟于敏中的主抓有很大关系。

但即便如此，他也不能超过皇帝的功劳，故而张升在《四库全书馆研究》一书中做出了这样的小结："四库馆真正的最高总裁应是乾隆皇帝，首先，总裁的任命是由乾隆决定的。其次，四库馆诸大事的最终裁定权是在乾隆之手。再次，总裁人员众多，政出多门，权不专一，相互制约。最后，总裁很多，却没有真正意义上的最高总裁：永瑢等虽统领全局，但不负责阅书（这是修书最核心的工作），而于敏中等负责阅书，但又不统领全局。"

于敏中在书史上的另一大贡献是编纂了《天禄琳琅书目》，对于该书目的编纂过程，相应的史料记载远不如《四库全书》编纂档案留存丰富，而刘蔷通过查看相应的史料，写出了一部重要的专著《天禄琳琅研究》，关于该书目的编纂，刘蔷称："乾隆四十年（1775），大学士于敏中等人奉敕将贮于昭仁殿之天禄琳琅藏书重加鉴定，编成《天禄琳琅书目》十卷，著录图书 429 部。视书籍为文物，仿书画鉴赏之体例，是《天禄琳琅书目》著录之最大特点。"看来，《天禄琳琅书目》

也是由于敏中主抓。

然而该书目的编纂体例却很特别，按照业界的看法，这部书目乃是典藏书目，于敏中等能够把宫中各殿所藏之本编辑在一起，编出这样一部宫藏书目，可见他个人的藏书观念在编书的过程中也起到了重要的作用。

于敏中所率领的编纂官是如何编纂这部特殊书目的呢？刘蔷在其专著中列出三条，第一条为："一是对昭仁殿所藏书籍进行鉴选。凡伪充宋、元椠印者，俱详加别择改正；有确系旧刻，而时代未详者，并为核正归入。鉴定后，宋版及影宋抄全部收入，元、明版则各举其尤佳者，特别是明版，'内府所藏明版指不胜屈，今取其最精者，尚得二百五十余部'。"看来，编纂书目的第一项工程就是将书籍收集在一起进行必要的断代，而后决定哪些入选。而接下来的工作则是："二为每一书撰写一篇提要。解题内容有一定体例，书名悉依原书首行及版心标目，不做删改；详记此本锓梓年月及收藏家题记印记，且一一考证其时代爵里、授受源流。"这个工作也应当由于敏中安排，他派手下人给每种入选之书写一篇提要，其难得之处是把每书的刊刻年代也就是牌记，以及收藏家的钤章都要考证出来附入书中。之后第三个步骤则是制作出该书的誊清稿本。为了能够各负其责，效仿《四库全书》，把每位抄写者和校对者的姓名都用粘条附在书内。

但即便如此，这部书目还是有些疏漏，例如把一些入选之书的断代搞错了。天禄琳琅所藏之书大多留存至今，其中有一部清康熙年间通志堂所刻之书，竟然被该书的编纂者认为是宋版书。而更为奇特的是，乾隆皇帝还在这部书上写了篇御题。如果弘历后来发现大臣们跟他开了这么大一个玩笑，不知他会怎样处罚主纂人于敏中。因为皇帝对这部书目看得很重，编成之后还特意组织大臣举行了庆祝活动，刘蔷在其专著中说："当《天禄琳琅书目》初稿告成之际，正逢每岁新正例行的重华宫赐茶宴，上一年以'四库全书'联句，这一年乾隆帝与内廷大学士、翰林等人则以'天禄琳琅'联句，七言排律，观书志成。参加君臣唱和的有福康安、纪昀、于敏中、彭元瑞、官保、陆锡熊、舒赫德、李侍尧、王际华、嵇璜、蔡新、阿思哈、英廉、曹文埴、梁国治、陆费墀、阿肃、董诰、沈初等，共28位大臣。"

那么，这部重要的《天禄琳琅书目》是否确实出自于敏中之手呢？虽然相应资料未见详载，但他在宫廷编书史上确实做出了很大贡献，对于《四库全书》的编纂，刘蔷在其专著中对他有如下公允的评价："于氏身居高位，又兼内廷笔墨之事，暇时甚少，但从存世致陆锡熊手札可以看出，他对全书'体例之订定，部居之分别，去取之标准，立言之法则'，'均能发纵指示'，绝非徒拥虚名。他在乾隆一朝隆显多年，以状元身份而升任首辅，'以文翰受高宗知'，兼'敏捷过人，承旨得上意'，对当时文化政策的风向和执行是有一定影响的。"

于敏中故居位于江苏金坛市金城镇相府弄33号。这是我从网上搜到的信息，其中还有对于敏中故居的具体描写："故居坐北朝南，东西纵列。东五进为正屋，最后一进系楼房，十檩三间，西七进，最后一进为读书楼，十檩三间。为县级文物保护单位。"可是，当我来到金坛时，却完全看不到这样一处古建筑。

在金坛市内我打听不到相府弄，问过多位知情人，得知这里有相府前街，有人告诉我说这相府前街就是当年的相府弄。来到此街时，眼前所见是一条十分繁华的商业街道，这条路弯弯曲曲，却在其中的一段摆放着长长的一排售货亭，使得不宽的道路变得更加难以行走。

沿着此街一路探看，左右两侧完全看不到老房子，而前方左手的一大片已经被围挡包了起来，围挡的外墙上全部是商业广告，描绘着建成之后的壮观景象，看描述感觉像一个巨大的购物中心。这些围挡包裹得很严，我无法看到里面的情形，于是沿着围挡的外沿一路走，前去寻找入口。

在一处交叉之处有两座居民楼，站在楼下拍照时遇到了一位老人，我向他打问已经拆掉的这片建筑是否就是当年于敏中的故居。老人疑惑地看了我一眼，问我为什么要问这样的问题。为了打消他的警惕，我拿出了自己的行程单，上面所列者都是我在江苏一带要寻访的历史遗迹。

一般而言，我向他人出示此单时大多能起到好的作用，但眼前的这位老人有些不凡，从言谈举止看，他可能是一位老干部。他看了一眼我的行程单后又淡定地还给我说："这不能说明任何问题。"我不清楚他为什么不愿意告诉我，想来有他的顾虑吧。但这个结果让我略感意外，因为我只想了解这里是否是于敏中故居，并不想搞什么曝光行动，此人的不回答反而印证了我的猜测恐怕是正确的。我决定不耽误时间，跟他说了声"谢谢"，继续寻找入口。

沿着围挡又转到了另一条街上，这条小街的两侧跟刚才的繁华商业区形成较大的反差，百步之外就进入了幽静之处，这种感觉真好。眼前所见的这条不宽的马路，两侧分别有一排高大的杉树，从这些树的粗壮程度看，应该有百年以上的历史。我不清楚这里是否是当年前往于敏中居所的必经之路，但这些大树确实有相府的威严气势。

终于走到入口处，站在大门口向内探望，里面已经全部变成了工地，跟历史有关的痕迹一丝都看不到，虽然我有心理准备，但对此景况多少还是有些不开心。之后我沿着这条街继续向前走，果真在另一条小岔路上看到了一个公园，更让我高兴的是，我在路边就隐隐看到公园内的广场中有一尊雕像，本能告诉我，这很可能就是于敏中。于是我快步上前，但还未走到近前，我就看到了雕像上的名字——华罗庚。

华罗庚当然很伟大，但可惜他不是我此程的寻访目标，而我的一根筋也不能兼顾太多的内容，只好由原路返出。在入口的位置我看到了公园简介，原来这个公园也的确有历史，它创建于清宣统三年（1911），原名叫“雅约园”，而后又几经改名，但可惜没有与于敏中相关的记载。转念细想，建园之初于敏中早已在天上，他不太可能光顾此处。我在时空上的胡乱牵扯显然没什么道理，但于敏中曾在中国书史上做出过那么大的贡献，金坛人不应该给他建个塑像立在某处吗？至少我在那个大工地的示意图上没有看到于敏中塑像的位置。

曹文埴　尽心校书，光宗耀祖

查中国第一历史档案馆所编《纂修四库全书档案》，对于曹文埴的最早记载出现在乾隆三十八年（1773）九月二十四日《江西巡抚海成奏续陈书目折》中：

今又据各属陆续呈缴书籍到臣。臣随会同学臣曹文埴，并率同司道，逐一检查。除剿说、卮言俱不采录外，谨遵谕旨指示，将有所补益经史之书，暨时文风雅之集，俱分别选抄装订，共得一百零四部，计一百七十七种。仍按照各书要指所在，摘叙简明略节，敬缮清单，恭呈御览，仍候廷臣检核行取。

曹文埴当时担任江西学政，所以他与江西巡抚海成共同在民间征集书籍，而后将征得之书列出清单，呈献给皇帝。到了乾隆四十四年（1779），时任左副都御史的曹文埴成为四库馆的总阅官之一，在此阶段，曹文埴还兼着其他的校书工作，比如当年六月十三日，皇帝命他任编纂《大清一统志》的“阅办”，而在当年的十二月十一日，皇帝又下令和珅跟曹文埴同去办理二十四史中的《辽史》和《元史》。看来曹文埴在校书方面颇有成效，到了乾隆四十五年（1780）六月初八日，皇帝任命他为四库全书馆总裁。

当时的四库总裁大多是兼职，因为他们各自还有另外的工作，无法一一详细核对书中的每一个字，然而乾隆皇帝对该书十分看重，故每当发现书中有错讹之处，都会处罚相应人员，曹文埴也为此受到了多次惩处。比如乾隆四十五年十月十六日，军机大臣阿桂等就奏请要议处《四库全书》总裁曹文埴等人：

臣阿桂、和珅谨奏，为参奏事。昨发下《四库全书》沈炼《青霞集》八本，内蒙皇上指出空格未填者，共数十签。臣等逐一检阅，内总裁曹文埴未经看出者一处、总校仓圣脉未看出者共一百四十二处。查从前此等字样，曾于乾隆四十二年奉有谕旨，令该管酌改呈进。此次何得漫不经心，空格至百余处之多，非寻常错误可比，相应请旨，将未经看出一处之总裁曹文埴交部议处，未经看出至一百四十二处之总校仓圣脉交部严加议处。至分校之员阅看书篇既少，更不应疏玩若此，应请一并交部分别议处。

曹文埴仅有一处空格未曾看出，就受到了记过处分，而一个多月后的十一月二十七日的《起居注册》中记载：

又议大学士公阿桂等奏《四库全书》沈炼《青霞集》八本，内蒙皇上亲自检阅，指出空格未填四十余签，其疏漏错误未经看出之总裁兵部侍郎曹文埴、总校编

⊙… 竹山书院的入口，牌坊与石库门的结合　⊙… 竹山书院藏书楼入口

⊙… 大中丞牌坊

學憲
光分
合作所

修仓圣脉、分校检讨王汝嘉均应照例降调不准抵消一疏，奉谕旨：仓圣脉、王汝嘉俱着降二级调用，曹文埴着销去加一级，免其降级。

看来此时的皇帝对曹文埴还算开恩，没有给其降级，这应当跟曹文埴的勤恳校书有一定的关系。军机处上谕档中的乾隆四十六年（1781）十月二十六日《军机大臣和珅等奏辽、金、元三史办理全竣折》中首先称：

臣和珅、曹文埴谨奏：窃臣等奉命改缮辽、金、元三史人地官名，轮卯进呈，节次进过《金史》一百三十五卷、《元史》二百十卷，又续进过《辽史》本纪传志一百零七卷，此次将《辽史》表八卷改对校正，缮写装潢进呈，所有辽、金、元三史现在全行告竣。

此折中详列出了曹文埴等人细校辽、金、元三史时所发生的问题，足见曹文埴在校书上的认真。但毕竟《四库全书》体量巨大，没有校出之处仍然存在，很多大臣都为此受到过处罚，曹文埴也不能例外。军机处录副奏折中有乾隆四十六年《军机大臣进呈〈永乐大典〉总裁等记过次数清单》，看来曹文埴还参与了从《永乐大典》中辑佚之书的校对工作，其中也有错字未曾看出来。此清单中详列出每位官员哪个错字没有看出，比如："《左氏传续说》在卷二内'芻'讹'蒭'，总裁曹文埴记过一次，分校周永年记过一次；卷七内两'達'字俱讹'逵'，总裁曹文埴记过二次，分校周永年记过二次。"

此清单详列错讹之后，给每个人作了记过统计，曹文埴总计被记过八次，而这样的统计每三个月进行一次。乾隆五十年（1785），因为曹文埴等人没有查出文津阁陈设的《清文鉴》抄写不合制式，差点被罚俸六个月，当年八月初四日的"内阁移会"中记载：

查办理书籍理应详细校核，毋致错误。今文津阁陈设《清文鉴》等书册内提要，未照清文体制，自左而右书写。尚书曹文埴等未能看出，应行议处，应照将户部尚书曹文埴、吏部右侍郎彭元瑞、礼部右侍郎陆费墀，均照不行查出罚俸六个月例，各罚俸六个月。查曹文埴有记录九次，应销去记录一次，抵罚俸六个月，免其罚俸。

但是后来涉及违碍之书没有查出，问题就严重了。乾隆五十二年（1787）五月十七日的"移会"中称，对将办理《诸史同异录》的人员分别进行了议处，其中包括皇八子永璇、皇六子永瑢等，涉及大臣还有纪昀、陆锡熊、陆费墀、孙士毅

⊙… 竹山书院正室的匾额“理学正宗”

⊙… 雄村的文昌阁

等，曹文埴则着销去加一级。

为何给予这样的处分，该“移会”中抄录了皇帝的谕旨，其中提及：

四库全书处进呈续缮三分书，李清所撰《诸史同异录》书内，称我朝世祖章皇帝与明崇祯四事相同，妄诞不经，阅之殊堪骇异。李清系明季职官，当明社沦亡，不能捐躯殉节，在本朝食毛践土，已阅多年，乃敢妄逞臆说，任意比拟。设其人尚在，必当立正刑诛，用彰宪典。今其身幸逃显戮，其所著书籍悖妄之处，自应搜查销毁，以杜邪说而正人心。乃从前查办遗书时，该省及办理《四库全书》之皇子、大臣等未经掣毁，今续办三分全书犹复一例缮录，方经朕摘览而得，甚属非是。因检阅文渊、文源两阁所贮书内，已删去此条。查系从前复校官、修编许烺初阅时签出拟删，是以未经缮入。但此等悖妄之书，一无可采，既据复校官签出拟删，该总纂、总校等即应详加查阅，奏明销毁，何以仅从删节，仍留其底本？其承办续三分书之侍讲恭泰、编修吴裕德虽系提调，并司总校，但率任书手误写，均难辞咎。所有办《四库全书》之皇子、大臣及总纂纪昀、孙士毅、陆锡熊，总校陆费墀、恭泰、吴裕德，从前复校许烺，俱着交部，分别严加议处。

乾隆皇帝痛批李清所撰《诸史同异录》荒诞不经，是因为李清将顺治皇帝跟明崇祯皇帝进行对比，这令弘历不能忍受。然而经过那么多人的核对，这部书竟然未被销毁，仅是删去了其中的一些章节，这令皇帝十分生气，点名查办相关人员。虽然皇帝所点之名中并无曹文埴，但在前面的“移会”所列处罚名单中也有曹文埴的名字，只是与其他人相比，曹文埴所受的处分一向较轻，此亦可视为皇帝对他格外开恩。

到了乾隆六十年（1795）十一月十六日，曹文埴给皇帝上了《刊刻〈四库全书〉总目竣工刷印装潢呈览折》：

臣曹文埴谨奏，为刊刻《四库全书总目》竣工，敬谨刷印装潢，恭呈御览事。

窃臣于乾隆五十一年奏请刊刻《四库全书总目》，仰蒙俞允，并缮写式样，呈览在案。续因纪昀等奉旨查办四阁之书，其中提要有须更改之处，是以停工未刻。今经纪昀将底本校勘完竣，随加紧刊刻毕工。谨刷印装潢陈设书二十部、备赏书八十部，每部计十六函，共一千六百函，恭呈御览。其板片八千二百七十八块，现交武英殿收贮。

再，纪昀曾知会臣于书刊成之日，刷印四部，分贮四阁，兹一并印就，请饬交武英殿总裁照式装潢，送四阁分贮。查是书便于翻阅，欲得之人自多，亦应听武英殿总裁照向办官书之例，集工刷印，发交京城各书坊领售，俾得家有其书；以仰副我皇上嘉惠艺林之至意。伏祈睿鉴。谨奏。

此折说明《四库全书总目》刊刻的过程以及最初刷印的数量，这些都是文献学上重要的史料，由此也让人了解到曹文埴为《四库全书》所做出的贡献。

关于曹文埴的遗迹，我查得他的故乡曾经建有一座竹山书院，位于黄山市歙县雄村乡雄村的桃花坝上，书院旁边还有一座写有"四世一品"的牌坊，而曹文埴正是这"四世"中的一位，因此雄村就成为我的寻访目标。

这个地方为什么叫雄村？我查得资料，原来这个村子也大有来头，竟然跟曹操有关系。雄村本名洪村，大约在元末时，曹操的后裔有一族迁到这里，他们根据《曹全碑》上的"枝分叶布，所在为雄"，把洪村易名为雄村，而这支后裔也果真不负枭雄之后的英名，不仅成为歙县的望族，甚至在整个安徽都算得上望族。

到了明末清初，雄村曹姓人才辈出，其中有位名叫曹堇饴的前往扬州经营盐业，施展才干，多少年后成为两淮八大盐商之一。曹堇饴发家之后不忘故乡，为了能够让子孙光耀门庭，后代能够以科举正途出身，开始着手进行智力投资，他嘱咐两个儿子曹景廷、曹景宸，让他们在家乡雄村建造文昌阁，并创建书院。此两子不负父望，大概在清乾隆二十年（1755），也有的资料上说是乾隆二十四年（1759），在雄村建起了竹山书院。

为了建好竹山书院，曹家人请来许多的名家进行设计，其中还包括袁枚，据说袁枚参与了竹山书院的全部造园过程，他出了什么主意，可惜资料上没有详细记载。竹山书院建成之后，果真培养出许多文化人，此后雄村曹氏一族中举者有52位，成为进士的有29人，其中还诞生了一位状元。当年的科举考试难度之高远过今天的高考，而想要成为状元比今天考上博士难太多。这么一个小小村庄能够诞生这么多位举人、进士，当然是一件了不起的事。而这些登上龙榜的人中最为有名者就是曹文埴、曹振镛父子。两人在乾嘉盛世先后屹立朝中70余年之久，名气之大，应该远远超出了曹堇饴的最初设想。

⊙… 洒脱的匾额　⊙… 书院内的翠竹

⊙… 宁静的竹山书院　⊙… “四世一品”牌坊与祠堂

我所见到的竹山书院，面积比想象中小了许多。按资料记载，这个书院是安徽保留最完整者。如此说来，不是因为历史变迁使得面积变小，也许当年建造书院之时范围就不是太大。据说当年造园时就有借景的巧妙手法，划群山为我所有，让这里的山山水水都成为园林的组成部分。然而园林不大，收费却不便宜，门票 40 元，然后我被告知，这个票价可以转完全村。

竹山书院的入口并不大，有点像江南的石牌坊加上海的石库门，门楣上写着楷书的“竹山书院”，未曾落款。资料上说，这四个字乃是清代大书法家邓石如所书，但是这四个字写得太过规整，难以看出邓石如那特殊的书风。在那个时代，邓石如虽然名气很响，却一生不得志。他在乾隆五十五年（1790）来到歙县，经过状元金榜的引荐，见到了在雄村养老的曹文埴。邓石如给曹文埴所带见面礼是他刻的两枚印章，以及几件书法作品。曹文埴看后大为赞赏，于是给在朝中为官的儿子曹振镛写了封信，向儿子推举邓石如。曹文埴此举让邓石如大为感动，于是又给曹写了四体千字文，同时给竹山书院题了匾。来歙县的前几天，我费了较大周折才找到邓石如的墓，在那里朝拜了他，如今来到竹山书院又见到他的字迹，看来我跟他还是有点小因缘，可惜他的书法作品我仅藏有一幅。

从此门进入，首先看到的是正堂，匾额写着“理学正宗”。朱熹是安徽的乡贤，这里以朱子学说为正统，当然是顺理成章之事。穿过正堂，在一处侧房的圆门洞上看到了“藏书楼”的匾额，看到这几个字当然让我大感兴奋，可惜的是在里面没有看到书，而竹山书院的藏书目我也未曾查到。关于这里的藏书，我仅在其族人曹家珍所写的《雄村志行》诗中找到一点痕迹：“竹山书院惜尘村，东壁图书半剥空，金铎弦歌声已杳，石狮依旧啸秋风。”显然，这个证据不够充分，但也是无奈的事情，期待今后有所发现吧。

进入后园，满园都弥漫着桂花香，资料上说，这是雄村的老传统：当年曹氏子弟如果去参加乡试，就可得到曹家祠堂 30 吊钱的资助；如果考上了举人，就可以在竹山书院的后庭内种上一棵桂花树。前文提到雄村曹氏中举者有52位之多，所以这里有成片的桂花树。而眼前的建筑原名清旷轩，正是因为有了这么多的桂花树，又俗称桂花厅。考中了科举要来这里种桂花树，当然是有讲头的。古代的习俗将考试中举称为“蟾宫折桂”，当然就跟桂花树产生了关联，更何况中国人喜欢用谐音讨口彩,"桂"正与"贵"相谐,有了功名,那就近似于有了官位,而有了官位当然也就成了贵人。

园林内还有一座两层的小阁楼,就是当年曹堇饴嘱咐儿子所建的文昌阁,此阁的正式名称叫凌云阁,因为一楼的匾额上写着"贯日凌云"。此阁的二楼顶上挂着一块黑底金字的匾额,上面写着"俯掖群伦",这四个字正是出自曹文埴之手。而此阁的一副对联也写得极有气势:"扶君臣朋友之伦,心悬日月;证圣贤豪杰之果,道在春秋。"心悬日月,道在春秋,果真有俯视天下的气象。

雄村的曹氏后裔没有继承曹操那不可一世与吞并天下的宏大志向,但是曹操的文学才能却在后裔的血脉中流传。比如曹文埴,他在乾隆二十五年(1760)成为进士之后,就在南书房行走,先后担任刑部、兵部、工部、户部四部的尚书,是真正的当朝一品,并且他还是《四库全书》的总裁官之一。乾隆皇帝特别欣赏他的才干,曾赞誉他说:"文埴等不徇隐,公正得大臣体。"乾隆五十二年(1787),曹文埴提出告老还乡,其实主要原因是他不愿意跟和珅做同事,那时和珅是弘历的宠臣。曹文埴的请求得到了批准,皇帝觉得他在朝中工作勤勤恳恳,也算是劳苦功高,于是就把曹文埴的上三代全部封为一品,加上曹文埴自己,总计是四世一品,还特地御赐了"四世一品"匾额,这对曹家当然是无限荣耀,于是在雄村就有了"四世一品"的巨大石牌坊。

然而我来到雄村,看到的第一个牌坊,上面却写着"世济其美",并没有"四世一品"的字样。在牌坊的旁边找到了介绍铭牌,原来此牌坊又叫"大中丞坊",有意思的是,它的背面有一处院落,门楣上写着"中美合作所"。古老牌坊跟当今现实如此巧妙地结合,这当然让我大感兴趣,回来后细查资料,方得知这个中美合作所也曾在中国历史舞台上起过重大作用。

但我还是想要找到那著名的"四世一品"牌坊,既然这40元的门票已经包含全村的景点,我觉得自己要充分用足政策,于是就在村内寻找。果真在一处老房子前又看到了一个巨大的石牌坊,然而上面却没有什么字迹,走近细看,终于隐约看到了"四世一品"字样。看来,那个时代的荣耀一直遗留到今天,不知曹家后人是否还以此为傲。然而这个牌坊后面的古建是什么名称,我却未找到说明牌,从建筑的手法及精美程度上看,我猜测这里应当就是曹家祠堂,可惜找不到佐证材料。牌坊上贴着一个小小的金属牌，称此牌坊为歙县文物保护单位。我替此牌坊大感不平，因为竹山书院是国家级的文保单位，而它却降低了好几个档次。

曹文埴为文化做出的贡献，其实不止修纂《四库全书》，比如有的文献称曹文埴是中国京剧的鼻祖。乾隆皇帝80大寿时，曹文埴特地赶到京城给皇帝祝寿，他同时带去的还有自己家的戏班子“廉家班”，这个戏班子在京城演出了《水淹七军》《奇双会》等八出戏，让京城的皇亲国戚看后大呼过瘾。可惜不知为什么，我对京剧始终难以投入。20余年前，琉璃厂的老书商魏广洲先生特别喜欢看京剧，他有位朋友的夫人就是京剧界的名角，那位朋友时常送票给他，老先生也经常拉我去作陪。我硬着头皮坐在剧场里，看着这些老先生们摇头晃脑地深情投入，也渐渐知道了京剧里的一些门道，但还是不理解台上的演员为什么总咿咿呀呀地唱老半天，其实那点事几秒钟就可以说清楚。

我觉得这个“四世一品”牌坊应当把“四”改成“五”，因为曹文埴的儿子曹振镛后来也是当朝一品，并且曹振镛在朝中的重要地位甚至盖过了他的父亲。曹振镛是乾隆四十六年（1781）的进士，他也做过工部、户部、吏部尚书，到了嘉庆年间成为军机大臣，历仕乾隆、嘉庆、道光三朝，从政时间长达52年，而古代官员中少有这么长时间的为官时段。曹振镛也对整理文献做出过贡献，比如《大清会典》《清实录》《皇朝文颖》以及那著名的《全唐文》，他都是总裁官，尤其到了道光时期，他成为皇帝的心腹。曹振镛去世后，道光皇帝给了他很高的评价。

然而，后世对曹振镛的评价却一直不高，并且有很多的讽刺，比如《瞑庵杂识》上有这样一段话：“曹文正公晚年恩遇日隆，声名俱泰。门生某请其故，曹曰：‘无他，但多磕头、少说话。’”于是“多磕头、少说话”就成了后世人嘲笑曹振镛最主要的话柄。当时还流行两首《一剪梅》嘲讽曹振镛的为人：

仕途钻刺要精工，京信常通，炭敬常丰。莫谈时事逞英雄，一味圆通，一味谦恭。　大臣经济在从容，莫显奇功，莫说精忠。万般人事要朦胧，驳也无庸，议也无庸。

八方无事岁年丰，国运方隆，官运方通。大家襄赞要和衷，好也弥缝，歹也弥缝。　无灾无难到三公，妻受荣封，子荫郎中。流芳身后更无穷，不谥文忠，也谥文恭。

这样的讽刺堪称毒舌，但曹振镛真的这样不堪吗？我对此表示怀疑。当今人都知道，伴君如伴虎，当官自古至今都是高危行业，能够在朝中为官52年，步步高升而不受任何挫折，只靠多磕头、少说话就能实现吗？这把天下人也看得太不堪了吧？更何况在他朝中为官的那些年，也历经了不少危急时刻，每次曹振镛都能平稳地维持住局面，不让事态恶化。

还有一些事情也能够说明曹振镛为官之清廉。那时两江总督陶澍想整治两淮盐政。前面说过，曹氏一族就是从盐商起家，所以他们家有大量的亲戚在扬州做盐商。这是一种高度垄断行业，而陶澍打算取消经营特权，使得任何商贩都可经营盐业。这种改革当然极大地损伤了曹家利益，他们纷纷向曹振镛抱怨，希望曹能阻止这个改革的实施。那个时候，陶澍也担心这件事波及面太大，事先写信给曹振镛，想听听他对这种改革的态度，而曹竟然表示支持。对于曹家经营盐业的亲属，曹振镛说了句"焉有饿死之宰相家"。这句话平息了曹家亲属的怒火。由此可见，曹振镛是一位能够照顾到大局的人物。而他的门生中，有两位大人物，一位是状元潘世恩，另一位更有名，叫作林则徐。曹振镛能有林则徐这样的弟子，也能间接看出他为人的姿态。因此我觉得后世把曹振镛评价为一个鄙俗无能之人，太过断章取义。这么说来，曹振镛才是雄村曹家最有成就的人物，可惜皇帝没有再赐一个"五世一品"的匾额，否则我应当能在雄村看到一个更大的石牌坊了。

刘权之　兼办总目，核查讹误

洪亮吉在《北江诗话》中称 :“本朝一百余年,湖南士子成进士,未有入进呈十本中者,有之,自乾隆庚辰今刘参相权之始(注 :刘为二甲第四,实十本中第七也)。暨嘉庆乙丑,刘充殿试读卷官,而状元探花皆在湖南矣(注 :状元彭浚,探花何凌汉)。”

清中期以前,湖南不是科考大省,按照洪亮吉的说法,当地科考第一个进入前十名者就是刘权之,因为刘的名次二甲第四,再加上一甲三名,他的成绩排在了第七。嘉庆十年(1805),刘权之被任命为殿试读卷官,而湖南由此出了状元和探花。细品洪亮吉最后这句话,似乎是说刘权之偏袒乡贤。这究竟是巧合还是如洪亮吉所言实有其事,无法探究。然而对刘权之是否为清朝第一个进入前十名的湖南籍进士,有人也提出了不同的看法。

清平步青在《霞外捃屑》中称 :“北江诗话云,本朝一百余年,湖南士子成进士,未有入进呈十本中者,有之,自乾隆庚辰今参相权之始。此条颇未核。自康熙乙丑科殿试,先拟十本进呈,恭候钦定名次。后丁丑,二甲三名邵阳车鼎晋。雍正癸丑,二甲二名湘潭张九钧。乾隆乙丑,二甲五名衡山欧阳正焕。丁丑,二甲四名长沙刘亨地。是文恪前,湖南已有四人进呈。第新进士前十名于读卷日引见,则始于是年,见《东华续录》及《潜研堂文集》(卷四十二),毕秋帆志铭,北江因此小误耳。”

即便如平步青所言,湖南籍的进士在刘权之之前已经有人进过前十名,但以名气和官职论,刘权之的确是清代湖南进士中最厉害的一位,因为他后来在吏部、兵部、礼部都做过尚书,同时是协办大学士、军机大臣,到嘉庆十六年(1811),被授为体仁阁大学士,这已是宰相之职。清昭梿在《啸亭杂录》中称 :“本朝边省绝少调鼎者,四川唯张遂宁、广西唯陈桂林二人。湖南向无阁臣,嘉庆辛未,戴文端卒,始命刘湘阴为相。”可见刘权之是清朝第一位任宰相的湖南籍人士。

从刘权之的人生履历看,他早年仕途并不通畅,属于“厚积薄发”。清陈康祺在《郎潜纪闻·初笔》中说过这样一段话 :“坊局官僚升转定例 :洗马名次讲、读后。长沙刘文恪公权之官洗马十六年而后迁,时称‘老马’。嘉庆初,戴尚书联奎擢此官,召对垂问资俸,戴以实告,始奉‘与讲、读诸臣一体较俸之谕’,由是洗马无久淹者。见《蔗余偶笔》。康祺初入京,尚闻有‘一洗万古’之谑,盖取杜句嘲之，以见升迁迟钝也，殆嘉庆以前旧语。又按：京官谚语，'一洗万古'与'大业千秋'并称，盖谓司业升阶，与洗马同一濡滞，故词臣均视为畏途。"

刘权之是乾隆二十五年（1760）的进士，改庶吉士，转年散馆授编修。到了乾隆三十七年（1772）年底，他方任司经局洗马，而洗马一职为从五品，排在侍读、侍讲之后。他在这个职位上停滞不前达16年之久，以至于被同僚们笑称为"老马"。他为什么一直得不到提拔，想来跟他的性格有一定关系，李伯元在《南亭笔记》中称："刘文恪诞生，时值午夜，村人见灯火烛路，运酒者络绎于道，俱入刘宅。迹而觇之，厅事满矣，咸错愕不解。比明，传刘氏生男矣。或登堂贺，询运酒事，家人不知也。文恪幼即好饮，其饮最豪，能三四昼夜不辍杯。与之角饮，有一日半日遁去者，文恪呼之谓吃短命酒。"

刘权之嗜酒如命，并且酒量极大，他有时连续三四天沉湎在酒中，陪酒之人受不了纷纷逃走，而刘权之却说这些逃席之人喝的均是短命酒。另外他的性子也很急，《啸亭杂录》中称："公面赤皙，疏眉目，性卞急，驭下顿严，然不识政体，咆哮终日，人亦不畏其威。"

这些性格都令其难以与同僚搞好关系，得不到提拔，想来也是情理之中的事情。然而有一件事却让他改变了命运，这就是《四库全书》的纂修，因为刘权之参与了这项巨大的文化工程，而他在四库馆工作时勤勤恳恳，由此得到提拔。从此之后，他一路高升，一直升迁到宰相之位。

刘权之能够到四库馆工作，想来跟纪晓岚有很大的关系，因为纪昀正是他的座师。嘉庆十七年（1812），已经是太子太保、体仁阁大学士的刘权之在给《纪文达公遗集》一书所作序言中称：

> 吾师纪文达公天资超迈，目数行下，掇巍科，入翰苑，当时即有昌黎北斗，永叔洪河之目。厥后高文典册，多为人捉刀；然随手散失，并不存稿，总谓尽系古人糟粕，将来何必灾梨祸枣为。及在翰林署斋戒，始于敬一亭上得《永乐大典》，朱竹垞寻访不获，已云："李自成衬马蹄矣。"不知埋藏灰尘中几三百余年也。数月中每于值宿之暇翻阅一过，已记诵大半。

刘权之大夸其师纪文达公乃是天才级的大文人，在当时就被人视之为韩昌黎、欧阳修一流的人物，可惜的是，纪昀对自己的著述并不在意，他虽然替很多名人代笔，然而都不留底稿。但纪昀却对藏在翰林院内的《永乐大典》大感兴趣，刘权之在序言中又写道："乾隆三十七年，朱笥河学士奏闻高宗纯皇帝敕辑《永乐大典》，并搜罗遗书，特命吾师总纂《四库全书总目》，俱经一手裁定，故所存者唯此独全。"

而后朱筠向皇帝奏请从《永乐大典》中辑录失传之书，而纪昀被任命为《四库全书》总纂，刘权之也到四库馆工作。看来他对这项工作很是喜爱，为此受到了总裁的举荐，中国第一历史档案馆所编《纂修四库全书档案》中录有"质郡王永瑢等奏刘权之协同校办《简明目录》可否遇缺补用片"，此片书于乾隆四十七年（1782）七月十九日，中有如下段落：

查上年《全书总目提要》全部告成，其协勘官，编修汪如藻、程晋芳、李潢及查校人员等，均经仰蒙圣恩，特旨交部议叙；其办理《考证》之纂修王太岳、曹锡宝，亦已于本年正月内蒙恩擢授司业。唯查有原派协勘之候补洗马刘权之一员，前后在馆五年，现在协同校办《简明目录》，颇为勤勉，但洗马仅有一缺，该员需次无期，可否准其于对品侍讲缺出通行补用，以示鼓励。

此年的上半年，《总目提要》编纂完成，乾隆帝看后很高兴，提拔了多位有功人员，但唯一未受提拔者就是刘权之。永瑢说刘权之在四库馆工作五年，并且在编纂《简明目录》时勤勤恳恳，但却始终任洗马一职，所以提出应当在有职位空缺时提拔他。果然，皇帝看到军机处这件原片时，下令说："刘权之遇有侍讲缺出，准其借补。祝堃着免其散馆，照例授职。余依议。钦此。"

在四库馆工作其实也是高危行业，因为皇帝一旦发现违碍字句，就会对一些相关人员进行处罚。乾隆五十六年（1791），文溯阁《四库全书》查出问题，这把刘权之吓得够呛，他主动提出自费前往盛京去查阅文溯阁《四库全书》。军机处录副奏折中有乾隆五十六年十二月十一日时任礼部右侍郎的刘权之主动要求自费查书的奏折，其中说道："礼部右侍郎臣刘权之跪奏，为奏明请旨事。窃臣于乾隆五十五年（1790）蒙派往盛京，详校四库全书。臣名下曾分校过一千余函，报竣回京时，业经奏闻在案。"

此前一年，刘权之被派往盛京核对《四库全书》，分配给他的任务有一千余函之多，他审查完毕后回京复命。但回来后他听说其他几阁也有错误，他担心自

序

從來大家之文無意求工而機趣環生總由成竹在胸故能揮灑如意所謂風行水上自成文章也雖廟堂著作辭尚體要而理足以貫之吾師紀文達公天資超邁目數行下拔巍科入翰苑當時即有昌黎北斗永叔洪河之目厥後高文典册多爲人捉刀然隨手散失並不存稾總謂盡係古人之糟粕將來何必災棃禍棗爲及在翰林署齋戒始於敬一亭上得永樂大典朱竹垞尋訪不獲已云李自成䞋馬蹄矣不知埋藏灰塵中幾三百餘年也數月中毎於值宿之暇翻閱一過已記誦大

紀文達公遺集序　一

紀文達公遺集卷第一　　孫樹馨編校

賦

聖駕東巡恭謁

祖陵賦謹序 乾隆十九年

臣聞祭不欲數所以深致其尊嚴祭不欲疏所以時通其親愛祖功宗德必申報以精禋春禘秋嘗皆合符於天道聖人制禮其義詳矣至於柏城山殿閟千歲之金鐙儀馬靈衣護萬年之玉匣銜珠僊鳥精爽長存繞鼎天龍英風如昨姬宗受籙初傳祭畢之文漢氏修儀屢

紀文達公遺集卷一　一

⊙…《纪文达公遗集》十六卷 清嘉庆十七年刻本　卷首

⊙…《纪文达公遗集》十六卷 清嘉庆十七年刻本　刘权之序言

⊙… 天倪堂外景

己所审核的文溯阁书说不定也有问题，为此他向皇帝提请："虽各书俱系照依三阁底档悉心更正，其余错误亦随看随即刊改，当交总纂臣陆锡熊按条复核。但念三阁书籍屡经翻阅，而文津阁《扬子法言》一书复经圣明指出遗漏。至文渊阁、文源阁此次臣纪昀校出揑造原阙及空白墨涂之处，又复不少。臣因思去年所校文溯阁书，诚恐校手、写手、补匠或有疏漏，臣一时心力、目力稽查未周，实难保必无舛误。虽现在军机大臣议奏，奉天书籍，俟臣张焘送书归架时，即便抽阅，如有错误，再令原详校官前往。第书帙浩繁，恐非张焘一人所能遍阅。且去年同赴奉天校书之员，唯臣受恩尤重，心既未能自信，梦寐实觉难安。今情愿自备资斧，另行倩觅校书熟手，率同前赴文溯阁复加详核，并抄录纪昀此次所奏二阁清单，逐细查检，断不敢稍有回护，辜负圣恩。"

此事得到皇帝的批准，他再一次前往盛京校书。他到达后协同其他四库馆臣准备展开大规模的校书活动，但《四库全书》部头太大，校书需要较大场地，乾隆五十七年（1792）二月二十日，盛京将军琳宁在给皇帝所上奏折中提到刘权之到达盛京，并且已给他们安排宽敞的校书之所："窃查校阅文溯阁全书之侍郎刘权之、副都御史陆锡熊、赞善关槐等，于本年二月十三等日已至盛京。奴才等商同在文溯阁左近寻觅宽敞房间，作为阅书公所，应需器皿并收发书籍一切事宜，悉照上次所办妥协预备，仍派委妥员敬谨照料外，奴才琳宁仍不时亲往查察，以昭慎重。"

刘权之等人在文溯阁校书并不容易，他们又赶上总纂陆锡熊病故，此时详校官关槐还在盛京，而翁方纲之子翁树培也来此一并校书。因为人事更迭，刘权之担心所校之书仍有错讹，于是他将现有人员重新做了分工，同时责任落实到人，他将这些安排于乾隆五十七年二月二十五日给皇帝所上奏折中做了详细交代：

除总纂臣陆锡熊病故日期业经将军臣琳宁具折报明外，窃臣于二月十三日前抵盛京，随即开馆校阅文溯阁全书。其原详校官关槐并翁方纲之子翁树培等，亦经陆续赶到。内有告病回籍之郑际唐原校一分，现派先到抽阅各书之张焘代为复核。至陆锡熊名下一分，尚有一千余函，臣与各详校摊匀分阅，断不敢稍存歧视，致贻舛误。所有带来校手，人数众多，诚如圣谕，必须严密稽查，方不至草率了事。臣每人

⊙… 天倪堂室内全景

康潔

各付一册档，填写姓名，其签改之处，并令详载各书卷数及某页某行，以便按籍抽核。此次文溯、文源两阁讹缺清单，亦随时核对缮补。如有阁出阙卷脱文应查底本各书，仍照陆锡熊原奏，交与上届派司收发之邱庭漋照单查办。臣现在唯有同详校各员立定章程，悉心复阅，务求详慎，毋致再留延误，以期悉臻完善。

由这些记载均可看出刘权之为《四库全书》的修纂所做出的贡献，司马朝军在其专著《〈四库全书总目〉编纂考》中还称："刘权之为纪昀门生，在《总目》起草与修订过程中发挥了比较重要的作用。聚珍版提要有四篇署其名：《猗觉寮杂记》《后山诗注》《茶山集》《文苑英华辨证》。"

虽然为《四库全书》及其《总目》的编纂付出了很多辛劳，但刘权之却认为他的老师纪晓岚为《四库全书》所做贡献要大得多。乾隆四十七年（1782），第一份《四库全书》竣工后，纪晓岚给皇帝上了《钦定四库全书告成恭进表》，此表写得洋洋洒洒，把《四库全书》的来由高度而凝练地予以概括，为此，刘权之写了篇《跋进书表》：

此集中第一篇大文字。盖《四库全书》开馆，吾师即奉命总纂，自始至终，无一日之间，不唯过目不忘，而精神亦足以相符，经手十年，故撰此表，振笔疾书，一气呵成。而其中条分缕析，纤悉具备，同馆争先快睹。总其事者，复令陆耳山副宪、吴稷堂学士合撰一表，属吾师代为润色，改就，终不惬意，仍索此表，书两人衔名以进。乃高宗纯皇帝明镜高悬，谓此表必系纪某所撰，遂特加赏一分，咸惊睿照之如神也。

刘权之认为其师纪晓岚所写《进表》好到无以复加，尽管进呈时署上了两人的名字，但乾隆皇帝看到此表后认定乃是纪晓岚亲自撰写。皇帝的夸赞令门人刘权之也大感荣光，而刘权之本人也因为参与修纂《四库全书》渐渐受到朝廷的重视，这也是后来他一路受到提拔的原因。到了嘉庆四年（1799），刘权之已升为左督御史，在此任上，他提出一系列好的建议，《清史稿·列传》中载有他的所为：

四年，擢左都御史，典会试。疏言："买补仓谷，地方官奉行不善，在本境采买，不论市价长贱，发银四五钱。花户不愿纳谷，唯求缴还原银，加倍交价。富户贿吏飞洒零户，转得少派。善良贫民深受其累。官以折价入己，仍无存米。遇协济邻省，令米商仓猝购办，发价克扣，起运勒措。请饬遇应买补，向丰稔邻县公平采办，不得于本县苛派，严禁胥吏舞弊。"又言："社仓大半借端挪移，管理首事与胥吏从中侵盗，至歉岁颗粒无存，以至殷实之户不乐捐输，老成之士不愿承办，请一律查禁。”诏韪之，饬各直省严禁，民得免累，湖、湘间尤称颂焉。

但是，刘权之却因照顾纪晓岚的女婿而受到质疑，《清史稿》中亦载有此事："编修洪亮吉上书王大臣言事戆直，成亲王径以上达，权之与朱珪未即呈奏，有旨诘问，自请严议。上以权之人品端正，平时陈奏不欺，宽其处分。寻迁吏部尚书。五年，典顺天乡试。六年，命为军机大臣。越一岁，会川、楚、陕教匪戡定，权之入直未久，上嘉其素日陈奏时有所见，叠予褒叙。在吏部久，疏通淹滞，铨政号平。九年，失察书吏虚选舞弊，因兼直枢廷，薄谴之，调兵部。十年，以礼部尚书、协办大学士，加太子少保。军机章京、中书袁煦者，故大学士纪昀女夫也，入直已邀恩叙，权之于昀有旧恩，至是复欲以袁煦列荐。同官英和议不合，已中止，英和密请宴见，面劾权之瞻徇。上不悦，两人同罢直，下廷议革职，念权之前劳，降编修。未岁，擢侍读，迁光禄寺卿，历迁兵部尚书。”

刘权之感念师恩，为此破格提拔纪昀的女婿袁煦，那时袁煦已经蒙朝廷恩叙，按照规定不能再破格提拔，但赶上朝廷下令提拔人员时，刘权之竟然违例将袁煦之名列入。他的这种做法显然是感激老师的旧恩，但其所为却受到了同官英和的参劾。英和指责刘权之徇私情，为此刘权之被降职为翰林院编修，后来又升为光禄寺卿、国史馆总纂官等职。到了嘉庆十六年，刘权之再次受到提拔，拜体仁阁大学士，可见他依然受到皇帝的重视。

然而刘权之在生活上却并不在意，如前所言，他喜欢豪饮无度，且持家无方，以至于家产大多被家奴所侵占。他也想办法开源，但他在理财方面确实不擅长，昭梿在《啸亭杂录》中称："家资多为奴所侵；屡纳苞苴，其家仍不敷用。素羡某相侵吞河工费用，乃上书言治河策，娓娓数万言，率皆不中窾要；为百菊溪所揶揄，曰：'此等行尸走肉，亦复想啖我金耶？'"

后来他不幸又赶上了天理教之乱，因为救驾不及时而被勒令退休。刘权之在当高官时没有蓄下什么财产，故其退休返回长沙只能住在一处小房子内，最后穷困而死。《啸亭杂录》中载有此事："癸酉之变，公闻命逡巡不时入，及抵禁城，四门已合，公危坐舆中，绝食三日，几至馁毙。事闻，即日勒令休致；归日，家无一廛，穷困而死。"

关于刘权之在长沙的故居，赵统所著《江阴明清学政》中称："刘权之在长沙的故居，曾数易其手。至清末，竟成了时务学堂所在地，梁启超曾在此讲学过。听说如今故址尚存，已成长沙的一个历史文化旅游景点了。"

2018年12月24日，我在长沙开会结束后，请湖南省古籍保护中心主任寻霖先生带我寻访，其中一个地点就是刘权之故居。其故居位于长沙市三贵街29号。寻主任称这一带不便停车，于是我们将车停在一个大路口，他带我步行前往该处。

沿途见到了擦皮鞋的游贩。十几年前，其他城市也多见此景，后迅速消失，然在长沙却还能看到这种景色。如今的长沙到处是高楼林立，然别地消失之景却能目睹于此，也许这正是长沙新旧观念交融的具体体现吧。

走到三贵街入口时，看到的是繁忙的施工现场，我担心要寻找的刘权之故居也在被拆之列。然寻霖说不太可能，因为那里曾经作为时务学堂所在地，仅凭这一点也能得以保留。他向我讲自己在湖南图书馆善本部工作时曾几次来此故居，我们轻车熟路地走到了。

果真这处老院落保持完整，院门上挂着"天倪庐"的匾额，门旁有"长沙时务学堂研究会"之匾，却大门紧闭。寻霖使劲敲门，里面无人应答，旁边一位过路人告诉我们，要想入此院请按旁边的门铃。这个门铃按钮太小，我二人未曾看到。按过门铃后不到一分钟，门就从里面打开了，出来一位年轻女子，问我们有何事，寻霖告诉她我们想参观此处旧居，此女闻言很高兴地把我们让入院中。

这处院落颇为整洁，右侧是一排民国建筑的平房，左侧墙体则堆起了假山水石，尤其那茂盛的植物，让人一望即有润眼之感。这位女子自称姓陈，是学校派来的志愿者，她先带我们参观时务学堂故址陈列室。此室处在入门的右手，应该是新近加盖者，其建筑风格与整个院落很不协调，尤其那金属推拉门，颇显突兀。

走入陈列室内，迎面看到了"时务学堂故址简介"，写在玻璃板上，拍起来始终有重影，好在上面的字迹很清楚。我在上面一眼就看到了刘权之的字样："湖南时务学堂是中国最早的新式学堂之一。1897年11月29日，时务学堂利用三贵街刘权之旧邸，正式开学。"看到此字样让我放下心来，这说明我们找对了地方。

然而这位陈同学却说本处故宅依然属于陈云章先生后人，而简介上也写道：“1938年，时务学堂故址毁于长沙大火。抗战胜利后，陈云章先生购买时务学堂废址的地皮，盖起这栋住宅，并立‘时务学堂故址’牌坊，现为长沙市文物保护单位。”

环顾这间展室，介绍的都是与时务学堂有关的人和事，我问陈同学故居内是否还有与刘权之有关的介绍，她说没有。而后她带我们参观了陈云章的思默楼，一楼布置成展厅的模样，墙上挂着许多名人题词，屋当中也有几个展柜，摆放着一些与陈云章有关的资料。院落中还建有碑廊，墙上嵌着一些新刻的石碑。

之后陈同学又带我们参观了天倪堂，此堂处在院落的顶头位置，是一处独立建筑。走入堂内，里面布置成了祠堂的模样，而陈同学向我们讲解着她所了解的陈云章的故事。寻主任显然比她了解得更为详尽，不时补充着，而我却在四处探看，希望能找到与刘权之有关的历史物证，可惜什么也没找到。

翁方纲

力撰提要，唯此独存

关于翁方纲的生平履历,《清史稿·文苑》中称：

翁方纲,号覃溪,大兴人。乾隆壬申进士,选庶吉士,授编修。擢司业,累至内阁学士。先后典江西、湖北、顺天乡试,督广东、江西、山东学政。嘉庆元年,预千叟宴。四年,左迁鸿胪寺卿。十二年,重宴鹿鸣,则三品衔。十九年,再宴恩荣,加二品卿,年八十二矣。又四年,卒。

这段话中完全没有提到翁方纲对《四库全书》所做出的贡献。然而在数年前,我曾前往澳门图书馆参加一个会议,会议方组织与会者一起参观了何东图书馆,该馆的镇库之宝就是翁方纲所撰《四库全书提要手稿》,此手稿体量巨大,有150册之多,后来吴格先生将此稿全部点校出来,以《翁方纲纂四库提要稿》题名正式出版,印本竟达1344页,这些都说明翁方纲对《四库全书》做出了重要贡献。而关于翁方纲在四库馆工作的时间,其自撰的《翁氏家事略记》中有如下记录：

自癸巳（注：乾隆三十八年,1773）春入院修书,时于翰林院署开四库全书馆,以内府所藏书发出到院及各省所进民间藏书,又院中旧储《永乐大典》,日有摘抄成卷、汇编成部之书,合三处书籍分员校勘。每日清晨入院,院设大橱,供给桌饭。午后归寓,以是日所校阅某书,应考某处,在宝善亭与同修程鱼门晋芳、姚姬传鼐、任幼植大椿诸人对案,详举所知,各开应考证之书目。是午,携至琉璃厂书肆访查之。是时,江浙书贾亦皆踊跃,遍征善本足资考订者,悉聚于五柳居、文粹堂诸坊舍,每日检有应用者,辄载满车以归家中,请陆镇堂司其事。凡有足资考订者,价不甚昂,即留买之；力不能留者,或急写其需查数条,或暂借留数日,或又雇人抄写,以是日有所得……自朱竹君筠、钱辛楣大昕、张瘦铜埙、陈竹厂以纲、孔㧑约广森后,又继以桂未谷馥、黄秋盦易、赵晋斋魏、陈无轩焯、丁小疋杰、沈匏尊心醇辈,时相过从讨论。如此者,前后约将十年。

这段记载颇为详尽地叙述了当时四库馆臣的工作方式,他们边探讨,边访书,而后又雇人抄写,这样的工作翁方纲从事了十年之久。关于翁方纲进入四库馆工作之事,乾隆三十八年闰三月十一日的《办理四库全书处奏遵旨酌议排纂四库全书应行事宜折》中记载：

臣等公同酌议,查现在纂修翰林纪昀、提调司员陆锡熊,堪膺总办之任。此外,并查有郎中姚鼐，主事程晋芳、任大椿，学政汪如藻，原任学士降调候补之翁方纲，亦皆留心典籍，见闻颇广，应请派为纂修官，令其在馆一同校阅，悉心考核，方足敷用。

而到了这年的九月二十五日，翁方纲被正式授为翰林院编修，这天的上谕称："办理四库全书处现有分纂之翁方纲，因前在学政任内缘事降三级调用，其处分本所应得。第念其学问尚优，且曾任学士，着加恩授为翰林院编修。"翁方纲在四库馆的工作干得十分认真，黄爱平所撰《翁方纲与〈四库全书〉》详细讲述了他的工作过程："在《四库全书》所收各类书籍中，以各省进呈书籍所占的比例最大，因而纂修工作相应说来也最为繁杂。根据馆内制定的办理程序，纂修官的第一步工作，就是对所有的进呈书籍进行初步的清理甄别，上自'罕见之书'，下至'寻常著述'，均列入校阅单内，以供进一步校阅考核，斟酌去取。至于琐屑无当，'倚声填调之作'，或'怀诈挟私，荧惑视听者'，则摒弃不取。若发现有'颠倒是非'、'违碍悖逆'的书籍，也逐一剔出，另行处置。作为专职纂修官，翁方纲直接参与了书籍的清理甄别工作。他严格按照要求，逐一清理各书，认真分别等第，倘有疑难问题，还随时请示总裁，斟酌办理。"

翁方纲在查阅过程中，清理出许多应当销毁之书，虽然说毁书运动使得很多典籍失传，然而就当时情境而言，翁方纲所作乃是尽职尽责。不过，翁方纲也将这些书的状况都写入了提要稿，这让人们间接了解了这些书中的内容。黄爱平在文中举出了一些实例，而后又称："例如明代赵南星的《赵忠毅集》、李应升的《落落斋遗集》……它们的大体内容、作者简介，或序跋目录等相关资料，还或多或少地保存在翁方纲留下的提要稿中，从而为后世留下了珍贵的原始资料。"

在实际的工作中，翁方纲也在总结如何提高效率，比如五位纂修程晋芳、姚鼐、朱筠、周永年及翁方纲，每人所看之书有可能会重复，故翁方纲给程晋芳的信中称："所以必五人集于一几办之者，盖此事诸公研讨，又须各种书目，应取备检阅之件，粗以供捃摭，而后此目可就。"

翁方纲觉得五人在一个桌上办公最为方便，这样可以免除重复查证工具书的过程，同时也可以商讨具体的问题。而关于具体的工作办法，翁方纲又称：

细由此事，如庀室材，竹头木屑，皆须预计。莫若于明日即写一知单，列五人者之名，而各疏所必携之书目等，毋使复出。其有不足，而实想不出者，则亦已矣；其不足，而五人稍能忆及者，即趁明日午后于厂肆索之。即如兄处之《菉竹堂书目》现在弟处，一友写之，弟即已遣人追来也。如必需某人集某跋，或向某友借之，亦即于某人名下写出。则头绪不紊，事易集。

正是这样辛苦的劳作，使得翁方纲能够经手上千种典籍，从而写出 900 余篇提要稿，这些提要稿成为纪昀等人撰写《四库全书总目》的基础。

乾隆四十一年（1776）十月，翁方纲被任命为文渊阁校理，关于文渊阁的情况，乾隆皇帝在四十一年六月一日的谕旨中称：

文渊阁国朝虽为大学士兼衔，而非职掌，在昔并无其地。兹既崇构鼎新，琅函环列，不可不设官兼掌，以副其实。自宜酌衷宋制，设文渊阁领阁事总其成，其次为直阁事，同司典掌，又其次为校理，分司注册点验。所有阁中书籍，按时检曝，虽责之内府官属，而一切职掌，则领阁事以下各任之，于内阁、翰、詹衙门内兼用。其每衔应设几员，及以何官兼充，着大学士会同吏部、翰林院定议，列名具奏，候朕简定，令各分职系衔，将来即为定额，用垂久远。

而对于四库馆的人员及定额，大学士舒赫德等跟翰林院商议，最终制订文渊阁官制及各种管理章程：

置文渊阁领阁事二员，以大学士、协办大学士、翰林院掌院学士兼充，总司典掌。置文渊阁直阁事六员，以由科甲出身之内阁学士，由内班出身之满詹事、少詹事、［侍］读［侍］讲学士，汉詹事等官兼充，同司典守厘辑之事。置文渊阁校理十六员，以由内班出身之满庶子、［侍］读、［侍］讲、洗马、中［允］、赞［善］、编［修］、检［讨］，汉庶子、读、讲、洗马、中、赞、修、撰、编、检，及由科甲出身之内阁侍、读等官兼充，分司注册点验之事。

黄爱平认为，这个章程乃是仿照宋代馆阁制度而立。宋代秘书省规定每年在五六月间要曝书，但翁方纲根据实际情况提出，应当将文渊阁曝书时间改在三月、六月和九月，皇帝批准了这个建议。黄爱平在文中记录了乾隆四十七年（1782）九月一日到十日间翁方纲连续晒书十天之事，为此翁方纲还写了篇《文渊阁曝书恭纪十六韵》，此诗中有句云：

芸阁初藏岁，秋光最爽晨。

计厨旬日阅，分直两班轮。

丽日乾坤照，霁云雨露新。

琅函端有耀，壁府本无尘。

跪近薇垣座，欣瞻玉字陈。

朱丝凝点漆，素茧滑流银。

乾隆四十九年（1784），翁方纲升任文渊阁直阁事，由此可见他在这方面的工作颇为皇帝首肯。到了乾隆五十二年（1787），皇帝在文津阁翻阅《四库全书》时，看到有些书“讹谬甚多”，下令重查此书，为此处罚了一系列相关人员，同时下令核查另外几部《四库全书》的情况，而那时翁方纲正在江西学政任上，其奉命“俟差满时，着同陆锡熊前赴盛京罚校文溯阁书籍”。

关于翁方纲等人在文溯阁工作的状况，乾隆五十五年（1790）三月二十九日陆锡熊给皇帝的奏折中写道：

臣等按照部分次第校看。统计全书六千一百余函，臣总司核签，仍兼分阅，与详校之刘权之、郑际唐、关槐、潘曾起、翁方纲等，每人应分一千余函。谨将各书逐段匀派，按股阄分，以专责成而均功力。其翰林院、武英殿存贮底本，臣等现已将紧要者拣出运带，敬谨核校。其余有应需查对者，即陆续称取，雇人赍送盛京应用，可无旷误。

这年五月初四日，陆锡熊在奏折中又写道：

兹臣等校办以来，匝月有余，翁方纲亦已驰赴盛京，公同分阅，每日率同延带之看书人等敬谨办理。臣等各将应删、应订之处，谆复告知，乃随时详检抽阅，逐加核定，务在宁核毋疏，宁迟毋速，不使稍留疵类，冀极精详。

翁方纲在五月四日到六月三十日之间，不到两个月的时间内，共翻阅了书籍1020函，并且校出了书中多处错误，这都是他对《四库全书》所做出的贡献。

关于翁方纲在文溯阁对《四库全书》校改的工作量，他在乾隆五十六年（1791）十二月二十九日的奏折中写道：“窃臣前奉谕旨，详校文溯阁全书，于上年四月前往盛京，复加校勘。就臣所专校各函内，总共校改三千二百七十九处，均已逐细开单，交总校臣陆锡熊通行复核办竣在案。”但即便如此，翁方纲认为书中可能还有错误，为此让他的儿子翁树培跟随陆锡熊前往盛京，再校此书：

兹因三阁全书现经复核，仍不免有讹舛阙漏之处。臣伏思全书浩如渊海，中间舛误屡校屡改，则文溯阁全书，虽臣自问，实曾殚竭微忱，逐加详核，然究不敢确保其中必无罅漏。臣寤寐悚惕，再四思惟，急筹上紧查看之法。唯有臣子臣树培，现官检讨，尚无事务，可以前往查看，合无仰恳皇上格外天恩，俯准令臣子树培随陆锡熊等赶赴盛京，将臣所专校各函，再为逐细重阅一遍。仍多带看书熟手，复加详审，如有疏漏，即逐一查改补正，务期周匝完善，以免再有讹脱之处。

皇帝对翁方纲的这封奏折批了两个字："当然。"由此既可看出翁方纲对四库工作的热忱，也可以解读为他借此来培养儿子的学问，毕竟校书是极考验功力的一个过程。

翁方纲在四库馆工作十年，梳理了大量典籍，并且撰写提要稿，而该稿也是他的读书摘要。关于该稿何以流传到了澳门的何东图书馆，2000 年 10 月上海科学技术文献出版社将该稿影印出版，前有陈先行先生所撰《弁言》，其中谈到了此稿的递传：

《翁稿》原为近代著名藏书家吴兴刘承幹（字翰怡）嘉业堂中物，一九四二年十月流入张叔年之手，张氏寻即卖给朱鸿仪。至一九四五年五月，张氏又将《翁稿》从朱氏手中索回，至一九五〇年，转归葡人 Jose Maria Braga 所有。一九五六年，Jose Maria Braga 又将之售给何东图书馆（现属澳门图书馆）。原稿翁方纲未曾厘次，入藏嘉业堂后，刘氏曾请门人施韵秋整理抄写过一份，抄本分二十五卷，今藏复旦大学图书馆。

以此可知，该稿原藏嘉业堂，后来几经辗转进入何东图书馆，而藏在嘉业堂阶段，刘承幹请人抄出了一份。对于此稿的文献价值，潘继安在《翁方纲〈四库提要稿〉述略》一文中称："这一部《四库提要稿》，封面旧题《翁苏斋所纂提要书稿》，卷端则题《四库全书提要稿》，虽以'提要稿'为名，而实为翁氏校阅从各省征集到的图书的校书笔记。全书凡二十五卷，分装一百二十五册。翁氏于此稿中对他所校阅的各种图书作了或详或略的记录。其详者每书除自撰提要稿一篇外，或罗列书中子目，或节抄书中部分内容，仰或摘存其有关其他考证者，而随笔所及，有记事，有评论，多存书林掌故。其略者，每书或只有提要稿一篇，或仅略记数语而未撰提要稿。"

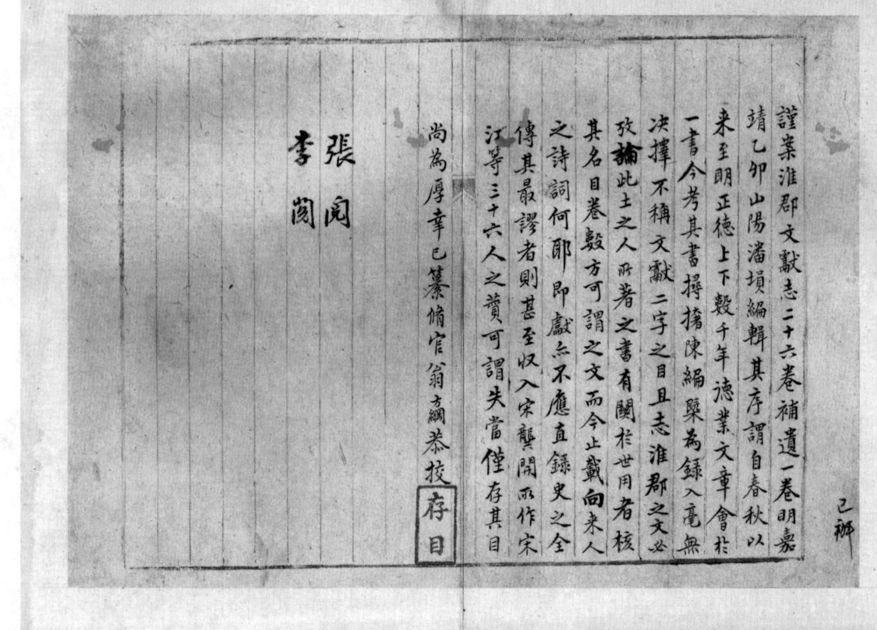

已辦

謹案淮郡文獻志二十六卷補遺一卷明嘉靖乙卯山陽潘埙編輯其序謂自春秋以来至明正德上下數千年德業文章會於一書今考其書捃摭陳編槩為録入毫無決擇不稱文獻二字之目且志淮郡之文必攷論此土之人所著之書有關於世用者核其名目卷數方可謂之文而今止載向来人之詩詞何耶即獻亦不應直録史之全傳其最謬者則甚至收入宋龔開所作宋江等三十六人之贊可謂失當僅存其目尚為厚幸已纂脩官翁方綱恭校

存目

張閱

李閱

304　翁方綱纂四庫提要稿

勳戚抱節坐廢戮者三人(徐輝祖以下)。

將帥没於王事可考者十二人(俞通淵以下)。

外官抱節免禍者十二人,被執不可考者一人(劉貞以下)。

内外官仗節死義姓名職里事蹟僅見者十三人(毛泰以下)。

將帥敵愾敗績後事無考者四十四人(潘忠以下)。

附錄(革除中内外臣士宦官履歷有所關係者二十人。沐春以下,李景隆、陳瑛、胡廣、劉有年皆在内。)

此書諸傳與《革除遺事》諸傳大略相同,傳後間或添附贊語,間有附入小注,可以參考。

卷首有三序。

一是《備遺錄序》:《備遺錄》者,錄先正之忠於所事而以死狥君者也云云。錄中四十七人,皆閩中宋君端儀所采輯而未成者。余因旁加考摭,僭爲纂述。正德丙子五月,後學新淦張芹。

一是《革除遺事序》。即黄本一册前之序,後云舊多繁文,今皆芟之,定爲七卷云。正德庚辰仲冬,嶺南後學泰泉黄佐。

一是《題備遺續錄》:《錄》刻十餘年矣,乃今司空燕泉何公續錄十有五人,屬英校刻。嘉靖乙酉閏十二月,後學清江敖英。(《明志》有何孟春《續備遺錄》一卷。)

此三序皆非本書之序,而其中縫皆刻云"遺忠錄序",其板亦相同,蓋後人刻《遺忠錄》而採其序於簡端者。

謹按:《革朝遺忠錄》二卷,明檇李郁袞撰。袞之撰述年月無可考。黄佐《革除遺事》即稱是郁袞之原本,其序引張芹之書,芹序在正德丙子,則此書當亦正德末年所撰也。此書諸傳與《革除遺事》諸傳大略相同,每傳後或附以贊語,又間有附入小注,亦足以資參考。卷前有序三篇,皆非此書之序,而其中縫皆刻曰"遺忠錄序",或後人刻《遺忠錄》而採摭其序於簡端耳。應存其目。

(格按:《四庫全書總目》"史部傳記類存目"三著錄。)

史　部　305

明名臣像圖一卷　明吳守大撰(6/404)

謹按:《明名臣像圖》一册,自中山武寧王徐達而下,凡四十九人,每圖系之以贊,前有正德丙子莆田周進隆序,云是崑山吳守大有君所述。其書刻於廣西,板甚草草。或存其目。

(格按:《四庫全書總目》"史部傳記類存目"三著錄《名臣像圖》一卷。)

淮郡文獻志二十六卷補遺一卷　明潘埙輯(11/911)

《淮郡文獻志》二十六卷。明嘉靖乙卯通議大夫都察院右副都御史山陽潘埙自序:自春秋至明正德,淮郡名臣碩儒、忠孝文節、遺老貞媛之屬共三百有九人,上下數千年,德業文章,會於一書。

沿革、壽諱、詩文目錄、源流、行實、先賢文藝。

行實餘錄、文藝餘錄。(此内甚至寫入龔聖予《宋江三十六贊》。)

其書捃攬陳編,概爲錄入,不稱"文獻"二字之名。且志淮郡之文,必考核此土之人所著之書名目、卷數,方可謂之"文",而今止載向來人之詩篇何邪。即"獻"亦不應直錄史之全傳。此書似不必抄。

謹按:《淮郡文獻志》二十六卷,補遺一卷,明嘉靖乙卯山陽潘埙編輯,其序謂"自春秋已來至明正德,上下數千年,德業文章,會於一書"。今考其書,捃摭陳編,概爲錄入,毫無抉擇,不稱"文獻"二字之目。且志淮郡之文,必考論此土之人所著之書有關於世用者,核其名目、卷數,方可謂之"文",而今止載向來人之詩詞何耶。即"獻"亦不應直錄史之全傳。其最謬者,則甚至收入宋龔開所作《宋江等三十六人之贊》,可謂失當。僅存其目,尚屬厚幸矣。

(格按:《四庫全書總目》"史部傳記類存目"三著錄。)

⊙… 翁方纲所书四库提要稿原件　⊙…《翁方纲纂四库提要稿》

⊙… 残破的门楼

这份提要原稿能够珍藏在澳门，可谓该馆之幸，而我也只能在那里翻看这些珍贵的手迹，以“曾经我眼即我有”来自慰。好在寒斋存有一部分翁方纲诗稿，而这些诗稿中居然夹了一页内容并非诗作者，正是翁方纲所书《四库全书提要稿》，看来是整理之人不小心搀入者。能够尝鼎一脔，亦为寒斋之幸。

这页提要稿写的乃是《淮郡文献志》，查吴格先生整理的《翁方纲纂四库提要稿》，此书第305页著录的正是此文，两相核对，文字相同，然我所得者，则在“翁方纲恭校”之后钤盖有“存目”朱记，此后空两行写以“张阅”和“李阅”，在此页的右下角，尚有“已办”二字。不知这些状况是否与何东图书馆所藏完全相同。而由此提要亦可看出翁方纲对史料的态度，此段话中谈及36位梁山好汉，应属难得之史料，可惜翁方纲没兴趣。

翁方纲本就是北京大兴人，他进城内做官后，先后换过多个地方居住，其中较为固定的一处居所位于北京市保安寺街中间位置。2012年7月8日，我前往保安寺街寻访翁方纲故居，虽然不知道他的故宅是今天的哪个门牌号码，但以他的官位，想来应该是这条街上的一个高门大户。

北京的旧城改造似乎从来没停止过。来到这条街的前不久，我在报上看到保安寺街也要进行旧城改造，想到如此一来，翁方纲的故居有可能在此之后了无痕迹，于是决定前往一看。虽然不能确定这条街中的哪个院落跟他有关，但至少也要拍下一些相应的资料照片。我觉得，既然他在这一段住了不短的时间，他肯定在这条街上往返过无数回，能将这一段的街景拍下来，也就间接地等于寻觅到了他当年的足迹。

然而，当日见到的保安寺街已然成了一个大的拆迁工地。我对旧居改造一向有着无谓的纠结，我也知道住在这破烂的街区内有太多的不方便，不管是取暖，还是如厕、饮用水，住在这种环境里的居民很难享受到现代化带给人的舒适。可是将这些历史悠久的老街区彻底拆除，我又有难以抹去的伤心，觉得隔断了历史。究竟怎样才能找到两者之间的平衡，我不是建筑学家，也提不出可行的方案，但总可以发几句牢骚吧。

漫步在保安寺街，走到中段的位置，我看到其中一处大宅已经基本变成了废墟，在废墟之上还屹立着一个未曾推倒的门楼，站在远处看上去像是立在废墟中的一个小土地庙，让我感到特别的是门板上有三溜儿黑条幅，这种挂法太过生猛，谁家会把条幅弄成这样呢，好像是家里有丧事似的。我走近细看，隐约看到有“野蛮拆迁”等字样，这才醒悟过来。是原住户为了抗拒拆迁贴在墙上的维权标语，有人担心别的拆迁户看见而产生蝴蝶效应，同时也是出于顾全大局的考虑，才使出了这种抹黑的手段。当然这只是我小人之心的揣度，但有一点我是真心的不乐意，那就是这些黑道子污染了我拍的画面。我想，旁边那对石狮子状的门墩肯定目睹了这个抹黑的全过程，但显然它不能作为目击者，向人们讲述事件的经过，更何况它经历了那个特殊时代，已经被砸得面目全非了。

在我拍照的过程中，有位老者不远不近地跟着我，没有声响地观察着我的一举一动，等我拍完了这个仅剩的残破门楼，他第一次张口说话：“前面还有个更有名的故居你怎么不去拍？”他告诉我那个名人叫李万春，我虽对京剧知之甚少，但这个名字还是听说过，知道他是京剧武生中很有名的人物，但表演艺术家不在我的寻访之列。然而面对眼前的巨大废墟，我还是觉得应该把他的故居也拍下来，更何况，我并不能确定当年翁方纲居住的院落是哪一处，也说不定这李万春故居曾经也是翁方纲住宅的一部分呢。于是我决定听从老人家的建议，前往那里去拍照。

然而我的想法没能实现，在李万春的旧居就遇到点儿小麻烦，里面竟然有两个保安坚决不让我拍照，说是上级有交代。这可是热脸贴了冷屁股，自以为留下了文化遗产照片，而对方完全不领情。我正跟他们辩论，尾随我的老者不知何时冲了进来，马上跟保安吵了起来，老者果真比我有气势，保安软了下来，用传呼机呼叫领导，但没有接通，老者马上说：“请示过了，您接不通是您的事。快来，进去拍照吧。”我真觉得他特像我的领导，立即按照他的吩咐理直气壮地入内拍照。

然而院内也是横七竖八地盖了一些违建房，很难辨认出原来的格局。从外观看，此房还算保持完整，门楣上有着斗大的“福”字，同样没有门牌号，仅用铅笔写着“22 号”。拍照完毕，我在门口感谢老者的拔刀相助，他说：“老北京的这些宝贝快让他们糟蹋光了，您能留些资料下来当然是好事。”我向他请教为何走过的几条街统统都看不到门牌号，他竟然告诉我这样一个小秘密：“这些门牌都是被人拆走的，你仔细看看上面的痕迹。因为现在有人收藏这个老物件，所以哪

⊙… 老街区一角

儿有拆迁，哪儿就有人来收购，完整的30元一个，然后到潘家园摆摊去卖，价格是60元一个。”我以前还真没注意到潘家园还有这么个生意。

对于李万春故居，我印象最深的是地面瓷砖，那是早年间的旧物，色泽和式样跟当今大不相同。这些瓷砖不仅贴在屋内，院前的廊道上也同样满铺，这在百十年前绝非一般人家所能拥有。看来李万春在当年也是很有钱的人，只可惜他不喜欢藏书，否则又是一个大藏家。我在院内看到了门上和窗上画着的红圈和红叉，真有点儿像阿里巴巴藏宝窟里的神秘画符，但我不明白这些符号画在墙上有着怎样的寓意，也许这里雇保安正是防备被别人一夜之间拆成废墟吧。走出来时，老人告诉我，李万春的弟弟现在台湾，北京奥运会期间曾来过，市里有领导陪他来看了这个旧居。如此说来，这个旧居很有可能被保留下来，我心里瞬间又升起一线希望。

回家查资料，始知李万春故居的门牌号为宣武门外呆子巷内北大吉巷路南22号（原41号），但我还是找不出任何依据能够说明翁方纲曾在这个院落居住。

2018年9月23日，我再度前往保安寺街附近寻找康有为旧居，这时的保安寺街已经荡然无存，虽然旁边正在修建一个仿古式的康有为故居，但翁方纲所在的保安寺街已经没有了任何痕迹。望着那片巨大的废墟，只能庆幸自己在它们变成废墟之前抢拍下了它们的影像。

董诰

宫外聚珍，由其玉成

董诰为四库全书馆副总裁之一，乾隆四十一年（1776）三月二十日上谕载："董诰着充四库全书馆副总裁，所有《荟要》事务即着董诰接办，并着充武英殿总裁。"这份上谕说明了董诰与《四库全书》之精华《四库荟要》的关系。更为重要的是，目录版本学上所说的"外聚珍"其实也和他有着密不可分的关系。在就任武英殿总裁之后的一年，他给皇帝上了一封奏折《户部左侍郎董诰奏请将已摆印各书每省发给一份折》。此折写于乾隆四十二年（1777）九月初十日，其中说道：

窃自办理四库全书以来，四方秘籍乘时毕萃，馆臣以及厘订进呈，仰蒙圣明裁鉴，择其精当而罕观，督武英殿聚珍版印行，俾海内操觚之士，得遂争先快睹之愿。但聚珍版设法之意，原期成功迅速，易于成书，是以臣等酌量，每种刷印除预备陈设外，俱以三百部为率，而近日风闻购买者甚多，所印之本尚不敷给。查江南、江西、浙江、福建、广东五省，向来刊行书籍颇多，刻工板料较他处为便。臣愚理合仰恳皇上天恩，准将现已摆印过各书，每省发给一份，如有情愿刊者，听其翻版通行，并请嗣后于每次进呈后陆续颁发照办。则远近购书较易，流传益广，其尚文崇古之盛于无既矣。

董诰的这封奏折主要讲到武英殿聚珍版广受欢迎。《四库全书》编纂之初，主要是从《永乐大典》中辑录一些失传之书，这些难得一见之本颇受读书人宝爱，而早在乾隆三十八年（1773）十月二十八日，金简给皇帝上奏折，建议可以用木活字来摆印这些辑出来的佚书，他还给皇帝算了一笔细账：

臣谨按《御定佩文诗韵》详加选择，除生僻字不常见于经传者不收集外，计应刊刻者约六千数百余字。此内虚字以及常用之熟字，每一字加至十字或百字不等，约共需十万余字，又预备小注应刊之字，亦照大字每一字加至十字或百字不等，约需五万余字。大小合计不过十五万余字，遇有发刻一切书籍，只需将槽板照底本一摆，即可刷印成卷。倘其间尚有不敷应用之字，预备木子二千个，随时可以刊补。其书页行款大小式样，照依常行书籍尺寸刊作木槽板二十块，临时按底本将木字检校明确，摆置木槽板内，先刷印一张，交与校刊翰林处详校无误，然后刷印。其枣木子大小共应用十五万余个，臣详加核算，每百字工料需银八钱，十五万余字约需银一千二百余两。此外成做木槽板，备添空木子以及盛贮木字箱格等项，再用银一二百两，已敷置办。是此项需银，通计不过一千四百余两。臣因以武英殿现存书籍核较，即如《史记》一部，计板二千六百七十五块，按梨木大小板例价银每块一钱，共该银二百六十七两五钱。计写刻字一百一十八万九千零，每写刻百字，工价银一钱，共用银一千一百八十余两。是此书仅一部，已费工料银一千四百五十余两。今刻枣木活字套版一份，通计亦不过用银一千四百余两，而各种书籍皆可资用。即或刷印经久，字划模糊，又须另刻一份，所用工价亦不过此数。或尚有堪以拣存备用者，于刻工更可稍为节省。如此，则事不繁而工力省，似属一劳久便。

看来金简是位理财高手，能将账目列得如此详细，他还在奏折中写明使用这些木活字的具体操作规程。皇帝看后很高兴，批了如下几个字："甚好，照此办理。"紧接着，武英殿用金简之法摆印出 134 部木活字本之书，再加上前 4 部刻本，这 138 部书被统称为《武英殿聚珍版丛书》。

任何事情有利就会有弊，木活字排印虽然省掉了大量的板片，但这种方式排印的书只能一次性刷印出固定数量的产品，若想重新排版，所费工时远超雕版。当时《武英殿聚珍版丛书》每种刷印了 300 部，然而外界对这些失传已久的佚书需求量很大，300 部远远不够。因此，董诰给皇帝上了那封奏折，建议将武英殿用木活字摆印出来的各书每省颁布一部，让各省以此为底本，用木板来翻刻，使得这些失传之本能够让更多的学子读到。皇帝看到董诰的奏折后，在上面批道："好。知道。钦此。"

南方五省收到朝廷颁布的《武英殿聚珍版丛书》后，很快予以翻刻。然而这些翻刻本并不是用木活字摆印的，而是全部用木板雕造。后世为了区分武英殿原版，将这五省的翻刻本通称为"外聚珍"。正是因为外聚珍均用雕版来刷印，而雕版的好处则是可以根据市场的需求一直加印，因此外聚珍在市面上的流通数量远超内聚珍。而外聚珍的广泛流传，使得一些失传之本被学者广泛使用，一些学术观念也由此改变。能够产生这样好的效果，功劳当然要记在董诰头上。

然而外聚珍究竟刊刻了多少种，后世对此也有不同的论述。谢水顺所著《福建古代刻书》中称：

乾隆四十一年九月，高宗弘历下令将先行印成的 123 种颁发到东南各省，并准所在锓版通行。当时翻刻的有：江宁刻 8 种，浙江刻 39 种，均为袖珍本；福建则刊刻了全部123种,均照原书样式翻刻。福建版的刊刻始于乾隆四十二年,雕竣年代已无法查考,估计工程花费的时间不长。福建刻成此书后,将书板藏于布政司库。从道光八年起,先后有过三次修版、一次改刊、一次全面校误补遗,并增刻25种,至光绪二十一年止,福建刻《武英殿聚珍版丛书》最后成书148种。

这段话中所说的江宁刻本,乃是指苏州翻刻本,而此处所说的8种,所本应当是陶湘在《武英殿聚珍版书目》中所言:"考乾隆四十一年九月颁发聚珍版于东南各省并准所在锓木通行,一时承命开雕者江宁刻八种,浙江刻三十八种(均袖珍式)。"但是,后世学者认为,陶湘的统计不准确,马月华在《略论苏州本和杭州本"外聚珍"》一文中称:"我们目前已找到苏州本'外聚珍'28种。"可见各省收到内聚珍后有大量的翻刻,而翻刻最完全者则是福建版。

从乾隆四十二年后,福建版的"外聚珍"又经过三次修改,故而福建版的"外聚珍"在市面流传最广。而叶德辉在《郎园读书志》中还提及私人也有翻刻聚珍版丛书之举,他在此志中著录了藏书家汪汝瑮翻刻的《唐阙史》等七种聚珍版丛书,在书跋中写道:

以上七种武英殿聚珍版已活字印行,此即据以重刻者,惟《蛮书》目录下有一行云"武英殿聚珍版原本",余种无之。半叶十行,行二十一字。无刻书人姓名及年月,亦不知此外尚有何种。其七种次序叙依原写书根本数,书法是道光中馆阁体,似是原书次序本如此也。从子康侯、定侯兄弟得之旧书肆,持以呈阅,不能定为何时刻本。余忆旧藏汪汝瑮所刻《书苑菁华》版式似是如此,取以相校,无累黍差,故取断为汝瑮刻也。此七种为藏书家及谈版本学者所未见,当是印行不多,版为粤匪之乱所毁,故其子孙修补振绮堂所刻书板,亦未述及之,知其毁失久矣。

由以上这些记载可以看出武英殿聚珍版在社会上受重视的程度,而这也更加让人感念董诰的建议对于武英殿聚珍版的普及起到了何等重要的作用。但是,董诰在四库馆工作时,也跟其他大臣一样,因为一些文字上的错漏而受到过相应处罚。乾隆四十四年(1779)二月十五日的《起居注册》中记载:

都察院等衙门奏,四库全书馆所进各书,该总裁等抽阅书内,俱有错误记过,应将协办大学士吏部尚书程景伊、户部左侍郎董诰、翰林院侍讲学士朱珪、鸿胪寺卿倪承宽均照不行详查例罚俸六个月,并疏忽之徐立纲、莫瞻菉等各罚俸三个月,注于记录抵消一疏。

因为书中的错字，董诰跟其他大臣一并受到处罚，半年的薪水被罚掉了。想一想，这份工作真不容易做。其实董诰在四库馆中工作时也是兢兢业业，他还曾经跟和珅一起给浙江的督抚去函，让他们销毁一些违碍著作，详情可以参见乾隆五十二年（1787）五月初三日的《军机大臣和珅等为访查李清所著书一并销毁事致江浙等省督抚函》。

那时的和珅最受乾隆皇帝青睐，在朝中很是强势，很多大臣敢怒不敢言。和珅为了把持朝政，曾经阻止朱珪任首辅，在这个问题上董诰未曾坚持原则，《清史稿》中称：

嘉庆元年，授受礼成，诏朱珪来京，将畀以阁务，仁宗贺以诗。属稿未竟，和珅取白高宗曰："嗣皇帝欲市恩于师傅。"高宗色动，顾诰曰："汝在军机、刑部久，是于律意云何？"诰叩头曰："圣主无过言。"高宗默然良久，曰："汝大臣也，善为朕辅导之。"乃以他事罢珪之召。时大学士悬缺久，难其人。高宗谓刘墉、纪昀、彭元瑞三人皆资深，墉遇事模棱，元瑞以不检获愆，昀读书多而不明理，惟诰在值勤勉，超拜东阁大学士，明诏宣示，俾三人加愧励焉。命总理礼部，仍兼管户部事。二年，丁生母忧，特赐陀罗经被，遣御前侍卫、额驸丰绅殷德奠醊。

嘉庆帝继位后，准备请他的老师朱珪来主持朝政。朱珪还未入京时，嘉庆帝就写了篇贺诗。和珅得到此稿后，拿给乾隆皇帝看，称刚刚继位的嘉庆帝想以此向他的老师市恩。这种营私方式令乾隆皇帝色动，于是问董诰怎么看，董诰只是说了些模棱两可的话，最后的结果是朱珪未能担任要职。而那时的朝中要臣以刘镛、纪昀、彭元瑞资格最老，但太上皇却最看重董诰的情面，多次提拔他。

嘉庆二年（1797），董诰丁母忧，返回故乡奔丧。但那时朝中正在用兵，乾隆皇帝每次见到大臣时，都会问董诰何时能够返朝，可见对他何等看重。然而乾隆皇帝对董诰的倚重却引起了和珅的嫉妒，以致董返回朝中时见不到太上皇，直到后来乾隆皇帝出宫，董诰应驾于路旁，乾隆皇帝方知董诰已经回京，于是立即让他暂署刑部尚书，《清史稿》中称：

诰既以丧归，川、楚兵事方亟，高宗欲召之，每见大臣，数问："董诰何时来？"逾年，葬母毕，诣京师，和珅遏不上闻。会驾出，诰于道旁谢恩，高宗见之，喜甚，命

⊙… 大学士牌坊

大學士臣梁國治侍郎臣董誥謹
奏爲恭編
御製文二集告成敬請鐫刻以
示訓行以彰美備事欽惟我
皇上聖學淵富文德日新以
內聖外王之功致
健行恒久之治
文因見道化以觀成自癸未以前編刻
御製文初集久已

⊙… 董公祠祠堂大门　⊙… 董诰奏折　《御制文二集》四十四卷　清乾隆五十一年内府刻本

暂署刑部尚书，素服视事，不预典礼，专办秋谳及军营纪略，且曰：“诰守制已逾小祥，不得已用人之苦心，众当共谅。”寻以王三槐就擒，与军机大臣同被议叙。四年春，高宗崩，和珅伏诛，命诰复值军机，晋太子太保。既服阕，授文华殿大学士，兼刑部尚书如故。高宗山陵礼成，命题神主，晋太子太傅。七年，三省教匪平，予骑都尉世职。十二年，《高宗实录》告成，诏以诰在馆八年，始终其事，特加优奖，赐其父邦达入祀贤良祠。十四年，万寿庆典，晋太子太师。充上书房总师傅。十七年，晋太保。

乾隆皇帝去世后，和珅也被赐自尽，轮到了董诰主持朝政，可见他在嘉庆朝起到过重要作用。2012 年 6 月 28 日，我前往浙江富阳华宝斋参观，而后在张金鸿先生的安排下探访了董公祠，此祠位于富阳鹳山公园内。

进入公园正门，沿右路行驶不足 500 米，便看到三开间的大石牌坊，上面写着“大学士”三字，牌坊九十度右转前行 20 米即为祠堂。然而我们来到时，祠堂却闭门上着锁。向旁边小卖铺店主打问，店主颇不耐烦，于是向他买了一瓶矿泉水，这才主动告诉我，管祠堂的人已经下班了，要看只能明天再来。

这种情形在寻访过程中最让我感觉无奈。既然已经到了门口，只能在外围察看一些情形。祠堂大门的立柱为石质，两边有阴刻对联：“祠宇重新鹳岭春江添胜迹，风骚各领石渠宝笈播清芬。”门楣和雀替是精美繁复的木雕，上面悬挂着两个褪色的大红灯笼，灯笼后面是黑底金字的牌匾，上书“二董纪念馆”。祠堂门前的广场是方形的石板嵌着青砖，看上去有点像国际象棋的棋盘。有位老人坚持不懈地沿着地上的棋盘格做 S 状正步走，我只好耐着性子，等他慢慢踱到另一端，这才拍下一张照片。

董诰墓位于浙江省杭州富阳向西南方向十余公里的蛇浦村，村名中带蛇字的还真是稀见。司机说自己 20 余年前曾来过一次董诰墓，知道大概的方位，而到了村子里他却犹豫起来，说面貌改变实在太大了。我向周围察看，发现村边有一块小高地，请司机开到近前，果真看到了文保牌。

拾级而上，第一段平台墙的两侧立着两块文保牌，细看原来是同时立的。按规律，文保牌一般为一块，正面刻名称，背面刻说明。而此处却为两块，一块名称，一块说明，均为单面，这倒显得很对称，拍照时也用不着钻到后面的草丛去找背面。两块碑前各立着一只石虎,体形高大,一看即为墓前原物。平台的墙上还嵌着另一块石碑,黑底金字,上面刻着“爱国主义教育基地”。

上去十几级台阶即为第二个平台,正中摆放着一张石质长条桌,桌面平板也是旧物,而两根桌腿却是新配的。石桌的两边还有两条石凳,石凳的顶头墙根有一对石马,仅剩头部,四分之一是原物,余外均是新配。

再上三级台阶就到第三层平台,即为董诰墓所在。墓的形制特殊,正前方为平面一字形,墙上嵌着的墓碑是横式,已难以辨清上面的字迹。司机说他 20 年前来时不是这样,就是一个坟丘,上面还有盗洞,几乎把坟丘挖掉了一半。因为传说董诰是被斩头的,入葬时安上了一个金头,因怕盗墓,在富春江边做了十个疑冢,但还是个个被盗,都想挖出那颗金头。

关于金头的传说已然嫁接到许多名人墓的头上,董诰也不能幸免。然其父子一生清廉,他们去世后,嘉庆皇帝都赞赏他们为廉吏。董诰去世后的情形,《清史稿》中有如下记载:“是年十月,卒,赠太傅。上亲奠,入祀贤良祠,赐金治丧,御制诗挽之,嘉其父子历事三朝,未尝增置一亩之田、一椽之屋,命刻诗于墓,以彰忠荩。谥文恭。”嘉庆皇帝为其所作之诗为:

世笃忠贞清节坚,先皇恩眷倍寅虔。骑箕仙苑九秋杪,染翰枢廷四十年。

只有文章传子侄,绝无货币置庄田。亲临邸第椒浆奠,哀挽荩臣考泽宣。

如此清廉之吏,怎么可能被斩后再安一颗金头呢?如果盗墓贼懂点文化的话,想办法在墓里找到几件董诰的绘画作品,说不定能卖大价钱。

窦光鼐

秉性憨直，参校多书

窦光鼐是《四库全书》的总阅官之一，他在任此职之前，先曾协助纂订《日下旧闻考》。乾隆三十八年（1773）九月二十九日《军机处上谕档》载："内阁奉上谕：现在纂订《日下旧闻考》，着窦光鼐随同校办。钦此。" 后来他又参与了《明史》的修订，《军机处上谕档》载："乾隆四十四年（1779）十二月十一日奉旨：《辽史》《元史》着添派和珅、曹文埴同办，《明史》着添派王杰、窦光鼐同办。钦此。"

在参与编纂《明史》之前，窦光鼐已经被军机大臣列入参与《四库全书》编纂人员的名单中。乾隆四十四年二月初一日的《军机处上谕档》载："昨据董诰告称，召见时面奉谕旨，令臣等将三品京堂开列名单，恭候钦派总阅《四库全书》。臣等谨将科甲出身之现任三品京堂，开单进呈。谨奏。附清单现任科甲出身三品京堂：都察院副都御史罗源汉、曹文埴；宗人府府丞窦光鼐；太常寺卿吴玉纶；詹事府詹事金士松。"

皇帝看到这个名单后，于当天作出如下指示："皇八子永璇、皇十一子永瑆着充四库全书馆正总裁。谢墉、周煌、达椿、汪廷玙、钱载、胡高望、窦光鼐、曹文埴、金士松、李汪度、朱珪、倪承宽、吉梦熊俱着充四库全书馆总阅，书成时与总裁一体列名。钦此。"

于是窦光鼐被任命为《四库全书》的总阅官，而他此前参与编纂的《日下旧闻考》后来也收入《四库全书》中，故其与《四库全书》的关系可以追溯到这个阶段。

康熙二十五年（1686）至二十七年（1688）间，朱彝尊梳理了1600多种有关北京的史料，包括历史沿革、地理环境、城区变迁、衙署设置、风俗名胜等，他将这些史料一一摘出，而后汇编为一书，命名为《日下旧闻》。对于该书的价值，姜宸英为此书所作序言中称："余考自古帝王建都之地多且久莫如关中，今则燕京而已。关中自汉黄图外，若葛洪、薛寘、萧贲之所记，无虑数十家，独唐韦述撰《西京记》，宋宋敏求演之以为《长安志》十卷，最称淹博。若燕创都于辽，历金、元及明，迄今七百余年，其名虽燕旧，而西自恒山、滹沱、易水以属之邯郸为赵地，西南漳卫为魏及邢卫之境，东南自大河附之海为齐接壤，盖奄有数国之封略，故其所录，不得不广。而故典缺如，搜辑者尤难之。"

姜宸英序中认为，帝王建都之地，以西安和燕京历史最为悠久，而这方面的书，他则说研究西安的很多，关于北京的史料都很难搜辑，为此“友人秀水朱君竹垞检讨居京师久，乃博采经史子集几千卷，及游览所至，所访闻于遗贤故老者，集之为《日下旧闻》，分为一十三门，总其卷至四十有二。则所谓详核而典赡者矣。又间以己意，辩论其是非，援据精确，辞雅义畅，前未有此书也”。

朱彝尊能够编出这样一部有价值之书，当然下了不小的功夫，以至于姜宸英夸赞该书时称“前所未有”，关于该书的价值，姜宸英在序言中又点明：“是编摭拾止于前代轶事，然观其所述，非徒以侈浩博已也，其于世运隆替，君臣谋议，政治民风，得失之故，了然矣。法戒之实，不在是欤？其以翼经而补史之所不及者，尤作书之深意，不可以无察也。”

徐元文给《日下旧闻》所写序言的着眼点则在于朱彝尊的博闻强记：“余友朱竹垞馆文有《日下旧闻》之辑，甫期月而书具。竹垞于书无所不读，其才亦无所不通，而尤闳览能强识，长于考据。其书名曰旧闻，乃其采摭故书，于前人本文一字无有损益，而注其出处曰某书，所谓信以传信，疑以传疑，盖其慎也。其间间出己意按断，则有云疑作某者，有云当以某为是者，有云某书记载与某书不合而不敢定其为孰是者夫……其《自序》言所抄群书凡千六百余种，余伯兄藏书稍多，悉出相示。其他残编断碣，搜考殆尽，从来著述家所抄，未有若此之富者也。而犹欿然不足，以《皇元建都记》《北平志》诸书不得见为憾甚矣。”

而高士奇在给该书所作序言中则称，他曾感慨北京如此重要，却没有一本通志类的书，某天他跟朱彝尊共同值班时聊到了这个话题，说者无心听者有意，朱彝尊记下了这件事，五年之后，他拿出了《日下旧闻》。该书所载之博令高士奇大为感慨，其序称道：“岁癸亥，与同年友竹垞偕侍直庐，每言及此，慨然兴叹。弹指五年，竹垞《日下旧闻》之书成，详载山川、宫室、城市、郊坰、畿辅、边障、户版、风俗、物产，遐收汇集，可以资掌故，备采览，使有班孟坚者出，当必取之为史家之一助也。竹垞博极群书、昼则历郊野，摩碑碣，问父老，断字卮言，悉经掌录。夕则篝灯散帙，驰骋古今，务使闻见两无所憾而后愉快。故其书大无不该，细无不析。竹垞犹未敢自居于作者，曰吾述旧闻而已。竹垞遭际盛时，优游纂纪，成不朽之业，副在名山，视《三辅黄图》《西京杂记》诸书，盖又远胜之矣。”

如果高士奇所言是真的话，那么朱彝尊编纂《日下旧闻》一书乃是受高的启发。朱彝尊翻阅大量典籍，而后编出此书，所下功夫之大，足以令人兴叹。然而到了乾隆年间，皇帝翻阅此书时，感觉仍然有增补的必要，决定将此增补本称为《日下旧闻考》，并为此题过这样两首诗：

重考彝尊书以成，七言权当序而行。

名因日下荀文若，迹逮春明孙北平。

挂漏岂无补所阙，淆讹时有校从精。

百年熙皞繁文物，似胜三都及两京。

曾赋皇都与帝都，若兹形胜古今无。

金迁元复其久矣，明筑清修滋盛乎。

御苑法宫诚富此，返淳还朴益殷吾。

论成知过渊衷写，更励聪听奕叶图。

该诗表明了乾隆皇帝的态度，因为他说朱彝尊所撰《日下旧闻》已经流传了近百年，在此期间，北京城有了许多的变化，比如在康熙四十八年（1709）开始修建圆明园，雍正年间又修建了雍和宫等，有许多新建筑都是《日下旧闻》所未记载的。更何况朱彝尊乃是个人编纂此书，有很多皇家禁地他无法进入实际考察，这些原因加在一起，乾隆皇帝认为有必要增补和修订此书。于是他下令："本朝朱彝尊《日下旧闻》一书，博采史乘，旁及稗官杂说荟萃而成，视《帝京景物略》《燕都游览志》诸编，较为该备，数典者多资之。第其书详于考古，而略于核实，每有所稽，率难征据，非所以示传信也。朕久欲详加考证，别为定本。"（《清宫史续编》卷九十一）

乾隆皇帝颇为肯定朱彝尊《日下旧闻》的价值，他认为该书超过了相同题材的几部史书，然《日下旧闻》一书主要是资料的搜集与汇编，朱彝尊本人并没有进行过实地核实，这正是他决定编纂《日下旧闻考》的原因所在。

该书从乾隆三十八年（1773）颁旨开始，十年后方完稿，到乾隆五十二年（1787）方刊刻成书。在此期间，于敏中、英廉、福隆安等人都参加了此书的编纂工作，在乾隆三十八年，窦光鼐随同校办。弘历对该书的编纂十分重视，多次下令让馆臣们细编该书，因为此书编纂完毕后要录入《四库全书》中："每辑一门，以次进呈。候朕亲加鉴定,使天下万世,知皇都闳丽,信而有征,用以广见闻而供研炼。书成后,并即录入《四库全书》,以垂永久。"

关于窦光鼐对《日下旧闻考》一书的贡献,可由《纂修四库全书档案》中所载乾隆四十九年(1784)十二月二十六日的朱批奏折为证:"浙江学政臣窦光鼐跪奏,为恭谢天恩事。窃臣准吏部札知,乾隆四十九年十一月初六日奉旨:窦光鼐着记录二次。钦此。窃臣前于乾隆三十八年恭值钦命纂办《日下旧闻考》,仰蒙派出随同办理。臣分门考订,未能及半,今全书告竣,荷蒙皇上格外鸿慈,同邀议叙,闻命之下,感愧交深。所有感激微忱,理合缮折恭谢天恩。臣谨奏。朱批:览。"

此时的窦光鼐已任浙江学政,听闻一个多月前他得到了皇帝的两次奖励记录,窦光鼐说他只是在乾隆三十八年按皇帝之令去协同办理《日下旧闻考》,在此书尚未完成时就调任别职,能够得到这样的奖赏,感到十分惭愧。

此折中所言当然是谦恭之语,王灿炽在《燕都古籍考》中说:"参与《旧闻考》编纂工作的有总裁于敏中、英廉等七人;督办福隆安等四人;总纂窦光鼐、朱筠、张焘、许宝善、蔡廷衡五人;纂修潘曾起、吴锡麒、关槐等八人;校录任光鲸等六人;誊录兼校录顾超;誊录丁嘉等十三人。以上共计四十四人。"

原来有这么多大臣参加过该书的编纂,而窦光鼐在其中曾任总纂,故该书的实际编纂者乃是窦光鼐等人。该书编纂完成后,于乾隆四十九年汇入《四库全书》,这也堪称窦光鼐为《四库全书》所做贡献之一。而早在此前他参与编纂的《续文献通考》,后来也收入了《四库全书》中。

窦光鼐参与编纂《续文献通考》之事,载于其子窦汝翼为父所撰《行述》中:"乾隆十年,授职编修,职《续文献通考》纂修官。府君尝覃思古圣贤之学,博落慎取,大要以'不自欺'为本,考研宋五子之书,而绝去门户意见。曰:'儒者之书,要折中于圣人,毋随人耳食也。'故说书务析白文,依类引证,期于人人共晓而止。肆力于秦汉唐宋古大家,而约六经以成文。尤精制艺,必以明之王守溪、唐荆川、茅鹿门、归震川各名家较高下,惬心当意而后已。平居以廉洁持躬,以方严植品,孑然孤立,人皆知之,亦无敢干以私者。"由这段话也可以看出窦光鼐的学术观。

窦光鼐是山东诸城人,明清以来,诸城有两大望族:东郭窦氏和普庆张氏。

关于窦氏早期的情况,《诸城窦氏族谱》中载:“始祖讳思道,兄弟三人,一讳思忠,一讳思孝,原籍山海关,自洪武初年迁居山东,思忠入平度,思孝入临朐,始祖入诸城籍,居东关,世称‘东郭窦氏’。二世祖兄弟四人,长讳贵典,次讳贵荣,三讳贵亨(无后),四讳贵清。族谱本此长支、二支、四支作三大支分叙。贵清祖一支历三世讳跃,四世讳兴,五世讳隆,至六世祖讳昂,祖堂叔讳岭,从弟讳诚者,皆以岁贡任教授,为吾族书香所自始。”

窦氏家族其实是到了窦光鼐这一代才得以显赫,于少飞、陶静所撰《诸城东郭窦氏家风家学》一文中称:“东郭窦氏自五世窦岭入岁贡生而成为官宦世家,至十三世窦光鼐位高权重,使得东郭窦氏家族的仕宦之途达到顶峰。窦光鼐是东郭窦氏家族最显赫的人物之一,他于乾隆七年(1742)中进士,选庶吉士,散官授编修,官至左都御史、上书房总师傅,三次督浙江学政。窦光鼐立朝50余年,风节挺劲,无所阿附,深得清高宗器重。他以文入仕,曾为嘉庆太子的老师,有‘文官御始祖,一代帝王师’的盛誉。”

在窦光鼐之前,诸城窦氏家族还有一位有影响力的人物,此人名窦栋,是诸城窦氏第十一世。窦栋在康熙五十一年(1712)中武进士,官至昭勇将军,此职为正三品。但窦栋后来受年羹尧案的牵连,含冤自杀。可能是这个原因,诸城窦氏很少提及这段往事。窦栋两代之后,也就是诸城窦氏第十三世方出了窦光鼐,后来他的儿子窦汝翼也考中乾隆四十三年(1778)的进士,正是他们父子使诸城窦氏显赫于天下。

从窦光鼐的学习经历来看,他一度跟纪晓岚是同学,进京读书时曾被董邦达召入府中,与董邦达之子董诰一同学习。而那时的纪晓岚亦在董府,他在《书陆青来中丞家书后》中讲到这件事:“乾隆戊午(1738),余与陈光禄枫厓读书董文恪公家。续而至者为窦总宪元调、刘侍郎补山、蔡殿撰季实、刘观察西野、李进士应弦及陆中丞青来。课诵之暇,辄杂坐斯与堂东厢,以文艺相质正。诸君意气飞扬,不可一世。”

两位同学没想到多年后又同到四库馆工作,纪晓岚任总纂,而窦光鼐为总阅,不知道两人在四库馆工作期间会不会聊到当年同学期间的意气风发。

其实乾隆皇帝很早就对窦光鼐有所偏爱,赵尔巽所撰《清史稿·列传》中

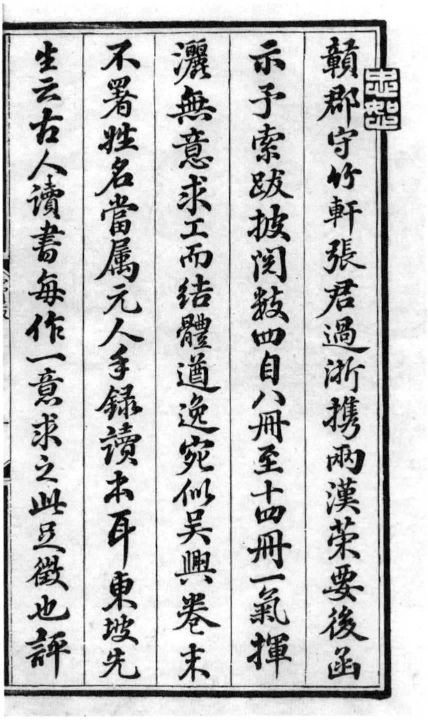

贛郡守竹軒張君過浙携兩漢策要後函示予索跋披閱較四自八冊至十四冊一氣揮灑無意求工而結體遒逸宛似吳興卷末不署姓名當屬元人手錄讀未耳東坡先生云古人讀書每作一意求之此足徵也評

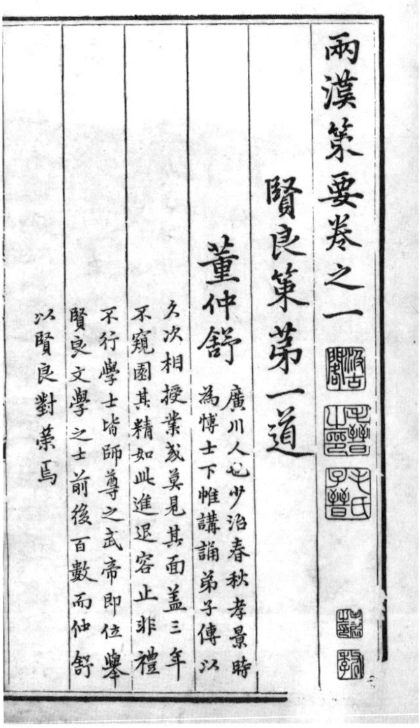

兩漢筞要卷之一

賢良策第一道

董仲舒 廣川人也少治春秋孝景時為博士下帷講誦弟子傳以久次相授業或莫見其面蓋三年不窺園其精如此進退容止非禮不行學士皆師尊之武帝即位舉賢良文學之士前後百數而仲舒以賢良對策焉

⊙…《两汉策要》十二卷 清乾隆五十六年跋如皋张朝乐授近文斋穆氏据元抄本影刻本 跋语一

⊙…《两汉策要》十二卷 清乾隆五十六年跋如皋张朝乐授近文斋穆氏据元抄本影刻本 卷首

⊙… 照片正中是诸城名人馆　⊙… 诸城古代历史名人馆一楼大堂

称："窦光鼐，字元调，山东诸城人。乾隆七年进士，选庶吉士，散馆授编修。大考四等，罚俸。高宗夙知光鼐，居数月，擢左中，尤累迁内阁学士。二十年授左副都御史。督浙江学政，上南巡临海县，训导章知邺将献诗，光鼐以诗拙，阻之。知邺欲讦光鼐，光鼐以闻。上召知邺试以诗，诗甚拙，且言愿从军。上斥其妄，命夺职，戍辟展。后数年，上欲赦知邺还，而知邺妄为悖逆语，欲以陷光鼐，上乃诛之。"

窦光鼐在翰林院结业考试时成绩特别差，排在了大考的第四等，也就是最末一等。在正常情况下，大考四等的处罚一般是休置或者革职，但皇帝仅将窦罚款了事，袒护得十分明显。而几个月后，窦光鼐竟然被提拔任用，而后一路升迁。后来有人想要陷害窦光鼐，皇帝查明情况后，竟然将此人砍了头。而对于皇帝的偏爱，何圣生在《檐醉杂记》卷二中认为："唯乾隆十三年诸城窦东皋光鼐名列大考四等，奉特旨迁中允，乃异数也。"

对于此事，秦瀛所撰《都察院左都御史窦公光鼐墓志铭》中亦有载："公幼负绝人之资，家贫，贷书于人，览即成诵。一日读《文选》，即操笔为《琅琊台赋》，监司某公见而大称赏之，时公年甫十二耳。十五，补博士弟子员，旋中丙辰本省乡试副榜。辛酉，举顺天乡试。壬戌，会试中式，入翰林院庶吉士，散馆授编修。戊辰御试翰林、詹事府等官于乾清宫，阅卷者列公四等。向例，大考唯高等得迁官，后等改官，降黜有差。上知公，特迁公为中允，盖公被上知遇自此始。"

聪明的窦光鼐从小就喜欢读书，但因家贫，只能从别人那里借书来读，为此窦光鼐练出了过目不忘的本领，这也是他能考中进士的原因所在。但既然如此，他何以在翰林院考试时却排在末等呢？各种文献都未作解释，而秦瀛也称大考名次靠前者才能升官，但窦光鼐考试成绩如此之差却仍然能够升官，人们认为这是皇帝了解窦光鼐的人品，所以才有了超常的提拔。秦瀛认为这是皇帝对其恩宠之始。

也许是窦光鼐为人太过耿直，在很多问题上坚持己见，以至于令皇帝很生气，比如在乾隆二十六年（1761）八月，窦光鼐参加秋谳会议，他对广西陈父悔守田禾杀贼案的判决结果与其他官员观点不一致，《清史稿》载："光鼐以广西囚陈父悔守田禾杀贼，不宜入情实；贵州囚罗阿扛逞凶杀人，不宜入缓决，持异议，签商刑部，语忿激。刑部遽以闻。"

看来窦光鼐跟刑部官员为此事争吵了起来，于是这些人把此事报告给皇帝，请皇帝来裁决。皇帝要求争吵双方心平气和地谈问题，不要意气用事，《清实录》载，皇帝批评窦光鼐说："原不甚晓事，岂可以其持议参差，徒事哓哓争执，有乖政体。"

但是窦依然独持己见，继续跟刑部强争，无奈之下，皇帝几次下谕旨斥责窦光鼐："会谳大典，理应虚公核定。果有拟议未协，不妨平心商榷，务归明允。即便意见不能强同，原可两议具请，候朕酌夺。今观窦光鼐议帖，因己见参差，竟至以笔舌忿争，哓哓不已。此等习气在前明弊政时视为固然，以致各立门户，大坏朝政，今当纲纪肃清之日，一切案牍，朕无不折衷裁处，窦光鼐岂得逞臆侈腾口说，致乖政体？"但窦依然坚持自己的观念，为此皇帝大怒："此事在刑部，以两议未奏之案，节次具折，诚未免有先发制人之意。但国家会谳大典，窦光鼐竟气质自用，甚至纷呶谩骂而不自知。设将来与议者，尤而效之，国宪朝章，尚可为训耶？是刑部所有不合，究不若窦光鼐之甚。窦光鼐着交部严察议奏，刑部堂官并着交部察议。"

无论皇帝怎样劝解，窦光鼐都坚持自己的观点，他的态度令弘历很生气，于是下令相关部门处罚窦光鼐。吏部提议将窦光鼐降三级调用，然皇帝批示此奏折时依然是从轻发落："命销去降二级，仍降一级留任。"

以此猜测乾隆皇帝的心态，从他的语气可以看出，他不喜欢窦光鼐这样坚持己见，但这并不等于皇帝不明白窦光鼐其实说得对。然而他若要为此奖励窦光鼐，很容易引起朝臣各立门户，所以只能通过薄惩的办法来处理。然而窦光鼐没有因此而变得圆滑起来。

后来窦被任命为顺天府府尹，在此期间，当地发生了蝗灾，窦光鼐提出京郊附近有很多土地都属旗人，认为旗人也应当参加捕蝗之事。皇帝批准了窦的建议，然窦却向皇帝报告说，有些旗庄不出人捕蝗。但当地官员却说，旗人已经参加了捕蝗活动，为此事又引起了争论。皇帝几经调和，窦光鼐又提出进一步的建议，再次惹得皇帝大怒，《清实录》载："窦光鼐前此复奏，唯知因事借题，造作尘腐空文，自为解嘲地步，今又将派夫一节，连篇累牍，铺张条奏，而于事体之可行不可行，全无理会。其拘墟轇輵之处，正复不胜指摘，犹且始终坚执臆说，牢不可破。向固知其仅一硁硁之小人，毫无能为，乃不意执迷纰缪若此。且以空言折辩，互相指斥，渐成门户，乃前明陋习，此风断不可长。窦光鼐着交部严加议处。”

为此窦光鼐再次受到革职的处分，然而四个月后，皇帝又任命其为通政司副使，不久又升为光禄寺卿，因为皇帝说窦“究系拘钝无能，尚无大过”。然窦固执的性格在京城广为流传，如英和在《恩福堂笔记》中载：“余初入词垣，往谒窦东皋先生，延入厅事，公自屏后叱仆人曰：‘来客携有红毡始会，否则辞之。’仆人对以有。公补服朝珠从屏后出，行交拜礼毕，命坐。开口先责曰：‘老先生乃翰林世家，不应首坏风气。’因请其故，则从仆人手接余原帖，示曰：‘帖字过小。’其实余帖上字已径六七分……时三伏中，自朝餐后，正衣冠危坐两三时许，汗如雨下，饥肠雷鸣，乘闲告退，送至门，仍曰：‘将帖上字展大，明日再来。’”

英和是乾隆五十八年（1793）的进士，他考中之后前去拜见窦光鼐，没想到窦特别在意礼仪。昭琏在《啸亭杂录》中则称：“余幼时闻韩旭亭先生言，当代正人以窦东皋为最。时阅其劾黄梅匿丧奏疏，侃侃正言，心甚钦佩，以为虽范文正、孔道辅无以过之。后入朝，闻成王言，公迂暗不识政体，素恶宋儒书，明道、晦庵诸先生至加以菲言詈之。又以方正学为元恶大憝，致兴靖难之祸，其议论殊为怪诞。又晚年以仕途蹭蹬故，乃拜和相为师，往谒其门，至琢姓名于玉器献之，以博其欢。希上赐紫禁城骑马，日跨胡床于家中，以勚其劳，颇为舆人姗笑。又素善青乌术，以诸城县应出二辅臣，及闻刘文清公以事降黜，大喜过望，置酒欢宴终日，殊乏大臣之度。后闻蒋孝廉（棠）言亦然，故并录之，以俟考焉。”

昭琏自称，他听别人说窦光鼐乃是当朝最正之人，等入朝后见到了窦光鼐，却认为此人不懂得为政之道，昭琏又说窦十分厌恶宋儒之书，晚年因为仕途不顺，拜和珅为师，并且在献给和珅的玉器上刻上自己的名字。

对于这件事，昭琏显然没有搞清楚实际原因。秦瀛在《墓志铭》中对此作出如下解释：“公自浙江学政以左都御史召还，一日富阳董公手执公所书金字扇，大学士和珅见而语董公曰：‘写金字善用金，无如窦东皋者。’遂取一扇属董公代乞公书。余适趋过，董公曰：‘秦君固善东皋先生者，盍属之。’因以属余，请于公。公书就，投余还之，书款称‘致斋相国’，自称‘晚生某’，盖遵旧例。致斋，和珅号也。又一日和珅召见，出语余曰：‘子见东皋，告以有御制文命其制序，散直后即来领。’是日，公随诣珅宅领归，谨撰序文，越日进呈。公没后，编修洪亮吉上书言事，以前在尚书房尝被公指斥，附劾公交结和珅，书扇称师相，自称门生。其诬公实甚，此事关系公生平大节，不可以不辨。”

原来，某天董诰手中拿着一把金字折扇，上面有窦光鼐的书法，和珅看到后夸赞此字写得很好，并拿出一把扇子来，请董诰找窦在上面题写金字。而秦瀛在《墓志铭》文中还谈到了另外一件事，从记载看，窦光鼐并没有主动巴结和珅，只是碍于情面，不得已为之。而韩岗所撰《诸城窦氏世家及个性浅析》一文中则引用清人马春溪在《西园文集》中所载：

窦光鼐为官多年，上深知其学识渊博，诏为太子太傅。一日，讲《书·尧典》篇，太子之左股叠动，势如颤然。窦正色曰：“为人上者，曷其奈何弗敬？”太子乃肃恭。窦教綦严，欲使其《书》旨纯粹，文治乃光华也。而太子苦不能耐。乾皇忽起溺爱之心，亲自举步，至御书房中，谓窦曰：“太子系储君，功课宜少宽贷。”窦曰：“师严然后道尊，且《书》以道政事，《书》理洞晓，政治乃光昌。欲为明君，当自力学始。”上曰：“力学为天子，不力学亦为天子。”遂偕太子以出。甫至门外，窦厉声曰：“力学为尧舜天子，不力学为桀纣天子。”上恶其抗言不逊，置若罔闻。回至宫中，默坐沉思，深是窦言，自悔言之不谨，失尊师重儒之道。遣亲王某代为逊谢，复令太子入校，而窦之教法如初。后高宗晏驾，太子即位，年号嘉庆。因力学有年，而敷政无缺，得称明君。人咸曰：“窦公固良师，高宗亦明君也。”

如果这个传闻真实的话，说明窦光鼐连皇帝都敢顶撞，可见其性格之憨直，而他在任职期间所做的那些抗颜之事也就没什么不可理解的了。

2019年4月27日，在齐鲁书社副总编刘玉林先生的带领下，由小徐先生开车，我们前往诸城寻访。在此处所访第一站乃是参观诸城名人馆，此馆处在巨大广场的正端，右侧是诸城博物馆。因为时间的原因，我们来不及参观博物馆，请小徐找地方停车，我跟刘玉林绕过博物馆，直奔名人馆。在馆门口我们却被保安拦了下来，他说需要验票，而我们却看不到领票处。这位保安慢悠悠地说，领票处在博物馆里面，你们要先参观完博物馆才能参观名人馆。这真是岂有此理，公众场馆的参观也要搞搭售。我本想跟保安理论，但刘玉林比我识时务，他马上问保安领票的办法，然后拿上身份证飞奔而出，临走时还不忘跟保安说：“你让他先进去拍照,我一会儿就送票过来。”

保安对刘兄的说法不置可否,我把他的这个态度视为默认,于是径直走入名人馆中。一楼大厅仅摆放着一尊雕像,此人的衣着颇为远古,扛着一把粗糙的木犁,以我猜测他应当是尧舜或者是黄帝,好像后者不生活在山东,走近一看,原来是舜帝。而此时的保安跟我喊话:“只能看一楼,楼上不开放。”

我的寻访追溯不到舜帝时代,于是走入右侧的一楼展厅,里面静悄悄的,只有一位女工作人员。我不清楚这里是否允许拍照,端起相机试着比画了几下,看她没有阻止之意,而我试着取景的这件书法作品竟然就是出自窦光鼐之手。进入名人馆看到的第一件作品就是他的,这可真称得上有缘。看来和珅的确眼光不错,他一眼就能看出窦光鼐书法之美。既然和珅夸过了,那我还能接着夸吗?虽然我没有搞明白自己的立场,但还是忍不住说了一句“写得真棒”。我的自言自语引得那位工作人员瞥了我一眼,正在此时,刘玉林赶了过来,我又向他说了一遍自己的赞叹之语,而刘的态度很明确:“那当然,窦光鼐毕竟是山东名人。”

除此之外,这里还摆放着一些与窦光鼐有关的线装书。细看之下,这些书都是原本,可见诸城的这座名人馆在征集展品时也下了不小的功夫,让我因门票事件而生的腹诽消散了许多。

在这些展品的后墙上有窦光鼐介绍展板,只是他那张画像看上去开脸略显滑稽,想到他为人之憨直,从其画像的开脸上也能品出一点味道。这块展板上还配了四张与《四库全书》有关的照片,既有书影也有排架,还有《四库全书总目》的卷轴本及点校本,以此显现窦光鼐与《四库全书》的密切关系。

在名人馆还看到了其他人的一些介绍,那些照片会写入他文中,于此不再赘述。刘玉林告诉我,窦光鼐的旧居虽然已被拆除,但诸城相关部门将其建成了一个公园,里面有一个小亭,原本窦氏旧居中也有一个小亭,可能新建之亭就是当年那亭子的复制品。既然如此,我当然要前往一看,于是走出名人馆,乘车前往。

前行约两公里,就在马路边看到了此亭。这里应当是诸城市的中心区域,路边难以停车,小徐将车停在一个商场院内,刘玉林带我步行前往,眼前所见乃是约十亩大小的池塘,想来这里当年也是窦氏庄园的一部分。在公园内看到了平面图,标明该公园叫沧湾公园,并未以窦光鼐的字号来命名。而我回来查资料,在大众网上看到了2013年12月26日发出的《窦光鼐与沧湾》一文："沧浪湾，习惯上又叫'沧湾'，是诸城市的一大名胜，位于城区中心广场南首，西傍繁华的和平大街，南倚图书馆大楼，一湾清水，碧波荡漾。沧湾公园中读书台传为清代诸城才子窦光鼐少年时的读书处，湾中青蛙聒噪，有失清静，窦光鼐用纸剪成若干枷锁，撒入水中，令每只青蛙扛戴一具，不许鸣叫，沧湾再无蛙鸣。沧湾确有"金蟾在水不喧噪"的现象，但绝非传说中所言青蛙扛枷，实为湾中水含碱太高，破坏蛙鸣囊所致。"这段解释说明此处确实与窦光鼐有关，只是最后一句貌似科普，却破坏了传说中的美好。

说明牌的对面即是沧湾，沧湾的水面后方建有一个仿古小亭，走进亭中细看，未能找到相应的介绍文字。我向亭中乘凉人打问这附近哪里还有与窦光鼐有关的遗迹，一位老人向公园深处一指："后面有个雕像。"

按老人所言，一路向内走，在路边还看到一座自助图书馆，于我而言，见书即喜，马上走上前隔着玻璃向内探望一番，而后继续前行。在路边看到一块高大的太湖石，不知是否为窦光鼐家旧物，以他那耿直的性格，似乎不喜欢这种弯弯曲曲的东西。而太湖石对面的那树藤萝已然绽放，其后方有一个螺旋形的平台，平台上有两人背对背的塑像，我不清楚这里是不是窦光鼐当年读书的平台，然展眼四望，此台乃是公园内唯一的小高地。

在后方的一个小广场上果然看到几座雕像，每座雕像的基座上都刻着像主名字及简历，故很容易地找到了窦光鼐。他的雕像制作得颇有喜感，感觉像一位和蔼的老头。而在他的旁边还立着《清明上河图》作者张择端的雕像，看上去更像个白面书生。

今日在诸城的寻访目标还有张择端公园，没想到在这里先看到了他的雕像，想来这也是缘分所在。故拍完这个公园后，我们上车赶往张择端公园，在公园内竟然又看到了窦光鼐的雕像，然其手法与刚才所见一模一样，张择端的雕像也是如此。细看之下，这些像乃是麻石所雕，不像模具铸造出来的。以现代激光雕像技术之先进，可以批量制出完全不走样的雕像，科技的发达减少了人们使用鬼斧神工一词的频率。然在诸城市内我两见窦光鼐雕像，可见诸城人民颇以这位秉性憨直的窦光鼐为傲，仅此一点就足令人欣慰。

庋藏

乾隆三十九年（1774）六月《四库全书》编纂工作开展初期，皇帝就开始考虑如何储藏这些大书的问题，前面提及他首先派人查看了天一阁书楼状况，而后下令以天一阁为蓝本，先建造北四阁。当年九月，文津阁就在承德避暑山庄兴建，次年夏建造完成，成为北四阁中最早建成的一阁，同时建造者还有圆明园中的文源阁。乾隆四十年（1775），文渊阁在紫禁城文华殿后建成。沈阳的文溯阁建造最晚，至乾隆四十七年（1782）方告完竣。

第一份《四库全书》完成于乾隆四十六年（1781）年底，也有的学者认为完成于四十七年年初，而后在不到三年的时间内，四部全书缮写完毕，第一部首先存入文渊阁，第二部运到文溯阁，第三部藏于文源阁，第四部运达文津阁。而江南的三座书阁均非新建，而是在旧有行宫的基础上改建而成。

文津阁

北四后成，查错由始

《四库全书》的七大藏书阁中，似乎文津阁跟我更有因缘，回忆一下，大概有四个方面值得在此唠叨一下。

第一，从距离或者时空上讲，留存至今的三部半《四库全书》中，跟我的距离最近者就是原藏文津阁的这一部，因为现在它栖身于北京的国家图书馆之内。这么说似乎有些勉强，因为国图的工作人员当然比我离它近得多，或者进一步说，管理文津阁《四库全书》的那位工作人员比我离得更近。但我觉得都不能算，因为那是他们的工作。往具体里说，文津阁《四库全书》搬到白石桥主楼之后，可能是忘记把《四库全书》巨大书架的尺寸考虑进去，书架没法搬进新建成的善本库，又不可能把书架拆散后入库再重新装起，而国图那么多相关专家，当然知道这些书架的珍贵程度，因为这七阁《四库全书》流传到今日，文津阁的是唯一原架、原匣保留者，于是就另找了一个大房间来珍藏。这个大房间就在国图善本阅览室的隔壁，我每次到阅览室核对资料或查证善本都会从这个门口路过，虽然不是总能看到，但每次都能感到它那强大气场的存在。

第二则是因为要核对一部书，我第一次走进了四库书房中。多年前我买到过一函文津阁本的《四库全书》，因为这七部《四库全书》一半被烧掉了，而剩余的另外一半中最全的一部就是文津阁本，可是我却意外得到了这么一函，这让我大感疑惑。某次跟善本部的领导聊天时提到了这件事，他认为有可能是撤出的一部书。当年，文津阁本《四库全书》入库之后，乾隆皇帝偶尔翻看，发现了一些违碍字句，于是命令纪昀等人核查全书，将其中的错误一一改正过来，军机处录副奏折中有乾隆五十二年（1787）十月二十四日热河总管全德给核查人员安排场地的记载：

奴才等遵于圣驾起銮后，随将丽正门内仓房一带空闲庙房打扫洁净，粘补糊饰，并预办桌凳茶炭，以供应用。兹尚书纪昀于十月十五日已抵热河，奴才等会同商办，每人每日各看书二匣，早晚收发，俱在避暑山庄门外。有应挖改换页之处，收拾完善，即令送阁归架，照式安设。看书人员已到有九人，即于十月二十二日看起，所有校阅补换，总令在朝房办理，不准挟书归寓，以防遗失。至收发记档、检查污损以及归架安设，奴才等仍派委夏间经管之苑副盛禧、千总郭廷斌等照前办理，庶事归熟手，不致舛误。并派有苑副李本沅、千总陈茂林率领兵丁供应茶水，稽查炭火。

奴才等仍不时查察照料，以昭慎重。

虽然这部大书中出了一些错误，最初乾隆皇帝只是让核查改正，并未严厉惩罚，而纪昀在同一天给皇帝所上奏折中也解释了出错的原因：

文津阁书系第四分，当时事届垂成，未免急图完竣，错谬尤多。其中需查底本者，据大学士臣和珅所交已一巨册，将来尚不知其几。但底本俱在京中，臣等实鞭长莫及，合无仰恳天恩，敕下军机大臣，于罚来各员内择其过失稍轻者，酌留一二员，常川在翰林院专办此事，即令自备夫马，往来驰送，计其所费，与前来资斧亦足相当。似于公事有裨，而仍不失示罚之意。

但最终皇帝还是下令将改正这些错讹所需费用核算出来，准备让纪昀等相关人员予以赔偿。乾隆五十三年（1788）二月初十日的军机处录副奏折中有热河总管董椿所奏：

窃照文津阁所贮《四库全书》，经尚书纪昀奉旨带同详校官等，于年前十月二十二日校勘起，至本年正月二十六日，将挖改换页之书均已校缮完毕。复接办改正翻译，填写门类，于二月初八日亦俱完毕。奴才等率领苑副、千总先后逐一查点，除随时检出污损书匣面页等项另行记载外，所有全数书函照依原位，陆续敬谨安设。

至书内阙遗颇夥应添缮挪归者，并匣盖、书匣、面页、环带应改刻添换者，业经纪昀逐处黏记黄签，详开册目，一一奏请认赔，自备工料，再赴热河修理。

可能是为了少付些赔偿款，纪昀经过现场核查，发现只是更换一些木匣封面的刻字，而并不用将修改后的书重新制作木匣，他在乾隆五十三年十月三十日的奏折中详列出了此事：

臣……即于二十三日同董椿将从前签出应撤应添应挪各书，应换应改各匣，挨次取出。臣一一详加核算，并恭赍翰林院所贮《钦定简明目录》原本，逐架重加对比。尚有颇夥之处，不在原查之内者，缘陆费墀排架之时，凡系巨帙，俱挨次装匣，凡系零帙，则不论朝代，不论门类，俱以数种合为一匣，以省配搭之烦，遂致纷纷错乱。今于排架既定之后，逐种抽出，归还原次，须通盘合算，一一设法插补，方能与流号数目相符，臣现在将错乱之书先行按次排定，然后比量尺寸，照原匣数目另自搭配。分函其间，或应抽衬，或应入衬，或应将书匣增减分寸，务期整齐顺序，不见拆补之痕。其不动原匣，但换匣面者，臣亦将应换字样一一标注，仍按架排顺。今依常阿带领武英殿官匠已到，现在开工。至诸书移出一部，须将前后匣摊补，插入一部，须将前后匣匀并，虽所换匣数较多，臣现将撤退各匣细量分寸，一一记明，与现在分并各书逐加比较，或彼此互换，或高匣改低，俱可斟酌充用。偶有不能相合者，亦可作续入各书之空匣，不致弃捐一转移间。除改刻匣面以外，应添造者无几，庶不致虚糜旧料，多费新工。

纪昀的计算方式让乾隆没有想到，他在奏折上批了这样几个字："竟通。不料竟能如此。"事情原本可以就这样过去了，然未承想，纪昀将文津阁《四库全书》校对一过后，以为已经没有问题，可是转年皇帝到热河时翻阅文津阁《四库全书》，又看到了新的问题，《扬子法言》卷首竟然空着两行，说明纪昀并没有把这部大书通看一遍，于是下令按例惩处纪昀：

除将文津阁四库全书内《扬子法言》一书，就近交军机大臣将空行填补，并缮录御制文于篇首外，着纪昀亲赴文渊、文源二阁，将《扬子法言》一书检出，缮录御制文冠于简端，并带同详校各官，抽查此书卷首是否亦有空白之处，及此外各书有似此脱误者，一体抽阅填改。如再不悉心详检，经朕看出，必将纪昀等加倍治罪，不能再邀宽贷也。

乾隆皇帝认为既然文津阁《四库全书》出了这样的问题，恐怕文渊阁、文源阁也会有此问题，于是令纪昀亲自到这两阁去查检，同时生气地说，如果这次查完后再让我发现有错误，绝不会轻饶。

既然出了这样的问题，纪昀也只能带人去认真核查，那时他已升任左都御史，但以往犯下的错仍然需要承担，于是他在乾隆五十七年（1792）四月初十日带人到达热河，重新细查阁书。他在给皇帝的奏折中再次解释了出错的原因：

伏查四阁书籍，文津阁系第四分，其时写校诸臣以将次告成，趱求议叙，未免较为潦草。而上次详校各员事出众手，又值天寒日短，亦未免匆忙，是以尚有扬雄《法言》空白未填一事。臣今次复勘，每二三人中，派亲丁一人，相参查检，稍不认真，即行觉察。臣不时往来巡视。臣福克精额等所派官役亦皆熟手，呼应甚灵，抽取互勘之书颇为迅速。现在经部将完，已签出空白舛误一千余条，分别修补。其未办各书，约计签数每部当亦相仿，似乎从前各员漏签之处，大致可以廓清。

纪昀的意思是，虽然该书一共抄写出了七部，但原来的设想是只抄四部，文津阁正好是第四份，故抄写人员以为这是该文化工程的收尾之作，又因为皇帝之前曾经承诺完成《四库全书》之后，相关人员都要论功行赏，很多人急着事成邀功，所以出了不少错。对于上次核查为什么不仔细，纪昀的解释是，当时天寒地冻，所以没有把每一页书都翻到，这次他接受教训，既有翻阅者，又有监督者，而每两三位翻阅之人，他就安排一名监督人员。经过这样的核查，又查出一千多条空白或错误之处。如此说来，皇帝二次发现阁书中有错并非巧合，看来这部大书里面确实存在一些工作疏忽导致的问题。

乾隆皇帝看到这个奏折后对纪昀颇不满，下旨称："文津阁书籍，上次纪昀带同详校官员前赴热河，业已校勘完竣，分别改正，何以扬雄《法言》一书空白未填？上年既经朕看出，此次复又有签出空白、舛误一千余条之多，可见校勘一事，全属有名无实。"同时再次警告纪昀："若朕驻跸热河时，再经指出错误，必当重治其罪。"

经过这样的核查，文津阁本成为七部《四库全书》中最完善的一部。对于我得到的这一函《四库全书》，领导认为应该就是当年纪昀核查时撤换出的，为此领导带着我走进了《四库全书》库房。这是我第一次看到《四库全书》原架、原匣、原书摆放在一起的整体阵势，"震撼"二字不足以形容我那一刻的心情。若干年后，这部《四库全书》搬到了二期新馆之内，因为某次开会的因缘，我第一次进内拍照，并且看到书上确实有纪晓岚的校字以及挖改粘贴的痕迹。

第三个缘于我在善本部的一次偶遇。大概八年前，有一段时间我在学习佛教版本的鉴定，很起劲地搜集这方面的古籍，因此常常跑到善本部向这方面的专家李际宁先生请教，同时请他帮我鉴定买得之本的版本价值。当时善本部最大的一间办公室因故腾了出来，我好几次看到里面有许多工作人员在翻拍古书，这种工作对善本部来说习以为常，因此我并没在意他们在拍什么书。某天在走廊偶然遇到了卢仁龙先生，聊天中他告诉我，他已经取得了文津阁《四库全书》的复制出版权，所以他安排了不少人在此翻拍这部大丛书。听他这么一讲，我对这件事产生了兴趣，提出想去看一看，于是他就把我带进了这个大房间。原来这里的工作就是在翻拍文津阁《四库全书》，我也第一次看到那种特制的翻拍架是如何便捷与实用，此后关于这部书的出版就没有了消息。过了多年，某天我来到扬州的天宁寺,看到一部原大原样影印的《四库全书》,马上回想起当年众人拍照的场景,从看到拍照到目睹影印的书,经历了将近十年时间,看来影印这么一部庞大的典籍真不是一件容易的事。我在天宁寺看到那里的工作人员对待那部影印本的态度,那份认真劲儿,完全像是面对乾隆原写本,这种对书的敬重最能令我心暖。

我跟文津阁《四库全书》的第四个因缘,说出来有些伤感。我的一位亲戚是承德市文物局的负责人,她多次邀我到避暑山庄游玩,同时也可瞻仰一下文津阁,阴错阳差,我始终未能成行。不幸的是,几年前她来京办事,在北京的一条小街上出了车祸,被一辆出租车夺去了生命。悲痛之余,我也有些后悔没有听她的话,早一点去看这部大书。她出事第二年我来到承德,第一次看到文津阁,因为里面已经没有熟人,自然看不到阁内的情形。

以上这些就是我跟文津阁沾边的故事,他人读来可能并不觉得这部伟大的书跟我有多少关系,但却是我的真实感受。

2015 年春节我过得很是清淡,把自己关在家里,整天写作,到了节日的最后两天,已经写得昏天黑地,于是想出门换换空气。在北京想要换空气不应该出门,而是应该待在家里。因为在外面奔跑了一天,吸入那么多的雾霾,只有奔回家才能大口大口呼吸。如此想来,我就改了个说法,叫出门换换脑筋。于是我想到了文津阁,我的急性子让我立刻开车上了京承高速。路上的车很少,撒欢儿地开车,还没觉得过瘾,就已经到了二百多公里外的避暑山庄。

星星还是那颗星星,大门也还是这个大门,跟我前几年看到的情形没有什么变化,唯一的区别是上次来时没有注意到山庄的入口是丽正门,门楣上的匾额竟然是用六种语言刻制而成,由此我看到了清朝皇帝民族大团结的思想。丽正门背面相同位置嵌着同样大小的一块碑,刻的是乾隆皇帝御题的一首七绝,从字体上看,我觉得这字说是出自乾隆皇帝之手,多少有点可疑,跟惯常所见的乾隆御笔顶多有五分像,但是嵌在楼门之上,又容不得我怀疑,假作真来真亦假,谁人能断真与伪。

既然进了园子,自然也在里面浏览一番,虽然是冬日,大片水面却有着春暖花开的迹象,只在背阴的地方还能看到一些未化的残冰,与池中的干枯断荷共同营

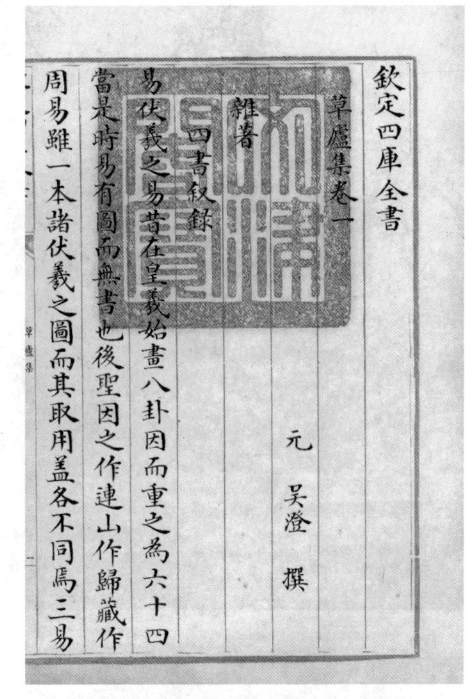
欽定四庫全書

草廬集卷一

雜著

四書叙録　　　　元　吴澄　撰

易伏羲之易昔在皇羲始畫八卦因而重之為六十四
當是時易有圖而無書也後聖因之作連山作歸藏作
周易雖一本諸伏羲之圖而其取用葢各不同焉三易

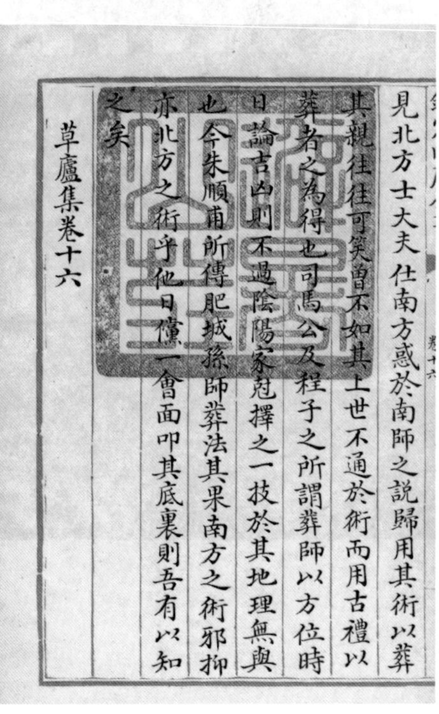
見北方士大夫仕南方惑於南師之説歸用其術以葬
其親往往可笑曾不如其上世不通於術而用古禮以
葬者之為得也司馬公及程子之所謂葬師以方位時
日論吉凶則不過陰陽家尅擇之一技於其地理無與
也今朱順甫所傳肥城孫師葬法其果南方之術邪抑
亦北方之術乎他日儻一會面叩其底裏則吾有以知
之矣

草廬集卷十六

⊙… 文津阁四库全书本《草庐集》卷首　⊙…《草庐集》的卷末钤有避暑山庄御玺

⊙… 远望文津阁　⊙… 文津阁的匾额

造出一种萧瑟之美。我是肚里藏不住事儿的人，匆匆游览中还是惦记着朋友已代为安排好的工作人员，因为他们已经在阁内等候。

从院落的完整性来讲，我还是觉得七阁中只有文津阁设计比较用心，不仅形成了五脏俱全的独立院落，更为重要的是，这个院落在设计上就考虑了多功能。从建楼的时间上来说，四库全书七阁中第一座建成的就是文津阁，它建成于乾隆三十九年（1774）。

进入文津阁这个独立的院落，眼前看到的景色不是书楼，而是一座体量较大的假山，全部是用嶙峋的怪石构成，所用之石又不像寻常所见的太湖石或英石。回来查资料方知道，这座假山是由浆石和鸡骨石堆叠而成，在此之前我没有听说过这两种观赏石。这座假山的左右两边并无路径可以绕过，必须从下面的石洞穿过去。进入洞内，顿时感觉到什么叫别有洞天，里面的空间较大，由石头分成了不同的独立间隔。工作人员介绍说，山洞之内也分为厅、堂、孔、穴等。尤为奇特的是，洞的上方有一个半圆形的小隙，形状看上去像是空中的上弦月。这个孔洞正是极具匠心的特殊设计，因为太阳光在某个时刻会正好从这里照进来，日光的影像正好投射到山后的水池，在水中形成一个下弦月的倒影，由此构成了天上有太阳，水中有月亮这种日月同辉的奇特景象。我却突然想到，这种构思不单纯是为了营造一种奇特景观，而是隐喻《四库全书》存放于此地，正跟“康乾盛世”构成日月同辉，可惜那个工作人员没有证实我的判断正确与否。

从假山中穿过，眼前顿时豁然开朗，这让我想到了《桃花源记》。我又开始臆想，感觉假山的设计者一定受到了陶渊明这篇文章的影响，我引用几句原文来印证我的判断：

复前行，欲穷其林，林尽水源，便得一山。山有小口，仿佛若有光，便舍船，从口入。初极狭，才通人。复行数十步，豁然开朗，土地平旷，屋舍俨然，有良田美池桑竹之属。

我从未看到研究者从此角度来解读文津阁中的这座假山，可能我的这个判断能够得到“发明专利”。

假山后的水池也比我看到的其他两个大许多，水中还漂浮着未融化的冰块，这让我无法欣赏到日月同辉的美景。水池对岸的文津阁依然在那里，顿时让我

⊙… 文津阁前假山全景

有了兴奋之感。从外观看,文津阁的式样和体量都跟文溯阁和文澜阁基本相同,也是明二暗三的设计,然门廊的两侧却开有石券式的门洞,门洞的上方用琉璃瓦覆盖,看上去颇为别致。至于其他几阁是否也有这种门洞式的设计,我却未曾注意到。面对阁的右手边有一座黄色琉璃瓦覆盖的碑亭,里面立着的是《文津阁记》。这块碑很高,感觉碑身有两丈以上,这给我的拍摄带来了很大困难。碑的正面刻的是乾隆御题的《文津阁记》,背面和左右两侧刻着乾隆作的三首诗,《文津阁记》中提到了该阁名称的来由,我把这一部分摘引如下:

辑《四库全书》分为三类,一刊刻,一抄录,一祇存书目。其刊刻者,以便于行世,用武英殿聚珍版印刷,但边幅颇小,爰依《永乐大典》之例,概行抄录正本,备天禄之储,都为四部,一以贮紫禁之文渊阁,一以贮盛京兴王之地,一以贮御园之文源阁,一以贮避暑山庄。则此文津阁之所以作也,盖渊即源也,有源必有流,支派于是乎分焉。欲从支派寻流,以溯其源,必先在乎知其津,弗知津则蹑迷途而失正路,断港之讥,有弗免矣!故析木之次丽乎天,龙门之名标乎地,是知津为要也。

由此推测,"文津"有可能是"问津"的谐音。关于这块御碑,我还听过更离奇的说法,好像是在一部电视剧里,说文津阁水池和假山之下有一个很大的密室,里面藏着许多避暑山庄的珍宝。日本侵华的时候,无论日本人怎样寻找,最终都没有发现。中华人民共和国成立之后,这些珍宝就归了人民政府,又回到了人民的手中。这个故事特别有正能量,而故事中密室的入口之处就在御碑亭内。我在碑亭内仔细寻找暗道的秘密入口,却完全找不到曾经有洞口的痕迹。为一个八卦故事如此上心,说明我的好奇心还没有被岁月消耗尽。可惜不知道阿里巴巴的暗语密码,没能"精诚所至,金石为开",只好遗憾地离去。

文津阁上楼的台阶也很窄,但总算比文渊阁宽很多,并且两侧还有木扶手,给我的上下楼带来很多方便。到了楼上,里面的情形还是让我吃了一惊。虽然书早已不存在这里,但我总以为还保持着原有的格局。然而看到的情形跟想象反差太大,我站在原地努力调整了一会儿时空,才让自己相信眼前所见确实就是文津阁的内部。

而今的文津阁内部格局已完全变为 30 年前国内流行的机关办公室模样。我感觉是用轻体砖将里面做出一个个隔断,然后又刷上了大白,隔断间的门带着玻璃，是那种四格式的玻璃门框，的确符合这种素白的氛围。窄窄的走廊与里面宽阔的空间形成了极大的反差，里面基本空无一物，我也不便问当年或者现在这里做何种用途。

登阁下望，文津阁院中的景色尽收眼底，尤其难得的是，站在这个角度能够看到整个假石山的全貌。从资料上得知，这座假山在外形制作上也很有讲究，在造景的时候，隐含了十八学士登瀛洲的掌故，并且把棒槌山、罗汉山、双塔山等热河地区的十大名山浓缩在了这里。细看之下，美则美矣，却跟《四库全书》的壮丽无法媲美。

关于文津阁的保存状况，中国第一历史档案馆所编《纂修四库全书档案》中在附录部分有一条档案。同治六年（1867）十一月二十四日热河都统麒庆在奏折附片中写道：

此次修理文津阁工程完竣，所有四库全书六千八百五函，现已移安妥协。其中沾受潮湿共计二十六函，亦饬抖晾干燥，一律收度讫。唯查文津阁所藏书籍，从前每届夏季，遵照文渊阁事例抖晾一次，嗣因余平归公，抖晾人等茶水一切无项可给，遂即停止，迄今几二十年，诚恐日久不行抖晾，书籍渐臻蠹敝。应请自同治七年为始，仍复抖晾。旧例所需人夫茶水为数无多，即由该管衙门公项支给，归于年例开销，以资经久。

看来文津阁《四库全书》在修纂完毕后，一直得到了妥善的保护，然而也曾有过受潮的情况，为此每年有晒书之举。但晒书也需要一定的费用，所以一度暂停，而麒庆上此奏章，就是希望恢复晒书。

关于文津阁《四库全书》具体的数量以及在避暑山庄内还藏有哪些书，光绪二十年（1894）五月二十六日热河总管世纲所上奏折中给出如下数据：

奴才等遵即率领苑丞、苑副等恭诣文津阁，谨将库存缮本经、史、子、集，刊本《古今图书集成》等书，按架逐函，依照目录核对详查，计六千八百五函、三千三百三十四部、九万一千十五卷。又诣园内各殿宇，将陈设书籍逐卷详加考核，添注卷数、版目，编辑各名款，分类开单，计四百六十二款，九百十九部，七万一千七百三十八卷。

有意思的是，该奏折中只说函数、部数及卷数，唯独不提册数，故后世研究者只能笼统地说这部大书有 36000 册。这部书在清末民初几经辗转，最终来到北京，长期存放于北京图书馆（现国家图书馆），被称为国家图书馆的四大镇库之宝之一。

宣统元年（1909），清政府开始筹建京师图书馆，依照学部的奏请，朝廷同意将文津阁《四库全书》调拨给此馆，因为诸多原因拖了几年，到 1914 年初才将书运到北京，放在故宫的文华殿内。之后几经搬迁，到 1931 年，这部《四库全书》才放在北海旁边的新馆舍内，此时京师图书馆已经改名为“北平图书馆”，也就是现在的国家图书馆。新馆建成后，北平图书馆给市公安局写信，要求把正门前的路定名为“文津街”，以此作为纪念，这个要求很快被批准，“文津街”的名称一直使用到今天。

下楼之后，站在文津阁前，我看着阁楼上的一些细部，体味着当年楼书合一的壮丽景象，又忍不住发了一通感慨。谢过了带我前来的工作人员，走出院门，驱车回返。看着沿路的高低曲折，想象当年将这样一部大书运来运去的艰难，也更加珍惜自己所得的一函。任何古书能够流传下来都不是件容易的事，有幸能够得到，就一定有前世的宿缘，我要学会感念上天对我的厚爱，懂得惜福。

文源阁　昔日辉煌，依稀可辨

文源阁在圆明园遗址公园内，30 多年来我去过多次，却从没找到过文源阁的遗址。以前的圆明园被分隔成很多区域，各区域之间有许多用围挡拦了起来。十几年前我开始寻访藏书楼，查找了那么多资料，也没有看到一篇谈及文源阁遗址近况的文章，在印象中本能地以为这处遗址已经被西风吹尽了无痕。2019 年看到了刘蔷写的一篇文章，里面讲到她探访文源阁遗址的全过程，引起了我的兴致，我马上去电话向她了解情况。她很高兴地向我讲解一些细节，听说我也有前往一游之兴，告诉我说那个地方无法用语言描述如何行走，若我想去，她可前往带路。

这当然求之不得，然而这一年以来俗事缠身，我们几次相约都没能成行。一日刘蔷请众多朋友吃饭，饭局的由头我没听明白，但在席间我们又聊到这个话题。她说过几日还要再次前往台北故宫博物院做天禄琳琅研究，恰好这两天空闲，我立即跟她约定第二日下午前往圆明园。

圆明园的面积确实太大，虽然被不同部门占用，遗留至今者我觉得仍然是国内最大的市内公园。圆明园有多个出入口，刘蔷告诉我，文源阁的遗址离哪个门都不近，比较而言，走藻园门还算是捷径。这个藻园门我从来没有听说过，按照她说的方位，开到这个地方，竟然是单行道，我只好把车停到马路对面。因为我早到了一刻钟，打电话问她来几个人，以便买门票，她说仅一人前来。然而，售票处却标示着三种不同的票价，针对不同的游览区域，我不知道文源阁在哪个区域，只好等她。刘蔷到了之后，她马上跟售票员讲了所要去的地方，门票反而由她买下，这让她既劳力又费钱，搞得我多少有点不好意思。

乘电瓶车前往公园深处，刚走了一段，车就停了下来，说只能开到这个地方，无奈只好步行。一路上刘蔷给我讲解每处景观的原貌，她对圆明园的熟悉程度比我高许多。她说自己大学时就常来这里游玩，那时不收费，比如今的景象要荒凉许多，但是已经有了游船，有天晚上她跟一群同学来到这里，私下解开船来，每人划一条，在湖内玩耍。那种自由自在的感觉让我极为神往。

可能是为了让游客更好地欣赏园景，圆明园里的路径大多曲曲折折，刘蔷也不能断定哪条路可通，我俩只能试探着走。我明白她的体贴，她担心我可能有些沟沟坎坎跨不过去。今日离春节还有三天时间，园中游客极少，也看不见什么工作人员，遇到岔路时只能凭感觉判断，看来心诚则灵，经过那么多歧路，竟然没有走错一条，这让我想起令我第一次相信在天有灵的寻找祁彪佳墓的经历。

早晨出门时，天气预报说今天是重度雾霾，建议大家不要出门，但想到跟刘蔷的数次爽约，今天哪怕是下刀子我也要出门。其实更让我担心的是拍摄效果，在这种天气下，很担心拍出的照片变成雾里看花。在园中行走，感觉像是在旷野之中，加上有一层淡淡的云，朱自清会以为恰恰到了好处。刘蔷说，朱自清所描写的荷塘月色就在清华大学的校园之内，那也是她常常流连之地。我前几天刚在扬州拜访了朱自清的故居，听她这么一说，深感有必要哪天去寻访一下那月色下的荷塘。因为雾霾的缘故，今日的圆明园里远处的道路有着忽隐忽现的美感，颇能符合大道低回意象。走在碎石子铺就的小路上，周遭寂静，只能听到脚下沙沙的响动。

刘蔷担心我走路寂寞，不停地给我介绍相关的故事。她说，自己和先生曾经找到过文源阁遗址，因为有报道说此处的残石碑被一些外行做拓片，渗进了墨汁，还有人在遗址上挖出各种地砖带走。这篇报道出来之后，引起了园方的重视，就用建筑上常用的围挡把遗址围了起来，她跟先生来此处寻找时，就是钻过围挡才拍到照片。去年我跟她约定也要来拍照，她担心几年未曾前来，不知是否还进得去，又特意跟先生先期探了一回路。看到的结果是，围挡改为铁栏杆，他们围着转了一圈，发现没有留下入口，并且还在遗址的四围全部安装上了监控探头，也不方便从栏杆上翻入。此前，她已告诉我这种现况，但我仍然觉得应当前来一访，因为《四库全书》的七座藏书楼我已经找到了六座，虽然有的书楼连痕迹都看不到了，但毕竟还能找到原址，而这七阁中唯一没有拍照也未踏访到的就是文源阁，这就有如七窍通了六窍，因此，有没有栏杆我都要来此拍照。

在前往文源阁的路上，经过一处遗址名叫舍卫城，据说这是当年在园中专门开辟的一座小城镇，是仿照古印度拘萨罗国首都的城池布局而建。按照资料上的说法，小城里面的街道是十字形布局，曾经建造了很多庙宇，还有一条专门的买卖街，名字就叫苏州街，街上摆摊的商贩都是由宫里的太监来装扮，以便让圆明园里的那些女人们有逛街的乐趣。刘蔷讲这些故事时，我特意看了看她脸上的变化，似乎她对逛街没有那么浓的兴趣。她又告诉我，遗址后方的高墙并非原始围城的残垣，因为早些年这里成了民兵训练的打靶场，为了防备子弹乱飞，才在后面建起了这座高墙。她建议我拍旁边的那堵矮墙，那才是舍卫城的劫余。

从舍卫城向西前行不足100米，即看到了标明文源阁遗址的铭牌，向北望去，前方30米处就是我要寻找的遗址。沿着小路走到遗址旁边，正如刘蔷所说，整个遗址全部被护栏包围起来，黑色的金属护栏顶上都装有“红缨枪”的“枪头”，如果从上面翻越的确有些危险。刘蔷说，她跟先生曾经探讨过这件事，因为在栏杆之前有一块介绍牌，踩着介绍牌的横撑应该能够翻过栏杆。但以我现在的身体状况，要做这种动作似乎难度系数不小，更何况我已经观察了地形，至少有一个探头能够清晰地观察到这个地方，于是放弃了翻越的打算。

我沿着栏杆转了大半圈寻找突破口，在向西的一面墙上终于找到了铁门的入口处，然而门上却挂着锁。展眼四望，看不到人影，看来想从正门进入已经没有可能。这让我很绝望，伤心地吟道：“为人进出的门紧锁着，为狗爬出的洞敞开着。”吟完突然有顿开茅塞之感，对呀，人进不去，不一定狗进不去，于是立即问刘蔷这里有没有狗洞。她愣了一下，疑惑地看着我，说没有注意过，于是我们开始寻找。这可真是天不负我，不对，应当是革命先烈所作之诗不负我，这首诗简直是神谕，果真，我们在一个角落找到了可以钻入的孔洞，应当是雨水冲刷形成的小豁口。

我决定从这个豁口钻进去。刘蔷望着我，我看到了她眼神中的犹豫，她可能是在顾忌自己淑女的形象，我宽慰她说，没关系，钻狗洞正说明人与动物和谐相处，何况狗才是人类最好有朋友，比一些号称或者貌似朋友的人好多了。这句话果真打动了她，她决定跟我一起从这位人类朋友出入的门进去。我仔细观察了一遍地形，确认探头照不到这个地方，于是把三脚架收起，把相机放在地上，俯下身子，双手抓住栏杆，但是我忽然觉得应该在她面前表现得自己的动作娴熟而优美，于是放弃黑狗钻裆式的爬入，调转身来，以鲤鱼打挺的方式钻了过去，自我感觉姿态还算优美。虽然近两年因为受伤功夫生疏了一些，但毕竟廉颇未老，饭还吃得挺多。

我的顺利进入鼓舞了刘蔷，她把包递给我，然后如法炮制。我得承认，她的身姿比我矫健得多，即使从人类朋友的洞中钻过，也同样有着艺术的美。顺利进来之后她也很是高兴，快乐地向我指点着里面的遗物，但一瞬间她的声音又降低了三个八度，压低声音指着隔壁的墙说："里面就是圆明园的管理处，我们小声点，千万别让他们发觉了。"这可真是盗亦有道式的斯文。

眼前所见确实是一片废墟，一个较为平坦的深坑前面是由许多太湖石堆起来的假山，已经坍塌到看不出形状，但即使如此，这么大体积的太湖石堆放在一起，还是让我觉得很震撼。我贪婪地在四周找拍摄的角度，天公有眼，这种重度雾霾的状况下，竟然在浓云密布的天空露出了一条缝，红彤彤的太阳照在了这些太湖石上，让这些石头瞬间变成了一种黄中泛红的奇特颜色。我看到在这一堆石头之中，有几块体形最大的残石跟其他的颜色不同，有着铁青色的光泽感。

刘蔷告诉我，这块太湖石名叫"石玲峰"，是圆明园中体积最大的一块，高度超过6米，原石上有很多孔洞，据资料说有101个之多。她建议我上去数一数，我说兄弟你有没有搞错，我现在怎么还能爬进那些乱石中，她这才想起我的不便，于是拿起我的相机，踉跄地爬过那些石块，帮我拍石玲峰上的刻字。可能是因为上面有字，这几块石头用玻璃罩包裹了起来，但太过粗糙，使得玻璃里侧也沾满了灰尘，要想拍到里面的字迹，只能透过很小的间隙，这可真是个高难动作。这时我想到了刘蔷的先生郭兄，这位郭兄可是清华大学摄影的第一高手，如果今天他能来，那拍摄的效果肯定好得多，但我没敢说出这句话，怕引起刘蔷的不快：我费这么大力气给你拍照，你还嫌我的水平不够！

石玲峰原立在文源阁和阁前假山之间的水池内，想到这一点我才意识到自己的脚上为什么沾了那么多的湿泥。刘蔷说，我们所站的位置原来就是文源阁楼前的水池，早年她来此游玩时这里的水面还很大，当时是圆明园附近居民的养鸭场，也可能是养鹅场，我没记住她说的具体动物是什么。但不知什么原因，今天这里面已经没有水，站在湿泥之内，虽然没有水，我也觉得自己宛在水中央。面前碎成几块的石玲峰，其实残破的时间很晚。圆明园被毁之后，这里面就成了各方人士争抢遗物的地方，而这块太湖石名气很大，于是成了两股土匪争抢的目标，因为双方势均力敌，谁也运不走这个庞然大物，其中一方想，我得不到，谁也别想要，于是就用炸药把这块石头炸成了碎块。

为什么1860年英法联军会打到北京，这个我不想聊，只想说这场战争对于圆明园的毁坏起到了带头的作用。当时圆明园事务由内务府大臣宝鋆主管,关于圆明园当时的情形,他向咸丰皇帝报告称:“二十二日夜间,遥见西北大火烛天,奴才不胜惊骇。唯当时深夜,恐其乘势攻城,不敢开门往探。旋于二十五日夷匪由园进出。当时派司员前往探听,随据禀称,园内殿座,焚烧数处,常嫔业经溘逝,总管内务府大臣文丰投入福海殉难。”(《军机处录副奏折》)

那时,英法联军首先是抢掠宫中的珍宝,最初的掠夺是法军司令孟托帮报告了法国外务大臣,说他们要抢这里的珍宝,准备奉献给拿破仑三世,而英国司令格兰特也立即派人到圆明园搜集属于英国人的物件。但这种说法只坚持了一天,前往的士兵就开始哄抢各种物品,而当时英国的谈判代表詹姆士·布鲁斯认为清政府将巴夏里等人囚禁在圆明园,因此提出要把圆明园彻底焚毁作为议和的先决条件。这位全权代表命令米切尔中将率领3500人来到圆明园放火焚烧,大火烧了三天三夜,让这座中国最美的园林变成了焦土,而北四阁之一的文源阁也灰飞烟灭。刘蔷说,她早年来此时,仍能看到这个区域内的土地有被烧过后的痕迹。其实从这些残破的太湖石上也能看到一些不同,这些石块确实有过火后的色变。

与这些太湖石假山相对的一面就是文源阁的楼址。登到楼址之上,今天仍然能够看到原有楼座的痕迹,尤其那四个石制的柱础,基本保持完好,还大概在原来的位置。北侧和西侧仍然能够看到墙基的条石,从条石的长宽高度来看,我感觉文源阁要比文渊阁的体量小许多。刘蔷说,这可能是因为没有了高大建筑的对比,在平面上感觉不出原有的体量。我看过的几阁,从体形上讲都比文渊阁小。文渊阁本是由明代旧阁借用而成者,而其他的几阁则是乾隆皇帝命令大臣按照天一阁的制式仿建,因此在体量上都会小于文渊阁,但这只是我的猜测。

关于文源阁的状况,《日下旧闻考》称“水木明瑟之北稍西为文源阁,上下各六楹”,由此可见该阁的形制与其他阁相同,也是仿照天一阁。乾隆皇帝在《文源阁记》中写到了这个问题:

藏书之家颇多,而必以浙之范氏天一阁为巨擘,因辑《四库全书》,命取其阁式,以构度贮之所。既图以来,乃知其阁建自明嘉靖末,至于今二百一十余年,虽时修

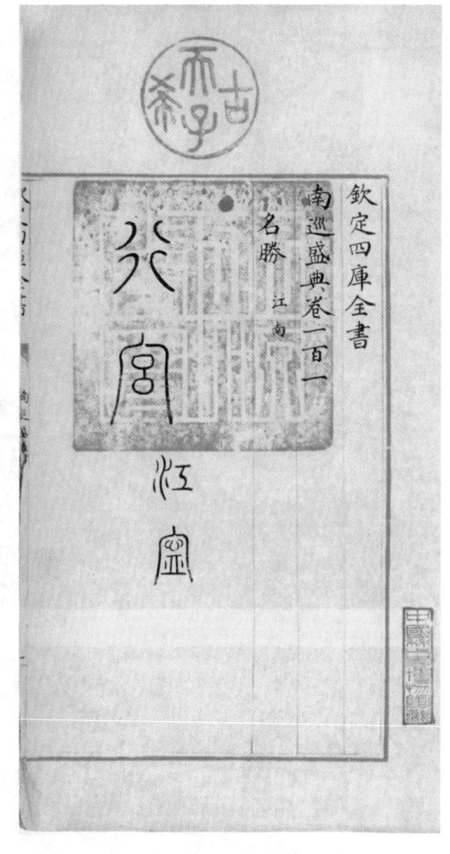

十 庋藏

⊙… 在圆明园全景模型上找到的文源阁　⊙… 刻有《文源阁记》的文源阁碑

葺，而未曾改移。阁之间数及梁柱宽长尺寸皆有精义，盖取“天一生水，地六成之”之意。于是就御园中隙地，一效其制为之，名之曰文源阁，而为之记曰。

对于该阁为何名“文源”，乾隆皇帝有如下解释：

文之时义大矣哉！以经世，以载道，以立言，以牖民，自开辟以至于今，所谓天之未丧斯文也。以水喻之，则经者文之源也，史者文之流也，子者文之支也，集者文之派也。流也、支也、派也，皆自源而分。集也、子也、史也，皆自经而出。故吾于贮四库之书，首重者经，而以水喻文，愿溯其源。且数典天一之阁，亦庶几不大相径庭也夫。

如此说来，文源阁在四库七阁中应排名第一才对，毕竟它占一个“源”字，而乾隆皇帝将四库中的经、史、子、集分别作了比喻，他认为经部是源，史部为流，子部则是支流，集部就更等而下之了，更加印证了他对此阁之看重。而对于该阁当年的情况，《日下旧闻考》中有如下描绘：

文源阁乾隆三十九年建，与文华殿后之文渊阁、避暑山庄之文津阁，皆以贮《四库全书》。阁额及阁内“汲古观澜”额皆御书。联曰：“因溯委以会心，是处原泉来活水；即登高而游目，当时奥窔对玲峰。”……阁前石为玲峰，刊《御制文源阁诗》，阁东亭内碣刊《御制文源阁记》。

如今这些都变成了一堆瓦砾，站在这废墟之上，只能是叹息再叹息。拍完照之后，我们依然由原洞爬出，这时，我又想起刘蔷的优美身姿，于是端起相机想迅速拍下这难得的一景，她立即制止我的行为，要我不要拍，我虽然觉得这没什么，但还是尊重她的意见。可是待我钻出时，她却端起了相机，我鼓励她大胆拍，这才是一种真实的记录，恰如佛理上所说“于污秽处，行无上礼”。

在来文源阁的路上，我问刘蔷她文章中的那个文源阁模型配图是在哪里拍到的，她告诉我这是清华大学制作的一个复原模型。我在藻园门等她前来时，看到介绍牌上标明圆明园有专门的全景模型馆，因为在文源阁遗址上能够看到的仅是一些残垣断壁，真实却缺乏美感，我还是想拍一个立体的形象，于是跟刘蔷又来到乘车处，坐上电瓶车前往模型馆。而藻园门在圆明园的西南角，模型馆在东北角，坐电瓶车都感觉有挺长的一段路。我问司机可否在此等候，以便拍照完后再返回，可是无论我怎样说加钱，司机都不为所动。刘蔷劝我不要再努力，说遇到了正直的人,就不要用那种不正直的办法,我听从了她的建议。于是两人从下车处徒步前行 500 米,来到了全景模型馆。

这个模型馆从外观看就是一处临时建筑,围墙全都是用活动钢板所制,跟四周的环境颇不协调,门票 10 元。进入馆内,面积之小超乎想象,其实就是一间大工棚,中间摆放着一个巨大的沙盘模型,站在边缘拍照,根本看不清楚里面的景物。刘蔷比我有耐心,她说既然进来了,不如就找到文源阁的所在。虽然她在沙盘上找到了那个部位,但想要拍清楚却费了很大的气力,总算聊胜于无吧。五分钟后出了这个模型馆,在馆的后方看到了一个仿制的大鼎,不知道是什么寓意。鼎的侧方是一片水面,很多人围在那拍照,刘蔷说是在拍黑天鹅。我果真看到一只黑天鹅领着几只灰不溜秋的半大天鹅游过。我没能看出其中的美感,这世界上不缺少发现,缺的是寻找美的那份心情。

刘蔷的家离圆明园东门不远,我们索性就从这个门走了出来,她帮我叫了一辆车,我乘车围着圆明园转了大半圈,才找到藻园门停车的地方。但关于文源阁的寻找还没有完,因为有太多跟文源阁有关的实物并没有在现存遗址之内。刘蔷告诉我,靠东墙的位置原来是御碑亭,那块碑上刻着乾隆皇帝所写的《文源阁记》,但这块碑现在却立在国家图书馆古籍分馆院内,我决定次日再前往此地把那块碑拍摄下来,做到功德圆满。

文津街的国家图书馆古籍分馆这么多年来去过多少回已经数不清楚,除了来此看书,还因为当年陈东先生的拍卖会是在这里举行,但我从没想起来拍里面的碑,尤其门口的那些华表,虽然我早就知道它们是从圆明园搬来的。今天赶上放假,我又等不及改日,于是给董光和兄打了个电话,请他跟门卫说我要去拍照,联系好之后直接来到了这个太过熟悉的地方。

入门处的那对华表以前还真没有细看过,今天看来感觉比天安门的那对还要精致,可能是因为要过春节,顶上插着红旗。正馆门口的那对石狮子据说也是从圆明园搬来的,感觉风化程度比华表要严重得多。广场右侧草地上还立着一块圆头的碑,叫"昆仑石",是 1931 年从圆明园运到这里的,上面的字迹已经模糊不清,据说是乾隆皇帝题的一首诗。

当然,我这趟来最重要的是看文源阁的那通碑。此碑立在院右侧的一个小

⊙… 昆仑石

土 皮藏

花圃内，以前姜寻先生在此办公司时，他的办公室就正对着这块碑，距离超不过10米，但我却从来没有认真地看过，今日再来看，才发现它残损得很厉害，应该是碎成了几块又拼合在一起。这天的阳光十分充足，但因为碑面风化得很厉害，在强光照射下，反而越发难以拍清楚上面的字迹。我瞪大眼睛仔细辨认，隐隐约约看到上面有"必以浙之范氏天一阁为巨擘"等字样，看来确是文源阁碑无疑。碑的背面刻着满文，字迹略为清楚，可惜我一个也不认识。此碑的残损之处已经用水泥补齐，颜色差异较大，可清晰地看到修补痕迹。

1926年，陈文波写过一篇《圆明园残毁考》，文中称那个时候这块碑还立在圆明园遗址的"阁东亭"中。1931年中山公园曾经举办过圆明园遗物展，此碑也被拉去展览，之后就放在了当时文津街北平图书馆的院内，到1990年才移至现在这个花园里。

其实，这个院里的那一对华表原本立在圆明园的安佑宫，总共有四根。1925年燕京大学建立校舍，美国牧师翟伯把这四根华表运走三根，放在了燕京大学主楼前面，余外的一根被京师警察厅运到了城里，1931年的时候还放在天安门旁边。北平图书馆建成之后，就把燕京大学多余的那一根，以及放在天安门前面的那一根都运到了这里。这样说来，圆明园遗物其实散落得到处都是。

其实，文源阁所藏《四库全书》并没有全部烧毁。民国时的日本汉学家长泽规矩曾在琉璃厂看到文源阁本的《论语大全》，十册全本，当时开的价挺贵。长泽没有那么多钱，于是想分批购买。他先买走了第一册，第二年他再来到北平时，余外的九册早已卖出去了。后来他去北平图书馆看书，在馆长袁同礼先生的桌子上赫然看到这九册《论语大全》。长泽跟袁馆长探讨了一番这部书的价值，但只字未提自己买走了该书头本。刘玉才所撰《日藏〈四库全书〉散本杂考》中提及，日本东洋文库藏有文渊阁本《草庐集》十卷和《南巡盛典》卷二十至二十二，日本恭仁山庄则藏有《南巡盛典》卷二十八至二十九。

刘蔷所撰《文源阁址话今昔》一文中还提及，香港大学冯平山图书馆藏有文源阁本《公是集》十卷，上面钤有嘉业堂藏书印；而广东中山图书馆则藏有文源阁本《明史》卷九至十三。后来我到中山图书馆搞讲座，特意请倪俊明馆长调出此书翻阅一过。

我自己也接触过文源阁的《四库全书》本。大概 18 年前，某个拍卖会上出现过一册，当时的起拍价是 5 万元。在那个时候，这么一套残本已经不算便宜，但没想到价格却争了上去，于是我就放弃了，后来想想颇感后悔。大概在 10 年前，打听到当年是谁买去了这册文源阁本，找人与之商量转让的事，然而对方报出的价钱竟然是买价的几十倍。想一想，我又放弃了，不知道哪一天会再后悔一下。

文源阁本当年也与其他三阁一样，完成后不久皇帝就发现了里面有违碍字句，下令请纪昀等人查看全书。《军机处上谕档》有乾隆五十三年（1788）十月十五日的内阁上谕：

文渊、文源等阁藏弆《四库全书》，上年派六阿哥、八阿哥、刘墉、彭元瑞督同详校官重加校正。唯留空未补各函，或因缮写未竟，或因纂办未完，尚未归函插架，亟应予限严催，毋任延缓。所有武英殿、国史馆、方略馆、三通馆、翻书房承办各种书籍，着派八阿哥、彭元瑞、金简会同该馆总裁，督饬纂修、誊录等上紧赶办。其四库馆应办各书，现在该馆已撤，即交武英殿办理，应用缮写之费，在于议叙誊录等罚交项下按数支用。唯各馆分投赶办，稽查为难，并着军机大臣订立限期，随时查核，以期迅速完竣。

北京的文渊、文源两阁是同时核查，皇帝命六阿哥、八阿哥协同几位重臣共同办理。而此时四库馆已裁撤，需要补办之事于是交给金简所管辖的武英殿，而补办费用则通过对相关人员的罚款来解决。

核查这部大书并不容易，到乾隆五十六年（1791）年底仍未完成，此时的纪晓岚已升任左都御史，但他仍然要对《四库全书》所出错误负责。乾隆五十六年九月二十九日他给皇帝所上奏折中写道：

臣纪昀跪奏，为文源阁书覆勘先完，据实奏闻事。伏查《四库全书》因缮写荒唐，动成疵谬，屡经校正，竟未能纯净无瑕。臣夙夜疚心，实不胜愧愤。兹复奉命覆勘，若再规避处分，有一毫之回护，更无以仰对圣明。

纪晓岚当然首先要承认自己对出错负有责任，诚恳检讨，接着说到工作细节：

谨于奉命之后，传齐原赴热河各员宣示谕旨，严切申明。并戒以文津阁书详校官皆系熟手，尚有遗漏未看之函。至文源阁书详校官半皆生手，尤恐未免粗疏，各宜实力检查，毋得互相容隐，自取罪愆。各该员俱感激悚惶，认真搜剔，臣亦往来巡察，不时抽看。计所签舛漏，较初次详校竟增数倍之多，凡一字、半字之空白，悉皆检出，各调取底本补填。其余卷首脱落、行款参差以及流水错误者，亦俱抽换修整。谨缮写清单，恭呈御览，请旨照例分别议处。

看来文源阁用的一些校对官员大半不熟悉业务，纪晓岚十分谨慎，不断来回巡查，随时抽看，果真发现了更多的错漏。而对于发现的具体问题，纪晓岚在奏折中写道：

至空白之处，有原注阙文一项，详校官因已声明，遂不查核。臣偶觉数处可疑，调取底本查对。中有实系原阙者；亦竟有底本不阙而惮于书写，或已经挖补而懒于查填，竟自捏注阙文字者。实系有心弊混，与偶然舛漏不同。已各于单内开明，应请旨将滥邀议叙之誊录查明尾页姓名，一并议处。

原来，当年的抄书人果真有糊弄行为，但《四库全书》每册书后面都会列明校对者，难道作弊者不怕有一天找后账？看来当时的抄写者和校对者估计皇帝也看不完这部大书，毕竟文源阁处在禁苑之内，这部书实际仅供皇帝一人翻阅，但未承想皇帝居然火眼金睛，发现了问题，纪晓岚身为总纂，当然有推卸不掉的责任。但纪昀觉得自己虽然负有领导责任，而具体的责任人也应当接受惩罚，所以他提出应查出每位出错者的姓名，一并议处。但问题是，当时的四库馆已裁撤，要核对原书，有一定困难，故纪晓岚提出：

所阙各书，京师有本者，现俱写补，其无本者，原采进之省份当有别本流传，应请旨行知各该督抚购写补送，以成全璧。

为了让这部大书尽善尽美，在工程完毕之后，还有很多的后续工作，然而费了如此大气力完成的这部大书，却被付之一炬，这是何等令人叹息。好在因为各种缘由，文源阁仍有残本偶现人间，可以让后人见到真貌。而之所以出现这种情况，应该跟当时的复核有一定的关系，想来纪晓岚等人在复核之时撤换了一些本头，文源阁被焚时这些书并不在阁内。书各有命，爱书人也各有其命，我至今也未得到文源阁零本，只能以“失之我命”来解嘲了。

文渊阁

身处内府，被火重建

四库七阁中唯有文渊阁处于紫禁城内。关于该阁的来由，王国强在《明朝文渊阁沿革考》中写道：

永乐十八年，北京皇宫落成，文渊阁建于午门内之东，文华殿南。其功用仍同于南京文渊阁。先以阁东五间贮藏书籍，其后又为藏书专辟一小楼，“内阁规制日甚狭隘，嘉靖十六年，世宗命工匠相度，乃与大学士李时等议，以文渊阁中一间恭设御座，旁四周各相间隔，而开户于南，以为阁臣办事之所。阁东诰敕房内，装为小楼，以贮书籍”。

北京文渊阁焚毁于明末农军的炮火之中。农军离开北京时，发炮纵火，宫殿幸存无几。而“文渊阁之制尽废，遗址仅在存矣”。清初时，有人曾就明朝文渊阁事“遍质之先辈博雅诸公”，结果竟是“皆无以答”。一代藏书机构，其结局如此！

关于此事，钱谦益《黄氏千顷斋藏书记》中亦有言及：

[文渊阁藏书]岁积代累，二百有余载。一旦突如焚如，消沉于闯贼之一炬，内阁之书尽矣。而内府秘殿之藏如故也。煨烬之余，继以狼藉，举凡珠囊玉笈，丹书绿字，梯几之横陈，乙夜之进御者，用以汗牛马，制骆驼，蹈泥沙，藉粪土，求其化为飞尘，荡为烈焰而不可得。自有丧乱以来，载籍之厄未之有也。

文渊阁在明代就已经建起，一度毁于明末李自成起义军，而今所见的文渊阁乃是清乾隆年间重新建造者，然而重建的文渊阁并不在明代的原址，《军机处上谕档》中收录有乾隆四十一年（1776）六月初三日上谕：

昨四库馆进呈裒集《永乐大典》散篇内，有《麟台故事》一编，为宋待制程俱撰，具详当时馆阁之制。所载典掌三馆秘阁书籍，以执政领阁事，又有直秘阁、秘阁校理等官，颇称赅备。方今搜罗遗籍，汇为《四库全书》，每辑录奏进，朕亲披阅厘定。特于文华殿后，建文渊阁弆之，以充策府而昭文治；渊海缥缃，蔚然称盛。

为了贮藏一部《四库全书》，乾隆帝决定在文华殿后建一座书楼，上谕中接着讲到文渊阁的来由：

第文渊阁国朝虽为大学士兼衔，而非职掌，在昔并无其地。兹既崇构鼎新，琅函环列，不可不设官兼掌，以副其实。自宜酌衷宋制，设文渊阁领阁事总其成。其次为直阁事，同司典掌。又其次为校理，分司注册、点验。所有阁中书籍，按时检曝。虽责之内府官属，而一切职掌，则领阁事以下各任之，于内阁、翰詹衙门内兼用。其每衔应设几员，及以何官兼充，着大学士会同吏部、翰林院定议，列名具奏，候朕简定。令各分职系衔，将来即为定额，用垂久远。

清朝入主中原后，虽然文渊阁作为实体已经不存在，但朝官中仍然设有文渊阁大学士一衔。乾隆皇帝在上谕中说，而今应该恢复文渊阁，以便让此官衔名副其实，同时表示，自宋代以来就有文渊阁领阁事一称，而该阁究竟还设置哪些职位以及具体如何管理，他命令臣工们去商量后再报上来给他决定。

皇帝有此命令，臣工们立即行动，当月二十六日大学士舒赫德等给皇帝上奏折，先讲述了皇宫中历代掌管书籍的官吏之设置，原来宋初设有昭文馆、集贤院、史馆，其中昭文、集贤大学士皆用宰相这样的大臣担任，后来建起秘阁，就以执政兼领，再后来又有了直阁，就以朝官充当校理，以京朝官充为立制，而对于当朝的文渊阁官制，奏折中称：

今文渊阁为图书之府，典籍充积，视宋三馆秘阁，尤为严重。应请参仿其制，置文渊阁领阁事二员，以大学士、协办大学士、翰林院掌院学士兼充，总司典掌。置文渊阁直阁事六员，以由科甲出身之内阁学士，由内班出身之满詹事、少詹事、[侍]读、[侍]讲学士、汉詹事等官兼充，同司典守厘辑之事。置文渊阁校理十六员，以由内班出身之满庶子、[侍]读、[侍]讲、洗马、中[允]、赞[善]、编[修]、检[讨]，汉庶子、读、讲、洗马、中、赞、修、撰、编、检，及由科甲出身之内阁侍、读等官兼充，分司注册点验之事。以上皆设为定额，仍仿宋代馆职结衔之例，一切章奏文移，令其系衔于本职之上，以昭体制。

联名上奏章者除了舒赫德，另有于敏中、阿桂、程景伊、董诰等多人，皇帝阅后批示为："所议是。依议。"事情就这样定了下来，皇帝还任命了文渊阁第一任管理者："大学士舒赫德、于敏中着以原衔充文渊阁领阁事。署内阁学士刘墉、詹事金士松，侍读学士陆费墀、陆锡熊，侍读学士纪昀、朱珪，俱着以原衔充文渊阁直阁事。"

按照乾隆帝早期的设想，文渊阁建成后，阁中之书除他以外，一些朝官也可以翻阅，只是不允许带出阁外，乾隆四十一年六月十三日的上谕中曾明言：

至于四库所集，多人[间]未见之书，朕勤加采访，非徒广金匮石室之藏，将以嘉惠艺林，启牖后学，公天下之好也。唯是镌刊流传，仅什之一，而抄录储藏者，外间仍无由窥睹，岂朕右文本意乎？翰林原许读中秘书，即大臣官员中，有嗜古勤学者，并许告之所司，赴阁观览。第不得携取出外，致有损失。

然而实际上，《四库全书》修成后，除了皇帝本人，其他人根本不可能进去看书。乾隆五十三年（1788）十月二十三日，他在上谕中称，文渊、文源、文津三阁都是禁御重地，不便任人出入，何况这些书的底本原本就贮在翰林院，以备随时查核，想要看书的人可以直接去翰林院，找出底本来看就行。

乾隆皇帝为何出尔反尔，可能跟违碍事件有一定的关联。在此之前的一年，已经抄入三阁的李清所撰《诸史同异录》被发现有问题。李清在书中将清代的顺治皇帝与明代的崇祯皇帝放在一起比较，在乾隆皇帝看来，这实在是荒诞不经的大罪，然而在办理《四库全书》的过程中，上至皇子、大臣，下至复校、编修等均未发现问题，奏明销毁，因此乾隆皇帝一怒之下，将所有办理《四库全书》的皇子、大臣、总纂、总校等全部交部议处，其中王杰、刘墉降两级留任，阿桂、和珅降一级留任，其他相关官员也受到了处罚。同时乾隆皇帝下令彻底清查《四库全书》中的违碍字句。

然而，仅文渊阁《四库全书》就有36000册之多，翻阅一遍绝非易事，于是在京官员及在京的阿哥们组成了256人的核查队伍。按照计划，每人每天翻阅两匣书，两个月内就可将北京的文渊阁和文源阁两阁之书翻阅一过，同时派人前往热河翻阅文津阁《四库全书》。但这么多人在阁中翻书，显然需要较大的操作场地。乾隆五十二年（1787）五月二十三日，质郡王永瑢等所上奏折的清单中先列出了阁书的数量："四部共一百零三架，计六千一百四十四函，计三万六千册。内除翻译、乐书、天文、琴谱、医书及留空销毁等书六百零八函外，实五千五百三十六函。计三万二千六百二十九册。"清单中还列出了所需的书桌，合计为126张，可见这项工程是何等浩大，而这么多人翻阅这些书，想来场面也十分壮观。

但是这么大的工程显然也需要相应的费用，虽然乾隆朝被称为盛世，国家财政较为充裕，但皇帝为了惩处犯有过错的相关人员，所有需要补抄、重抄的费用，皆由相关责任人赔付。关于赔付额，则可由乾隆五十六年（1791）十二月十六日军机大臣阿桂等所上的《遵议纪昀文渊阁书籍错误换写分赔折》中略窥一二：

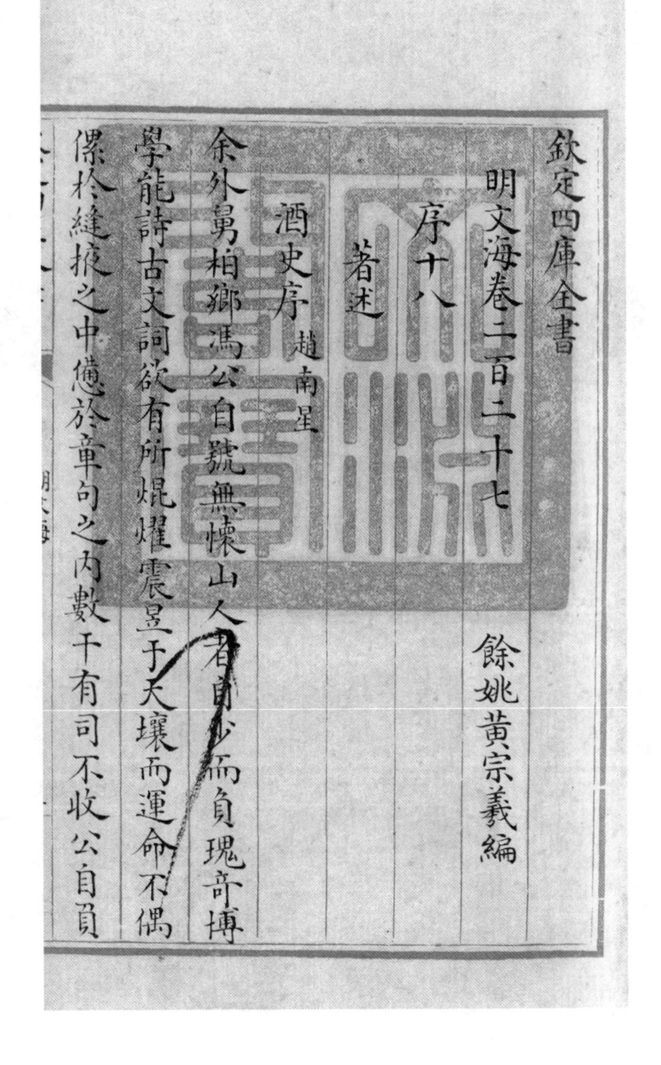
欽定四庫全書

明文海卷二百二十七　　餘姚黄宗羲編

序十八

著述

酒史序　趙南星

余外舅柏鄉馮公自號無懐山人者自少而負瓌奇博學能詩古文詞欲有所焜燿震昱于天壤而運命不偶傫於縫掖之中傯於章句之内數干有司不收公自負

⊙… 文渊阁本《四库全书》

⊙… 从正前方可以看到文渊阁上面的黑色琉璃瓦

⊙… 从阁内夹层下望大堂

……但此书十函五十六册，页页俱错，不能挖改板心，必须全部换写。以每册二三万字计算，写价已六七两，加以纸价装潢，须八九两方换一册，四五十两方换一函。统计四阁四十函二百二十四册，约估需银二千两。

每册书的成本大约在八九两，仅一部书就要赔2000两，如此计算起来，一部《四库全书》36000册之多，七部《四库全书》约有20余万册，修撰这部大书所花费用可谓惊人。

文渊阁内所藏《四库全书》辗转多地，最终运到了台湾，作为楼体的文渊阁仍然在紫禁城内。2013年2月1日，经过申请，我和几位古籍研究者一同进入文渊阁内，参观了里面的情形。当天我们遇到了这个冬天的第一场小雪，虽然仅是薄薄的一层，却让北京污浊的空气多了一份清新。可能是因为这场小雪净化了空气中的一些浮尘，从相机的镜头望出去，里面的景致感觉比以往清晰了许多。

可能是看惯了故宫的红墙黄瓦，文渊阁让大家眼前一亮，因为它的主色调是绿色。远远望去，两层的屋顶上的琉璃瓦原来是黑色的，只是边上一圈镶成了绿色。黑色的琉璃瓦在故宫中比较稀见，回来后翻查资料，才知道这种黑瓦也有寓意。它来源于古老的五行之说，黑色对应着五行中的水，而文渊阁是藏书之地，最怕失火，故以黑瓦覆盖，以水避火。

文渊阁最早建于明永乐年间，在此收藏《永乐大典》的正本，原殿在明末时失火而毁。乾隆皇帝重建此阁时，特意让人到宁波去看天一阁的建筑方式，因此文渊阁的格局跟天一阁类似。但天一阁我去过多次，恐怕把它放大十倍，也没有眼前的文渊阁这等雄壮。按现在的说法，文渊阁就是天一阁的升级版。

文渊阁右侧有一个红墙黄瓦的碑亭，里面的碑刻的就是《文渊阁记》。据说这是故宫里唯一的碑亭。碑亭开着门，我在里面细看此碑，保护得很是完好，可惜因为灯光的原因无法拍清楚上面的文字。

文渊阁是明二暗三的结构。里面的两层上下连通，有如今天的别墅挑空格局。这种建筑方式，我觉得很有借鉴意义，如果以后真有机会建起自己的藏书楼，可以仿照这种方式，既不浪费空间，又能让藏书看上去很是巍峨。阁的正中是皇帝的宝座，后面的屏风雕琢得十分精美，可惜前面的座椅和桌椅都蒙着布。身后的对联，也是以高浮雕的方式做底衬，左右分别写着“荟萃得殊观象阐先天生一，静深知有本理赅太极函三”，横批为“汇流澄鉴”。

上到二楼的夹层，我最感兴趣的是那些高大的书架。工作人员介绍说，这些书架表面看上去都是楠木所制，实际情况却是楠木皮包普通木头。书架至少有两人多高，顶梁的一行刻着“钦定四库全书”，立架上分部刻着编号，例如“史部第十九架”。

关于这些书架的特殊性，张兆平的《文渊阁〈四库全书〉格架的形制与功能》一文中有详细描写：

文渊阁的建筑虽然仿天一阁而建，但是格架形制却与天一阁大不相同。“内六橱前后有门，两面贮书，取其透风”。可见，天一阁以书橱藏书，前后带柜门，两侧装板材。而文渊阁以格架藏书，比书橱更加开放。文渊阁格架以四足为立柱，四层架格为主，二层架格为辅，各层架格看面四周带圈口。格架背部镶有后背板，其余三面透空。立于屋内中央的“双面格架”和作为间壁外侧格架镶有侧板，以保护书籍。格架各层之间的屉板，没有采用把整块木板作为屉板的做法，而是采用以径粗三厘米见方的木条做成四点八厘米见方的方格。在每层屉板下方还用三根木方子做穿带，以加强承载力。

以上所言乃是关于阁架的制作方式及布局，关于阁架的材质，此文中又有这样一个段落：

“具瞻楠架四库贮”这是乾隆帝写于四十八年（1783）《经筵毕文渊阁赐茶复得诗一首》中的一句，由此可知文渊阁的格架应为楠木制作。经实地查看后发现，格架立柱、边框、圈口和侧板皆为楠木质地，而屉板、后背板则为松木等硬杂木质地。楠木产自我国南方的四川、云南、广西、湖北、湖南等地，这种木材最大特点是木性稳定，伸缩性小，不易浸水，不易虫蛀，是制作储物格架的理想木材。楠木纹理美观，色泽淡雅，属软木类，它与其他硬杂木混合使用取其材质坚硬、经久耐用（在格架不易瞩目处采用松木等硬杂木则可能为节省楠木用料，这种混合使用的现象在明清家具中较普遍出现）。使用楠木作为格架的主要材料，有效防止了大规模病虫害的发生。

从夹层上三楼的楼梯很窄，仅能容一人通过，如果有人同时上下，则完全不能侧身。细想之下,《四库全书》的北四阁本质上是建给皇帝的藏书阅览室,不敢也不会有人跟他迎面上下走楼梯,但这么窄的楼梯,怎能体现皇权的浩大无边呢?当年建阁时完全可以把这个楼梯建得再宽一些,这也是我没能想明白的一个小问题。但有一种解释,文渊阁是按照天一阁的制式建造而成,天一阁为了符合"天一生水,地六成之"的说法,使楼体成为六开间,但六开间不符合中国传统建筑的对称格局,只好将最左侧设计得很窄,其实这个开间就是楼梯间。

三楼是主要的储书之区,一排排的高大书架很是壮观。每排书架分为六格,一直到顶,每层的隔板像筛子眼一样相通。在每两排架子之间,还有一个像格子间一样的宝座。据说皇帝坐在这里面看书,但宝座的四围还有木制的栏杆,固定在架子上。建成此阁时乾隆皇帝年岁已不小,我真担心他上下越过这个栏杆时会不会摔着,至少我上下此处也需要抓着立柱用力登上去,当然我只是这么想象,其实没敢这样做。在这个宝座的背面还刻着乾隆帝御题诗《题宋版〈春秋分记〉》,字迹很是熟悉,一望即知出自他的手笔:

分记原通记,尊王义寓中。

年经国为纬,外抑内斯崇。

统万乃惟一,会殊则以同。

稀珍传宋椠,遣暇可研穷。

而书阁的北面还有一首御制诗:

立政唯人义岂磨,股肱喜起敕几歌。

古今制异难沿袭,襄赞职同在协和。

经史历编无不备,缥缃独弃有堪多。

双松书屋东皋隐,弗出对扬又以何。

题职官分记,乙未仲春月上澣御制。

书橱的侧边刻着书架山板上的拐子纹,不是平地铲雕而成,而是后来贴上去的。这种做法当然省钱很多,可是乾隆一朝号称盛世,应当是清朝最富裕的时代,为什么还要做这些省钱而费工的工作呢,也许真是大有大的难处。

文渊阁所藏的《四库全书》早已在几十年前就运到了台湾。去年春节我在台北时本想看看原书，但正赶上台北故宫博物院整修，没有如愿，当时真希望能拍到照片。虽然书与阁天各一方，但如果能通过照片使它们得以团聚，也应当算是一种合璧。我期待下次到台湾的时候能拍到它们的照片。

文溯阁

书阁分离，一再而三

多年以前，著名导演陈凯歌拍了一部大片名叫“无极”，引起了持续轰动。说是持续，是因为有个叫胡戈的人把《无极》改编成了一个短片，名叫“一个馒头引发的血案”。这种恶搞的做法让众人像打了鸡血一样兴奋，引得陈凯歌大为震怒，要起诉胡戈，最终胡戈道歉，此事才算了结。

我在这里重提这些，是因为有一个故事跟此事极其相像。当然，以我窄得不能再窄的视野聊的话题，肯定跟书有关。那就是七部《四库全书》之一的文溯阁《四库全书》的故事。我觉得，文溯阁的这部《四库全书》，虽然跟《无极》不是一回事，但也有类似的地方。这个故事虽然没有引发血案，但引起的轰动绝不在那个馒头之下。

1969年，中国跟当时的苏联发生珍宝岛自卫反击战，打仗的地方就在文溯阁《四库全书》存放地的省份。当时有人担心战火会波及文溯阁，打报告得到总理的指示后，秘密把文溯阁《四库全书》藏在甘肃的兰州。本来这只是战争原因的暂时存放，到了八十年代，文溯阁所在的辽宁省沈阳市想把《四库全书》运回去，但他们把问题想简单了。这事从八十年代开始提，到今天还没有看到一点儿能要回去的希望。在此期间，时任沈阳故宫博物院院长的支运亭曾多次在省政协提交议案，之后又通过人大代表把这个议案提交到了全国人大。

1992年，辽宁省图书馆新馆建成，为文溯阁《四库全书》建造了500多平方米的专用库房，辽宁省文化厅为此事给文化部打报告，请求将《四库全书》运回。文化部为此专门成立了专家调查组，调查了辽宁和甘肃两地保存情况，结论是文溯阁《四库全书》应当运回沈阳。随后，文化部向国务院递送了将这部《四库全书》运回辽宁的请示，这个报告写得比较公允，上面写明了运回去的原因，同时也提出因为文溯阁《四库全书》放在甘肃省三十多年，为此该省也付出了很多，所以书可以运回，但辽宁省要给甘肃省一定的补偿。2000年5月，当时国务院负责文教的副总理李岚清批准了文化部的这个请示。

既然国务院已批，甘肃和辽宁两省就开始商议具体细节和经济补偿的数额，可是在补偿数额这个问题上双方却难以达成统一的意见。究竟这个数额是多少，我在资料上查不到，私下曾问过辽宁的朋友，他告诉了我一个大概的数，并且嘱咐我不能写出来。我听到的这个数额并不是十分巨大，也许我是忽略了时代概念。总之,辽宁认为甘肃提出的这个数额不能接受,这件事情就此搁置下来。

可能是担心这部国宝会被运走,甘肃省在兰州黄河边的九州台上也加紧建起了一座文溯阁《四库全书》藏书楼,这座楼现在已经建成。辽宁听到这个消息后,不断向全国人大报提案,国家领导人都关注了这件事。但是双方各说各的道理,甘肃方面认为,《四库全书》是中央批准交给甘肃保存的,就是说明这部书是国宝级的文物,所有权属于国家,而不属于辽宁,只要在中国范围内,不管保存在哪里,只要保护条件更好,就是最佳的选择。他们说,因为甘肃气候干燥,《四库全书》来到甘肃之后,书上的一些黄斑不但没有增加,反而减少了。同时他们称,辽宁想把《四库全书》要回去的想法很不合国情,因为敦煌也在甘肃,敦煌藏经洞的国宝散佚到了全世界,国内很多家图书馆都有珍藏。如果按照辽宁的说法,那甘肃是不是应该把各个馆藏的敦煌文物一一都要回去呢?显然,这是不可能的事。当然,辽宁也有听上去很有道理的说法,他们说当年乾隆皇帝把《四库全书》放一部在东北,并且起名为文溯阁,这个“溯”字就是追根溯源之意。乾隆皇帝把这部书放在这里就是为了表明康乾盛世的发源地在这个地方。他们认为,经济补偿应该有个合理的要求,不能漫天要价,并且他们认为,甘肃说当地干燥,比辽宁保护条件好,这个说法站不住脚。因为太过干燥,反而让纸张的纤维更易断裂。

两家的说法各有各的道理,我的心里就跟看体育比赛一样,总会不由自主地倾向于某一方,对这部《四库全书》的归属当然也是如此。但我不想拉偏架,绝不说自己心属哪一方。原因很简单,我还要在这个圈子里混,得罪了哪一方都会给我今后的看书和拍照带来麻烦。无奈只好在这里和稀泥,别管存在哪儿吧,只要能让我看书就行了。不好意思,在这里不小心暴露了我的功利。

你看,这部《四库全书》的争夺案到今天还没有个结果,这是不是比那个馒头引发的血案的影响要大得多?当然,这种想法肯定是我的意淫,论名气,知道陈凯歌大名的肯定要比知道《四库全书》的人多得多,无论这部文溯阁《四库全书》有多么大的文化价值,或者引起了多么高的关注度,都不可能像胡戈的那个馒头引发的血案能够一举成名天下知。正因为如此,我才认为自己应当努力,不断念叨这类话题。有多少人听到我的唠叨之后对《四库全书》的事情感了兴趣，我没什么把握，但有句歌词说“爱要越挫越勇，爱要肯定执着”，我对书的爱，或者说对书的故事之爱也像这样。只要能多一个人来爱书，我的这些唠叨就不算白费。

七阁所藏的《四库全书》，没有比文溯阁的更颠沛流离的了。1914 年，袁世凯准备称帝，他手下的这帮人想借此创造一种文化胜景，于是在紫禁城内成立了古物陈列所，四处往这个所里汇集珍宝。调运最多的是热河的避暑山庄和沈阳的清皇宫，其中沈阳调运的数量达十多万件，也包括这部《四库全书》。这部书运到北京之后，存放在紫禁城的保和殿。因为袁世凯不久就故去了，这部书存放在保和殿竟达十年之久，这是第一次分离。

1924 年，张作霖在第二次直奉战争中获胜，当时的奉天省教育会会长冯广民来京参加善后会议，他在保和殿看到了这部《四库全书》，就给当时的省长王永江写信，让他想办法把这部书要回去。王永江向张作霖提出此事，张作霖马上答应了。两个月后，这部《四库全书》又回到了文溯阁。

1950 年 10 月朝鲜战争爆发，中央政府为了不让这部国宝受到损失，又从文溯阁中把这部《四库全书》运了出来，先后藏在黑龙江的讷河和北安。1954 年朝鲜战争止息之后，这部《四库全书》又运了回来，这是此书跟藏书楼的第二次分离。而第三次就是我前面提到的 1969 年的珍宝岛自卫反击战。那次运出之后，到今日已经有 50 余年了。在我看来，能够运回去的希望越来越渺茫，真应了那句老话“事不过三”。

文溯阁当然是我的必访之地，来到沈阳的第一站就是去朝拜此阁。从外观上看，这个阁跟其他几座《四库全书》藏书楼很相像，同样是明二暗三的设计，同样是黑琉璃瓦镶绿边，唯一不同之处是阁前没有水池，不知是出于怎样的考虑。我后来查资料，说文溯阁楼前没有水池是因为地方窄，不够用，而我实地所见，似乎这个原因不太能成立。

因为是旅游季节，沈阳故宫内的游客极多，文溯阁的门前拉着界线，不让游客进入，但门是开着的，可以站在门口向里面拍照。一楼的格局跟文渊阁很相像，宝座的位置也摆有条案。在我拍照期间，不断有游客在此探头探脑，而导游无

⊙… 文溯阁的匾额

⊙… 文溯阁

灭火器箱

⊙… 文溯阁二楼夹层书架摆列情形　⊙… 文溯阁背面

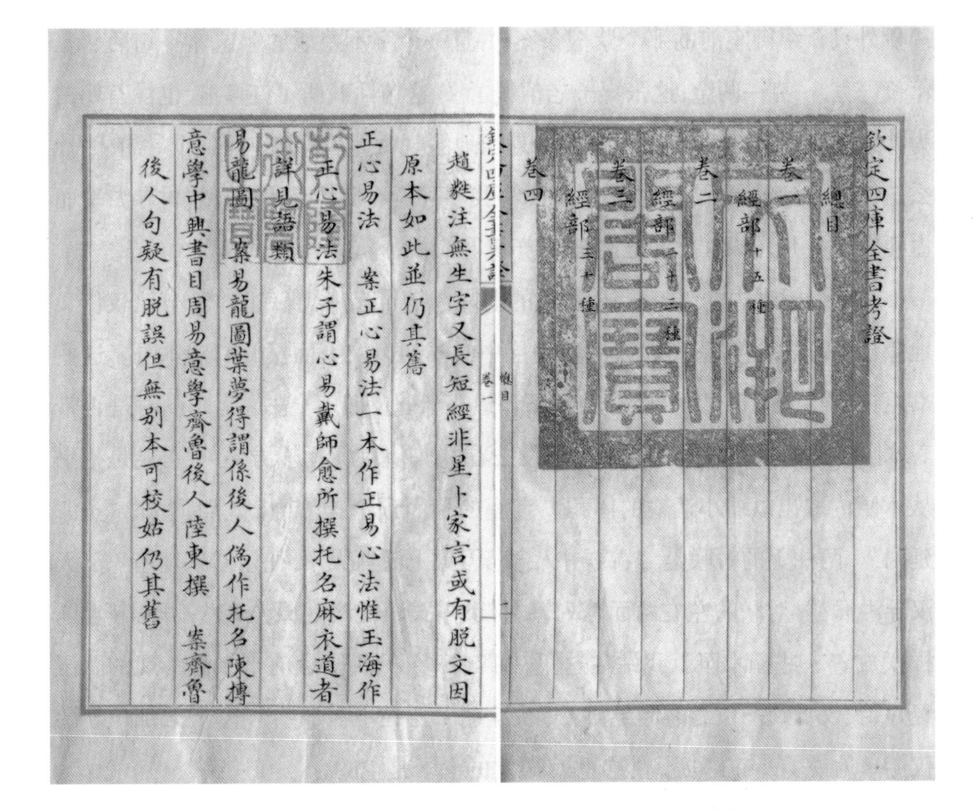
欽定四庫全書考證

總目

卷一　經部十五種

卷二　經部二十三種

卷三　經部三十種

卷四

欽定四庫全書考證　總目　卷一

趙蕤注無生字又長短經非星卜家言或有脫文因原本如此並仍其舊

正心易法　案正心易法一本作正易心法惟玉海作正心易法朱子謂心易戴師愈所撰托名麻衣道者詳見語類

易龍圖　案易龍圖葉夢得謂係後人偽作托名陳摶

意學中興書目周易意學齋魯後人陸東撰　案齋魯後人句疑有脫誤但無別本可校姑仍其舊

⊙… 文溯阁本《四库全书》

十　皮藏

一例外只介绍御座前的那个紫檀条案，并且一个字不差地加上这样一句话："三年长一克，一克一两金，这张桌子老值钱了。"这句话我听了许多遍，也没有明白为什么这张桌子三年会长一克，难道是当地湿气太重？我随口问一个导游，为什么三年长一克？他看了我一眼，没有回答我。可能看我像是一个不想付导游费而占便宜的主儿，他要捍卫自己的知识产权。

从门口望进去，二楼夹层用黄色的围幔遮挡了起来，唯有正中部分比较仁义地露出了一角，能够清晰地看清楚夹层中的书架以及上面摆放的楠木匣。这些书匣让我特别有亲切的熟悉感，我不知道当年把《四库全书》运出阁时是否带着木匣。此时远在兰州的原书我还没去看过，如果为了运输方便，很可能是把书从木匣内取出以缩小运输的体积。宝座的背面顶上挂着匾额，上面写着"圣海延回"。两柱上的对联是："古今并入含茹万象沧溟探大本，礼乐仰承基绪三江天汉导洪澜。"对联的左右两面陈列着书架，样式跟文津阁原架有些不同，其上同样摆放着一些楠木匣。我站在这里拍照20多分钟，陆续有十多个参观的队伍经过，我仅听到一位游客问导游《四库全书》还在不在那些木盒子里，那位导游仅简单地说了一句："书不在这里了，架上的盒子是空的。"

文溯阁建成于乾隆四十七年（1782），费用是由皇帝划拨的，乾隆皇帝下旨说："由内库拨银七万两，交荣柱等带往盛京建文溯阁应用。"文溯阁的式样也按照乾隆皇帝的指示以天一阁为蓝本进行了必要的改造。乾隆皇帝对文溯阁比较看重，因为他觉得这个阁寄托了自己对先祖开创基业的缅怀，他在《文溯阁记》中讲到北四阁名称的来由："四阁之名，皆冠以文，而若渊、若源、若津、若溯，皆从水以立意。"这几句话只是说明乾隆皇帝想以水来压火，而此后的那句话才解释了这四个字的用意："水各有源，同归于渊，渊为源尾，源为渊头，由渊觅源，其经为津，其行为溯。"关于这个"溯"字，乾隆皇帝觉得这种解释还是过于艺术化，他为了让后世人明白自己为什么在此地制阁要用一"溯"字，直白地写道："恰于盛京而名此名，更有合周诗所谓溯涧求本之义，而予不忘祖宗创业之艰，示子孙守文之模，意在斯乎意在斯乎！"

离文溯阁不远还有一座著名的藏书楼，名字叫崇谟阁。此阁从外观上看跟文溯阁很是相像，也同样是二层建筑，同样是黑瓦镶绿边，但此阁门口没有悬挂

⊙… 崇谟阁

匾额,仅在地上立着一块说明牌,上面写着:"崇谟阁建于乾隆十一年至乾隆十三年,是盛京皇宫内存放清历朝《实录》《圣训》等国史秘籍之处。著名的《满文老档》《满洲实录图》亦收藏于此。"

《满文老档》是后金皇太极于天聪三年(1629)让儒臣翻译和注释的典籍,这些档案记录了清朝成立之前的一些历史,对研究清朝的早期发迹史很有价值。皇帝对此很是重视。乾隆年间,皇帝命令舒赫德等人对档案进行整理,总计整理出两部,其中一部放在宫里,以备皇帝御览,被称为大黄绫本;之后又根据大黄绫本誊录了一部,称为小黄绫本,崇谟阁里所藏的即是。崇谟阁里还藏有两套《满洲实录》,一套是用满、汉、蒙三种文字书写的,另一套是用满、汉两种文字书写的,都有插图,属于较为珍贵的史料。

日本有个汉学家名叫内藤湖南,他曾经多次来中国访探史料。1912年,他受京都大学的委托前来拍摄《满文老档》。他用八个星期把这部老档全部拍成了底片,带回日本。当时的盛京内务府事务总管是金梁,他知道内藤湖南来此拍摄有些紧张,因为这个内藤在此之前就买过一些珍贵的史料。例如在1902年,他在奉天的黄寺中发现了《蒙文大藏经》,认为这部大藏经是"东洋学上非常的宝物",于是用了三年时间请日本军方帮助压价,最终将这部《蒙文大藏经》和新发现的《满文大藏经》一起运回了日本。这两部经后来藏在东京大学,令人痛心的是,1923年发生的日本关东大地震使这两部极重要的文献灰飞烟灭。

金梁想到了内藤过往所为,他担心内藤会惦记这些《满文老档》,觉得应当先下手研究,于是"延请满汉学者十余人参与翻译",用了两年时间将这些老档翻译了一部分,然后将其出版,名称为《满洲老档秘录》。

《满文老档》的原本后来运到了台湾。2005年,台北故宫博物院文献处的冯明珠研究员将这40册的老档编排整理,分订10册影印出版,里面标明老档原本的尺寸,对研究者非常实用。前些年我跟冯明珠几次见面,谈的都是关于影印出版天禄琳琅珍藏之事,忘记问是否到沈阳参观过存放老档的崇谟阁。而今我站在阁下,只能从紧闭的窗棂向内探望,当然,我也知道不可能看到这些珍贵的档案,因为它们都在台北故宫博物院的库房之内。想到这一层,该轮到我后悔了,在台北故宫博物院参观时,为什么没有想到瞻仰一下它的真容呢!

文宗阁　名虽缺水，环水而建

《四库全书》七阁的名称分别是文渊阁、文源阁、文津阁、文溯阁、文汇阁、文澜阁和文宗阁，除文宗阁外，中间一个字都有水字边，这乃是缘于书籍最怕失火，故名中带水，以期镇火。文宗阁何以特殊，清张崟在《文澜阁四库全书浅说》中称："案四库七阁名字均取水旁，虽镇江文宗，外似独异，而细籀其涵意，则固寓'江河朝宗于海'之意。"

按照张崟的猜测，因为文宗阁四处环水，江河朝宗于海，水已足够，然而这个猜测不符合事实，因为乾隆皇帝曾经写过一首名为《题文宗阁》的诗：

皇祖图书集大成，区分五百廿函盛。

空前绝后菁华焕，内圣外王模楷呈。

秀粹江山称此地，文宗今古贮层甍。

略观大意那知要，知要仍唯在力行。

此诗作于乾隆四十五年（1780），而此时南三阁《四库全书》尚未完成，故知文宗阁之名并非为《四库全书》而起，且从此诗得知，当时阁中所藏是《古今图书集成》，而乾隆皇帝夸赞此书乃是其祖父康熙帝的文治之举，故将此阁题为"文宗"。

乾隆帝下令抄写南三阁的上谕始于乾隆四十七年（1782），其中明确写道："如扬州大观堂之文汇阁、镇江金山寺之文宗阁、杭州圣因寺行宫之文澜阁，皆有藏书之所，着交四库馆再缮写全书三分，安置各该处。"可见在南三阁抄写之前文宗阁已经存在，因为此阁中还有空地，皇帝下令将南三阁《四库全书》抄写完毕后，将一部庋藏于此阁中。

乾隆帝对《四库全书》十分看重，时常抽阅，一旦发现错字，立即下令给抄录者和校对者记过。某次他到文津阁翻阅全书时，发现里面居然有违碍之书，因而大怒，下令处罚相关人员，尤其对陆费墀处罚最重，不仅下令让陆费墀出钱赔偿文渊、文源、文津三阁撤换书页的工钱，还让陆费墀为南三阁《四库全书》出装订费用。乾隆五十二年（1787）六月十三日的谕旨中写道：

昨因文津等阁所贮四库全书草率讹谬，已明降谕旨，令纪昀、陆锡熊将文渊、文源、文津三阁书籍应换篇页及装订挖改工价一体令赔，并令陆费墀将文澜、文汇、文宗三阁书籍所有面页、装订、木匣、刻字等项，俱着自出己资，仿照文渊等三阁罚赔，妥协办理。

此上谕中还提到让余敏中赔偿之事，但此时余已去世，故责任都由陆费墀承担。乾隆皇帝在谕旨中不仅痛斥陆费墀等人，还禁止江南富商暗地里替陆费墀出这笔费用，下令让浙江巡抚和苏州巡抚盯紧此事，不能让他人出钱，必须让陆费墀全部赔偿：

俟各书到齐时，即令陆费墀遵照谕旨，将面页、木匣、装订、刻字等工，仿照文渊等三阁式样，出资赔办。并谕该员当益知感愧，激发天良，妥协办理，其盐商等概不得稍有干涉。至文汇、文宗二阁应行赔办书籍，亦着将昨降谕旨抄寄闵鹗元，于书到时，传知陆费墀赴苏，照浙省之例，一体晓谕，令其往来两下照看，妥办此事。虽不令盐商经手，恐难保无暗中津贴帮办之事，不可不严加查察。闵鹗元、琅玕均有地方事务，难以兼顾，所有浙江文澜阁赔办书籍，着派织造额尔登布，江苏文汇、文宗二阁赔办书籍，着派盐政征瑞，一体常川查察，毋令办理草率、勒索及商众等稍有赠累佽助等弊。将此各传谕知之。

到了乾隆五十五年（1790）十月二十二日，皇帝又下了谕旨：

前因江浙两省为人文渊薮，特将《四库全书》添办三分，发交扬州、金山及杭州文宗、文汇、文澜三阁藏贮。所有装潢度架等事，俱交两淮盐政办理。嗣因陆费墀总理《四库全书》，草率错误，获咎甚重，即罚令出资承办。陆费墀本系寒士，家无担石，向在于敏中处借馆为业，谅不过千金产业耳。今所办三阁书匣等项，及缴出罚银一万两，计其家资已不下三四万，若非从前在四库馆提调任内苞苴馈送，何以有此多资。现在陆费墀业已身故，所有插架装匣等事，若令伊子接办，恐未能谙习，且身后所遗家业想已无多，亦难措办。此时三分书俱已校对完竣，自应全行发往三处藏弆，未便稽延。着传谕海宁、全德，即仿照前次发去装潢书匣等式样制造，专派妥商办理。并着海宁查明陆费墀原籍现有田房产业，加恩酌留一千两之数，为伊家属养赡，如尚有余资，即作为添补三阁办书之用。

乾隆皇帝果真是心思缜密，他分析了陆费墀的家产，知道陆费墀原来在于敏中家任家庭教师，而这个职业收入应当很低，故不大可能有太多的积蓄，然而陆费墀竟然能够交出罚银一万两，那么他至少应该有几万两的家私。故乾隆皇帝猜测，这些钱只能是他在四库馆任提调期间受贿所得。陆费墀去世后，弘历原本想让陆费墀的儿子接着赔偿，但想到其子可能已经没有什么家业，而他又惦记着要完成南三阁之书，于是命两淮盐政使全德来完成此事，而全德在当年的十一月初九日给皇帝所上奏折中称：

奴才查文宗、文汇二阁贮《四库全书》，前已两次领过六千二百九十册到扬。兹接奉谕，知全书俱已校对完竣，奴才现即委员赴京请领。所有装潢等项，前已奉内府发出式样，应遴选妥商，敬谨仿照，装订成函，并制造书架书匣，以供度贮。奴才仍与运使鹿荃小心督办，逐一检点料理，妥速完竣，务令整齐坚致，可传永久，以仰副我皇上嘉惠多士至意。

经过这样一场风波，文宗阁得以储藏一部《四库全书》，清代大儒汪中就曾在文宗阁中担任过典书官。清李兆洛在《汪容甫先生精法楼校书记》有云："江都汪容甫先生，乾隆间以博辨推重公卿，为典书官。因是尽读二阁书，而居金山精法楼中为最久。杭人以先生尝校书于湖上，而祀之葛岭。此为先生之乡邦，不宜奉俎豆于斯欤？孟慈尝为余言：'先生校书得条记二十余万言。'固未获见。盖未经部分，故无得而传焉。"

乾隆四十九年（1784），乾隆皇帝第六次南巡，又住在金山寺行宫，同时题写了一首《题文宗阁叠庚子诗韵》：

庚子南巡阁已成，香楠为架列函盛。

抄胥聊待数年阅，数典应看四库呈。

书借一瓻宁酒器，册藏二酉富芸甍。

惠嘉南国崇文地，尚勖尊闻知所行。

可见，此时的文宗阁《四库全书》已经列架完毕，乾隆皇帝看后十分高兴，于是在诗中引用了"书藏二酉"的典故。然而，这部辉煌的大书却在咸丰三年（1853）的春天毁于太平天国战火，陈任旸《金山志·例言》中记载："圣宸翰赐物，当发逆踞扰，山僧恭奉转迁避幸保者无几。至文宗阁赐书，先残于道光年间英人兵燹，后尽毁于发逆。"

道光二十二年（1842）六月，英军攻占镇江，当时的文宗阁藏书还只是部分损失，到了咸丰三年（1853）太平军攻占镇江时，书与阁就被一把火全部烧成了灰烬。曾国藩平定太平天国之乱后，派莫友芝前去了解文汇、文宗两阁劫余之书，同治四年（1865）正月二十一日，莫友芝接到了曾国藩的来信，他将此事记载于

⊙… 文宗阁正门　⊙… 皇帝看书的宝座　⊙… 文宗阁外观

⊙… 金山寺山门

《郘亭日记》中："奉使相札，命往扬州、镇江一带搜求乾隆间颁存文汇、文宗两阁《四库全书》散失零星之本，恭藏以待补缮。闻镇江之阁在金山者悉为灰烬，唯扬州一阁经乱分散于民间市肆，或犹有一二可寻也。"

曾国藩希望能够找到文汇、文宗两阁散失出来的零本，然后效仿文澜阁，将残余部分予以补抄。而在出发前，莫友芝已经听闻文宗阁全部化成了灰烬，唯有寄望于文汇阁藏书有所散失，或许能够从市场上寻得。这年的三月十四日，莫友芝乘船来到了镇江金山，而后将了解到的文宗阁藏书情况写在了当天的日记中：

行二十里，至金山下泊。山自道光末西南长洲接于岸，前代以走马上金山为乱兆。咸丰初三年，果有长毛据金陵之事。此山殿宇、行宫、书阁、经藏被焚一空，先是寺僧□华恐寺不可保，捆载藏经避之五峰山中，而书阁四库书旧管于运司，僧不与闻，竟未有谋及移避者，今佛藏存而四库尽毁，甚可惜。魏刚纪所谓僧并移四库之一二存五峰者，未确也。僧言鬼夷问官买地，官斥卖新长洲与之，指画界畔，侵及郭公墓以内，将来此山殆不可居矣。

当年太平军占领南京时，金山寺有位僧人担心寺中的经藏不保，于是将经藏转移到了五峰山，然而文宗阁内的《四库全书》不归该寺所管，故僧人无法将其转移，致使书与阁一同被烧。而莫友芝在日记中还写道，他听闻魏刚纪称僧人也曾将一部分《四库全书》转移到了五峰山，经过他的了解，这种事情并不存在。

关于文汇阁被焚之事，莫友芝在日记中又写道：

欲访金雪舫长福，而雪舫至。问以文汇阁遗书，谓咸丰三年毛贼陷扬时，贼酋欲睹行宫，索宫中及大观堂弆藏，天宁寺僧□云，僧坚不应，遂火寺及堂阁，僧亦被火，数日夜不熄，后有检灰烬得担许残纸，皆烂不可理矣。唯闻尔时经管阁书为谢梦渔增，今用山东简缺道，其家住扬州城康山旁，尚有借抄未还者数种。贼未至时，董事者请运司以二三千金移阁中御赐及《全书》避之他所，坚不肯应，运库寻为贼有，时盐运使刘良驹也。

天宁寺的这位僧人很有气节，他不答应太平军所提的要求，于是这些人放了一把火，将寺与阁烧成平地，这位僧人也同时被焚。莫友芝还说，他了解到当时有人向转运司提出将文汇阁之书转移到他处，但管理的官员没有同意，最终让这部书变成了灰烬。

经过一段时间的了解，莫友芝未能寻得文汇、文宗两阁遗存之本，于是他在六月七日给曾国藩写了封信，将自己了解的情况作了如下汇报：

友芝奉钧委，采访镇江、扬州两阁四库书，即留两郡间二十许日，悉心咨问。并谓上两项书向由两淮盐运使经管，每阁岁派绅士十许人，司其曝检借收。咸丰二三年间，毛贼具至扬州，绅士曾呈请运使刘良驹筹费移书，避深山中，坚不肯应。比贼火及阁，尚扃钥完固，竟不能夺出一册。镇江阁在金山，山僧闻贼将至，亟督僧众移运佛藏，避之五峰下院，而典守书阁者扬州绅士，僧不得与闻，故亦听付贼炬，唯有浩叹！比至泰州，遇金训导长福，则谓扬州库书，虽与阁俱焚，而借录未归与拾诸煨烬者，尚不无百一之存。长福曾于甘泰间三四处见之，问其人，皆远出，仓猝无从究诘。以推金山库书，亦必有一二散存者。友芝拟俟秋间，更历两郡，仔细搜访一番，随遇掇拾，不限多少，仍交运使恭弆，以待将来补缮。

虽然什么都没有找到，但莫友芝还是不死心，希望当年的文宗阁有部分阁书被借出后尚未来得及归还，这部分阁书有可能逃过大火。曾国藩接信后也只能说："镇、扬两阁四库书既遭一炬，所谓存十一于千百者，又仓猝无从究问，只好徐徐图之。"

文宗阁被焚毁后，当地有不少人提议恢复，中国第一历史档案馆所编《纂修四库全书档案》中载有光绪十八年（1892）六月二十四日《江苏学政溥良奏拟先行修建文宗阁缘由片》，此片中称：

江苏金山于乾隆年间蒙高纯皇帝敕建文宗阁，尊藏《四库全书》，同时于扬州敕建文汇阁，一体办理。诚以江南为人文渊奥，士之通经稽古者多，使得窥天禄之秘藏，览石渠之异本，见闻既洽，成就斯大，诚盛典也。遭乱以来，均毁于火，至今尚未兴复。查杭州亦有文澜阁之建，同毁于寇。近年浙中绅富收购残本，由地方官会同筹款，庀工补写，顿复旧观。江苏地大物博，不亚于浙。承平已及二十余年，似应及时修复，唯两阁并建，诚恐经费难筹。奴才查金山居扬、镇之间，兹拟先行修建文宗一阁。

但即使文宗阁能够恢复，里面的图书也再难复原，那么复建此阁准备作何用处呢？溥良在此片中称，等到书阁建成之时，可以由皇帝颁赐一些列朝的《圣训》《实录》《方略》等书陈列在阁中。但那个时期，显然皇帝对此兴趣不大，或者说，还顾不上搞这种非要紧之事，故光绪皇帝在此片上仅朱批“知道了”三个字，也就没了下文。

然而，希望能够恢复文宗阁者大有人在，光绪十二年（1886）王先谦视学江苏时，给学生们出的考题之一就是《拟修复镇江文宗阁抄藏赐书记》，学生之一刘翰的文中写道：“亟修文宗阁，使复旧观，趾武成规，无敢损益。阁中书籍，次第抄复。俾东南多士，闻风兴起，群然向学。”可惜的是，王先谦的想法并未实现。到了光绪十七年（1891），王仁堪任镇江知府，在他离京赴任时，冯煦曾建议他修复此阁，而王仁堪到任后，也的确制定了修复文宗阁的计划，可惜此事还未实施，他就被调到苏州任职。

20世纪30年代初，镇江人吴兆曾等在伯先公园内建造起了绍宗藏书楼，从这座藏书楼的名称来看有接续文宗阁的意思，然此楼虽有藏书，却已经跟文宗阁没有太大的关系。关于文宗阁的复建，王玉国在《文宗阁暨〈四库全书〉选择镇江原因浅析》一文的末尾写道：“笔者于1984年主持镇江图书馆工作时，以图书馆工作者和人大代表的双重身份，多次与图书馆的前辈和同仁大声疾呼复建文宗阁。2003年以来，镇江市历史文化名城研究会的会员先后发表4篇与文宗阁有关的论文，不仅强烈希望市政府尽快复建文宗阁，而且从《两淮盐法志》（1806—1808年第四次重修本）查到了一幅文宗阁图，为复建文宗阁提供了依据。”而后文宗阁终于在各部门领导的支持下得以复建。

然而，王玉国的文中还有一句：“文宗阁复建于原址东侧约200米处，属于原地复建性质。”虽然新建起的藏书楼离原址还有一点距离，但能够得到恢复已然是可喜可贺之事。我的遗憾是，该楼并没有按照古法建造，而是一座全新的现代化钢筋混凝土建筑。但即便如此，毕竟使得文宗阁有迹可循，我于2015年1月11日前去探访了新修起的文宗阁。

其实，十余年前，我就曾来过金山寻找文宗阁遗迹，那时这座钢筋混凝土的建筑尚未建起，我也只找到了文宗阁的遗址所在，眼前看到的是一片空地。现在的金山已经建起了公园，文宗阁也包含在里面，当然需要购票进入，对于这么著名的景点，50元的门票价格还算客气。然而，来金山公园游览的人主要是去看金山寺。我随着人流来到了金山寺侧旁，看到墙上挂着一张巨大的游览图，我在上面寻找文宗阁的路线走法，无意间看到图上还标着郭璞墓的位置，这让我略有些意外，决定拍完文宗阁后就去拍郭璞墓。

沿着图上标明的路线边走边打听，在金山公园的左前方找到了文宗阁。这是一个独立的院落，院门口挂着文宗阁的匾额，落款是“御笔”二字，但“文宗阁”三个字却不像乾隆皇帝惯常的写法。门楼的两侧墙上各嵌着一块汉白玉碑，右边的一块就是乾隆《题文宗阁》诗中的“皇祖图书集大成”。进入院落，里面是一个刚整修出的花园，冬日的蜡梅刚刚凋零，正前方是一座小庙状的建筑。文宗阁建得这么小，让我大感失望。这座小庙门楣的匾额也是出自乾隆帝之手，上面写着“人文渊薮”。从匾额下穿入，进入小庙之内，里面正中布置着宝座，天蓝色的藻井，跟文澜阁的极其相像，然而四周却未见陈列古书，哪怕是书架也没有，只是左右两边各放着一个博古架，上面摆着几件仿古瓷器。

在里面拍照一番，出来再拍外面的环境，无意间注意到这间小庙的侧边有条很窄的路，能够穿到后院，走到后院眼前才豁然开朗，原来真正的文宗阁隐藏在这里面。一眼望去，文宗阁的格局和式样与文澜阁几乎一模一样。我私下揣度，复建的文宗阁可能就是按照文澜阁的尺寸做出来的。虽然明知道这个书阁是复建的，但看到它，我仍然抑制不住兴奋，有“久旱逢甘霖，他乡遇故知”的小激动。

文宗阁的院落要比文澜阁大许多，因为文澜阁处在半山之上，可能建造的时候限于环境，只能将门前做得很窄，但即使如此，文澜阁前也有一个水池。因为《四库全书》的七阁都是仿照天一阁而来，楼前都有水池，这个文宗阁却没有，门前立着一块三米多高的太湖石。本来因为“宗”字缺水，已经惹得文人们争论不休，现在复建，却把楼前的水池也省却掉了，看来真是要缺水缺到底。文宗阁从外形看也应当是明二暗三的建筑格局。楼顶上挂着文宗阁的匾额，一楼的匾额则是“江山永秀”四个字，门前还立着一块说明牌，说二楼上收藏着故宫博物院监制的《四库全书》1184册。这个数量如此之少，想来是部缩印本。

进入文宗阁，楼里面的格局确实跟文澜阁很相像，也是在正厅摆着一些红木家具。但这一点又跟其他几个阁有区别，因为他阁均是在这个位置上摆着皇帝的御用宝座，文宗阁却把御座放在了前面的那一进小厅房内，也就是前面让我误会的那间小庙。将宝座从楼内分出来，我不知道是什么用意，难道皇帝要查什么书还要来回来去地穿过这个广场，即使让太监来回跑也是很麻烦的事，赶上下雨怎么办呢？因此，我猜测这不太可能是当初文宗阁的方式。对于这种读书与藏书相分离的结构方式，不知道今日的复建者是怎样的考量。

站在一楼望上去，二楼放着一排现代化的书橱。透过玻璃望进去，确实是有些线装书。楼内的藻井也跟其他几阁一样，唯一的区别是在楼的正中留了一个方形的孔洞，这让我想起测海楼的藏书吊孔，我觉得文宗阁的这个孔洞应该不是这个作用。但为什么要建造成如此模样，我很想上楼一探究竟。可是围着楼体前后转了几圈，都没找到登楼的台阶，但是这番寻找反而让我发现了文宗阁两侧厢房内还有其他展览。

我先进入右侧的展厅，里面陈列着一些柜台，摆放着一些影印精装本的《四库全书》，上面都写明捐赠者的名姓，但所捐之书都是一些崭新的精装本，这多少跟文宗阁有些不相符。突然间，我意识到自己的腹诽真是没道理，毕竟人家还捐赠了，而我什么也没有捐过。我注意到，捐书最多的人是王亚南先生。我不知道这位王亚南是什么人，但对他的这种义举默默表示了敬意。在另一个柜台中，我还真是遇到了故人。此前的几天，我刚到南京的徐雁先生家里去拜访了他，今天就在其中一个柜台内看到了他给文宗阁的题词："江山永秀今日秀，文汇文澜又文宗。"读来倒是朗朗上口，就是有些不押韵，后面的落款是"为镇江文宗阁复建重光题，金陵江淮雁斋主人秋禾"。秋禾是徐雁先生的笔名，但是知道他笔名的参观者应该不多，因此，这个题词的下面还写了一个说明牌：中国阅读学会会长、省政协常委、南京大学教授徐雁先生题词。

我又转到左侧厢房，里面的格局跟右侧基本相仿，让我感兴趣的是墙上挂着一块木匾，里面正是《文宗阁图》。细看图案中的格局，确实是从进山门到书楼之间没有那座小庙，这更加印证了我的判断，那种将宝座移出书楼的做法肯定是没有根据的。这里的展柜中也摆放着几件影印仿真本的《四库全书》，但没有翻开到钤章的那一页。《四库全书》南三阁的藏书怎么样区分，这一直是我困惑的问题。从理论上推测，文宗阁本应当有些劫余。因为当初文宗阁的书是允许士子们借回家去的，后来又不允许了，我觉得其中肯定发生了借而不还的问题。那些借而不还的书因为没在楼里，就有可能没变成一把灰，而在民间流传下来。

厢房里面还有几个柜台专门卖旅游纪念品，我感兴趣的是里面的一部书，名叫《文宗书韵》，可能是研究文宗阁的一些资料汇总，我想买一本"拿回去研究研究"，然而整个书楼里没有人，虽然说按照古训窃书不算偷，但想了想，自己对文宗阁没有寸箭之功，反而从这里做减法，我觉得自己不能干这种事。虽然嚷嚷了几句"有人吗"，但是没有得到回音，我也就没有像陈佩斯那样抄起个大海碗揣到怀里，而是毅然决然掉头而去。

文汇阁

四库七阁，唯此无痕

天宁寺为清代扬州八大名刹之首，被称为“江淮诸寺之冠”，清乾隆二十年（1755）为迎接乾隆皇帝南巡，扬州盐商于天宁寺西侧（今西园大酒店所在地）建行宫、御花园、御码头，此后，乾隆每次南巡均驻跸于此，行宫分东西两列，门前设牌楼，入东门由南向北有朝房、宫门、戏台和前殿，其后垂花门内有寝殿等；西门外有茶膳房，经朝房入内，由南向北为大宫门、二宫门、前殿与寝殿等，行宫西部为御花园，园中碧水绿树环绕，建有大观堂、文汇阁和御碑亭，园后又有内殿和西殿，最后建有戏台，整个建筑东西两侧各有护卫房十进，清咸丰年间（1851–1861）行宫毁于兵火。

以上这段文字刻于西园饭店停车场外侧的一块石质铭牌，铭牌大小不足一平方米，用中英文对照的形式刻着。我到这里来当然是为了寻找文汇阁的遗迹，它毕竟是《四库全书》七大藏书楼之一，在我的心目中天然有着崇高地位。

来扬州之前，我搜索了很多资料，很想知道文汇阁是否复建。网上的一些资料说文汇阁已经列入扬州的文化恢复工程，但我搜不到竣工的消息，于是去电韦明铧先生，他告诉我说这只是个愿景，至今还没有动工。我有些不死心，问他现场有没有纪念碑或者铭牌，哪怕是一丁点儿可以证明这是文汇阁旧址的说明物，明铧兄沉吟了一下说，还真没有。这句话真让我绝望，但既然来到了扬州，我总要来此访上一访，无意间在花丛中看到了这块石质铭牌，真让我大喜过望。虽然这块铭牌并非为了文汇阁所立，因为它的题目是“天宁寺行宫遗址”，但不管怎样，我总算从中找到了“文汇阁”三个字，这也是我在这片遗址中看到的关于文汇阁的唯一字样。

这块铭牌的侧边还绘有天宁寺行宫遗址的简单示意图，绘出了整个天宁寺每座楼体的位置，可惜没有标明每座建筑的名称，好在天宁寺就在这个遗址的旁边，我进内寻访一番后，基本上可以确定此图的左半侧中间位置那个二层楼就是文汇阁。根据现在的实际地形看，文汇阁就处在西园饭店前左方停车场的那个位置，而这个位置恰是这块铭牌的正后方。如此想来，虽然这块铭牌没有突出文汇阁，但总算在这里找到一丝线索，因此我越发觉得它的重要，把上面的文字全部抄录下来，放在这篇小文之首。

这块铭牌旁边还立着一块一人多高的不规则石块，上面仅刻着“天宁寺行宫遗址”七字，我绕到石头背面，也没能找到更多关于文汇阁的资料介绍，看来确实如明铧兄所言，文汇阁没有留下任何遗迹。

十几年前我第一次来此地寻访文汇阁遗址，就是明铧兄带我来的。那个时候连这块石头和铭牌也没有，如果不是他带着我，我连这点线索也找不到，十几年过去了，多了这么块石头和这块铭牌，往好处想，这也算是进步吧。

这一次我是从南京坐大巴来到扬州，在网上订了一家号称五星级的酒店，结果住进去才知道，这家酒店的楼上还在装修，声音巨大，连打电话都听不清楚。我住下后第一件事就是给韦明铧兄去电话，向他报告我已经来到贵地。他接到我的电话略感意外，因为之前我告诉他的行程是要比这晚一个星期，因为高铁行程安排的不便，我临时改变路线，先期到达这里。明铧兄告诉我，他已经按照我原来的日程安排了自己的计划，而这几天正赶上他开政协会议，他是委员，逃会很困难，我当然不能因为自己的寻访而影响朋友的工作，于是跟他讲无妨，这两天我先自己到处转转，等他开完会后再碰面。

但房间的吵闹总要解决，本来订了四天的酒店，我住了一天就结账走人，不过得承认这家酒店的早餐确实丰富，让我这个对吃兴趣很淡的人也能够胃口大开。但我还是觉得寻访更加重要，更何况没有明铧兄的陪同，我必须先找自己熟识的地方故地重游，当然就想到了文汇阁遗址。由这家遗址又想到了遗址上所盖的西园饭店，于是立即打车来到这里。

西园饭店的大堂上挂着很多牌子，介绍这家饭店曾经的辉煌，比如曾任国家主席的李先念、杨尚昆、江泽民等都曾在这里住过，柬埔寨的西哈努克亲王等来到扬州，也是住在这家酒店。我更关心的是这些介绍牌有没有写到饭店就是建在文汇阁的遗址之上，结果当然让我失望，别说文汇阁，连天宁寺行宫都没有提到。但我还是自我感觉良好，因为知道自己下榻在文汇阁的地基之上，让我很满足。

放下行李就开始在西园饭店寻找关于文汇阁的遗迹，寻找的结果就是那块石头和那个铭牌，我觉得这也算是收获。在这块石头相对的小路对面有一座碑亭，我很希望它跟文汇阁有点关系，走近细看，碑上仅刻着“御马头”三个字，还没等我看清楚细节，就一下子来了几拨人，有的是当地人带着朋友来参观，也有旅行团的导游带着游客，我听到最多的一句话就是：“你们看，这三个字中的马字是不是错了?”在众人的七嘴八舌中,导游说:“对了,看得很准,这个马字少了石字旁。”于是导游或当地人开始大讲为什么这个马字少了石字旁。我在旁边偷听了几句,大意是说,这里是乾隆皇帝的登舟之处,所以叫御码头,但因为满人是骑马打天下,而马最怕被石头绊倒,所以把“码”字去掉了石字旁。是不是这么回事,我没兴趣考证,我关心的是这些导游是不是能介绍一下,哪怕就说上一句,离这个御码头十步之遥的地方就是江南三大《四库全书》藏书楼之一的文汇阁遗址所在,可惜的是我站在那里听了几拨的喧闹,都没有任何人提到“文汇阁”三字。我想到明铧兄正在开政协会,真想立即给他打电话,请他在会上加一个提案:当地的导游在介绍“御马头”时必须加上一句“旁边就是文汇阁的遗址”。

在介绍“御马头”这三个字的时候,我听到有人说这三个字是出自乾隆皇帝之手,不用说这肯定是附会,以为皇帝的码头就要由皇帝亲自来题写,其实从字形上看,这几个字跟乾隆皇帝的面条体一点儿都不像。之前我看过一份资料,说这座碑亭不是古迹,是1989年扬州市政府建的一座风亭,里面这块碑也是当时立的,那三个字据说是扬州市文管会的某位书法家根据曹寅的笔体仿制的。曹寅是康熙时的人物,但这个码头却是乾隆时建造的。曹寅不可能预先知道自己去世后的几十年会有个皇帝要在这里上下船,这种题字法有点像我在唐朝你在汉,咱俩打仗为哪般。我倒是可以出个馊主意,把这几个字换成曹寅孙子曹雪芹的笔体,这样比较贴谱儿。因为《红楼梦》里写道林黛玉就是从扬州的某个码头坐船前往贾府的,虽然没说是就从这个御码头乘船,但是三十年前很火的那部《红楼梦》电视连续剧中,黛玉乘船前往荣国府时,登舟场景倒的确是在这个御码头拍摄的。我真应该把这个故事讲给导游,让他们绘声绘色地演绎一番,肯定比我讲得好听一万倍,也一定能大大提高游客对这个景点的兴趣。可惜的是,码头虽然离文汇阁如此之近,曹雪芹却没有描写林黛玉到文汇阁去看看书,哪怕只说黛玉登舟之时依依不舍地回望了一眼夕阳下的书楼也好。如果雪芹真写了这么一笔,那他将是文化普及的大功臣——让更多的人知道扬州有个文汇阁。

《四库全书》原本抄写了四套,分别藏于北方的文渊阁、文源阁、文津阁和文溯阁,然而这四部大书仅供皇家使用,乾隆觉得这样无法让天下人共享,于是想到在南方安置三部《四库全书》,让士子们也能看到这部大书。乾隆四十七年

(1782)四月初八日,他给内阁下了谕旨:

朕稽古右文,究心典籍,近年命儒臣编辑《四库全书》,特建文渊、文溯、文源、文津四阁,以资藏庋。现在缮写头分告竣,其二、三、四分限于六年内按期蒇事,所以嘉惠艺林,垂示万世,典至巨也。因思江浙为人文渊薮,朕翠华临莅,士子涵濡教泽,乐育渐摩,已非一日,其间力学好古之士,愿读中秘书者,自不乏人。兹《四库全书》允宜广布流传,以光文治。如扬州大观堂之文汇阁、镇江金山寺之文宗阁、杭州圣因寺行宫之文澜阁,皆有藏书之所,着交四库馆再缮写全书三分,安置各该处,俾江浙士子得以就近观摩誊录,用昭我国家藏书美富、教思无穷之盛轨。至前者办理《四库全书》考募各誊录,皆令自备资斧,五年期满,给予议叙,至为优渥。但人数众多,未免开幸进之门,且现在议叙者尚虞壅滞,若因此致碍选途,又非朕策励人才之本意。此次续缮《四库全书》三分,俱着发给内帑银两,雇觅书手缮写,在抄胥等受值佣书,自必踊跃从事,而书成不致滥邀议叙,亦于铨政无碍。所有应办各事宜及添派提调、校对等官,着交四库全书馆总裁悉心妥议具奏,以副朕振兴文教、嘉与多士之至意。

江南是人文渊薮之地,这正是乾隆皇帝想要抄写三部大书放在南方的缘由所在。而扬州大观堂里面的文汇阁、镇江金山寺的文宗阁以及杭州圣因寺行宫的文澜阁原本就是藏书之所,所以他下令将《四库全书》再抄写三部,分别藏在这三阁之内,同时允许当地文人入阁抄书。对于抄写这三部大书所需要的费用,乾隆皇帝改变了前三部的例行方式,因为之前都是学人自费出资前来抄写,然后对于抄写有功者进行封官,这一次他要求为南三阁所藏的三部书由朝廷出资雇当地人来抄写。

谕旨颁下之后,三阁所在地的官员首先落实了藏书之所。谕旨颁下十天之后,两淮盐政伊龄阿就给皇帝上了两封奏折,收录于《军机处录副奏折》,伊龄阿首先称:

跪读之下,仰见皇上圣治光昭、乐育人文之至意。随即亲诣大观堂之文汇阁检查书格,现在藏贮《图书集成》外,所余空格尽多,查金山文宗阁书格一律相同,将来收贮四库全书即有不敷,所添书格无几,一面转饬商人遵办去后。

根据皇帝的谕旨,伊龄阿查看了大观堂内的书阁,该阁内仅盛放了一部《古今图书集成》，所余空格足可以再放下一部《四库全书》，而金山文宗阁的情况也是如此，所以伊龄阿认为，这两部《四库全书》抄写完毕之后，不用添加多少书架就足够用，但是他又对皇帝说道：

旋据总商江广达等呈称，商人适逢圣世，荷蒙皇上教养生成，无微不至。兹以江浙为人文渊薮，特发内帑，雇觅书手，缮写四库全书，分贮文汇阁等处，广布流传，洵为千古未有之盛典，商等闻命之下，欢忭无地。窃思文汇、文宗两阁并建在淮南地方，今方贮全书，系商等分应承办之事，何敢动费帑金。况查两处书格俱全，即有添补，工费有限，所有雇觅书手银两，商等理宜照数按年呈□□□□□□□□□□□等情。臣伏查《四库全书》珍藏中秘，今蒙嘉□□□，江浙两省均得分贮，诚为荣遇，千载难逢，该商等桑梓情切，踊跃欢欣，自以分应承办之事，不敢上费圣心，实出至诚。合无仰恳天恩，允准敕交总办四库全书大臣，酌定雇觅书手银数章程，或于年终汇解，或分春秋二季解交之处，一并饬知臣以便解交。

如前所言，皇帝下令，南三阁抄书费用由朝廷来拨付，但伊龄阿跟当地人谈到此事时，当地的商人都踊跃出资，不愿意给朝廷增加财政负担。然而皇帝收到伊的奏折后，仅在上面朱批了这样几个字："不必，仍当用官项，钦此。"

不知道皇帝这是什么心理。当地商人愿意出钱来修《四库全书》，皇帝却不领情，坚持要花官帑，皇帝的命令，地方大员当然要执行，但具体到抄书问题时，还会涉及如何合理花费的事，而对于相应的支出，其实亦有具体的要求，乾隆四十七年十二月十一日，江南道监察御史费孝昌给皇帝所上奏折称：

窃照四库全书馆钦奉谕旨，着于扬州大观堂之文汇阁、镇江金山寺之文宗阁、杭州圣因寺行宫之文澜阁缮写全书三分，安置各该处，俾江浙士子得以观摩誊录，俱发内帑银两雇觅书手缮写。仰见我皇上不惜帑金，广敷文教，嘉惠艺林至意，诚千古未有之隆轨也。嗣经该馆奏准章程条例，内开：书手缮写，每字一千给值二钱五分，毋庸设立总校。其分校六十员于翰林院、内阁、国子监等衙门遴选派办，如有迟误草率，随时参处。又因所雇书手人数众多，难以查催，拟就其中择其稍有才干、人尚诚实者，作为领办，一切纸张书籍，令其承领分给。

费孝昌在这里感谢皇帝不用民间款项来抄书的皇恩浩荡，而后提到相关部门给出的抄书酬劳，每一千字付酬两钱五分，但费孝昌觉得这种方式会有一

⊙…《鸿雪因缘图记》中的文汇阁

十 皮藏

⊙… 天宁寺中存放影印本《四库全书》的大殿　⊙… 书架的细部

些弊端：

伏查此种抄胥人等，非有顶戴人员可比。一时应募而来，聚散无常，贤否不一，求其才品兼优者，实难其选。今遽责以领办书籍纸张等事，纸张犹可言也，书籍则系内府尊藏之本，倘有疏虞，关系匪小。且发写书籍既交伊等承办，则雇值银两势不得交伊等给领。夫利之所在，人争趋之，是以书手未经募集，而图充领办者早已纷纷攘逐。恐伊等一朝权在，借端措勒，扣克分肥等弊，不能保其必无。而况未写之前，由领办一番经手，既写以后，复由分校一番经手，无论增一领办，即增一不写字之书手，工食帑项虚縻，就此前后两番收发，亦未免头绪繁多，旷延时日。

费孝昌认为，在当地所雇的抄书人并非正统的科考出身，故人品难以把握，抄书之纸若有损失尚是小事，但是需要一部北四阁之书作为底本，一旦出现丢失，责属大过，如果要雇当地人作为管理者，这些人难免做出损公肥私之事。就如何来解决这样的矛盾，费孝昌提出了这样的建议：

臣不揣愚昧，窃谓领办一项竟可不设，只需多派分校。约计书手千名，统以二百员分校。每分校一员，责令雇觅书手五名。夫以一分校官之同乡亲友，能缮写者五人，不待外索，加以耳目切近，稽查便宜，万无人书散失之患。而各书手计字给值，即令分校官亲行支给，亦可人人得邀实惠，感荷皇上。

费孝昌建议，不要设领班一职，只需要多派一些分校人员，他认为分校和抄书者的比例最好是五比一，即一千名抄手需要二百名分校，为何给出这样的数量，费孝昌在奏折中有如下解释："总而计之，书手千名，一日可得一百万字，一年可得三万六千万字。而分校每员每日校勘五名书手之字，不过五千，既得从容，自能详慎。即已派四分书分校之员，不过每日添阅五千字数，亦不至遽形竭蹶。"看来这位费孝昌对具体的抄书之事做了仔细的考量，皇帝收到奏折后，在上面批示道："此奏亦有所见。该馆大臣详议具奏。"这就等于同意了费孝昌的意见。

两年之后，也就是乾隆四十九年（1784）二月初一日，这一天质郡王永瑢给皇帝上了《办理江浙三分全书亟须校对请于生监中招募分校折》，向皇帝汇报了具体的抄书人数量，的确是用了1000人，而挑选的标准是能够写出端楷，这些人每天可以写出2000字，每月可以抄出4000本书，而担任分校的翰林、中书等却只有57人，每月仅能校对出1100多本书，以至于抄出之书太多而校对人手不够，致使任务积压。对于如何解决这个矛盾，永瑢的建议又回到了北四阁抄书的办法：

拟即于生监中募有情愿校对者，择其文理明通，每人派以三年内校书五千余本，得二十一人足敷办理。如果三部应期全竣，仰恳皇上天恩，钦赐举人，准其一体会试，但不得入吏部举班选用，以碍铨法，亦不许大挑滥邀官职。其有潦草错误者，按季汇送吏部查核，照七品官讨俸之例缴充本馆公用，按年报销，似此劝惩互施，庶期迅速告竣。

永瑢建议，从监生中挑出一些人来担任分校，他认为需要21人，每人校书3年，如果按期完成任务，希望皇帝能够对他们钦赐举人。但是永瑢也提到，这样的举人不是出自正途，今后不可以此名义叙官，如果工作不认真，照样可以处罚，而永瑢的提议得到了皇帝的批准："依议。"

经过往返商讨，朝廷终于定下办法，南三阁书就以这种方式抄写完成，其中之一部就存在扬州的文汇阁。文汇阁刚建成时的名称叫御书楼，关于此楼的建造时间，赵昌智所撰《扬州文汇阁典藏〈四库全书〉被毁原因初探》一文首先引用光绪版《两淮盐法志》卷一百五十中《杂纪门·祠宇》中所载：

天宁寺在拱宸门外，旧为晋太傅谢安别墅。义熙间，梵僧译《华严经》于此。褚叔度请于谢瑗，度舍为寺，名谢司空寺。宋政和间改今名。康熙二十三至四十六年，圣祖仁皇帝六次南巡，赐诗章、联额、法物。雍正十三年，世宗宪皇帝赐上谕、手卷、法物。乾隆十六年，高宗纯皇帝南巡，御赐诗章、联额。二十一年，商人于寺右恭建行殿，自此驻跸，历赐宸翰、法物。四十五年，于大观堂旁建御书楼，恭储《图书集成》。是年，车驾临幸，赐名文汇阁。并御制《文汇阁》诗，发《四库全书》储阁中。五十五年，运使鹿荃请于盐政全德，重修伽蓝殿、天王殿。嘉庆二年，盐政征瑞允运使曾燠请，修万佛三层二楼，及配殿、寮房、廊舍。六年，运使曾燠请于盐政书鲁，重修。九年，盐政佶山又修。咸丰三年，粤贼窜扬，僧悟鉴触贼死，寺焚毁。四年，僧真修稍稍募造。同治十年，盐政曾国藩倡捐，属运司方浚颐劝商助资重建。

原来天宁寺曾经是晋太傅谢安的别墅，故该寺一度名叫谢司空寺，到了宋政和年间才名为天宁寺，康熙皇帝六次南巡，均赏赐此寺，雍正皇帝也同样有过赏赐，乾隆十六年（1751），当地商人在寺右建起了行宫，故乾隆皇帝南巡来到扬州驻跸此处。而在乾隆四十五年(1780),于天宁寺大观堂旁建起了御书楼,当时里面仅藏了一部《古今图书集成》,后来南三阁《四库全书》抄写完毕后,其中一部就藏在御书楼中,并且皇帝下令将其改名为文汇阁。此阁之后经过多次增修,到了咸丰三年(1853),太平军攻入扬州,将此寺焚毁,内所贮《四库全书》也就化为灰烬。

对于文汇阁在被焚之前的情况,嘉庆版《两淮盐法志》中有记载:

乾隆四十七年秋,《四库全书》告成,分贮四阁。高宗纯皇帝垂念江浙为人文渊薮,特命再缮三分,分贮江浙。而江南得其二,扬州天宁寺行宫大观堂之文汇阁,其一也。阁建于四十三年,旧藏《钦定图书集成》五千二十册,五百二十函。五十五年以所余空格度《四库》书焉。阁在行宫之西,凡三层,为楹者五。上悬御书"东壁流辉",楼下碧水环之,为卍字河。右为修廊,前御碑亭。阁中经史子集,为册三万六千三百有七,为函六千二百二十有三。先于四十九年翠华南幸,诏许稽古之士就阁传抄,于以见圣朝嘉惠艺林之盛。而典司出入,掌自盐臣。故以冠诸图。

关于文汇阁的藏书状况,除了以上记载,李斗的《扬州画舫录》中也有记载:

御书楼在御花园中,园之正殿名大观堂,楼在大观堂之旁,恭贮《钦定图书集成》全部,赐名"文汇阁",并"东壁流辉"匾……文汇阁凡三层,汞庮楹柱之间,俱绘以书卷。最下一层中供《图书集成》,书面用黄色绢。两畔橱皆经部,书面用绿色绢。中一层尽史部,书面用红色绢。上一层左子右集,子部书面用玉色绢,集用藕荷色绢。其书帙多者,用楠木作函贮之,其一二本者,用楠木板一片夹之,束之以带,带上有环,结之使牢。

可惜的是,这么一部大书,却因为太平天国之乱化成灰烬,这当然是扬州文化界的一大遗憾。近几年当地的一些文化学者,尤其是韦明铧兄大力呼吁恢复文汇阁,而欲恢复之地就是西园饭店停车场,引起这场呼吁的一个重要原因是前些年有位学者在麟庆的《鸿雪因缘图记》一书中找到了文汇阁的外形图,当时这被认为是一个重大发现,很多报纸都转载了这张图,镇江有位文化学者叫裴伟,他称《鸿雪因缘图记》中的这幅图为"目前传世最早的文汇阁图"。

我看到这段报道后很是高兴,不仅因为要恢复书楼,还有一个原因是我所藏的这部《鸿雪因缘图记》比平常所见要漂亮许多。十几年前，我从某场拍卖会上买到了一部《鸿雪因缘图记》，其实此书我已经藏了两部，再次购买的原因是我在预展时看到的这一部是麟庆家族的自藏本。麟庆的家人对这部书也很是喜欢，麟庆有个女儿，就在家里将这套自藏本全部用颜料填了彩，这部覆彩本的故事在麟庆儿子崇厚的日记中有记载，也算得上是流传有绪之物，我当然要把它拿下。当报纸上大炒发现了文汇阁的图画时，我看到自己的书中有着唯一的彩色图画，可想而知是何等自得。

《鸿雪因缘图记》中不仅有文汇阁的图画，麟庆对它还有相应的文字记载。道光二十年（1840），麟庆在两淮盐运使司的工作人员沈莲叔和宋敬斋陪同下，来扬州文汇阁看《四库全书》，麟庆在书中详细叙述了他在阁内看书的情形，并且描述了当时文汇阁的外观："亭榭半就倾落，阁尚完好，规制全仿京师文渊阁。"如此说来，虽然御花园有些衰败，但文汇阁却是完好的，尤其里面的书也同样完好。可惜的是在麟庆看书后十四年，太平军就攻陷扬州，把文汇阁里的藏书一把火烧光，因此麟庆对文汇阁的文字描写也就成了今日所知的有关此阁的最后文字。

2014 年下半年，关于文汇阁的报道突然又多了起来，大多是说文汇阁虽然没有修建起来，却得到了一部原大原样复制的《四库全书》，因为暂时无处存放，就把这部书放在天宁寺最后一进的大殿中。我从那些报道上得知，这部复制的《四库全书》当然不可能是以文汇阁的原本复制，因为那部书已经变成灰烬，复制时所用的底本只能是国家图书馆所藏的文津阁本。

十余年前我到国图善本部去看书时，就看到国家图书馆的工作人员在翻拍文津阁本《四库全书》，当时为了工作便利，他们还制作了特殊的翻拍架，那种翻拍架简易又便捷，使我大受启发，但是之后就再没了声息，没承想今天真的印了出来。主持复制的这位朋友，我跟他也很熟，这次来扬州寻找文汇阁本想跟他打个招呼，后来想想为拍这么一套复制本再给他添麻烦似乎没必要，于是就自己进入天宁寺。来到最后一进大殿，看见门口左右两边各挂一块铭牌，左边的写着"钦定四库全书 / 文津阁本 / 恒通集团捐赠"。恕我寡闻，不知道这个恒通集团的来由和背景，但它能买下这么大一套书捐赠给这里，我觉得这家公司很了不起，今后一定能够恒通。右侧的铭牌则写着"四库全书珍藏展"，由此表明这个四

⊙… 天宁寺行宫遗址，而不称之为文汇阁　⊙… “御马头”

库展馆符合乾隆皇帝的规定,允许士子参观。

进入大殿,果真看到了一排排书架,很有气势地排列在那里,从书架的外形以及每函的木匣情况来看,完全是模仿文津阁的式样,这等忠实的仿造确实难得,然而在书架的正前方却拉起了隔离线,禁止入内参观。细想之下,能够做到这一点已属难得。我看到里面的工作人员正忙着清点每匣册数,对待复制本都有如此规矩,可以看得出确实管理有方。在展区另一头摆着一张简易桌,上面放着四本仿制的《四库全书》,可能是为了让人们能够触摸到《四库全书》的质感,这四本书经史子集各一本,每本书都用原色封面。翻开书页细看,用的是套印方式,并且能够看到原来所钤的"文津阁宝"。乾隆时期所制作的这七部《四库全书》,北四阁跟南三阁其实并不同,一是在开本上南三阁要小于北四阁,第二个区别是在钤章上,北四阁所藏《四库全书》每册卷首都钤有该阁的专用玺,而南三阁的则没有,只在前后钤有"乾隆御览之宝"和"古稀天子之宝"。现在看到这四册样本,我又开始吹毛求疵起来,觉得影印者完全可以用技术手段去掉原文津阁玺印,再套印以上两方章,这样更能显现出此书跟文汇阁的关系。

看完这些细节,正准备踱步而出时,才注意到入门的墙上还挂着一排展板,详细讲解文汇阁的兴起与毁灭。兴起就不用说了,我把这段展板上关于文汇阁被毁的文字抄录如下,以此来作为我凭吊文汇阁的结语:

咸丰四年(1854),来势凶猛的太平军一举攻入扬州(注:原文如此),文汇阁及其藏书一起毁于战火之中。太平天国对待传统文化的态度,除了极少数他们需要的之外,其余不分良莠一概加以扫荡。对于寺庙、书院、古迹、文物,或者付之一炬,或者改作兵营、仓库、监狱、屠场。扬州文汇阁和镇江文宗阁所藏的《四库全书》,都是这样被一把火烧掉的。据说东王杨秀清不太赞成这种行为,用"天父下凡"之法,说"千古流传之书不可毁弃"。天王洪秀全无法违抗,便成立由他亲自挂帅的删书衙,大删特删"妖言",但直到他败亡,也只删成出版很少几部书,太平天国对于读书人,基本上一律视为"妖人",杀之唯恐不尽。即使是早先参加太平军的极少数读过书的人,在反文化、反文明的大气候下,也多受歧视和凌辱,结局凄凉。太平军为了建立他们的"天国",视传统文化为敝屣,玩世俗良心于股掌,结果他们自己的命运并不比文汇阁更好。

文澜阁　搜补残卷，再建书阁

文澜阁为四库南三阁之一。关于南三阁的建立，乾隆四十七年（1782）七月初八日的上谕记载：

朕稽古右文，究心典籍，近年命儒臣编辑《四库全书》，特建文渊、文溯、文源、文津四阁，以资藏庋。现在缮写头分告竣，其二、三、四分限于六年内按期蒇事，所以嘉惠艺林，垂示万世，典至巨也。因思江浙为人文渊薮，朕翠华临莅，士子涵濡教泽，乐育渐摩，已非一日，其间力学好古之士，愿读中秘书者，自不乏人。兹《四库全书》允宜广布流传，以光文治。如扬州大观堂之文汇阁、镇江金山寺之文宗阁、杭州圣因寺行宫之文澜阁，皆有藏书之所，着交四库馆再缮写全书三分，安置各该处，俾江浙士子得以就近观摩誊录，用昭我国家藏书美富、教思无穷之盛轨。

乾隆帝在紫禁城内创建文渊阁时，原本准备允许一些官员入阁翻书，但等到这部大书完成之后，皇帝又改变了初衷，禁止外人入内，故而北四阁实际上只是建给他一个人使用的藏书楼。可能是出于这个原因，他决定在江浙再建造三座书楼，因为江浙乃是人文渊薮之地，能够以此来彰显乾隆盛世的文治，于是下令将《四库全书》再抄三份，分别藏于扬州、镇江和杭州。

从这份上谕可以了解到，此三地原本就有藏书之所，其中杭州的藏书之所应当是西湖行宫内的“藏书堂”。康熙四十四年（1705），康熙皇帝南巡，为此建造了西湖行宫。雍正五年（1727），该行宫根据胤禛的命令改建成佛寺，赐名为“圣因寺”，乃皇家庙宇。乾隆十六年（1751），乾隆皇帝初次南巡到达杭州时，当地官民在圣因寺旁又给他建造了一座行宫。此事记载于清沈德潜等人纂辑的《西湖志纂》卷三《孤山胜迹》中：“全浙臣民，欢忭踊跃，恭建行宫于圣因寺西，适当孤山正中，群山环卫，拱护宸居。”

皇帝下令的当天，同时又谕闽浙总督兼浙江巡抚陈辉祖、两淮盐政伊龄阿、浙江布政使署理杭州织造盛住三人商量细节：

现特发内帑银两，雇觅书手，再行缮写全书三分，分贮扬州大观堂之文汇阁、镇江金山寺之文宗阁，杭州圣因寺内拟改建文澜一阁，以昭美备。着传谕陈辉祖、伊龄阿、盛住等，所有大观堂、金山寺二处藏贮《图书集成》处，所空余格甚多，即可收贮《四库全书》。若书格不敷，着伊龄阿酌量再行添补。

乾隆皇帝下令用国帑请人再抄三份《四库全书》，而后分藏江南三阁，同时要求在圣因寺内改建文澜阁，关于具体的改建地点和费用等，上谕称：

至杭州圣因寺后之玉兰堂，着交陈辉祖、盛住改建文澜阁，并安设书格备用。伊龄阿、盛住于文渊等阁书格式样皆所素悉，自能仿照妥办。至修建、书格等项，工费无多，即着两淮、浙江商人捐办。伊等情殷桑梓，于此等嘉惠艺林之事，自必踊跃观成，欢欣从事也。

乾隆皇帝曾经去过圣因寺，所以知道圣因寺后有一座玉兰堂，故下令陈辉祖和盛住将其改建为文澜阁，又因为伊龄阿和盛住曾经去过文渊阁，所以知道阁内书架的式样，照样制作即可。乾隆皇帝又说，建阁和书架的费用并不多，就让两淮和浙江的商人来捐助。

浙江当地官员接旨后立即查看了现场，却发现实际情况并不适合建造书楼，陈辉祖在给皇帝所上的奏折中称："勘得该处后槛外逼近山根只九尺余，地势潮湿，难以藏贮书籍。且院宇地盘浅隘，亦难另行改建。"陈辉祖还建议，玉兰堂东边藏储《图书集成》的藏书堂后面地势开阔，可以改建成为文澜阁。乾隆皇帝采纳了这个建议，并让正好要来朝中觐见的盛住将当地环境画成图像，呈来过目。由此可见，乾隆皇帝对建造文澜阁之事颇为上心。

对于改建的费用，当年十二月初九日新晋闽浙总督富勒浑给皇帝报上的预算为一千五百二两零，这个费用确实不多，因为富勒浑还在奏折中称：

臣抵浙后，即令盛住将玉兰堂后地盘形势详细绘图，并将需用工料先行估计，俟赴京时奏请训示。至西湖花神庙中原像，钦奉谕旨撤毁，另溯（塑）湖神之像。后殿另塑花神、花后，以昭信祀。花神庙后楼拆建大殿，供奉花神，两配殿着安催花使者。

看来这笔费用还包括移建花神庙，而据称抄写南三阁《四库全书》的费用超过百万两。若按三份平均计算，南三阁之书，每部所费银都在30余万两，这与1500多两的建楼费用相比实在不成比例。

改建的文澜阁完成于何时，我未查得相应史料，而书楼建成后，里面的陈列方式则载于延丰等纂修的《钦定重修两浙盐法志》卷二《文澜阁图说》：

阁建三层，第一成中藏《图书集成》，后及两旁藏经部，第二层藏史部，第三层藏子、集二部，皆分度书格。凡四库书三万五千九百九十册，为匣六千一百九十一。《图书集成》五千二十册，为匣五百七十六。《总目》《考证》二百二十七册，为匣四十。

咸丰十年（1860），太平军李秀成部为解天京之围而进攻杭州，占领杭州城后又主动退出，转年九月再次占领杭州，直到同治三年（1864）退出，这两次占城被称为“庚辛之难”。这场战争使得文澜阁被毁，阁内的藏书也流散出来，而当地大藏书家八千卷楼主人丁丙、丁申兄弟为抢救该楼之书做出了巨大贡献，这些事迹记载于孙树礼、孙峻纂辑的《文澜阁志》中：“西湖之旁，旧有文澜阁，谨储《四库全书》。咸丰十年、十一年，省垣两次失陷，藏书蹂躏不堪。有候选主事丁申者，被陷贼中，潜出湖边，检拾阁书，密运西溪，而赴沪渎。”

关于丁丙、丁申兄弟搜集失散阁书的具体细节，可参阅本书中丁丙一文，于此不赘述，此处所谈则是关于丁丙等人修复文澜阁之事。当时，丁丙等人将收集到的文澜阁《四库全书》暂时存在文庙尊经阁内，但他们最终还是想让这些书返回文澜阁，可是该阁已毁，于是他们向浙江巡抚谭钟麟提议重建文澜阁。

光绪六年（1880）九月十四日，浙江布政使德馨所写照会中称：

据丁绅丙送到修建西湖行宫头门及围墙、文澜阁暨平厅、走廊并临湖大牌坊工程图折前来。札司立即遵照移知厘捐局，在于丝捐款项下支给，如有不敷，则由善后项下借支，并即移知应绅宝时会同丁绅办理，计发图折二纸。等因奉此，除移厘捐总局在于丝捐款项下陆续给领，如有不敷，即遵饬在于善后项下凑给兴办外，拟合照会贵绅，请烦查照，然即会同赴领，赶紧建造，工竣造册，送司验收详销。并希将领款数目、兴工日期复司备查。

由此看来，这次修建的费用是公款民助方式。据《文澜阁志》所载，工程预算为“一万二千九百一十三元”，然而实际费用远超之前的估算，故丁氏又两次上呈文，追加费用。费用超出预算的原因，则是不仅是复建了文澜阁，还将相连的圣因寺也一并修整。另外，丁丙在呈文中还写道：“又抄补《图书集成》二百四十七本，计字六百十二万四千零，绘图、校对笔资，暨装订修补五千二十册，夹板五百二副，制木橱十六座等，计需洋一千元有奇。”

阁中原藏的《古今图书集成》也有损坏，故亦需要一笔修补费用，全部加在一起，此次修缮总计花费银洋18000元。

书阁再次建造完成后，丁丙等人将陆续收集到的文澜阁《四库全书》残本

⊙… 文澜阁入口

⊙… 隔池相望的文澜阁

⊙… 文澜阁碑亭　⊙… 文澜阁匾额

及补抄之书、家藏之书一并移入阁中,《文澜阁志》中载有丁丙所言：

所有旧存杭州府学尊经阁《四库全书》遗册一万余本,又抄补《古今图书集成》五千二十册,并职丙家藏《钦定全唐文》一千卷,一律恭移,分三十二橱珍藏,交宪派管书董事沈灿收掌。

至此,文澜阁基本恢复旧观,虽然阁内的藏书仍有大量缺失,但随着后来的搜集和补抄,藏书规模渐臻旧观,谭钟麟将此事报告给朝廷,光绪皇帝也有相应的颁赐和奖赏,光绪七年(1881)十月十六日的上谕中称：

谭钟麟奏修复文澜阁,请颁发匾额、《方略》并将搜求遗书之绅士奖励等语。浙江省城文澜阁毁于兵燹,现经谭钟麟筹款修复。其散佚书籍,经绅士丁申、丁丙购求,藏弆渐复旧观,洵足嘉惠艺林。着南书房翰林书写文澜阁匾额颁发,并着武英殿颁发《剿平粤匪方略》一部,交浙江巡抚祇领尊藏。主事丁申着赏加四品顶戴,以示奖励。钦此。

光绪七年,新建文澜阁中的书基本安排就绪,《文澜阁志》中载有该阁重新排架的情况,以及补抄之书的变化：

惟易架为橱。第一层中列十六橱,尊藏世祖章皇帝《劝善要言》《钦定古今图书集成》《钦定全唐文》《钦定平定粤匪方略》,左右室分列十四橱,尊藏经部。第二层分列二十四橱,尊藏史部。第三层左右室分列二十四橱,尊藏子部,中列三十二橱,尊藏集部。

每册仍粘钉不压线,唯撙节经费,易楠木匣为银杏夹板,改绢面为纸。而《图书集成》黄色面,经部葵色,史部赤色,子部蓝色,集部褐色,悉如其旧。属张启瑞别为一图,与旧存《目录》并珍藏之,庶后之典守者有所考焉。

我对于文澜阁的向往,早在30年前就存在于心中,十几年前开始寻访藏书楼时来到杭州,当时文澜阁尚未对外开放,只能站在院外拍它的外观。之后也曾多次前往杭州,每次都想到文澜阁里面去看一看,然而朋友总是告诉我阁正在内部装修,过几年肯定会开放,这一"过"就至少是五六年。

直到2014年年底的某天,我看到报纸上登出了文澜阁对外开放的报道,这对我来说当然是求之不得的好消息。可是真的来到杭州,当地的朋友又告诉我说,文澜阁虽然开放了,但里面还是不让拍照,要想得到不是偷拍的清晰照片,还是需要申请。于是我打电话给浙江省图书馆的徐晓军馆长,向他提出申请,希望能到文澜阁内部拍照。徐馆长告诉我,文澜阁内的书虽然藏在他们馆,但文澜阁的楼却归浙江省博物馆。不过他答应帮我联络省博物馆,以便让我入内拍照。

文澜阁的入口处在西湖游览区的大道上,并不张扬,很小的一个门脸,门楣上仅用篆字写着“西湖博物馆”,完全看不到文澜阁的字样。今日是徐馆长带我前来,他说这个匾额在民国年间就是如此,文澜阁的字样在门的侧旁。我顺着他手指的方向看过去,原来挡在了一辆面包车的后面。走近一看,其实这也不是匾额,而是国务院颁布的全国重点文物保护单位铭牌。

进入院内,首先看到的不是高大的文澜阁,而是用太湖石堆起来的一座假山,假山两侧是两间连通的展厅,里面用图片展示着文澜阁的历史。我边拍照边听徐馆长介绍,他说原来的文澜阁在清咸丰年间被太平军战火烧毁,现在看到的其实是光绪七年的建筑。徐馆长说最为遗憾的是现在恢复文澜阁,其实并不知道文澜阁当年贮藏的书是否跟北方四阁一样,把每函书放在一个小楠木匣内,因为没有照片留存下来。现在看到的书橱也是丁丙兄弟捐建后制作出来的,但是否按乾隆时原样制作的无法证明。

我仔细看着墙上的展板,其中有文澜阁原图,由此可知文澜阁原有的式样。我想在文澜阁被战火烧毁之前,丁丙、丁申兄弟及文澜阁的复建者一定看到过原文澜阁的样式,所以恢复起来应该不会太走样。但徐馆长告诉我,重建的文澜阁也有可能不是原大,因为那时候财力有限,再建的文澜阁可能小于乾隆时期的原阁。

穿过太湖石假山,登上几级台阶,进入后面的院落,眼前豁然开朗,我再一次看到了文澜阁,立即兴奋起来。文澜阁前面的水池可能经过疏浚,比我十几年前看到的清澈很多,里面的太湖石依然矗立,我隔着这块石头,忘情地四处拍照。这十几年来我看过太多的藏书楼,无论它们怎样残破,都会让我有莫名的兴奋,从什么时候得了书楼欢喜症,我自己都记不起来。我无论到哪里,只要看到了藏书楼就会有一种大快乐。今日再访此地,已是初冬季节,但楼前的桂花树依然绿叶满枝,池塘中的荷花已经完全没有了擎雨盖,但我觉得这满池残荷有另一种美感,跟书楼搭配在一起,没有比这更和谐的景色了。

从池塘前走到书楼，必须绕过池塘左右，我选择了右路，只是为了拍文澜阁的碑亭，碑亭里立着三米多高的大碑，是光绪七年浙江巡抚谭钟麟重新补刻的四库全书碑，碑文刻的是乾隆四十七年（1782）皇帝关于建《四库全书》南四阁的上谕。此碑保护得很是完整，可能是为让游客看清碑文，工作人员有意将碑底涂为黑色，黑底白字看上去很是清晰。

文澜阁的格局跟文津阁基本相似，也是明二暗三。从里面看，一层跟上面的第二夹层有天井相通，但一楼的高度要比文津阁差得很远，不过摆放的格局基本相似，也是在正中的位置摆有御座，上方悬着的匾额刻着"敷文观海"，两侧抱柱上是金底黑字的对联，在对联两侧摆放着黑色的书柜，一楼的书柜刻着《钦定古今图书集成》。我注意到，书柜的腿果真比在浙图看见的短很多，看来确实是被锯掉了一截。

从一楼望上去，二楼的回廊栏杆全部涂成朱红色，再向上望去，每层楼的顶板却是白色，有朋友告诉我这些顶棚原本应该是彩绘的藻井，后来被人为涂上颜色，现在想恢复却变得很难，因为要除掉这些漆容易把原先底下的藻井也一起除掉，并且费用极高，所以只清理出三楼上的一小块，现在看上去，白色顶棚与黑色书橱确实缺乏协调感。

工作人员打开楼侧的门，由此可以登上三楼，这里的楼梯跟文津阁不同，至少是文津阁宽度的两倍。在这里我看到了清理出来的藻井，果真漂亮，然而这里摆放的家具却是重新制作的红木家具，墙面上挂着一些书法作品，我看了看这些书法的内容，似乎跟文澜阁也不搭界。

从三楼的栏杆上回望，文澜阁的匾额悬在头顶之上，从精美程度及新旧状况来看应该是乾隆时期的原物，很想端起相机拍照，但栏杆外面的回廊很窄，不超过一米，本想用身体靠着栏杆回身拍照，然而栏杆的微微颤动感让我又犯了恐高症，无奈只好请徐馆长代劳。

三楼也摆放着一些《四库全书》的木柜，这种木柜为双开门，右侧门板刻着"文澜阁尊藏"，下面刻有小字"第某某橱"，左侧抬高一字刻着"钦定四库全书"，下面小字刻着部类和橱的序号。但二楼摆橱的位置进深很短，书橱贴墙而放，而橱前到栏杆之间仅有一人宽过道，这也跟文津阁的情况大不相同。总之，因为有文津阁先入为主的概念，所以再看文澜阁，总感觉这里处处显得不够大气，但想到该阁复建时已近清末，能够恢复起来，想想也值得庆幸。到如今扬州的文汇阁始终未见踪影，不知何时能够将恢复后的南三阁全部纳入视野中。

士

附藏

文津阁、文源阁、文渊阁建造完工时，《四库全书》尚未编纂完毕，乾隆皇帝感觉书阁空在那里颇有不妥，于是下令先拿出几部雍正元年（1723）完成的铜活字本《古今图书集成》放入每一阁中，并要求按照《四库全书》的方式装潢，而南三阁原本就分别各储《古今图书集成》一部。文渊阁建成最晚，其中亦储有一部《古今图书集成》，故而四库七阁均配有该书，而且其中六阁乃是先储《古今图书集成》，后储《四库全书》，因此谈及四库七阁，必然要提到《古今图书集成》。

四库开馆一个多月后，乾隆下令大臣编纂《四库全书荟要》，故《四库全书荟要》与《四库全书》有着密切的关系，该书分抄两部，一部藏于圆明园内的味腴书屋，1860年英法联军攻占北京，这部《四库全书荟要》与圆明园一同被焚毁。另一部藏于紫禁城内的摛藻堂内，幸运地保留至今。此书后来运往台湾，故无法通过拍照探知其现况。

乾隆三十八年（1773）二月，皇帝下令辑录《永乐大典》中失传之书，当时就提出应当将其中重要之本刊刻发行，当年四月，武英殿刊刻了四种辑佚之书，然而总管大臣金简认为用木活字来排印辑佚之本更能节省费用，他详细地对比了雕版和木活字的费用之差，经皇帝批准，在乾隆三十九年五月，金简开始用木活字刷印辑佚之书，此套丛书原本称为『活字版』，乾隆皇帝认为不雅驯，于是赐名为《武英殿聚珍版丛书》，故该丛书乃是辑佚《永乐大典》及编纂《四库全书》的副产品。

陈梦雷

命途多舛，总纂《集成》

陈梦雷是清代最大的类书《古今图书集成》的实际编纂人，这部大书跟后来的《四库全书》有一定的关系，军机处上谕档中有“大学士于敏中奏拟赏鲍士恭等《古今图书集成》周厚堉等《佩文韵府》折”，里面称：“蒙发下《古今图书集成》十一部，交臣拟备各省行宫陈设外，其余拟赏各省交送遗书最多之家。臣恭拟各省行宫七处，陈设各一部，余四部拟赏进书五百种以上之鲍士恭等四家各一部，俾得宝贵尊藏。又查交书一百种以上，均经奉旨于所进书内查其最佳者呈览，奉有御题。通计进书一百种以上者，在京及外省共有周厚堉等九家，谨拟赏以《佩文韵府》初印本各一部，用示嘉奖。并拟写明发谕旨进呈。”

于敏中说皇帝下令将十一部《古今图书集成》分别陈列在各省行宫，而拟藏该书的行宫总计有七处，关于它们的名称，乾隆三十九年（1774）五月十五日的一份奏折中又提及：“拟各省行宫陈设《古今图书集成》清单，天津柳墅行宫一部，山东泉林行宫一部，江宁栖霞行宫一部，扬州天宁寺行宫一部，镇江金山寺行宫一部，苏州灵岩寺行宫一部，杭州西湖行宫一部。以上拟各行宫陈设书本俱行知经管之各该督抚、盐政派员至武英殿领取，敬谨如式装潢，收贮各署内，以备临时陈设。”其余的准备赏给为《四库全书》提供底本最多的四家，因为这些家进献底本的数量超过了五百部，另有超过一百部者还有九家则准备赏给《佩文韵府》各一部。乾隆皇帝御览后批阅说：“所办甚好，钦此。”

这份奏折的署款日期为乾隆三十九年五月十五日，此时《四库全书》刚开编不久，《四库全书》编纂完成后分别陈列在北四阁和南三阁，而其中几阁原本就是皇帝行宫的一部分。因此四库七阁藏书楼内有的是先陈列《古今图书集成》，后来再庋藏《四库全书》。于敏中同时建议将四部《古今图书集成》赏赐给献四库底本最多的鲍士恭、范懋柱、汪启淑、马裕四家，以示奖励，这也说明了《古今图书集成》与《四库全书》另一层的关系。

其实于敏中等人也因编纂《四库全书》有功受到过相应的赏赐，乾隆三十九年四月初二日的上谕中称：“大学士舒赫德、于敏中着各赏《古今图书集成》，钦此。”而在同一天另一份的上谕档中还有：“大学士舒赫德、于敏中各赏《古今图书集成》，俾其收藏，传付子孙，守而弗失。再，已故大学士刘统勋原欲一体赏给，不意其猝尔身故，未及身预，因念伊子刘墉尚克世其业，亦着加恩赏一部。钦此。”于敏中、舒赫德和刘统勋都任过《四库全书》总裁，而他们都得到了赏赐的这部大书。

然而《古今图书集成》的编纂者命运却十分曲折，而其命途多舛的人生也跟他编这部大书有一定的关联。

康熙九年（1670），陈梦雷和李光地同科考中进士，转年陈梦雷将其妻和母亲接到北京。康熙十二年（1673），因为母亲水土不服，陈梦雷送母返乡，回到福州时正赶上耿精忠叛乱，陈梦雷躲避到一处寺庙内。耿精忠抓到陈梦雷之父，逼迫其说出儿子的下落。耿抓到陈梦雷后，陈坚决不任伪官。后耿以要杀掉陈梦雷之父为威胁，陈无奈只好接受伪职。李光地奏疏中写道：“当耿逆之变，家居省会，有七旬父母，不能脱逃，及贼以令箭白刃逼胁伊父，梦雷遂为所折，勒受编修，固辞触怒，改降户曹员外，托病支吾。”

这种状况令陈梦雷十分痛苦，他本想以身殉国，然他的父亲劝他说：“耿逆庸劣下材，兵微饷寡，势必穷蹙自败。不如阴行侦谍，散其人心，离其将帅，遣人从间道出通消息，以报国家。”（陈梦雷《抵奉天与徐健庵书》）

陈梦雷的父亲认定耿精忠时久必败，他劝儿子私下里了解耿的部署，同时想办法把军中情况报告给国家。陈梦雷听从父劝，在耿精忠府中任职三年，而这期间李光地来到了福州，两人私下会面。经过陈梦雷的劝说，二人共同商议要将耿精忠军中情况汇报给朝廷。按照陈梦雷所言，当时李光地不相信陈的话，于是陈又引出杨道声跟李谈了一晚上，这一席长谈打消了李的疑虑，于是三人定下计策：“不孝身在虎穴，当结杨道声以溃其腹心，离耿继美以飘其羽翼，阴合死士以待不时之应；年兄遁迹深山，间道通信，历陈贼势之空虚，与不孝报称之实迹，庶几稍慰至尊南顾之忧。”（陈梦雷《与李厚庵绝交书》）

后来李光地以父病为由离开福州，两人分别时陈梦雷与之约定：“他日幸见天日，我之功成，则白尔之节；尔之节显，则述我之功。倘时命相左，郁郁抱恨以终，后死者当笔之于书，使天下后世知国家养士三十余年，海滨万里外，犹有一二孤臣，死且不朽。”（陈梦雷《与李厚庵绝交书》）

康熙十四年（1675），陈梦雷三次派家人想传递耿精忠军中情况给朝廷，但都因关口搜查严密而未能送出，然李光地却想办法来到了京城将消息呈报给朝廷，这就是著名的"蜡丸疏"。然而李光地所上疏中却删去了陈梦雷的名字，欲独居此功，结果这件事给陈梦雷带来了灾难。

康熙二十五年（1686），朝廷处置耿精忠所设伪官，而陈梦雷因任伪职也在清理之列。《清史稿·李光地传》中写道："［梦雷］方家居，精忠乱作，光地使日煌潜诣梦雷探消息，得虚实，约并具疏密陈破贼状，光地独上之，由是大受宠眷。及精忠败，梦雷以附逆逮京师，下狱论斩。"

陈梦雷到京到处托人解释，但都没有还自己清白。康熙十九年（1680），陈梦雷被传至刑部听审。转年四月，陈梦雷被判大辟之刑。后来在徐乾学的营救下蒙恩减刑，削籍谪戍奉天为奴。从康熙二十一年（1682）至康熙三十六年（1697），陈梦雷一直居住于东北，后受到盛京府尹高尔位的看重，被聘修《盛京通志》，同时开馆授徒。

康熙三十七年（1698），陈梦雷 48 岁，他给皇帝献诗《圣德神功恭纪》，康熙帝召见了他，而后下旨允其回京。当年年底，陈梦雷回到了北京，面对此重大转机，陈梦雷十分感激，他在《三十八年正月二十一日疏》中记下了相应的细节：

臣蒙我皇上再生之恩，在奉天一十七载，不得一望天颜。三十七年内，恭闻圣驾东巡，臣踊跃欢忻，于十月十六日奔迎至抚顺地方，匐伏道左，蒙我皇上天语亲问臣年纪多少，清书尚记得否，臣家口有无，如何度日，臣一一答奏外，至二十日，臣恭进"圣德神功恭纪"七言排律一百二十韵，蒙我皇上召至榻前，命臣展卷，皇上亲览，天语褒嘉。至二十一日，又蒙恩召对，是夜，臣随至御营，奉旨召臣回京。二十二日，臣于老边道左叩头谢恩。又蒙我皇上亲谕，臣回奉天搬家进京，臣在奉天凡四觐天颜，皆蒙我皇上圣慈矜悯。天语温和，不啻慈父之于爱子，岂独臣举家大小感激涕零，凡关外读书人士，皆欣幸以为稽古不世之荣，人人感奋，共思读书报国。臣夙夜不宁，于十二月内奔驰进京，初八日大臣入奏，又蒙我皇上命包衣大僧额给臣房屋居住及饮食衣服。

陈梦雷回京后在乾清宫懋勤殿侍三皇子胤祉读书，胤禛登基后，因为避讳，其他皇子的"胤"字一律改为"允"，故胤祉又称允祉。陈梦雷与允祉的关系处得很好，允祉那里也有大量的藏书，陈梦雷利用自藏及王府藏书，最终编成了《古今图书集成》。

在此期间,陈梦雷几次因思乡心切提出告假返乡,均未获得批准。未承想康熙六十一年(1722)皇帝去世了,胤禛继位成了雍正皇帝,他刚继位不到一个月,就对身边的大臣说:"谕内阁、九卿等:陈梦雷原系从耿逆之人,皇考宽仁免戮,发往关东。皇考东巡,念其平日稍知学问,带回京师,交诚亲王处行走。累年以来,不思改过,招摇无忌,不法甚多。朕以皇考恩免之人,不忍加诛,然京师断不可留。皇考遗命以敦睦为嘱,陈梦雷若在诚亲王处,将来必致有累。九卿等知陈梦雷者颇多,或其罪有可原,不妨直言,朕即赦免。如朕言允当,应将陈梦雷并伊子远发边外。或有陈梦雷之门生,平日在外生事者,亦即指名陈奏。又,杨文言乃耿逆伪相,一时漏网,公然潜匿京师,著书立说,今虽已服冥刑,如有子弟在京者,亦即奏明驱遣,尔等毋得徇私隐蔽。陈梦雷处所存《古今图书集成》一书,皆皇考指示训诲,钦定条例,费数十年圣心,故能贯穿今古,汇合经史天文地理,皆有图记,下至山川草木,百工制造,海西秘法,靡不备具,洵为典籍之大观。此书工犹未竣,着九卿公举一二学问渊通之人,令其编辑竣事,原稿内有讹错未当者,即加润色增删,仰副皇考稽古博览至意。"(《内阁上谕》卷二)

新皇帝又揪出了当年蜡丸案,为此陈梦雷再次被流放到东北,此为他人生的第二次劫难,他最终病逝在冰天雪地的戍地。

关于蜡丸案,后世对李光地的人品有很多斥责,但也有人认为不能仅凭陈梦雷的一面之词,《清史列传》中记录有康熙十九年李光地所上之疏:"耿精忠罪状显著,诸大臣等正在会议渠魁当治,胁从当宽。皇上自有睿裁,无俟微臣置喙,唯是臣旧同官原任编修陈梦雷者,当耿逆之变,家居省会,有七旬父母,不能脱逃,及贼以令箭白刃逼胁伊父,梦雷遂为所折,勒受编修,固辞触怒,改降户曹员外,托病支吾。律以抗节捐躯之义,其罪固不能辞矣。独其不忘君父之苦心,经臣两次遣人到省密约,真知确见,有不敢不言者。当耿逆初变,臣遁迹深山,欲得贼中虚实,密报消息。臣叔日煌潜到其家探听,梦雷涕泣,言隐忍偷生,罪当万死,然一息尚存,当布散流言,离其将帅,散其人心,庶几报国家万一。臣叔回述此语,臣知其心之未丧也。至十四年正月,耿、郑二贼连和。臣闻国家方行招抚之令,因遣人往约其或劝谕耿逆归诚,或播流言离间二贼之好,使大兵得乘机进取。梦雷言贼势空虚,屡欲差人抵江浙军前迎请大兵,奈何关口盘诘难往,因详语各路虚实，令归报臣。此臣密约两次，知其心实有可原者也。比臣入京，始闻因变乱阻隔，讹传不一，有逆党希图卸担，信口诬捏者，甚有因藩下伪学士陈昉姓名，误指为陈梦雷者。今皇上削平叛乱，明正是非，使梦雷果为伪学士，甘心从逆，是狗彘之流，臣虽手刃之市朝，尚有余恨。今大兵凯旋在即，陈梦雷托病被降情节，亲王、将军一一可问，至两次受臣密约，皆在患难之中，冒死往来之迹，非容旁人质证，臣若缄密不言，其谁能知之？臣断不敢为朋友而欺君父，伏惟睿鉴。”

这封奏疏被后世认定为李光地曾经营救陈梦雷的证据，然而李光地在《榕存续语录》卷十中却称："其实他说本上何不说蜡丸事，本即徐健庵与他自己做的，我何尝改他一字？他自己说不上的话，却教我说，可笑。”

从这段话可以看出，李光地说署他名所奏之疏其实是徐乾学所写，但是他看到这封奏疏时一个字也没有改，但是在另一处李光地本人却依然说送蜡丸疏都是自己的功劳，与陈梦雷无关。他在《榕村续语录》卷十中写到了他与康熙皇帝的对话：

前四五年，皇上在永定河舟中，又提起这话，云："他要你一救，救他个万全才快活。”予略奏曰："他说臣别的都可不办，唯有两端：说臣要做耿精忠教官，为何不做他的大官，就当一名兵，也是从逆，何苦既从逆，又要做个教官？他又说臣上蜡丸书是他定的稿，实无此事。果然如此，臣亦负心，实无此事。臣即为朋友，也不敢捏造无影的事欺君父。”

对于这件事，后世的研究者各有各的看法，比如方苞在《安溪李相国逸事》、陈寿祺在《安溪蜡丸辩》中都有李光地卖友求荣之说，在此无法一一详述。而关于胤禛登基仅22天就要再次流放陈梦雷的原因，后世也有不同的看法。其主要看法乃是陈梦雷被视之为允祉的亲信，而康熙朝后期围绕皇位的继承展开激烈的斗争，陈梦雷也卷入其中。

杨珍在《陈梦雷二次被流放及其相关问题》一文中详细分析了雍正皇帝跟众大臣谈论到陈梦雷的问题时所说的四道谕旨，这些谕旨“虽然指责逐步升级，均属定性话语，不曾透露案情。甚至当他决定将允祉治罪，历数允祉的‘过恶’时，也只是强调允祉与陈梦雷一案的关联，未言此案详情”。

胤禛登基因为太过突然，诸皇子对此心怀不服，然继位之初胤禛只能安抚人

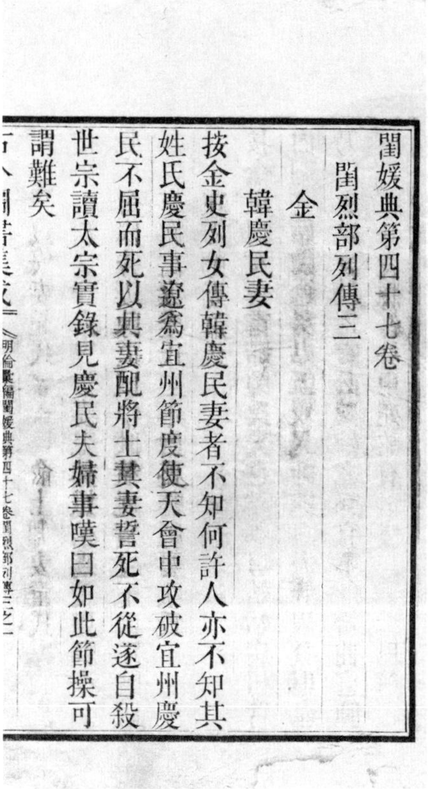

閨媛典第四十七卷

閨烈部列傳三

金

韓慶民妻

按金史列女傳韓慶民妻者不知何許人亦不知其姓氏慶民事遼爲宜州節度使天會中攻破宜州慶民不屈而死以其妻配將士其妻誓死不從遂自殺世宗讀太宗實錄見慶民夫婦事嘆曰如此節操可謂難矣

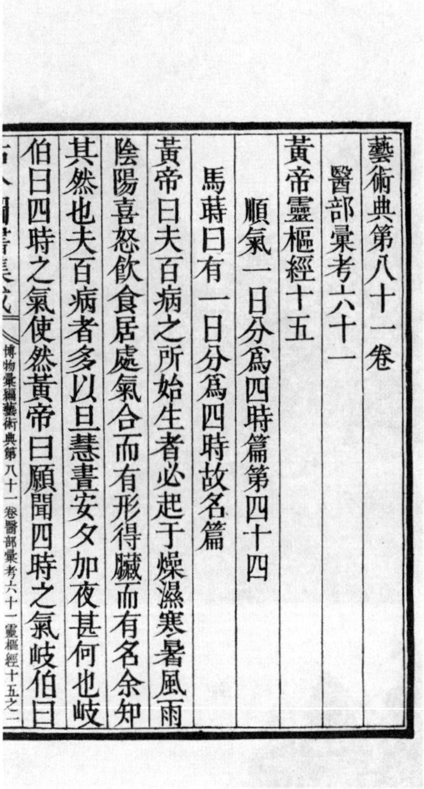

藝術典第八十一卷

醫部彙考六十一

黃帝靈樞經十五

順氣一日分爲四時篇第四十四

馬蒔曰有一日分爲四時故名篇

黃帝曰夫百病之所始生者必起于燥濕寒暑風雨陰陽喜怒飲食居處氣合而有形得臟而有名余知其然也夫百病者多以旦慧晝安夕加夜甚何也岐伯曰四時之氣使然黃帝曰願聞四時之氣岐伯曰

⊙…《钦定古今图书集成·闺媛典》 清雍正年间铜活字本

⊙…《钦定古今图书集成》 清光绪二十年上海同文书局据雍正年间武英殿铜活字本石印影印本

⊙… 在停车场对面看到了一座外形奇特的建筑　⊙… 清华老校门

心稳定大局。杨珍认为正是出于这样的原因，胤禛在四次谕旨中均未言明流放陈梦雷的真实原因。待政权稳定下来，他开始加重对一些兄弟的处罚：

四年（1726）秋，允禵、允禩仍在拘禁中，允禟、允祀相继被迫害致死。以此为标志，雍正帝清除异己的斗争取得全胜。此后，他在处理与宗室成员的关系时，无须再有顾忌。不及两载，允祉被点名斥责，数年后死于软禁地。雍正帝对允祉的忌恨积蓄多年，终于得以报复。

允祉罹罪后，宗人府禀旨所定罪款涉及陈梦雷案。即便如此，雍正帝对此案的处置方针未变，直接导致陈梦雷二次流放的"大位之牌"事，始终未被披露。这也说明，所谓雍正帝为报复允祉而遣发陈梦雷父子之说与史实不符。

那么，流放陈梦雷居然并不仅因为他是允祉的亲信，真实原因到底是怎样的呢？杨珍查得了雍正元年（1723）四月二十五日的一封奏章，其中有这样的话：

刑部尚书宗室臣佛格等谨奏：为请旨事。臣等屏人究问周昌言，据供：我周昌言其实并无一件实学本事，止因贪利贪名，妄想太重，所以见了陈梦雷就说会礼斗、请仙、六壬数，又说会炼樟柳神，未卜先知，不过要陈梦雷重我之心。至于每礼斗时有祝颂之词，愿求保佑诚亲王沐帝欢心，传继大位，为诚亲王祈求是实。每次将王本命灯下所供之米，陈梦雷送王食用也是实。

再，陈梦雷有一木牌，上面画一人像，旁边写的两行字：天命在兹，慎秘勿泄，敕陈梦雷供奉云云。我问陈梦雷：这个牌何用？他说：这是我甲午年拜斗那一夜，风雨雷电，听见一声大响，案上凭空降下此牌。这个是将来大位之牌，令我供奉，必是要我辅佐之意。我又问：这个牌上又没有定是那一位，怎么虚空供奉？陈梦雷说：你在此礼斗，即是有缘之人，所以不避你。此牌未书名者，总是到传位之时，即填上那一位。你可谨慎勿泄。此牌用黄绫包着，供在斗姥座下。去年十二月十三日陈梦雷回家，他将斗坛供的篆牌等项俱焚化了。我问陈梦雷：如今皇上登位，老师何不将此牌举奏？他说：我在馆中向禅得海说过，要他向他父亲说了，通达皇上，并无回话，大约皇上不信此事。这俱是陈梦雷的骗局。镇魇之事，我周昌言不知道。

这封奏章中记录了周昌言的供词，康熙朝晚年，陈梦雷将术士周昌言招到家中为诚亲王祈福，以此保佑允祉"沐帝欢心，传继大位"。陈梦雷还告诉周昌言，甲午年的风雨之夜天降大位之牌，这表明他认定允祉在储位之争中能够胜利。

而这封审案奏章正是胤禛要流放陈梦雷的原因所在。因为杨珍在文中称："陈梦雷是祈禳的策划者、参与者与镇魇的实施者。根据目前我们掌握的史料，康熙晚期储位之争中，他是卷入最深的一位汉族文士，且是积极主动参与其中，有具体行动。这种情况与其他卷入储位之争的人，如皇九子允禟的管家，汉族给事中秦道然和追随允禟的葡萄牙籍传教士穆景远等人颇有不同。"

陈梦雷所编《古今图书集成》直至其流放还未完成，雍正登基后，命蒋廷锡负责此书的出版，直至雍正六年（1728）方完成。雍正帝为此书写了篇序言："钦唯我皇考圣祖仁皇帝，聪明睿智，生知之质，而又好古敏求，孜孜不倦，万几之暇，置图书于左右，披寻玩味，虽盛暑隆寒未尝暂旷，积数十载之久，研综古今，搜讨殆遍，屡命儒臣，弘开书局。若《周易折中》发四圣之微言，《朱子全书》会群儒之奥义，皆禀自睿裁，复躬加校定，若《律历渊源》推先皇之神策，叶虞代之元声，皆亲行指授……而又以为未揽其全，乃命广罗群籍，分门别类，统一为书，成册府之巨观，极图书之大备。而卷帙浩富，任事之臣弗克祇承，既多讹谬，每有缺遗，经历岁时，久而未就。朕绍登大宝，思继先志，特命尚书蒋廷锡等董司其事，督率在馆诸臣重加编校。穷朝夕之力，阅三载之勤，凡厘定三千余卷，增删数十万言，图绘精审，考定详悉。书成，进呈朕览……"

此序中完全没有提到陈梦雷之名，石海英在其硕士论文《陈梦雷研究》中分析了雍正帝所写序言的矛盾之处："首先，雍正所言在作《集成》时间上有矛盾。文中提到说康熙编成《周易折中》《朱子全书》《律历渊源》在先，后因虑这些书'未览其全'才有意编《集成》的，而事实上《周易折中》成书于康熙五十四年，《朱子全书》成书于康熙五十二年。《律历渊源》成书于康熙五十三年。而梦雷在其《进汇编启》中言：'此（指《集成》）四十五年四月内书得告成。'可显然，这是不切实际的。"

按照胤禛的说法，康熙皇帝在读《周易折中》等书时发现材料搜集不齐全，由此而有了编《古今图书集成》之意。然陈梦雷在《进汇编启》中称：

……谨于康熙四十年十月为始，领银顾人缮写。蒙我王爷殿下，颁发协一堂所藏鸿篇，合之雷家经、史、子、集，约计一万五千余卷。至此四十五年四月内书得告成。分为汇编者六，为志三十有二，为部六千有零。凡在六合之内，巨细毕举，其在

《十三经》《二十一史》者只字不遗，其在稗史子集者，十亦只删一二。以百篇为一卷，可得三千六百余卷，若以古人卷帙较之，可得万余卷。雷三载之内，目营手检，无间晨夕，幸而纲举目张，差有条理。谨先誊目录、凡例为一册上呈。伏惟删定赞修，上圣之事，雷何人斯，宁敢轻言著述？不过类聚部分，仰我王爷斟酌，或上请至尊圣训、东宫殿下睿旨，何者宜删，何者宜存，何者宜分，何者宜合，定其大纲，得以钦遵检校。或赐发秘府之藏，广其未备。然后择于江南、浙江都会之地，广聚别本书籍，合精力少年，分部校雠，使字画不至舛讹，缮写呈进，恭请御制序文，冠于书首，发付梓人刊刻。较之前代《太平御览》《册府元龟》，广大精详何止十倍。从此颁发四文，文治昭垂万世，王爷鸿名卓越，过于东平、河间。而草茅愚贱，效一日犬马之劳，亦得分光不朽矣！

可见《古今图书集成》一书早在康熙四十年（1701）就已开编，五年后书稿编成，而编书的底本乃是出自允祉协一堂所藏和陈梦雷的自藏。出于各种原因，胤禛在该书出版时抹去了允祉和陈梦雷的痕迹，然这部大书却得以流传至今。该书总计 10000 卷之多，分为 6 汇编，32 典，6109 部。关于 6 编所收内容，雍正帝在御制序中写道："始之以历象，观天文也；次之以方舆，察地理也；次之以明伦，立人极也；又次之以博物、理学、经济，则格物、致知、诚意、正心、治国、平天下之道咸具于是矣。"

此书中收录了大量有价值的文献，李约瑟在《中国科学技术史》第三章《参考文献简述》中夸赞道："我们经常查阅的最大百科全书是《古今图书集成》，这是一件无上珍贵的礼物，我真不知道怎样表达我的感谢。"

《古今图书集成》用铜活字印刷了64 部加一部样本，关于这些铜活字的来由，历史记载大多语焉不详，2015 年第三期的《历史档案》载有项旋所撰《清宫康雍时期铜活字印书述论》一文，引用了雍正元年翰林院检讨何人龙呈给皇帝的密折："自诚亲王作总裁，而开馆之名色遂多，曰算法，曰历法，曰六壬，曰奇门，曰子评，曰音律谱。每馆取纂修若干人，实皆门客，陈梦雷教之收纳人才耳……自奔竞之术行，而陈梦雷始现身设法，极巧穷工，歆动先帝。奏称集成有万卷书，请开铜字馆，印刷进呈。每岁消耗钱粮十倍诸馆之数，中饱过半，罪已当诛。"诚亲王就是允祉，他开办了铜字馆，自任总裁。关于铜字馆的所在地，项旋在文中称：

“铜字馆”又常常被称作“铜板馆”或“武英殿铜板馆”。康熙五十九年,翰林院为查对武英殿等处所送生监人数的内阁档案中提到了武英殿铜板馆:“康熙五十九年十月十八日内阁交出学士蒋廷锡、励廷仪所交武英殿铜板馆、算法馆交与翰林院转各处所送人数查明,再交与顺天府……查得钦定古今图书集成馆送部册内汉贡监生员共五十八名,及取顺天府原册查对,系六十二名,名数不符。逐名细查,多送四人。于廷风、史书、王泽永三人已经中式,朱象苹一人不曾中式。”此则档案将“武英殿铜板馆”和“钦定古今图书集成馆”并举,说明二者名称不同,实则同指一地,“铜字馆”所在地就设立在武英殿。

然而苗日新所撰《熙春园、清华园考——清华园三百年记忆》却认为陈梦雷编纂和刷印《古今图书集成》都是在其家中。而如本文前面所引乾隆三十九年五月十五日的奏折中称“至武英殿领取”,也说明该书原本在武英殿内。

关于陈梦雷的居所,杨珍在文中写道:“陈梦雷赦还京师后,曾经数迁居所。康熙朝中后期,他的居所主要有两处。一处在畅春园以北五里许,与诚亲王允祉的别墅毗连,陈梦雷称之为‘半圃(半圃斋)’或‘水村别墅’、‘别业’。这是允祉为陈梦雷购得,时间似在陈梦雷侍允祉读书后不久。此居有‘书室三楹,贮所著《汇编》’三千余卷供其校阅。这里应是陈梦雷编纂《汇编》之地,距蒙养斋修书馆较近。”关于苗日新先生的专著,我是从刘蔷在其所撰《清华园里读旧书》的后记中读到的:

水木氤氲、钟灵毓秀的清华园,其前身是建于清朝康熙年间的熙春园。最近,据曾任清华大学基建处处长的苗日新教授的一系列考证,证实了熙春园始建于清康熙四十六年(1707),至今已有三百余年的历史。这座皇家园林,最初是皇三子诚亲王胤祉的赐园,奉命侍奉皇子读书的陈梦雷便是在这里编成了清朝最大的一部类书《古今图书集成》。陈梦雷因感念康熙皇帝的知遇之恩,以皇帝赐联“松高枝叶茂,鹤老羽毛新”的前两字,命名自己的书房曰“松鹤山房”,并自称松鹤老人。他有感于现有类书“详于政典,未及虫鱼草木之微”,或者“但资词藻,未及天德五道之大”,立志将“大小一贯,上下古今,类别部分,有纲有纪,勒成一书”,以“大光圣朝之治”。诚亲王在毗邻熙春园的水村一带购地建舍,赠予陈梦雷,支持他安心编书。苗先生据陈氏自咏《水村十二景》的诗序考证,松鹤山房的位置应该就在

⊙… 近春园遗址碑　⊙… 近春园内保留下的一组完整石构件

窗中雲景

水木清華
檻外山光歷春夏秋冬萬千變幻都非凡境

⊙… 自清亭摆错了地方

如今清华大学的中心区大礼堂一带，大礼堂北临校河，河北岸一大片富丽典雅的红砖建筑就是学校图书馆，这里至今保持着“榆柳千株，清流激湍，映带左右”的葱郁景象。

苗日新的专著从考证熙春园的来由讲起，里面提及：“2006年初，我校建筑学院郭黛姮教授告知笔者一条确凿史料：皇三子胤祉请求赐地建房的满文朱批奏折，证明熙春园是皇三子胤祉赐园……这一史料也无可置疑地证明，康熙四十六年所建的胤祉赐园就是‘康熙时即有之的’熙春园。而现在的清华园和近春园都是当时熙春园的核心部分。”

关于《古今图书集成》不仅是编于清华园内，也是在此排版印制这件事，苗日新在其专著中录有清代诗人黄任所撰《题集成馆纂修图》七律四首，其第一首为：

藏珠府接大罗天，握椠怀铅各并肩。

不比兰亭修禊事，群贤毕集永和年。

对于这首诗，苗日新在文中说道：“诗中第一句‘藏珠府接大罗天’，简直就是熙春园地图的写真，是说集成馆位置连接着亲王别墅。诚亲王胤祉当年住在东部（今工字厅）。任何人看到这四面环水且四周环山的水景花园，都会惊叹它宛若人间天堂（大罗天）。而且连接胤祉花园别墅的正是熙春园西部（今荒岛）的‘古今图书集成馆’，这一点在图中表现得再明显不过了。这是熙春园考证的最新重大发现。”

古人曰，诗无达诂，仅凭这一句诗就确定古今图书集成馆设在熙春园内，这种说法难以形成铁证。但是，陈梦雷的故居位于今日的清华大学校园里，苗日新找到了遗迹。该书后记的题目即是“发现陈梦雷故居松鹤山房基础遗迹”，首先称：“2006年10月20日，《新清华》刊载了笔者《陈梦雷在熙春园（注：今清华园）编校〈古今图书集成〉》一文，指出‘松鹤山房的位置应在大礼堂区，可能是1768年熙春园平面图上坐西朝东的那三间房’。这年，笔者尚未看到真的‘样式雷’熙春园图，按旧图估计松鹤山房原址‘那三间房’在新水利馆西北角，并投书校长顾秉林院士说，百年校庆时，恰逢陈梦雷逝世约270年，建议立陈梦雷编纂《古今图书集成》纪念碑。”

苗日新的推论后来得到了印证，2010年1月5日，清华大学为百年校庆整修大礼堂，于地下室内挖到了遗迹。苗日新立即前去探看，他看到的结果印证了之前的推论："据我掌握的清'样式雷'图和宣统档案，自1709年皇三子胤祉为其师陈梦雷建了这座6间房的二层小楼后，一直到1917年建设清华大礼堂为止，200多年来这里再没建设过其他房屋。我站立的地方就是松鹤山房西南角基础，其直角两边方向与礼堂外墙完全一致。"

2019年1月27日，我再次来到清华大学，事前与刘蔷约定好，请她带我探看陈梦雷旧居遗址。可能是星期日的原因，一路畅通，我提前半小时就到达了约定的地点，故先在停车场附近拍一些别致的建筑。其中一座红砖大楼的外观颇为奇特，但却未曾看到牌匾。刘蔷老师到达后告诉我，学校已经放寒假，但她跟有关部门打了招呼，可以让我们进大礼堂内拍遗址，未承想所进之楼恰巧是我刚才拍摄的那座大楼。这样的巧合也让我冻得发紧的身体有所缓和。

进入大礼堂内，里面的建筑为西式风格，刘蔷向我讲述了这座大礼堂在建造风格上的标志性意义，而后我在管理者的带领下走到了大礼堂的一个角落，在这里看到了约十几平方米大的玻璃地板。地板上方的地毯已经卷起，透过玻璃向下张望，下面是一些古老建筑构件。这个区域的墙上贴着一块说明牌，上面写明2010年1月12日在清理礼堂地下基础过程中挖掘出旧居遗址，还提到苗日新先生研究推测，"可能是清代康熙末年至道光年间修建的水榭平台等景观构筑物的基础，属于陈梦雷故居'松鹤山房'或其周边临河构筑物的一部分"。

我围着这个区域变换角度以避开玻璃的折射，但总体上还是难以拍出清晰的地下物，而其所留下的面积也比我在苗日新专著上所见照片小得多。但即便如此，能够在这庄严的大礼堂内留下如此一个区域，真应当感谢苗先生以及相应的修复者。

拍照完毕后，刘蔷带我去看苗日新在文中提到的近春园荒岛，先带我去瞻仰了王国维先生的墓碑。这些年来我也来过不少次清华校园，每次都是目的明确地办事，却从未在校园内探看历史遗迹。刘老师闻言，又把我带到了标志性的老校门前，她说此校门原本已经拆掉，现在所见乃是按照旧样式复建的。

也许是放假的原因，在校园内遇到一队一队参观的小学生，使寂静的校园多了一些喧哗。刘老师又告诉我，老校门广场后方的那两棵大树乃是当年永恩寺内的遗物，是清华园内最老的遗迹。

随后刘老师把我带到了工字厅，今日这里大门紧闭，而门楣上挂着“清华园”的匾额，苗日新在其专著中写道：“1767年，乾隆皇帝（弘历）把熙春园改为御园，给工字后殿（现称工字厅后厅）北立面题匾曰‘镜烟斋’，那时尚无‘水木清华’匾。有三条令人信服的证据，即和珅、福长安的两份维修报销奏折和弘历4首诗名《镜烟斋》的御制诗。”

转过工字厅，刘蔷带我去看荒岛。荒岛的四围有大片的水面，因为寒冬的原因，上面结着厚厚的冰，而每个角落都有保安看护，不停地吆喝踏冰之人上岸。刘老师说，朱自清所写《荷塘月色》中的荷塘人们原本认为是工字厅对面的那个池塘，然经过本校一位老师的考证，朱自清从家中走入校园，所走煤渣路就是荒岛旁边的这条路。

那日是寒冬，池塘内已经看不到任何残荷，我们踏过一个石拱桥登上了荒岛，在这里首先看到了新刻的“近春园遗址”碑。苗日新在《清华园与清华学校》一文中记述：“因近春园去圆明园最近，自圆明园被英法联军烧毁，近春园亦全坏。”而后经过考证，他认为近春园不是英法联军烧毁的，而是同治年间皇帝想重修圆明园而拆毁的。苗日新认为这座荒岛原本就是古今图书集成馆所在。

在岛上果真看到了一些古老的石构件，有些雕花确实很精美，但刘蔷猜测有些石构件也可能是圆明园的遗物。而后我们沿着朱自清走过的路又回到工字厅的背面，此处门匾上有“水木清华”字样，两边的抱柱对联则是白底黑字。刘老师说她一直奇怪于为什么用这样的颜色，前一段她在故宫开会时无意间解开了这个疑惑，原来这是满人的习俗。这个小湖边的一块石头上刻着“景昃鸣禽集，水木湛清华”。刘老师说，这就是清华园一名的来由，而此诗乃是出自晋谢混的《游西池》。

摛藻堂　专藏《荟要》，完整得存

紫禁城内的摛藻堂原本就是清宫的藏书之所,乾隆年间,皇帝下诏修《四库全书》。乾隆三十八年(1773)二月,皇帝下诏开四库全书馆,他在当年五月初一日的谕旨中写道:"朕几余懋学,典册时披。念当文治修明之会,而古今载籍未能搜罗大备,其何以裨艺林而光策府?爰命四方大吏,加意采访,汇上于朝。又以翰林院署旧藏明代《永乐大典》,其中坠简逸篇,往往而在,并敕开局编校,芟芜取腴,每多世不经见之本。而外省奏进书目,名山秘笈,亦颇裒括无遗。合之大内所储,朝绅所献,计不下万余种,自昔图书之富,于斯为盛。特诏词臣,详为勘核,厘其应刊、应抄、应存者,系以提要,辑成总目,依经、史、子、集,部分类聚,命为《四库全书》。"

乾隆皇帝将此视为一项伟大的文治工程,他让各地督抚努力寻访底本,而后汇于紫禁城,同时又命馆臣整理翰林院旧藏的《永乐大典》,从中辑出已经失传之书。在皇帝的多次催促下,各地督抚献入朝中之书堆积如山,而后从中选择有价值之本编纂成《四库全书》。

就规模论,此项文化工程乃是清代最大者。这套大书编纂完毕后翻看起来并不那么方便,故乾隆皇帝在谕旨中想到了如下简便方法:

第《全书》卷帙浩如烟海,将来度弆宫廷,不啻连楹充栋,检玩为难。唯摛藻堂向为宫中陈设书籍之所,牙签插架,原按《四库》编排。朕每憩此观书,取携最便。着于《全书》中,撷其菁华,缮为《荟要》。其篇式一如《全书》之例。盖彼极其博,此取其精,不相妨而适相助,庶缥缃罗列,得以随时浏览,更足资好古敏求之益。着总裁于敏中、王际华专司其事。书成,即以此旨冠于《荟要》首部,以代弁言。

《四库全书》还未编完,乾隆皇帝已经想到了成书之后的巨大规模,这么大部头的书翻阅起来很不方便,于是他决定从《四库全书》中优中选优取其精华,编纂一部《四库全书荟要》,同时下令《四库全书荟要》编纂完毕后,陈列在紫禁城御花园内的摛藻堂。他说摛藻堂原本就是藏书之地,而对于《四库全书荟要》的编排体例,他也作了宏观指示,同时命四库全书总裁于敏中和王际华主抓《四库全书荟要》工程,并且说《四库全书荟要》一书编纂完成后要把他的这篇谕旨置于第一本上作为弁言。

对于《四库全书》和《四库全书荟要》描述的细节,江庆柏在《〈四库全书荟要总目提要〉》一书中将其总结为："清高宗希望最终形成《四库全书荟要》和《四库全书》两座文化府库：一取其精，一极其博。"

看来编纂《四库全书荟要》一书的原因乃是为了缩小部头，其实乾隆皇帝下令在《四库全书》编纂的同时另修一部《四库全书荟要》还有一个原因在，只是他未曾明言。开始修《四库全书》时弘历已63岁，他担心《四库全书》修纂时间过长，自己无法亲睹其成，于是他命馆臣另编一部部头小一些的《四库全书荟要》。到乾隆四十七年（1782），两份《四库全书荟要》抄录完毕后，他在文渊阁赐宴，奖赏编纂此书的馆臣。他在所作诗注中道出这种心态：

癸巳岁，始思及依经史子集为《四库全书》，并命辑《永乐大典》中散篇成帙。然朕临御已三十余年，亦望七之岁矣，斯事体大而物博，时略嫌迟，故甲午联句诗有"逢会略嫌迟岁月，就将惟亹愿观成"之句。

在皇帝的多次催促下，第一部《四库全书》完成时，两部《四库全书荟要》也同时抄写完毕。刘乃和在《〈四库全书荟要〉的编修》一文中说："乾隆认为立意虽迟，而编书快速，第一部《四库全书》三万六千余册，《荟要》两部共二万二千余册，以十年写定，不能不惊其敏捷。"而在此前，乾隆皇帝写了首《经筵毕文渊阁赐宴，以〈四库全书〉第一部告成庋阁内，用幸翰林院例，得近体四律首章，即叠去岁诗韵》的诗，在注中说道：

明《永乐大典》一万一千九十五册，凡五年书成；今《四库全书》每部三万六千册，又，《荟要》每部一万二千册，自癸巳年起至今壬寅，将及十年间，《荟要》两部及《全书》第一部共六万册，均已蒇事，装潢贮阁，较之《永乐大典》数多五倍。又，按《涌幢小品》载，[《大典》] 编辑供事者凡二千一百六十余人，今纂修、誊录等不过千人，而五年期满，即予甄叙录用，是以人皆踊跃，事半功倍。又，《大典》于经史皆依韵编次，割裂凌舛，漫无统纪，有乖柱下藏书之义。兹《四库全书》悉依经、史、子、集为部次，体例尤较醇整云。

以近十年的时间完成这样浩大的工程，弘历很满意。他将《四库全书》与《永乐大典》相比较，称到此时完成的《四库全书》已经超过了《永乐大典》的规模五倍多。他又了解到，当年编纂《永乐大典》的人员有2160多人，而编纂《四库全书》者不到此数的一半。在编纂体例上，乾隆皇帝也认为《四库全书》超过了《永乐大典》，所以无论从哪个角度来说，《四库全书》工程的完成都令他大感欣慰。刘乃和在这段诗注之后解释道："壬寅，乾隆四十七年。注中各书册数，皆举其大数约略言之。四库馆中誊录，规定五年期满，期满后有议叙实官的希望，用现在的话说就是誊录合同工五年期满，通过评定，有转正式工的可能，所以很多人都乐于充任，即诗注中的说的'甄叙录用'。"

关于《四库全书》和《四库全书荟要》的规模之比，刘乃和给出的数据为："《四库全书荟要》著录共 472 种，其中经部 173 种，史部 70 种，子部 81 种，集部 148 种。按著录的种数算，《荟要》占《全书》3461 种的八分之一强，按册数算，占《全书》36277 册的三分之一强。"

对于《四库全书荟要》一书的收录原则，刘乃和的分析为："其收录书籍的原则，现虽未看到其具体条例，但四库馆臣心目中自有其一定法度，以'仰遵圣训'，体谅帝心。首先必然要收录的，是乾隆以前的清帝，即太祖（努尔哈赤）、太宗（皇太极）、世祖（福临，顺治）、圣祖（玄烨，康熙）、世宗（胤禛，雍正）五朝，和乾隆当朝所修订的书籍，包括'圣训''上谕'及'御制''御定''御纂''御选''御批''御注''敕纂'的书籍，还有该书曾得清朝皇帝的题诗、写文、写序的，要多所著录，如《五朝圣训》《世宗御制文集》《钦定周官义疏》《御注孝经》《御选唐诗》《御定词谱》、敕纂《康熙字典》等。这类书在经、史、子、集四部中都有。"

由以上可知，《四库全书荟要》一书与《四库全书》同时开工编纂，此书总计抄写了两部，而且是同时抄写完成的。如此快的速度，里面难免有错字，然而乾隆皇帝在规定速度的同时，也要求保质量。因为《四库全书荟要》一书的编纂是边抄写边进呈，比如乾隆三十八年十月初九日，他收到了部分抄写的《四库全书荟要》本，在随手翻阅时，他发现书中有两个错字，立即下谕旨说："今进呈已经缮成之《四库全书荟要》各卷内，信手翻阅，即有错字二处，则其余书写舛误者谅复不少，若不定以考成，难期善本。其如何妥立章程，俾各尽心校录无讹之处，着总裁大臣详议具奏。"

乾隆皇帝以这两个错字推论，认为书中一定还有不少错字，要求馆臣尽心校对，四库馆臣收到上谕后，立即商议解决办法。他们用了 13 天商议出了具体办法，而后向皇帝奏请："缮本讹字，一由于校录之未尽精审，一由于各员之未有考成。自办书以来，但依字之程限课工，所有已录各卷之舛误多少，臣等实不能深信。自当严定规条，使承办人员知有责成，各加谨凛，方于办书有益。臣等公同酌议，除已经缮得各书，仍交原办之誊录、分校人员，令其各自复加详勘。"

四库馆臣查明了出错的原因，同时提出减少出错的办法，拟定了《功过处分条例》。但四库馆臣也解释了出错的原因："查《四库全书》每日可得四十余万字，设有分校官三十二员，《四库全书荟要》每日可得二十余万字，设有分校官十二员。于每册缮成校毕后，汇交武英殿查检装潢，以备随时呈览。该处虽设有总校之翰林一员，专司收发、督催、稽考字体课程及款式篇页诸事，而于每日所得之六十余万字，非但磨校势难遍及，即抽查亦力有未遑，若不添设复校一层，则分校、誊录之是否尽心无从稽核，仍恐因循贻误。谨拟嗣后《四库全书》缮本添派复校官十六员，《四库全书荟要》缮本添派复校官六员，均于现在分校各员内，择其校书精确者如数充当，其分校之缺，另为选补。"

每日要抄写出 40 多万字，但校对人员又如此之少，所以馆臣向皇帝提出请求，要求增添校对人员。其中《四库全书荟要》的校对人员希望能再加 6 名。

而后《四库全书》和《四库全书荟要》的校对人员都有所增加，也比以往更加认真。为此，弘历在乾隆三十九年（1774）十月十八日的上谕中表扬了主管《四库全书荟要》的王际华："王际华于校勘《四库全书荟要》诸书加签标识者甚多，前此呈览时，朕详加批阅，并未见有字画错误之处，办理尚属尽心。"

如前所言，弘历下令由于敏中和王际华共同编纂《四库全书荟要》，然而对此书的精善，他却只表扬了王际华而未提于敏中。对于这件事，江庆柏在《〈四库全书荟要总目提要〉》一书之"概述"篇中注意到了这个问题。江先生首先核查了乾隆三十八年五月初一日所下谕旨："这道谕旨亦见于《高宗实录》卷九百三十四、《钦定大清会典事例》卷一千五十《翰林院》及军机处上谕档（《纂修四库全书档案》所据录）。与《四库全书荟要》卷首所录文字略有出入，其中最重要的区别是，关于本书的主持者，《高宗实录》等均作'着总裁于敏中、王际华专司其事'，而《四库全书荟要》作'着武英殿总裁王际华专司其事'。"

看来不同的档案对于《四库全书荟要》总裁的记载并不完全相同。江庆柏文中说道："在乾隆四十四年（1779）十二月二十五日奉旨开载'诸臣职名'中，总裁官分别是原任经筵讲官户部尚书王际华、户部左侍郎管理钱法堂事总管内务府大臣管理武英殿御书处事务金简、经筵讲官户部左侍郎管理钱法堂事务兼署吏部右侍郎董诰。《四库全书荟要联句》清高宗所撰诗句云：'[王]际华命以逾年辍（原注：乾隆癸巳命武英殿总裁、尚书王际华特管编纂《四库全书荟要》。未两载际华事故，乃以侍郎董诰代之）。'也绝不提于敏中。"而江庆柏在文中称："实际上于敏中在《四库全书》和《四库全书荟要》的纂修中起到了很大的作用。"而后举例："早在乾隆三十八年（1773）闰三月十一日，就因'办理《四库全书》，卷册浩繁，必须多派大臣董司其事'，于敏中与刘统勋、刘纶、福隆安、王际华、裘曰修，同着为四库全书正总裁。作为正总裁之一，于敏中在关注《四库全书》纂修的同时，也关注着《四库全书荟要》的纂修。这从于敏中就《四库全书》纂修事，写给当时的总纂官陆锡熊等人的信函中可以看到。这批信函写于乾隆三十八年至四十一年之间，后结集为《于文襄手札》，有民国二十二年（1933）国立北平图书馆影印本。如在认为是写于乾隆三十八年六月既望的一封信中说：'校勘成，即一面缮写红格《全书》本及《荟要》本。'在被认为是写于乾隆四十一年六月廿七日的一封信中又说：'《荟要》除经史子三种俱已足数，唯集部所缺尚多，散片内办出之集，以陆续付抄为妙，庶可如期蒇工也。'可见到作为正总裁，于敏中对《四库全书荟要》纂修事宜所作的具体指示。"

乾隆四十一年（1776），王际华病逝，他的位置由董诰顶替。到了乾隆四十二年（1777）七月十一日，大学士于敏中和董诰联名上奏，要求再添设《四库全书荟要》一书的总校："乾隆四十年十二月内，臣于敏中、臣王际华筹办《四库全书荟要》，公同酌议，请旨添设总校侍朝、张能照二员，专司办理，勒限速完，并蒙恩赏给庶吉士在案。"还写道："本年内第一分《荟要》一万二千册可期全竣，其第二分业经发交誊录缮写。"说明直到王际华去世后，于敏中仍然在办理《荟要》之事，但为什么皇帝却抹杀了他对此书的功劳呢？江庆柏也认为其中原因难以查实："当时第一份《四库全书荟要》已陆续交到三千二百余册，于敏中等认为若待第一份《四库全书荟要》全部竣工再行校对，势必拖延时日，不如先行另外派人办理,可以不致延误。因提议将进士吴绍澯、胡荣二员充为总校。奏折最后说:'臣等为办书迅速起见,不揣冒昧,据实陈奏,伏候训示。'可见于敏中一直在具体办理《四库全书荟要》相关事宜,不仅办理第一份《四库全书荟要》,还同时在办理第二份《四库全书荟要》。于敏中最后列名《四库全书》办理职名,而未能列名《四库全书荟要》办理职名,其原因不得而知。"

《四库全书荟要》将要完成时,弘历许诺将奖励相关人员:"朕博搜载籍,特命诸臣纂辑《四库全书》,弆藏三阁。又择其尤精者为《荟要》,分贮大内及御园,用昭美备,所以多选誊录,宽予限期,以期校成善本,嘉惠艺林。昨办书期届五年,将校对誊录诸人,优予议叙,用示劝扬。"

当然有奖就有罚,弘历在乾隆四十三年(1778)五月二十六日谕示:"唯是进呈各书,朕信手抽阅,即有讹舛。其未经指出者,尚不知凡几。既有校对专员,复有总校、总裁,重重复勘,一书经数人手眼,不为不详,何以漫不经意,必待朕之遍览乎?若朕不加检阅,将听其讹误乎?朕因《四库全书》应缮写者,统计十六万八千册,卷帙浩繁,既成大事,不妨略其小节。自开馆以来,无不曲予加恩,多方鼓舞,所以体恤之者倍至。若此任意疏忽,屡训不改,长此安穷?是徒以四库书馆开幸进之阶,为终南捷径,又岂可不防微杜渐耶?前定总裁、总校、分校等按次记过,三月查核交部议处,原不过薄示惩儆,使之愧励。乃各总裁仅请每部抽看十分之一二,以图卸责。身为大臣,即不宜如此存心。乃既经抽看,而仍听其鲁鱼亥豕累牍连篇。其又何辞以自解饰耶?嗣后务宜痛加猛省,悉心校勘。其于去取誉录分校之际,更不宜左袒,屡乞恩准,以无负朕稽古右文之意,毋再因循干咎。特此再行严饬在馆诸臣知之。钦此。"

此后,弘历处罚了多位四库馆臣,但他在《四库全书》及《四库全书荟要》中仍然发现有错误之处,对于该书出错的原因,刘乃和认为:"其校勘不精的原因也是多方面的,催办过急,时日紧迫;手工抄缮,易出讹差;校书如扫落叶,错误时校时有;且书量过大,几个阁的书册数不尽相同,如以我陈援庵师1920年8月所检查的文津阁本《四库全书》统计,全书共36277册,需抄7阁的7份,则为253939册。《四库全书荟要》每份11151册,二份计22302册。总计共需抄276241册。这20多万册书的抄写,真可以称得上是浩如渊海的巨大工程了。而且后来所说的校勘，主要是禁书抽换，不仅指字句的校对。”但《四库全书》与《四库全书荟要》比起来哪个更好一些呢？刘乃和说：“两书相比，《四库全书荟要》较《四库全书》编校得更好一些，主要原因是其卷帙比《四库全书》少，且摛藻、味腴都是乾隆经常游憩之所，所贮图书，‘取携最便’，可‘随时浏览’，故馆臣更要加意小心，格外注意，因此从版本学角度看，其中的某些书，确可达到乾隆要求，成为‘天下之善本’，当然就全部书来看，还是水平不齐的。”

除了以上的原因，《四库全书荟要》的质量高于《四库全书》之处还在于底本选择。吴家驹在《论摛藻堂〈四库全书荟要〉》一文中统计：“底本的选择，是编纂工作的一个重要环节，直接影响到书籍的质量。比较《四库全书》和《四库全书荟要》，两者差异颇大。在《四库全书荟要》所收463种书籍中，与《四库全书》所选底本不同的达210种之多。”

既然所选底本有这么大的差异，其具体区别在哪里呢？吴家驹接着说道：“由于《四库全书》较多地采用通行本，就难免有良莠相杂之虞，而《四库全书荟要》较多地选用内府藏本。这些内府藏本，包括清武英殿承刻的各种书籍149种，皇史宬、昭仁殿、懋勤殿、摛藻堂、永和宫、景阳宫、含经堂、内阁大库等皇室所藏的宋元明珍本133种，两者相加，共计282种，占了《四库全书荟要》所收图书的一半以上。一般地说，这些内府藏书刻印、校勘都比较精善，文献价值较高。《四库全书荟要》与《四库全书》在底本选择上的差异，为我们的学术研究和古籍校勘又开辟了一条新的途径。”

《四库全书总目提要》乃是在该书的编纂过程中产生的一部目录学著作，是整个《四库全书》的解题目录，这个目录的编纂缘于乾隆三十七年（1772）正月四日弘历所发谕旨：“各省搜辑之书，卷帙必多，若不加之鉴别，悉令呈送，烦复皆所不免。着该督抚等，先将各书叙列目录，注系某朝某人所著，书中要旨何在，简明开载，具折奏闻。候汇齐后，令廷臣检核。”《四库全书荟要》也有“总目提要”，然而这两部《提要》为同一部书所作介绍在内容上却并不相同，《四库全书总目提要》乃是最重要的目录学著作之一，然而也有让人诟病之处，大多在于没有清楚记载著录之书的版本，而这一点《四库全书荟要总目提要》却与之相反。江庆柏说：“《四库全书荟要总目提要》的重要特点是仔细著录了《四库全书荟要》

⊙… 浮碧亭的北面就是摛藻堂　⊙… 浮碧亭藻井中心十分精美

⊙… 摛藻堂

摛藻堂
故宫書店

所收每一部图书的版本和校对所参照的版本。这正是《四库全书总目提要》所欠缺的。”而后江先生指出《四库全书总目提要》一书著录版本的弊端：“《四库全书总目提要》注重图书的来源，对收入其中的每一部书，都一一标注清楚。但对图书的版本，则多所忽略。《四库全书总目提要》在凡例中指出提要撰写的内容时说：‘每书先列作者之爵里，以论世知人。次考本书之得失，权众说之异同，以及文字增删，篇帙分合，皆详为订辨，巨细不遗。’这里规定得很具体，唯独对版本的著录未有说明。人们批评《四库全书总目提要》存在的问题，也常常指出其不注版本这一点。”

《四库全书荟要》对于版本的校勘十分看重，吴家驹在文中说：“《四库全书荟要》还采用不同版本进行校勘，并将诸本异同之处列为条目，附于每册之后，名曰《考证》。据统计，《四库全书荟要》用于校勘的版本达500余种之多，计有宋刊本62种，金元刊本63种，明刊本288种，清初刊本50种，道藏本2种，永乐大典本18种，仿宋抄本7种、稿本1种，另有不详版本15种。经过严格的考校复实，《四库全书荟要》抄校的质量得到了保证。”

其实两书的区别不仅在版本的考证，在内容上也有差异，比如《十一经问对》一书，《四库全书荟要总目提要》的内容为：

《十一经问对》五卷，何异孙撰。异孙不详何代人，明杨士奇尝称之，意其人在元明间也。诸卷皆设为论难，以相答问。其编次以《论语》《孝经》为首，次以《孟子》，又次以《大学》《中庸》《书》《诗》《周礼》《仪礼》《春秋三传》《礼记》，而不及《周易》。其解虽或与朱、程、蔡、陈诸家相平反，而《大学》分经传纲领条目，则以朱子为准，固亦传新安之学者也。黄俞邰以为科场发问对策之书，今阅之，良是。然宋人程试之书如《春秋透天关》等，大抵浅鄙不足道。此书于经义时有发明，非他本揣摩剽窃可比。固不妨录而存之，以资考证焉。

而《四库全书总目提要》一书的内容为：

《十一经问对》五卷（两江总督采进本）。旧本题“何异孙撰”，不著时代。考其第二卷中论《孟子》彻法、助法，称“大元官制承宋职田”，则当为元人。第一卷中论《论语》“暮春者”称“王稼村先生于杭州府学讲此一章”。稼村为王义山之号，义山，宋景定中进士，入元官江西儒学提举。异孙及见其讲经，则当在元初，故论《孟子》"恒心""恒产"一条,谓老儒犹读"恒"为"常",避宋真宗讳,今当读"胡登反"。是宋亡未久之证也。所说凡《论语》《孝经》《孟子》《大学》《中庸》《诗》《书》《周礼》《仪礼》《春秋三传》《礼记》十一经。其叙次先后,颇无伦理。又以《大学》《中庸》各为一经,亦为杜撰,皆颇不可解。其书皆仿朱子《或问》之体,设为问答。《大学》《中庸》《论语》《孟子》大致用《章句集注》,而小有异同。如"君子居之,何陋之有",则以为箕子会居其地,至今礼义教化与中州同,不可谓之为陋(案郑汝谐《论语意原》已先有此说,异孙盖与之暗合)。至于"日至之时皆熟矣",则以为夏至;"君子不亮,恶乎执",以"恶"字读去声,皆不为无理。至于"菉竹猗猗",因《毛传》"绿,木贼"之说,遂以切磋琢磨为用此草以治物;"父母惟其疾之忧"谓孟武伯为人多忧,夫子宽以他事不必忧,唯当忧父母之疾;"雍也可使南面",谓孔子之言为碍理。"人皆谓我毁明堂",谓当时七国皆僭造明堂,则未免横生异说。他若以《汲冢纪年》为淳于髡所作,谓《孝经》十八章次序为唐元[玄]宗所定,尤显凿空无据矣。其余说《诗》多据郑元[玄]《谱》,说《书》多据蔡沈《传》,说三《礼》、三《传》多撮举注疏。其间随文生义,触类旁通,用以资幼学之记诵,亦不为无益。其论赵岐注《孟子》曰:"《六经》《论语》《孟于》,前后凡经几手训解,宋儒不过集众说以求一是之归。如说《易》便骂王弼,讲《周礼》便责郑康成、贾公彦,解《尚书》便驳孔安国,伤乎已甚。毕竟汉儒亦有多少好处。赵岐在夹柱中三年,注一部《孟子》,也合谅他勤苦"云云,尤平心之论也。

比较两者可以看出,《四库全书荟要总目提要》要简单明了,《四库全书总目提要》则更为翔实,两者在观念上有相同之处也有不同之处,那么《四库全书总目提要》是否是在《四库全书荟要总目提要》的基础上扩写而成呢?因为编纂《四库全书荟要总目提要》时《四库全书》仅完成了文渊阁一部,故两者可目为比勘对象。江庆柏在《概述》中查实:"在这四百六十篇提要中,《四库全书荟要总目提要》与文渊阁《四库全书总目提要》相同、或略有少量差异的共一百五十九篇。其中二十三篇是文渊阁《四库全书总目提要》所上时间在先,《荟要提要》所上时间在后。另有四篇文渊阁《四库全书总目提要》与《荟要提要》所题奏上时间相同。"

而后江庆柏将《四库全书荟要总目提要》和《四库全书总目提要》之间的

关系列为甲、乙、丙、丁四种情况，其中甲属于两者全同，乙丙属于部分相同和差异较大两种情况，丁则为完全不同。既然有这种情况存在，也可以说明《四库全书荟要》和《四库全书》所用底本有不同，同时在学术观念上也有差异，这种差异表现在编纂提要之人对待汉学和宋学不同的态度。

由此也说明两部提要各有价值，不存在何者被涵盖的问题。而对于两书的编纂思想，陈得瑗在《评〈四库全书荟要〉的文献特色》一文中认为《四库全书荟要》一书“体现出精约的文献特色”，而后列出三点具体特色，其第一点为：“《四库全书荟要》编选注重辨章学术，考镜源流。如经部小学类，《四库全书》收书85种，《荟要》仅收书16种。这16种著作，以《尔雅》冠首，《尔雅翼》《广雅》《埤雅》以类相从，体现了清代学者重视训诂的学术理念。字书之中，篆书莫正于《说文》，真书莫古于《玉篇》，隶书莫精于《汉隶字源》，《御定康熙字典》则集六体之大成。所以，《四库全书荟要》小学类只选入这四部字书。《四库全书荟要》韵书类只选录了《广韵》《集韵》和《古今韵荟举要》三部，三者一以其最古，一以其最备，一以其兼论字母音义最详。入选的16种小学类著作，足以表达数千年小学纷繁复杂的发展过程，重点突出，脉络清楚。”

两部《四库全书荟要》抄写完毕后，一部藏在紫禁城内的摛藻堂，另一部安置在圆明园长春园内的味腴书屋。关于摛藻堂内所藏该书，清于敏中等编纂的《日下旧闻考》称：“坤宁宫后为御花园，御花园内有摛藻堂。摛藻堂向为藏弆秘籍之所，以经史子集四部分置。乾隆三十八年命汇集《四库全书》，复命择其尤精者录为《荟要》，计一万二千册。于堂内东西，增置书架庋弆，仍依四库之序。”

等两部《四库全书荟要》完成后，弘历很是高兴，他在乾隆四十三年（1778）十一月写了首名为《题摛藻堂》的诗：

全书收四库，荟要粹其精。

事自己巳兆，工今戊戌成。

于焉适枕葄，亦欲励尊行。

设日资摛藻，犹非识重轻。

诗注中写道：“命词臣校勘《永乐大典》，并搜辑遗书，分别应刊、应抄、应存目三种，汇为《四库全书》。复于应抄之中，择其尤精者，录为《四库全书荟要》，列架弆摛藻堂内，以备临憩阅览。此堂原为御花园贮书之所，己巳秋，即命以经、史、子、集四部分置，并有诗，盖已为之兆矣。”

乾隆四十五年（1780）正月，弘历在重华宫茶宴大臣，他现场又作了两首诗：

《荟要》书成度摛藻，联吟文宴启重华。

酌经炊史儒风卷，鼓瑟吹笙淑气嘉。

卜以昼而弗卜夜，行非酒也乃行茶。

亦知临乐应不叹，未免思前暗自嗟。

全成四库尚需时，要帙粹抄今蒇斯：

摛藻先陈真是速，味腴继贮亦非迟。

有如尝鼎一脔美，足傲储编二酉奇。

稽古右文缅祖训，牖民迪世有深资。

看来他对《四库全书荟要》的编纂完成大感高兴。对于该书的特点，任继愈主编的《中国藏书楼》一书总结为五点：

其一，《四库全书荟要》图书装潢与《四库全书》相同，但《四库全书荟要》的纸质、封面的绢布，以及红木制的函匣更讲究一些。

其二，各书本的行款，亦同《四库全书》，不同的是，每册书名下都标有全书总卷数，检索极为方便。标总卷数，是修书开始的构想，《四库全书》因卷帙浩博，又屡经抽改，因此总卷数都未填具。

其三，缮写谨慎，书法精美，核对细心，内容完整，文字真实，错误极少。

其四，没有政治因素的影响，保存了原书的真貌。不像《四库全书》中，将不利于清政府统治的文字加以删除。

其五，每册书后，都附有以诸家版本校正后异同文字的考证条目，对于一书其他版本的不同，可以一目了然。

藏在圆明园味腴书屋的那部《四库全书荟要》，弘历在乾隆四十六年（1781）《味腴书屋八韵》中写道：“含经堂左厢，《荟要》窗中藏。四库贯今古，万签贮缥缃。虽云粹精秘，尚自浩汪洋。六部天人备（注：谓经），千秋治乱详（注：谓史）。百家纯与驳（注：谓子），诸集否和臧（注：谓集）。元以钩而获，腴其味则长。宁输二酉富，只为万几忙。那得闲无事，于斯枕葄偿。”

可惜的是，味腴书屋所藏的这部《四库全书荟要》因英法联军的破坏，与圆明园一同被焚。陈垣在《四库全书荟要述略》中写道：“味腴书室（屋）在圆明园东之长春园含经堂内。英法联军之役，《荟要》全部与文源阁之《四库全书》，同时被毁。惟摛藻堂在紫禁城内，庚子之乱，紫禁城为日、美军所占，未加蹂躏，故此摛藻堂之《四库全书荟要》一万余册，当与文渊阁之《四库全书》三万六千余册并存。”

圆明园所藏《四库全书荟要》被焚之后，另一部《四库全书荟要》是否还存在，时人并不了解，因为摛藻堂处在故宫的后花园，更何况这部书的编纂乃是为了乾隆皇帝一人，故很少有人看到过这部书。对于该书的发现，陈垣先生在上文中只是一句话带过，刘乃和在《〈四库全书荟要〉的编修》一文中则提到摛藻堂《四库全书荟要》的再次发现者正是陈垣：“1924年11月5日，溥仪出宫，成立‘办理清室善后委员会’（后去‘办理’二字），我陈垣师被聘为委员。他那时除在北京大学教课外，就到紫禁城内办公，并曾参加查点工作。他不注意宫中的奇珍异宝，所特别关心的是文献、图书。他带着北京大学的学生首先去找文渊阁和摛藻堂。深宫内苑，过去外人根本不能进去，宫中堂阁亭殿如何布置，外人不得而知。陈垣师首先和北大学生清点了文渊阁《四库全书》，并在御花园东北角发现摛藻堂的《四库全书荟要》。”

为什么该书少有人发现呢？刘乃和在文中称她多次听陈垣讲述过原因：“他曾多次和我说起过‘发现’摛藻堂的情况，他发现之前，世人很少知有《荟要》一书，只是他在民国初年研究《四库》时，从文献上得知《荟要》这部书藏贮于摛藻堂。但堂在御苑宫禁，无人能看到。乾隆贮书时，吟诗联句，盛极一时，嘉庆以后，清帝对此书亦少过问。庚子之役，侵略者曾进占紫禁城，此书是否存在，世莫能知。清帝逊位，御园边鄙，更为荒寂，除掌管此处亭台杂务的极少宫监外，很少有足迹到此。陈垣师发现摛藻堂时，但见纸糊门窗，黑黄破碎，屋檐上布满小草，院中短木横枝，一片冷落荒凉景象。”而对于摛藻堂《四库全书荟要》发现后的状况以及清理过程，刘乃和在文中写道：

他和清点人员，启门进入，屋中尘封土闭，蛛网低重，书箱字画，杂陈充塞，原堂中陈设的炉鼎几案，堆放一旁，满室荒芜凌乱。他曾回忆说：当时此堂正中放的嵌玉翠花围屏尚在，乾隆书横幅“摛藻抒华”和两旁楹联“庭饶芳毯铺生意，座有芸编结古欢”，都还悬挂在那里，只是满布尘灰，看来已长年无人进入。所幸者《荟要》尚安然无恙，援庵师看到此书，喜出望外。他们用几天时间，打扫清理后，先把《荟要》按函数推算册数，粗略检点，因当时架上还有《图书集成》等书函，分列杂陈，所以初步查点的数字为一万四千册（以一函为若干册计）。援庵师因多年想往，一旦发现，分外高兴，初步清点后在摛藻堂正屋前摄影一帧，以为纪念。照片上衣襟挂有“善委会”委员工作时的绸签标志，手里还拿着登记清册和笔。他在相片下面题字，写着“在故宫发现四库全书荟要一万四千册时纪念”。“四”字可能是“二”字之误，也可能是有其他书杂于其中，只按函数计算。这次粗略清查，可能是乾隆贮存后的第一次清理。

经过清点，“除去空函，《四库全书荟要》精确数字是：著录书籍（连总目算为一种），共 473 种，计 19931 卷，11151 册，2001 函。完整无缺”。

这真是令人大感高兴的一件事，摛藻堂《四库全书荟要》竟然完整无缺。在抗日战争前期为了不使紫禁城所藏珍宝受到损失，故有文物南迁之举，《四库全书荟要》也跟随那些珍宝辗转多地，后来这部人间孤本被运到了台湾，而原本珍藏该书的摛藻堂依然完好。

2018 年 5 月 22 日，我带领读易洞读书会的 18 位成员共同进行了故宫一日游。经过一番商议，定下了具体日期，而后在故宫内看了几个难得一见的去处。我惦记着摛藻堂，于是在此活动中“加塞儿”，在江英老师的带领下来到了故宫御花园。

这么多年我很少走到故宫的这个角落，此处游客之多并不亚于中轴线上的三大殿。穿过拥挤的人群，而后又穿过一条回廊，终于来到了摛藻堂前。虽然书去房空，但如今的摛藻堂依然与书有关，这里改成了故宫书店。

走进书店，里面所售之书基本是故宫出版社所出的书，然而在此处仔细浏览，却看到两厢的书架依然是《四库全书荟要》的原架，因为每个书架的立柱上都刻着排架方式，比如“集部第九架”，而每架顶端的横梁上则刻着“钦定四库全书荟要”字样。见此我大感兴奋，说明这里的格局从建造完成后未曾改变过。

关于当年的陈列方式,《四库全书荟要目序》中有如下记载:"经部列架六,史部列架十,陈于左;子部列架六,集部列架十,陈于右。函以木棱,其二三种同函者,中用格别之。"

看来经史在左,子集在右,到如今依然是这样的摆架方式,而左侧的书架还有一个小的留空,穿此而过,里面是一个面积很小的房间。看来这里应该是弘历阅书之所,此间房屋的窗外则是一座假山。毛宪民所著《"摛藻堂"与古"灵柏"》中说:"在摛藻堂西侧,即堆秀山东面嶙峋山石旁,有一株葱茏的古柏,受到了乾隆皇帝封之为'灵柏'的殊荣。传说,乾隆皇帝下江南时,每当乘船欣赏滚滚东流水时,眼前总浮现出御花园摛藻堂的那株铁干虬枝、郁郁葱葱的古柏树的影子,那古柏随驾而来的'灵性',更使得他情不自禁地欢笑起来。于是,乾隆皇帝回京后,即下旨将这株古柏树特殊地保护起来,并在古柏旁的摛藻堂西墙上镌有御制题诗《古柏行》一首。"

看来摛藻堂西侧的假山名堆秀山,并且山旁有一棵乾隆皇帝特别欣赏的古柏。为此,我特意走出摛藻堂转到侧旁去探看,果真在山体和摛藻堂之间有一棵柏树,只是已经叶面焦黄,不知是否为弘历当年所见。王艳芝编著的《紫禁城里的老北京》有《摛藻堂〈四库全书荟要〉的储藏地》一文,先解释了堂名的含义:"摛藻堂位于故宫御花园内东北部、堆秀山东侧,是乾隆年间修建的,主要曾用于贮藏《四库全书荟要》,其中'摛'是传扬、铺展的意思;'摛藻'意为弘扬文华。"接着写道:"该建筑依墙面南,面阔五间,黄琉璃瓦硬山式顶,堂西墙辟有一小门,可通西耳房。"

看来,摛藻堂西侧的小房间乃是西耳房,想来皇帝坐在西耳房内透过花窗可以看到那棵柏树,只是不清楚弘历独自一人坐在这里翻书,是否会觉得寂寞。也许他眼倦之时望一眼这棵灵柏,心情会为之一喜。

武英殿 纂书排印，庋藏底本

这些年来我曾多次前往武英殿，因为那里举办过不同的展览，但展期内总是人头挨挤，很难拍出清清静静的武英殿来。这次前往故宫开会之余，又想前往武英殿拍照，主办会的老师告诉我，恰好这个时段武英殿没有展览，这真是个好消息，于是请会议主管人员带我前往。

武英殿是个独立的院落，里面有几组建筑。该殿始建于明初，与文华殿左右相对，也许是因为我对武英殿聚珍版的偏爱，故每次走入这个院落总有一种微微的激动，而前往文华殿从无这种感觉。

从外观看，武英殿的正殿并不大，大约面阔五间，同样为黄琉璃瓦，歇山顶，院落里的汉白玉石栏杆保存得颇完好，风化程度比三大殿的轻许多。

如今的武英殿内已经看不到跟书有关的痕迹，想当年那么多的殿版书出自这个院落，今日已不可能恢复当年熙熙攘攘的盛况，但是如果在这里以雕像或蜡像立体展现出当年校书、刻书、印书、装订的全场景，想来会让更多的人爱上书文化。

到了武英殿，我们先去了浴德堂。浴德堂是故宫里面一个奇特的地方，它处在武英门的院落之内，然而却是一个独立的小院落，跟武英殿的建筑群合在一起，形成了院中院的格局。从外形看，浴德堂也有一进院门，后面是一个像蒙古包似的建筑，跟整个故宫里所有的建筑风格颇不协调。关于这个浴德堂究竟有什么用处，有着各种不同的说法。有人说这是皇帝斋戒沐浴之所，也有说是皇帝驾崩以后在此进行沐浴的地方，而更为香艳的说法则是为了让香妃洗澡而建。这种传说让人听来产生无限的遐想。还有一个听起来颇为靠谱的说法，武英殿是皇家修书和印书的场所，印书时需要对纸进行熏蒸，对封面进行染色，因此需要水和蒸气，浴德堂应当是煮纸和染纸的场所。最后一种说法听起来貌似很合理，但我觉得还是不如香妃沐浴动人。

故宫的前辈单士元先生曾经对浴德堂进行过缜密考证，在他写的《我在故宫七十年》中，单先生层层推理，认为浴德堂是元代遗物，明清两代只是把它保留下来了而已，同时单先生认为，浴德堂就是个澡堂子，跟武英殿的印书和刷书一点关系都没有。这个结论虽然很严谨，却让很多人的想象破灭了。

武英殿里的面积比我的记忆中要大许多倍，这可能由于以前看展览的时候

數理本原

粤稽上古河出圖洛出書八卦是生九疇是敘數學亦於是乎肇焉葢圖書應天地之瑞因聖人而始出數學窮萬物之理自聖人而得明也昔黄帝命隸首作算九章之義已啓堯命羲和治曆敬授人時而歲功以成周官以六藝教士數居其一周髀商高之說可考也秦漢而後代不乏人如洛下閎張衡劉焯祖冲之之徒各有著述唐宋設明經算學科其書頒在學宮令博士弟子肄習是知算數之學實格物致知

御製數理精蘊 上編 卷一 數理本原 一

御選唐詩第六卷補編

李白

登錦城散花樓 譙周益州志成都織錦既成濯于江水其文分明勝於初成他水濯之不如江水也元和郡國志錦城在成都縣南十里故錦官城也一統志散花樓在子城東北隅錦官城在萬里橋南司其有錦官故名猶合浦之珠官也

日照錦城頭 梁簡文帝詩杏梁斜日照餘輝映美人庾信詩錦城遥可望迴鞍念此時蕭子顯詩洛陽城頭鷄欲曙

朝光散花樓 鮑照詩碧樓含夜月紫殿争朝光梁簡文帝詩朝光照皎皎

御選唐詩 卷之六補編 二

⊙… 康熙铜活字本御制《数理本原》 ⊙… 康熙殿版朱墨套印本《御选唐诗》

没有注意到。殿内的格局,用今天的语言来形容,是平面呈"工"字形,这打破了我对中国传统建筑的固有印象,似乎也不符合古人的建筑规制,我怀疑是将两个大殿用一条走廊连通了起来,但看到这个连通处的藻井,我很快就否定了自己的猜测。

以前读到的史料说,李自成打进故宫后当了皇帝,登基之处就是武英殿。当时我一直在想,武英殿那么小,登基典礼为什么不到宫里的三大殿去举行呢?今天又想起了这件事,也没能完全想明白他为什么要选这个地方。入关后的清军赶走了李自成后,占领了紫禁城,当时的摄政王多尔衮也是在武英殿办公,后来它才变成了修书和印书的地方。

关于武英殿为什么从重要的办公场所变成了修书处,最直接的原因我没能查到,究竟是从什么时候起武英殿变成了修书处,历史上也有一大堆不同的说法,比如《日下旧闻考》中说"康熙十九年(1680)始以武英殿内左右廊房共六十三楹为修书处",但也有人认为比这个早,认为是康熙十二年(1673),刘国钧和谢国帧两位专家都持这种观点。谢国帧说:"康熙十二年,在武英殿内设立修书处,后来又改名为造办处。"但这两位都没有说明证据的出处。然而,《清史稿》上的记载却比这两个时间都晚得多:"康熙二十八年(1689),储司设瓷、茶二库……明年,改文书馆为武英殿修书处,置监造官六人。"究竟哪个最为准确,我也不好下结论,但从以上的几个说法可以看出,无论哪个说法,时间都在康熙中期以前,因此说武英殿在康熙中前期改为修书处,应该没有问题。

武英殿刻书在中国古代出版史上应该有着极重要的地位。在中国的刻书史上,"殿版书"成为一个固定的名词,所指就是武英殿所刻所印之书,也是质量上乘的代名词。今天有人认为,古代藏书家对殿版书的在意程度并不很高,其实这是一种误解,因为那个时代能够得到殿版书的概率并不高。近二十年来,古籍收藏重新热了起来,殿版书成为一个重要的收藏专题,从市场表现看,绝大多数殿版书在市场上的成交价格都会高于它同时代的其他刻本。有人说这种收藏方式只是买书的外在形式,我觉得这是一种偏见,因为当今全世界都在评选世界最美的书,说到底这类的评选百分之八十的着眼点都是书籍的外在形式。清朝建立之初,刻书所用的人员仍然是明朝的那些刻工,所以顺治朝所刻的书跟明代

閨媛典第四十七卷

閨烈部列傳三

金

韓慶民妻

按金史列女傳韓慶民妻者不知何許人亦不知其姓氏慶民事遼爲宜州節度使天會中攻破宜州慶民不屈而死以其妻配將士其妻誓死不從遂自殺世宗讀太宗實錄見慶民夫婦事嘆曰如此節操可謂難矣

古今圖書集成　明倫彙編閨媛典第四十七卷閨烈部列傳三之一

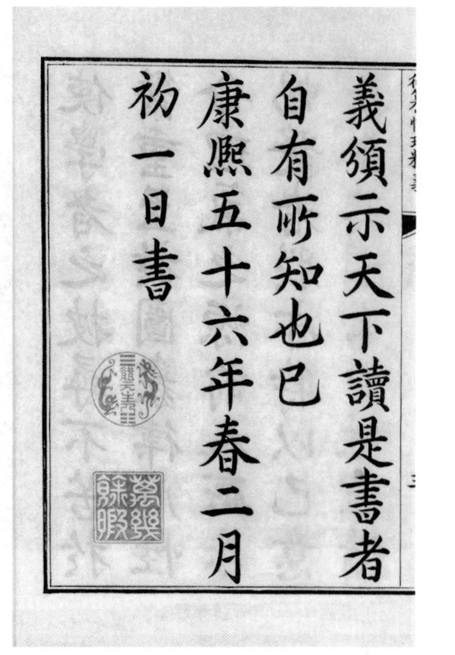
義須示天下讀是書者自有所知也已

康熙五十六年春二月初一日書

⊙… 雍正铜活字本《古今图书集成》　⊙… 康熙殿版《御制性理精义》序言

⊙… 紧闭的武英门

经厂本的字体几乎完全一样,但到了康熙朝却大为改观,刻出的字体变成了唐代欧阳询和元代赵孟頫的楷体字,以这种字体刻出的书确实漂亮。而宫里的陈设本又大多用开化纸刷印,这种漂亮的字体结合洁白细腻的纸张,可以称为古书中的绝配,这样的结合在形式上当然堪称一流。

康熙朝所刻的殿版书可以说是清代官刻本中最漂亮的,这种评价不是现在才有,在当时就有相关记载。一位名叫金埴的人在《不下带编》中说:"自康熙三四十年间颁行御本诸书以来,海内好书有力之家,不惜雕费,竞摹其本,谓之欧字,见宋字书置不挂眼。盖今欧字之精上,超轶前后,后世宝惜之,必称曰:'康版',更在宋版书之上矣。" 这种评价尽管有些拔高,因为它毕竟比不过宋版,但公允地说,康熙朝殿版书的出现,大大改变了中国刻书史上的一个重要格局,也可以说这是几百年来官刻本的一个转折点。

武英殿除了刻书、排印之外,还曾经是《四库全书》的修纂处以及存目等书的存放处,故其在《四库全书》修纂史上也曾起到过重要的作用。关于这里成为《四库全书》的修书之地,乾隆三十八年(1773)闰三月十一日四库全书处给皇帝所上的《办理四库全书处奏遵旨酌议排纂四库全书应行事宜折》中称:

臣等遵旨排纂四库全书,仰蒙皇上指示,令将《永乐大典》内原载旧本酌录付刊,仍将内府所储、外省所采以及武英殿官刻诸书,一并汇齐缮写,编成四库,垂示无穷。仰见我皇上稽古右文、嘉惠万世之至意,典册崇重为前古所未有。

由此奏折可知,四库馆员为了编纂这部大书,首先要在民间及官府内征集相应的底本,而武英殿所刻之书也在征集之列,并且这些征来之书有些就堆放在武英殿内。该折中又写道:

至应写《全书》,现贮武英殿者居多,所有分写、收发各事宜,应即就武英殿办理。其未经发写之前,有旧刻显然讹误,应行随处改正,及每卷缮竣后并须精加校对。查武英殿原有纂修十二员,前经派在《四库全书》者八员,止余张书勋、张秉愚、张运暹、季学锦四员,今拟添派翰林陈梦元、郑爔、李光云、朱依鲁、龚大万、郭寅、许兆椿、闵惇大等八员,代办武英殿纂修之事,俾兼司校勘。并于职事稍闲及候补之各京官内添派张培、李骏、袁文邵、陈林、施光辂、陈墉、宋炘、王钟泰、孙希旦、高中、龚敬身、王友亮、王彝宪、金光悌、田尹卫、王滨、汪日章、

⊙… 武英殿院落

王庆长、冯培、刘光第、张会炳、金学诗、吴省兰、蔡镇、胡予襄、黄昌禔、徐立刚、汪锡魁、郭祚炽、傅朝、张埙、胡士震等三十二员，分司校对，并令于每册后副页填写衔名，以便稽核。

这段话讲明原在武英殿负责纂修的人员有12名，因为人手不足，后来又添派了32人，还称编纂人员写完的纸页一并要运到武英殿进行装订成册：

其交到书篇，随时交武英殿装潢，归库收贮。至收发记档及搬运书籍，分核纸篇，头绪颇繁，均须供事承管，现今在殿行走供事仅止二名，各有本分应办之事，应请添募供事十二名承管诸事。

《四库全书》底本的来源之一乃是从《永乐大典》中辑佚之书，这些书辑出后，原本只准备在北方四个藏书阁内安置，但是这样的话，显然大多数人难以得见，为此皇帝同意将这些辑佚之书刊刻之后对外发行，而当时的武英殿管理者金简则认为，这些辑佚之书可以用木活字刷印，这样可以节约官帑，又方便快捷，他在乾隆三十八年十月二十八日的奏折中称：

窃臣奉命管理四库全书一应刊刻、刷印、装潢等事，臣唯有敬谨遵循，详慎办理。今闻内外汇集遗书已及万种，现奉旨择其应行刊刻者，皆令镌版通行，此诚皇上格外天恩、嘉惠艺林之至意也。但将来发刊，不唯所用版片浩繁，且逐部刊刻亦需时日，臣详细思维，莫若刻做枣木活字套版一分，刷印各种书籍，比较刊版工料，省简悬殊。

而后金简给皇帝算了一笔细账，一一讲明刻多少字印多少书，而后能省多少钱，为了能让皇帝看出木活字刷印之书同样漂亮，他先用枣木活字刷了四块活字套版进呈给皇帝：

臣因刊刻遗书工料浩繁起见，不揣冒昧，谨照御制命校《永乐大典》诗刻成枣木活字套版共四块，并刷印黑红格子样式各五十张，恭呈御览。是否可用，伏候圣训遵行。

皇帝在此奏折上批了“甚好，照此办理，钦此”的字样。但是，乾隆觉得“活字版”之名不太好听，于是改了一个雅致的名称，乾隆三十九年（1774）四月二十五日的谕旨称：“武英殿现办四库全书之活字版，着名为武英殿聚珍版，钦此。”

武英殿聚珍版总计将《永乐大典》辑佚之书出版了138部,其中前4部为木刻版,后134部为木活字版。因为这些书就内容言均为稀见难得,故甫问世即广受市场欢迎,但当时宫内活字刷印之书毕竟能够得到的人很少,而流传到今天的也就更少。后来董诰向皇帝提出这些书供不应求,于是乾隆帝同意其他的省份可以按照这套聚珍版书翻刻,为了跟殿版区别,其他省份翻刻之书就定名为“外聚珍”,而与之相对的原来的武英殿聚珍本就称为“内聚珍”。因为“内聚珍”是陆续刷印的,所以能够集成全套很不容易,虽然只有134种,再加上之前有4种是用木板刻印的,加一起也就138种。可是到今天,全世界也没有几套全本。美国的一位专家曾经专门研究武英殿聚珍版,还为此跑到我的书斋来看这方面的收藏,而我仅有几十个零种,就已经令她称赞不已,可见收藏一部完整的内聚珍本,无论当时还是今天都不是一件容易的事。

为了修纂《四库全书》,武英殿需要较大的场地,然而该殿原本就是贮书之所,这些书无处堆放。2000年2月《文献》季刊中载有朱赛虹所撰《武英殿修书处藏书考略——兼探四库“存目”等书的存放地点》一文,首先称“说到清宫刻书机构武英殿,几乎无人不晓,然而,它还是皇家的主要藏书处之一”,而后列出了此院落内的几个贮书之房:

武英殿:正殿,南向。面阔5间,进深3间,有乾隆御题“武英”门额。

敬思殿:武英殿之后殿,储书籍板片之所。有乾隆御笔“敬思”匾额。

凝道殿:武英殿东庑,亦称东配殿。为储书之所。面阔5间,进深1间。乾隆御题曰“凝道”。

储存在这里的书一是宫内所藏,二是武英殿刷印之本,为了给四库馆臣腾地方,乾隆三十九年九月三十日,永瑢给皇帝上了《奏柯瑾所请刷印藏书扣俸承买毋庸议折》,其中有如下一段话:

查现在三通等馆,原置有各种书籍,存贮甚富,尽敷翻阅,即间有应需核对之本,亦均经奏明,准向武英殿移取备查,毋虞竭蹶。至办理四库全书处,搜辑尤为浩博,毋论官板诸书,无不备具,其中内廷秘籍,咸列编摩,海内储藏,现归插架。各纂修、校对等分头排勘,不特原有官书,取阅甚易,即使奇文僻典,世罕流传,亦无不可就馆检寻,旁参互证。臣等体察情形,并询之各纂修、校对等,并未有需阅官板诸书，借览无获，以致竭蹶之事。

此折最后还提到武英殿新刷出的聚珍版之书，遵皇帝之嘱对外出售之事：

至现在武英殿新刊聚珍版各书，臣等钦遵谕旨，俾秘籍珍函，务广流传，业于奏办之初，将通行缘由奏明。所有应刊之书，以次排印，酌量多刷，每部完竣进呈之后，即核定纸张工价，听情愿承买者，照例认买在案，亦毋须重复办理。应将该御史所奏扣俸买书之处，均毋庸议。

以上这些史料都可证明武英殿是办理《四库全书》的一个重要工作处所。然而，尽管《四库全书》的修纂是一项重大的文化工程，同时皇帝也借机禁毁了大批著作，而凡列入禁毁名录者，皇帝下令同时将该书的板片一并运到宫中，这些板片也储藏在武英殿内。至于如何处理这些板片，皇帝下令对它们进行挑选，板片较厚者可以铲掉字迹用来重新刻板，薄板及糟朽之板则予以烧毁。乾隆四十一年（1776）六月初九日大学士舒赫德等给皇帝所上奏折中称："至板片作何办理之处，查乾隆三十八年十二月十七日，臣舒赫德等奏明将钱谦益《初学集》等书板片，交武英殿查明，其中或有尚可铲用者，作为刊刻别项书籍之用；其残损浇薄者，即行烧毁。"而舒赫德等人经过查看，发现能够废物利用的板片其实很少：

今臣等奉旨确行查问，据复称：三十八年军机处交到《初学集》等书板片，共二千九十八块，俱系市坊薄板，两面刻字，且经年久糟朽，不能改刻别项书籍。至四十八年六月后陆续收到各省书板，并此次收存高晋解到之板片，统计一万八千七十八块，亦俱系两面刻字，每块只厚四五分，若再铲去字迹，仅存二三分，实不堪留存备用。应照本殿废板之例劈碎，交琉璃厂作为硬木烧柴之用等语。臣等查《初学集》等书板片，已经武英殿秤明斤两，交厂应用。其现存各板，自俱应照此办理。仍俟将来续有解到时，交与武英殿逐细查看，如有铲去字迹尚可刊刻者，即行留用，毋致一概烧毁。

钱谦益《初学集》、屈大钧《诗词选》等书的板片就这样被毁掉了。然而吊诡的是，这些板片后来当生火用的劈柴被烧掉，但所烧之处却是在琉璃厂。乾隆四十六年（1781）十月十六日《军机大臣奏节年各省解到销毁书板难以铲用俱作烧柴片》中称：

乾隆三十八年十二月起至四十五年十月，共收到应销板片五万二千四百八十块，俱系双面刊刻，仅厚四五分不等，难以铲用。节经奏明交造办处琉璃厂作为硬木烧柴，共三万六千五百三十斤，每千斤价银二两七钱，计共节省银九十八两六钱零。又四十五年十一月起至四十六年九月，共收到板片一万五千七百五十九块。现在逐加拣选，如有堪用者，留用；余统俟年底汇总，仍交琉璃厂作为烧柴。

琉璃厂乃是著名的古旧书流通处，当时那些四库馆臣几乎每天都到琉璃厂选择底本以及可核对之书，皇帝偏要把销毁的书板卖到这里去，这种心思颇耐人寻味。

关于武英殿是《四库全书》修纂处的史料，还有乾隆五十年（1785）六月初八日的上谕档《军机大臣和珅等为奉旨全书内书写错误事致武英殿四库馆函》：

本日面奉谕旨：凡清汉合璧诸书，汉字应照清字，自左而右，方合体制。今四库全书内《御制三合切音清文鉴提要》，仍照汉字，自右而左书写，则开首第一页转系提要末篇，从来无此写法，殊属错误。着交武英殿、四库馆改正，并查明文津阁似此者一体更正。其《荟要》二分及文渊、文源、文溯三阁所贮四库并现办三分书，亦着一体改正，以归画一。钦此。

虽然此函是关于满汉合璧书的书写顺序错误问题，但由此证明武英殿也是《四库全书》修纂处的工作地点之一，其实不仅如此，当年从民间藏家那里征集来的《四库》底本，虽然乾隆一再保证要退还给原藏之家，但其实这些书大多没有发还。以往的说法是这些底本藏在翰林院内。咸丰十年（1860）英法联军占领北京时，翰林院因为距离使馆很近，受到很大损失。八国联军攻占北京时，这些藏在翰林院的底本就全部损失掉了。然而，朱赛虹经过资料发掘，证明当年的这些底本其实就藏在武英殿内，并在文中谈到刘墉在乾隆五十一年（1786）二月十六日的《遵旨清查四库全书字数书籍完竣缘由折》：

至各省采进遗书并各家呈进书籍，自应分项清查，以稽全数。臣等行文翰林院详细开送数目去后。旋据翰林院查明付复：收过各省采进及各家进呈各种书籍，共计一万三千五百零一种。除送武英殿缮写书籍三千九十八种，又重本二百七十二种，已经发还各家书三百九十种外，现在存库书九千四百十六种，内应遵旨交武英殿者六千四百八十一种，应发还各家者二千九百十八种，军机处及内庭三馆移取者十七种。又销毁书一百四十四种，抽毁书一百八十一种，均另行存贮。臣等各派司员赴翰林院，按各项细经清查，并将该馆所存之书照数检阅，均无亏少。至武英殿所存翰林院移送各书，现交续办三分全书处缮写，应俟三分书完竣后，交馆臣送武英殿分别办理。其重本书二百七十二种，并各誊录捐书五百八十九种，亦逐项点查，俱属实存。现有武英殿立档可稽，亦不至供事等有偷卖情事。

关于四库馆所征之书的数量，朱赛虹在文中写道："《四库全书》开馆前后，在全国范围内进行了大规模的征书活动。征书活动的成果极其丰硕，各省采进以及藏书家呈献的书籍总数达 13501 种（含 270 余种重本）。除某些经乾隆题咏的珍本及少量存目书外，绝大多数都未发还。"

根据刘墉的奏折，当时四库底本的绝大多数都藏在武英殿内，对于这些底本的归宿，朱赛虹在文中列出两个损毁的原因：一是管理不善，被人偷走；二是因为火灾，而火灾也同样有天灾和人为两个原因。其文中简述道：

武英殿在清代遭受过的较大的火灾有两次：一次是同治八年（1869）六月二十日晚，武英殿发生火灾，延烧房屋 30 余间，自康熙朝以来二百年的藏书与书板皆付之一炬，只有焕章殿安然无恙。相传火灾是由于武英殿书籍久被盗窃，"典守者假火逃罪"而致，同年又重建武英殿。另一次是光绪年间，由于雷击，又将武英殿部分殿堂焚毁，以后陆续逐一修建或修补，故今日所见到的武英殿已不是当时的建筑。那些积累了数年的珍本秘籍、殿本之复本及雕版，更不堪烈火烧灼，结果大部分付之劫灰。

总之，如此数量大的底本，就此遭回禄吞噬，流传至今者罕见，这么多年来我仅在公共图书馆见过几十种，市面流通者仅见过三五种，估计就是当年被偷出的。但无论怎样，这些都说明当年的武英殿在四库纂修过程中曾经起到过巨大作用，这里既是修纂处，也是书籍的排印处，还是《四库全书》的装潢处，而《四库》的底本也曾藏在此殿，最终与该殿共同化为灰烬。虽然如此，武英殿几毁几建，到如今它仍然屹立于原地，这才有了供后人瞻仰之处。我每次进入武英殿，脑海中总会浮现出这样的场景：堆积如山的典籍，四库馆臣们在此忙忙碌碌。

十二 历劫

七部《四库全书》在此后的岁月中有着各自的命运，其中南三阁毁于太平天国战火，文澜阁藏本的残余经过丁丙、丁申兄弟的抢救，得以部分保存，而后又进行了三次大规模的补抄。北四阁中的文源阁在咸丰十年（1860）与圆明园共同化为灰烬。文渊阁所藏辗转多地，在1948年被运往台湾，现藏于台北故宫博物院。文津阁所藏几经周折，现在完好保存在国家图书馆，故该书乃是四库七阁中保存最完整的一部。文溯阁所藏现存于甘肃省图书馆，这也是一个颇为曲折的故事。

丁丙 勇救文澜，藏归江南

中国晚清藏书史上有四大书楼最具名气，其中之一是丁申、丁丙兄弟的八千卷楼。比较而言，另外三大藏书楼的藏书量均在十万卷以上，丁氏兄弟的藏书楼以八千卷为号，何以就列入四大藏书楼呢？其实，八千卷楼这个堂号乃是追溯丁氏先祖，并非真的指楼中藏书仅有八千卷。

丁氏祖籍绍兴，原本经营布业，顺治年间迁移到杭州，继续在此经营，生意逐渐红火，成为杭州的富户。丁氏兄弟二人的祖父名叫丁国典，富而好雅，他知道北宋时的先祖曾经藏有八千卷典籍，于是经商之余也开始购买书籍，并将自己的堂号定为“八千卷楼”，以此表示不忘祖先。丁国典的儿子丁英也有藏书之好，继承了父亲的所藏后继续添购，胡凤丹在《嘉惠堂藏书目》序言中说：“尝往来齐、楚、燕、赵间，遇秘籍，辄载以归，插架渐富。”

丁英花了大笔的银两，将藏书量扩大到几万卷，到晚年丁英说：“吾聚书不多，虽不能读，必有好学者为吾子孙矣。”后来他的爱好果真传给了两个儿子。

可惜的是，丁家上两代所聚之书全部毁于太平天国战火。咸丰十一年(1861)，忠王李秀成率部攻打浙江，年底攻破杭州城。浙江巡抚王有龄、将军瑞昌战死，杭州城内一片混乱，丁氏兄弟逃到城外去避难，随身携带的仅有一部《周易本义》，八千卷楼所藏全部被焚毁。

兄弟二人出城后在乱中失散，丁丙去寻找哥哥，途中却遇到意外，俞樾在《春在堂杂文六编》中写道：

至陶堰见其题壁字，始知其在留下，乃往从之。即于留下设肆鬻米，访求亲串之自城出者。留下市中卖物，率以字纸包裹，取视皆《四库》书也。惊曰：文澜阁书得无零落在此乎？随地捡拾，得数十大册。

那个时代没有手机也没有网络，相互失散后很难寻找，于是丁申想办法在某处墙壁上题字，以便让丁丙知道他的下落。墙上的题字果真被丁丙看到，于是按照题壁的信息前往“留下”找哥哥。来到“留下”后，丁丙不忘救济逃难的人，又在此无意间看到了当地包物用的都是文澜阁《四库全书》散页，看到此物，丁丙明白文澜阁已经被毁，于是沿街寻找，竟然得到了十几册书。文澜阁《四库全书》乃是杭州文人的骄傲，丁丙找到哥哥丁申后与之商议，决定冒险抢救《四库全书》。

当时正值战乱，两人的决定当然有极大的风险，但他们觉得即便如此，也要完成这件事。他们从家丁中选出一些身体强壮、胆大心细者，趁着月色翻山越岭，进入杭州城，找到已经被废的文澜阁。这些人摸黑到处寻找，再乘着夜色避开太平军的岗哨，把这些书背回西溪风木庵，因为这里有父亲丁英的殡宫，找回的《四库全书》劫余就暂存于殡宫之内。这样的活动进行多次，终于抢救出几千册《四库全书》。

一个月后，丁氏兄弟又因为战事紧急，将抢救出来的书到处转移，俞樾又写道："因自绍兴至定海而上海而如皋，仓皇奔走。犹托书贾周姓者，间道至杭州，购求书籍，其装订成本者十之一，余则束以巨緪，每束高二尺许，共得八百束，皆载之至沪。"可想而知这个过程何等惊险，兄弟二人抢救文澜阁《四库全书》的过程，王麟书在《文澜归书图记》中称：

吾友丁君竹舟、松生昆季并文学士。辛酉之岁，松生历万险出海上，竹舟先日造西溪葬亲，而乡人仓猝以城陷报。西湖地在西溪稍南，竹舟既困兵燹，时延缘苇间，得至其地。垣墉倾圮，万卷狼藉，怵目刿心，呜咽不能自已。幸非贼觑，绝无关阑，乃得退而约诸西溪民之好义者，跋涉十数夜，得书万余卷次。以计绐贼，络绎载海上，与松生合并而宝守之。

王麟书的记载更让人觉得惊心动魄。在这种状况下，丁氏兄弟仍然继续抢救《四库全书》，他们托一位姓周的书商偷偷来到杭州继续购买。经过他们的艰苦努力，先后买到了800多捆，经过清点，总计有8600多册。对于抢书的过程，孙树礼、孙峻纂辑的《文澜阁志》中载有丁寿祺为《书库抱残图》所写跋语：

自粤匪北犯，江浙相继失陷，秘阁存书，荡然殆尽。间有存者，兵燹余生，人方获再苏之庆，谁复于泥涂瓦砾中收罗遗佚，以为此不急之务哉。竹舟、松生两宗长，修学好古，杭城收复后，独亲赴文澜旧址，检储废坠，污秽者涤之，断缺者整之，得数仅原书之二，绘《书库抱残图》以纪其事。所存虽鲜，而嗣此以往，斯二分之书已为尺璧片羽，勿再散则幸矣，岂非经世之巨功哉。

到了同治年间，战争平息，兄弟二人继续出资收购散失的库书，陆续又买到三百多册。陶济在《以国为重，以私济公——新论丁丙八千卷楼藏书文化近代化的价值取向》一文中如此评价丁氏兄弟所为："丁丙通过他的好友、时任杭州知府的薛时雨，把存书及其编目暂存杭州府学内的尊经阁。丁丙不仅出任主管董事，而且投入维护费用。他专门聘请原文澜阁管理人整编残存库书，同时继续坚持不懈地寻求和搜购文澜阁《四库全书》。幸存库书总数多达 9600 本。丁氏兄弟惊人地创造了民间藏书家和藏书楼空前绝后的历史奇迹。”

当时文澜阁已经被毁，丁氏兄弟搜得之书只能另觅他地存放，《文澜阁志》中载有同治三年（1864）十一月初十日丁申所写禀文：

> 兹幸省城克复，重睹升平，所有陆续收获阁书共八千六百八十九本。恐蹈亵藏之咎，理应恭缴，惟阁未建复，无地尊藏。查有杭州府学尊经阁，燹后岿然尚存，堪以珍度。谨缮书目清单，呈祈察收。拟请檄饬府学教授验明暂储，遴派董事督同管理。并请转详各宪备案，嗣后遇有遗书，随时续收恭缴。

由此可知，丁氏兄弟将陆续搜得的文澜阁《四库全书》藏在杭州府学的尊经阁内，而府学即今杭州文庙。当时搜求残书者其实还有其他人，《文澜阁志》载：“……又震泽生员徐葵之在沪收集五百四十九本，统计八千六百八十九本。”由此可知，当时尊经阁内所藏残余的文澜阁《四库全书》，其中有一部分乃是徐葵之所献。

尽管收集了这么多，这九千多册仅是原阁所藏的四分之一，想要恢复文澜阁原有的规模，对所缺之书进行补抄是唯一的办法。光绪初年，浙江巡抚谭钟麟从鲍廷博的后人手中买到了当年乾隆皇帝赏给知不足斋的那部《古今图书集成》，谭将此书捐给了文澜阁。光绪六年（1880），丁丙找谭钟麟商议重新修建文澜阁，建成后接下来的一个大工程就是补抄所缺之书，于是谭钟麟拨出了一笔款项，命令丁丙组建抄补局，此局专设一百多人来补抄阁中所缺之书，用了七年时间，将所缺之书补齐了八九成。

为什么没能将所缺之本一次性补齐呢？原因是有些书一时找不到底本，然而当时北四阁所藏之书尚在，为何不用其中一个底本来补配呢？这件事说起来容易，但是在那个时代要想看到皇家藏书，绝不是件容易的事情。

2004 年第四期的《文献》季刊上载有张廷银先生的《晚清藏书家丁丙致袁昶手札》一文，称丁丙致袁昶手札总计 11 通，原件藏在国家图书馆，而这 11 通手札中有几处谈到补抄《四库全书》之事，丁丙在第九通中称：“此间抄补阁书，本年截止，可得二千种，尚短千五百种，现有底本者一千余种，待访者尚须四百五十种。木天清秘底册，闻亦不全；大内势难请录；或谓热河行在尚存一份，咨请补写，似在可行。唯愿海内止戈，庶可润色鸿业。唯执事有以教之。”

此通手札未落年款，张廷银经过一番推算，认定该札的写作时间在光绪十年（1884）左右，而到当时还有一千多种底本找不到。丁丙在信中说，翰林院所存的四库底本已经不全，宫内所藏的文渊阁《四库全书》无法看得到，他只能寄希望于热河所藏的文津阁《四库全书》，但最终他的这个愿望也未能在生前实现。对此张廷银在文中评价说：“函中丁丙再次提到补抄文澜阁《四库全书》，并称除非向热河文津阁求助，否则难以得全。这再一次表明了他在万般无奈之中对文津阁所寄予的深切希望。但不知什么原因，丁丙说此议虽为善策但自己万不能做到，只能留待他人来完成。”

既然底本如此难求，为了能够将补抄之事进行下去，丁氏兄弟想出另外的办法，那就是从市面上收购底本。可能当时的拨款中没有这项费用，兄弟二人只好自费购买，丁氏后人丁立诚在《致缪荃孙函》中称：“先君既有抄补《全书》之志，于是与先叔或买或抄，按简明之目，但求其卷帙之符合，不暇计刊抄之精否，凡遇宋元旧抄，校雠秘册，交臂失之者屡矣。约计敝藏虽至三十万卷有奇，而欲求此中之善本，千百中不得什一。自抄补《全书》事竣，先君与先叔乃稍自讲求善本。”

为了能够得到更多底本，丁氏兄弟大量购买普本而不买宋元善本，这种方式使得丁家的藏书很快超过了30万卷，但这些书中的善本数量却占不到十分之一，等到补抄《四库全书》之事完工之后，兄弟二人才觉得藏书中还是应当有一些好书，并开始购买善本。

前面提到八千卷楼原有的藏书除一部书外全部毁于战火，战争平定之后，兄弟二人并没有忙着收拾家园补充藏书，而是拿出大笔银两用于购买补抄的底本，这样大公无私的行为真令人敬佩。其实丁家兄弟的善举并不单纯在于补抄《四库全书》这件事上，他们以往也有过很多公益性的善举，《天一阁文丛》第十辑上载有万蔚萍《藏书事业与社会事业交互联动的革故鼎新——论丁丙及其八千卷楼的再一历史性杰出贡献》一文中有云：

丁丙积极投入大量的智力精力财力物力，始终奋发并且持之以恒地倡议和推进各类社会公共事业。他先后或协同，或参与，或主持，或监理，或分管西湖疏浚工程、临平湖疏浚工程、海昌堤坝重修扩建工程，断桥、岳庙、钱王祠、苏公祠、白公祠、柳浪闻莺亭、于公祠、郭孝童墓、龙井胡公墓、吴山阮公祠、孤山六一泉、湖心亭等西湖名胜古迹和人文景观重建修复工程，诂经精舍、崇文书院、敷文书院等民办文化教育机构重修扩建工程，庆春桥、宝善桥、横河桥等市政基础设施重建修复工程。他还创办或扩大牛痘局、粥厂、栖流所、接婴所、恤灾所等公共慈善组织和实体。他既与杭州首富、红顶商人胡雪岩共同创办10多条船舶的钱江义渡局，无偿提供钱塘江摆渡服务，又与时任闽浙总督兼浙江巡抚的左宗棠共同创办医药局。医药局每天治疗患者1000多人，无偿为社会公众提供防疫服务，向贫病交迫的患者施医施药施米施钱。其声名和功绩，绝不亚于胡雪岩的江南药王胡庆余堂。

做了这么多公益事业，不知在那个时期有没有“丁善人”这样的雅称，因为他们除了修建市政工程之外，在文化方面也做出过贡献。1869年，丁丙多方搜求、无偿赠送杭州府学旧藏流失的元代祭孔编钟，并且出资兴建元音亭保存。1883年，他又向杭州府学无偿赠送家藏文史典籍复本，并且出资整修讲学场所和生活设施。1809年，阮元在灵隐寺创建灵隐书藏，以收藏和刊刻佛教经典为主，后毁于太平天国战火。1885年，丁丙以巨资托人从日本购回日版《大藏经》，又集中家藏佛教经典，专门珍藏于花坞之眠云室，创建了花坞经藏。实际上，丁丙为重建复原灵隐书藏创造了条件，做好了准备。丁丙先后搜求获得北宋贝叶佛经和吴越涂金佛塔，都无偿送交灵隐寺珍藏。

如前所言，丁氏兄弟为了补抄文澜阁《四库全书》，自费买了一大堆底本，其总数达到30多万卷，这是个令人吃惊的大数字。《四库全书》的补抄完成之后，这些底本如何存放显然成了问题。于是丁丙决定在自家院中建起书楼收藏所购之书，在光绪十四年（1888）于杭州市内又建起了书楼，丁立中在《八千卷楼自记》中有如下的描绘：

拓基于正修堂之西北隅，地凡二亩有奇，筑嘉惠堂五楹。堂之上为八千卷楼。堂之后室五楹，额曰“其书满家”。上为后八千卷楼。后辟一室于西，曰善本书室。楼曰小八千卷楼，楼三楹，中藏宋元刊本，约二百种有奇，明刊之精者，旧抄之佳者

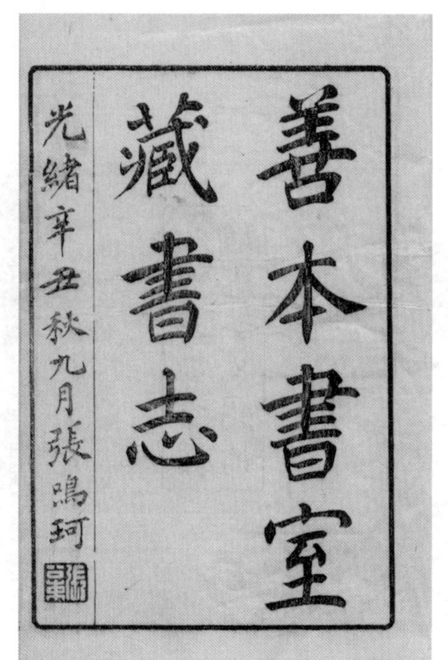
善本書室藏書志

光緒辛丑秋九月張鳴珂

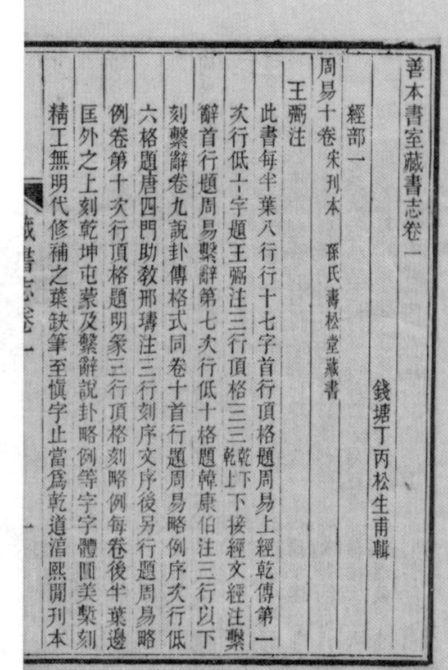
善本書室藏書志卷一　錢塘丁丙松生甫輯

經部一

周易十卷宋刊本　孫氏壽松堂藏書

王弼注

此書每半葉八行行十七字首行頂格題周易上經乾傳第一次行低十字題王弼注三行頂格☰☰乾上下接經文經注繫辭首行題周易繫辭第七次行低十格題韓康伯注三行以下刻繫辭卷九說卦傳格式同卷十首行題周易略例序次行低六格題唐四門助教邢璹注三行刻序文序後另行題周易略例卷第十次行頂格題明彖三行頂格刻略例每卷後半葉邊匡外之上刻乾坤屯蒙及繫辭說卦略例等字字體圓美槧刻精工無明代修補之葉鈌筆至愼字止當爲乾道淳熙閒刊本

醫學叢書初編

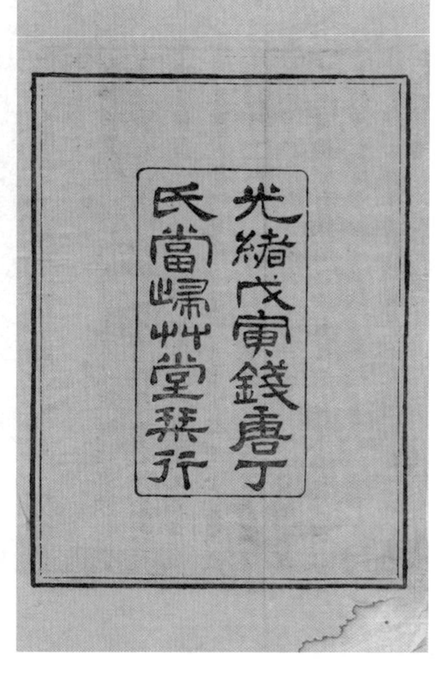
光緒戊寅錢唐丁氏當歸草堂栞行

⊙…丁丙辑《善本书室藏书志》四十卷　牌记　光绪二十七年钱塘丁氏家刻本

⊙…丁丙辑《善本书室藏书志》四十卷　卷首　光绪二十七年钱塘丁氏家刻本

⊙…《当归草堂医学丛书初编十种》四十卷　牌记　清光绪四年当归草堂刻本

⊙…《当归草堂医学丛书初编十种》四十卷　牌记　清光绪四年当归草堂刻本

⊙… 眼前豁然开朗 ⊙… 在树林里找不到任何痕迹

及著述稿本、校雠秘册，合计二千余种附储左右。若《四库》著录之书，则储八千卷楼，分排次第，悉遵《钦定简明目录》，综三千五百部，内待补者一百余部。复以钦定《图书集成》、钦定《全唐文》附其后，遵定制也。凡《四库》之附存者，已得一千五百余种，分藏于楼之两厢。至后八千卷楼所藏之书，皆《四库》所未收采者也，甲乙丙丁标其目，共得八千种有奇，有制艺、释藏、道书，下及传奇、小说，悉附藏之。计前后二楼，书橱凡一百六十，分类藏储。以后历年所得之书，皆因类而编入矣。

新建起的八千卷楼占地两亩多，楼下的堂号名为“嘉惠堂”，而楼上则是“八千卷楼”，第二进院落也是二层楼，其二楼为“后八千卷楼”，另外还有“小八千卷楼”。这几座楼总的藏书量有八千多种。想象一下，这一组藏书楼看上去一定很宏大，可惜我在十几年前到原址探访时，仅剩一间小角落。去年浙图的吴志坚主任带我再到原地探访时，已经没有一点痕迹，眼前所见是一排排的居民楼，这真可谓“风流云散”。

其实丁氏兄弟还有一个堂号，名叫“当归草堂”。2011年第一期的《文献》季刊上载有石祥先生所撰《静嘉堂文库藏写本〈当归草堂书目〉考》一文，此《书目》现藏日本。因为书没有序跋，石祥经过一番考证，认为此堂号的来由是：“当时丁氏身处上海，系因咸丰十一年（1861）太平军攻克杭州，丁氏家族离杭避难所致。之后丁氏暂居上海，直至同治三年春返杭。据此可推知，当归草堂这一室名应系丁氏于离杭流寓之际，为抒发乡思而创。”

这倒是个有意思的推论，战争让丁丙避难到了上海，虽然得到暂时的安全，但他依然想念着杭州的家，其心情当然是“不如归去”。

藏了数量如此多的书，当然要编目，而八千卷楼的解题式目录名称为《善本书室藏书志》，此书志的编者署名为“丁丙”，然而有可能出自孙峻之手。对于这一点，孙峻在《善本书室藏书志叙》中说：

挚友松生丁丈过敝庐，见而语家君曰：“此子年未成童，即好簿录，异日其助吾欤。”光绪己卯重建文澜阁，丈出所藏之本与寇乱时所搜阁本缮成二目，命考其异同，识其存佚。有库书非足本而藏本完善者，库书传录于近代而藏本为宋元所槧或旧抄精校者，一经标注，动为丈所激赏，由是八千卷楼所藏无不目检而心维也。乙未春，丈有善本藏书志之作，约峻辰集酉散，撰解题二十部。峻常登楼择其优者六七十种供三日之编纂,每晨趣正修堂,丈危坐以待,及开卷检阅,靡不参伍错综,博引旁征,峻述之而丈书之,阅三年毕事。丈欲重加复审,而病已甚矣。

对于孙峻的这段话,石祥认为:"可以断定丁《志》是丁丙与孙峻合撰的,当然孙峻可能撰写了大部分初稿,是以丁氏默认了孙峻'峻述之而丈书之'的说法,任其在《八千卷楼书志叙》中提出。"(《杭州丁氏八千卷楼书室新考》)

且不管该《善本书室藏书志叙》是孙峻独撰还是与丁丙合撰,丁丙在此书的跋语中说过一段著名的论断:

一曰旧刻。宋元遗刊,日远日鲜,幸传至今,固宜球环视之。二曰精本。宋氏一朝自万历后,剞劂固属草草,然追溯嘉靖以前,刻书多翻宋椠,正统、成化,刻印尤精,足本孤本,所在皆是。今搜集自洪武迄嘉靖,萃其遗帙,择其最佳者,甄别而取之;万历以后,间附数部,要皆雕刻既工、世鲜传本者,始行入录。三曰旧抄。前明姑苏丛书堂吴氏、四明天一阁范氏,二家之书,半系抄本。至国朝小山堂赵氏、知不足斋鲍氏、振绮堂汪氏,多影抄宋元精本,笔墨精妙,远过明抄。寒家储藏将及万卷,择其尤异,始著于编。四曰旧校。校勘之学,至乾嘉而极精。出仁和卢抱经、吴县黄荛圃、阳湖孙渊如之手者,尤雠校精审。他如冯己苍、钱保赤、段茂堂、阮文达诸家手校之书,朱墨烂然,为艺林至宝。补脱文,正误字,有功后学不浅。荟萃珍藏,如与诸君子面相质也。

丁丙这段话表明了他的善本观,他所认为的善本有四项内容,即旧刻、精本、旧抄、旧校。对于丁丙的这个善本观,毛春翔在《古书版本常谈》中给出了很高的评价:"丁氏四例,略足本而特标旧校,于精本特指明刊,实较张氏所标三义更为精到。足本似可包括在精本之内,不必另立一帜。肯定善本含义,我以为丁氏四例足以尽之。"

对于该书的学术价值,严佐之在《近三百年古籍目录举要》中引用了图书文献学专家昌彼得的一段评语:"这一善本标准一直沿用到民国初年。1933年,国立北平图书馆出版的善本书目即依照此标准,并又编印《善本书目乙编》,以著录明万历以后的刻本及清初所刻而较罕见的版本。1947年江苏省国学图书馆出版的书目,在书名下分别注明甲或乙或不注。注甲字是依丁丙的善本标准,注乙字者则与《北平图书馆善目乙编》的标准略同,不注者是普通本。1956年台湾图书馆出版的善本书目，亦沿其例分成甲、乙两编。到了1968年，台湾所出版的各大图书馆藏善本联合目录所采的标准又降低了一些，不再分为甲、乙，凡是明亡1644年以前的刻本皆列入善本，再加上清初所刻而传世较少的版本。”

看来民国年间公共图书馆的善本编目，基本上是依照丁丙所说的四条标准。严佐之接着写道：“1949年以后，大陆各大图书馆的善本书目也基本如此。因编纂《全国古籍善本书目录》而引发的对善本含义的学术讨论，众说纷纭而暂归一是，丁丙的标准仍是其理论基础。从这一意义上讲，刊载四条善本标准的丁丙《〈善本书室藏书志〉跋》和按此标准选编的《善本书室藏书志》，在清代目录学史上的作用和地位就万万不能低估了。”

此书编完后没有几年，丁丙就去世了。在其去世八年之后，也就是光绪三十三年(1907)，丁丙的后人因为经营私业失败欠下一笔巨债，此后由官方主持出卖家财赔偿欠款。当时的两江总督端方听到这个消息后，就请缪荃孙到杭州跟丁家后人商谈，最终以七万五千两白银买下了八千卷的藏书，这批藏书奠定了江南图书馆所藏善本的基础。而今八千卷楼所藏基本完好地保存在南京图书馆，这些年来八千卷楼的抄本我仅得到一部，看来其家散出之书确实很少。

此番浙江寻访得到了浙江省图书馆善本部主任童圣江先生的大力协助，一同前往者还有北京的宗晓菊女史。昨夜杭州下起了大雨，直到凌晨也无停歇之意，既然已经制定好计划，也只能硬着头皮继续前行。

堵车的程度超乎想象，每过一个路口都要等红绿灯变换多回，驶出城所用时间竟然超过了两个小时。这个过程中雨一直在不停地下，司机把收音机的音量开得很大，他也同样很心烦。雨点敲打在车顶上，不停地嘣嘣响，而收音机内又不断地播放着夸张肉麻的广告，这两者交织在一起，搞得车内人的情绪都很低落，大家的沉默让人倍感压抑，于是我努力动脑筋想话题，可惜在这种情况下才思枯竭，只好沉默地听着外面的雨声。

此行的目的是寻找丁丙的墓址，其地点我是从孔夫子旧书网上的几篇文章中得到的。2014年3月9日的余杭新闻网刊载有曹云《闲林金筑山丁丙墓地考》，文中引用了《民国杭州府志·冢墓》和《杭州丁氏家谱》所载：“候选主事丁申、江苏特用知县丁丙墓，并在闲林镇东茅草山金筑山。”看来兄弟二人都葬在金筑山。

曹云也通过当地的朋友到现场寻找丁氏兄弟墓，文中对于寻墓的过程有如下的细致描写：

2013年11月7日上午，笔者约请闲林街道联荣村原村委会主任周上发引路，到钱江水泥厂（今西郊监狱）所在地丁家山踏勘。丁家山位于联荣村6组（6组土地范围包括茅草山、丁家山、棠岭一带）。从闲林东路缸窑桥钱江水泥厂公交站向南拐入一条水泥路，大约一公里就到丁家山。仔细考察丁家山，是一座50多米的低矮小山包，它的东面有一座高约近200米的大山，大山北麓为茅草山，西北为丁家山。靠近武警中队营房的南围墙外侧，有一处宽广五六亩的山岙平地，在这方土地上就是丁丙墓地。现在长满了葛藤、杂树、野草，被挖掘过的痕迹宛然清楚。

周主任说，这里原本有好几座坟，是不是丁丙墓他也不清楚，以前规模很大，周围用大石块砌成圆坛，从路口上去有好几级石阶，还有石碑、石凳、供桌等。"文化大革命"之前，这里开办钱江果园，开荒种桃、梅、梨、杏，但坟墓还未挖掉。"文化大革命"期间，"红卫兵"把坟墓当作"四旧"彻底毁坏，墓圈石、石碑、石桌等都用作建房、填路了。当时并不知道这是丁丙墓。

2005年12月6日的浙江在线新闻网发有《杭州，不要遗忘丁丙》一文，对丁丙墓的情况有如下的描写：

丁氏兄弟曾为杭州历史文化做过一定贡献，他们的墓在哪里，一直为丁氏后人和一些市民所关注。

丁仲存、丁云川在丁氏墓地坟亲（即守墓人）吴书田的曾孙、现年78岁的吴桐春老人带领下寻找丁丙的墓。从吴书田开始，吴家就给丁家看坟，到吴桐春这里已是第四代，吴桐春与丁家有很深的感情。他说，以后像他这样看坟的人很少了。

吴桐春带着他们来到了杭徽公路钱江水泥厂后面，他指了指半山腰的一块空地说："这里百分之百是丁丙墓。"据他介绍，墓已没有了，但还有一些墓砖等遗迹。二十世纪五十年代，一家单位为建果园把墓给平了。吴桐春曾前去向那家单位反映，但他当时也是"泥菩萨过江，自身难保"，丁丙墓还是给毁了。

丁仲存说，作为后人，他们家境一般，对丁丙墓无力整修和保护。他建议，在建设历史文化名城的过程中，有关部门可以在丁丙墓原址上树块碑，让更多后人记住这两位杭州人的功绩。

由以上的这些文章可知，丁丙墓已经被毁，但这些文中写出了具体的方位，我决定到原址去探看一番。

其实从地图上看，闲林镇距杭州市区并不远，如果以西湖作为起点，到闲林镇仅有17公里的路程。这么短短的一段路竟然开了两个多小时，好在很快找到了西郊监狱。可能是为了留下一条通行道路，监狱被分成两部分，从此路通过，两侧均是有铁丝网的高高大墙。在雨幕下，穿行在这样的无人路上，让每个人的心境都有些别样，好在二百米后眼前豁然开朗，前方所见是一座大山。在雨水的冲刷下，眼前的山青翠欲滴，跟监狱那冷冰冰的灰墙形成了巨大的反差。

按照曹云的记载，这座山应当就是丁家山，而丁丙墓址就位于丁家山与监狱之间的平地上。前行的路正在施工，左侧有一条上山的路，于是我请司机沿着此路向前走。走出几百米后，感觉越走越高，这一带应该不是丁丙墓址所在。然而山间的路很窄，司机无法掉头，只好继续前行。

在路边偶然看到了一个小岔口，让司机拐入此地，前行二百米，其尽头是一家石材加工厂，里面有两人正在工棚内干活，他们一抬头看到了我们的车，也不言语，只是紧紧地盯着，以注目礼的方式看司机在这里艰难地掉头。童主任下车问此二人丁丙墓址所在，二人均摇头，但我觉得按照曹云的所言，丁丙墓址应该还是在山脚下，于是开车到了那里。

我在右手边的田地内慢慢探看，希望能够看到曹云所言的残石，可惜我的愿望一点都未能达成。在这片几亩大的田地上穿行而过，虽然雨小了很多，但是脚下的泥泞还是让人十分难行。这片空地上种着不少蔬菜，我所熟识的就是成片的大蚕豆，鲁迅跟小伙伴们在大晚上看完社戏后去偷的蚕豆，应当就是我眼前所见之物。

展眼望去，在监狱管理楼前还有一块空地，跟我探寻的这块空地隔着一条水渠，因为下雨的原因，渠内流水湍急。我跃跃欲试一番，还是没把握跳过去，这让我有些沮丧，于是原路返回，重新走上大道，沿着正在修筑的道路向那块空地走去。因为道路的泥泞，我两次差点滑倒。

我边走边琢磨到了空地上该如何拍照，因为拍监狱好像也是一件违禁的事，好在门前的岗亭朝着另一个方向，我的拍摄角度恰好不在士兵的视线之内，虽然这块空地上种着一些粗壮的树，但从修剪的程度看，乃是刚种上不久，而在这块空地上也同样没有看到任何残石。

将这一带踏寻了一遍，仍然得不到任何线索，四人对此当然都有些沮丧，但已然是这样的结果，也只能接受。

而后开车前往闲林镇，按网上的索引找了一家土菜馆想让自己换一下心情，可惜这菜馆已经停业，只好到旁边的快餐厅，每人来份快餐。这里的快餐做得还算入味，但这毕竟不是开车几个小时来此的目的，虽然大家还是说笑着这里的饭菜与北方的不同，我心里还是觉得“今日不宜寻访”，只是皇历上好像没有这样的忌讳。

文津阁·故宫文华殿

内务截留，年余归馆

提到故宫的文华殿，大多人不知道它的方位。这座殿一度藏有文津阁《四库全书》，这段历史更是少有人知。国家图书馆的董蕊和林世田两位老师写过一篇《文津阁〈四库全书〉大事记》，明确称："1914年1月6日，文津阁《四库全书》运至北京，教育部派鲁迅先生前往车站接书，然已由内务部运入北京文华殿古物陈列所。"

由此可知，文津阁《四库全书》从热河运到了北京，而教育部派鲁迅先生到车站接书，原本打算运往京师图书馆，但被内务部的人捷足先登，运到故宫的文华殿。为什么会出这样的问题呢？这还要从熊希龄谈起。

1912年12月22日，临时大总统袁世凯任命熊希龄为热河都统，同时任命姜桂题到热河协助熊希龄剿匪。据说他接受了袁世凯的密旨，其任务之一乃是监督熊希龄的行动。

熊到任后看到避暑山庄行宫原藏珍宝被人盗走了不少，山庄的建筑因为年久失修也有一些倒塌，他将情况上报给临时大总统袁世凯，要求彻底清查热河行宫内的财产。经批准，熊希龄将行宫内的资产进行了彻底的清查，至于房屋的维修，他却没有这笔资金，而那时的北洋政府也拿不出钱，于是熊希龄向袁世凯提出个折中的办法："拟请选库内所藏瓷器之稍贵重者，在京、沪等处变卖数十件，如得善价，即可徐图布置。"

袁世凯和国务院同意之后，熊希龄出售了一些瓷器，而后花费白银10820两将避暑山庄内的房屋维修完毕。此事让熊希龄意识到行宫内的珍宝价值不小，而那时的北洋政府债台高筑，他觉得可以通过一种特殊的方式用这些珍宝解决国家部分财政问题。李江波在《袁世凯炮制的"熊希龄盗宝案"》一文中写道："将热河行宫陈设各物全部清理完后，熊希龄又呈文向袁世凯建议，不如将原库藏瓷玉各物，延聘中外人士精于赏鉴者核实估价，再行酌送公债票于清帝，买归民国国有，以示优待皇室之至意。至于书籍一项，除电允教育部查照前案，将文津阁所藏抄本《四库全书》派员来领，运入京师图书馆外，其余文津阁他项书籍及各殿阁抄印各书，仍请留存热河。因此可知，同意教育部派人来避暑山庄取文津阁《四库全书》的，熊希龄在先，姜桂题在后。"

对于这样的说法，王小青在其硕士论文《古物陈列所国画研究馆考论》一文中亦称："时任国务总理熊希龄于1912年被袁世凯任命为热河督统，当时的热河行宫归热河督统管辖。其所藏的古物丢失损坏严重。熊希龄出于遏制流失的考虑，曾经两次呈文袁世凯，要求修理避暑山庄并整理山庄内留存的文物，并建议将文物装箱运往北京，作为民国博物馆的公共收藏，妥善保存。袁世凯批准了熊希龄的建议。"

熊希龄的建议很快得到了袁世凯的批准，而后熊希龄派公署总务科长杨显曾清点避暑山庄内的珍宝，从中挑选出一些精品，总共装了二十多船。然而这些珍宝还未启运，在1913年8月18日，熊希龄就离开热河前往北京任国务总理。熊希龄离开之后，热河的事务全由姜桂题来负责。当年11月，这批珍宝经天津转运到北京，而后存入古物陈列所。

关于古物陈列所的来由，李晓东所著《民国文物法规史评》中称："内务部于民国元年（1912）十月一日，向大总统呈筹设古物陈列所报告称：'查古物应归博物馆保存，以符名实。但博物馆尚未成立以先，所有古物，任其堆置，不免有散失之虞。拟请照司所拟，于京师设立古物保存所一处，另拟详章，派员经理。至各省设立分所之处，应从缓议，是否有当，伏候鉴核。'"

看来设古物陈列所是在博物馆成立之前的临时措施，关于其成立的日期及其所处的位置，《民国文物法规史评》一书中又写道："在民国二年（1913）十二月二十四日内务部公布的古物陈列所、保存古物协进会章程令中明确写道：'于都市之中辟古物陈列所一区，以为博物院之先导。'即在成立博物院之前，在故宫保和殿以南的外朝部分设立古物陈列所，将沈阳故宫、承德避暑山庄的文物迁到古物陈列所展出，供各界人士观赏。"

对于古物陈列所的来由，杨新先生在他主编的《闻名遐迩紫禁城——故宫博物院》一书中也有近似的说法："1911年中华民国成立后，一些热爱中国文化的有识之士，开始仿照西方近代国家惯例，考虑设立国家博物馆，以启迪民智，普及知识。与教育总长蔡元培筹设历史博物馆的同时，内务总长朱启钤于1913年呈明大总统袁世凯，决定将盛京（沈阳）故宫、热河（承德）离宫各处所藏宝器20多万件'辇致'京师紫禁城，并于1914年2月4日正式成立'古物陈列所'。所址即紫禁城前朝三大殿及文华、武英两翼区域。"而对于古物陈列所的展览之地，杨新在文中又写道："同时，又在文华殿、武英殿开辟了文物展厅，展出所藏书画、瓷器、青铜等文物以及袁世凯复辟时的'洪宪帝制遗物'。"

由以上记载可知，古物陈列所内所保留的文物，其主要来源乃是沈阳故宫和承德避暑山庄。但是避暑山庄所运之文物并不包括文津阁《四库全书》，因为早在宣统元年学部给朝廷所上的奏折中就已提出，希望能将这部大书拨交给筹建中的京师图书馆，此事也得到了朝廷的批准。因此，姜桂题运到北京的珍宝中并不包括文津阁《四库全书》。

其实在熊希龄离开热河前，教育部已经给热河都统去函。1913 年 6 月 27 日教育部所写之函收录于国家图书馆档案，此函中称："查本部接管前学部案卷内，有奏请拨给文津阁避暑山庄藏书交京师图书馆一件，于前清宣统元年（1909）七月具奏，当奉依议在案。现在京师图书馆已经开办，所有前项书籍，拟即派员往取，谨先行函达。"

热河都统接到教育部的公函之后，在 8 月 12 日就给教育部出了正式的答复函："为咨行事，前准贵部函知派员来热领取接管前学部奏章依议拨给避暑山庄文津阁及各殿阁藏书提交京师图书馆等因，当经电复派员来领，俟派员到热后，自当将文津阁藏书一律点交运京，以符成案。其余殿阁所藏书籍，则留热河图书馆，以为纪念。兹咨行前清内务部察照后，当经派员将热河图书馆妥为经画，诚以热河僻处边隅，购运书籍均形费手，绩学之士，参考无资，若非将该馆速行开办，实不足以惠士林而辅教育。现该馆筹备略有端绪，除将文津阁库书存候贵部派员领取外，已令园庭苑丞将其余殿阁藏书发交热河图书馆庋藏，以便该馆早日开办。"

热河的答复函同意将文津阁《四库全书》运到北京，但希望除此书之外的一些典籍留在热河图书馆作为纪念。教育部同意了这个要求，而后准备派人前往热河接收此书。然而还未等教育部派出人员，姜桂题却在不打招呼的情况下，主动把文津阁《四库全书》运到了北京。李江波在文中写道："在这批行宫古物抵京后一个月，12 月 31 日，姜桂题派人将文津阁《四库全书》押送进京，随同其他物品一起运往当时的内务部所属文华殿古物陈列所。"而这件事也记载于 1915 年 8 月 6 日教育部致内务部的公函：

径启者：查热河文津阁所藏《四库全书》一部，照前清宣统元年（1909）七月奏案应提交京师图书馆。二年十二月三十一日，准前国务院公函开，准承德姜都统派员押运来京，祈派员往接等因。又准三年一月七日公函开，热河都统咨送书籍及杂件等到京，六号可抵，除分致内务部外，相应抄录原咨，并清表一本，送由贵部办理等因到部。唯是项书籍当时即随同他项物品送往文华殿。二月七日，复准贵部公函称，热河委员亟待起程，书籍一项，应一律点验，相应函请将此项《四库全书》目录封送，以凭核对等因，准此，当即先将国务院送来清册一本，函送贵部查照在案。刻下京师图书馆业由本部指定房屋，并呈明大总统派定专员充任馆长，为策进行。是项《四库全书》为中国古今图籍之总汇，京师图书馆为首都册府，自应收藏，以宏沾溉。拟请即日移交本部，转发藏庋，借符方案而惠艺林，实纫公谊。

姜为什么要有这样的举措呢？李江波认为："姜桂题主动急于起运文津阁《四库全书》，其实与1913年11月底袁世凯炮制的'熊希龄热河行宫盗宝案'有关。"这件事的发端乃是1913年11月29日北京《群强报》中的一则报道："为热河都统时将前清行宫之古瓷器、书画取去二百余件，现被世续（前清内务府大臣）查明，已请律师向京师地方厅起诉。"

这段报道在社会上引起很大的反响，北京和上海的其他报纸也在头版显著位置报道熊希龄热河行宫盗宝案的新消息。面对这种情况，国务总理熊希龄连续四次致函内务总长朱启钤命其彻查此事，为此查处了《群强报》等一些相关机构，同时熊希龄致电姜桂题，让他想办法缉拿偷盗热河行宫的盗贼。如此说来，避暑山庄所藏珍宝确实有被盗之事，而报纸所报新闻也非捕风捉影。董蕊、林世田在《文津阁〈四库全书〉大事记》中提及：

7月，热河都统熊希龄调任国务总理，北京、上海、天津、承德等地古玩市场出现避暑山庄文物，爆出"盗卖热河避暑山庄古物案"，内务总长朱启钤呈明大总统袁世凯，拟将盛京故宫、热河行宫两处藏各种宝器"辇致京师"，筹办古物陈列所。

看来南北方的著名古玩市场中的确出现了避暑山庄文物，只是这些文物并非熊希龄所倒卖。因为问题出现后，熊希龄也很着急，他立即派人了解情况，而后将得知的情况上报给大总统袁世凯："北京商店天聚昌等盗买热河避暑山庄前清古物一案，业经查明，先后将拿获店伙人等移交热河都统讯办，应请简派大员，前往热河认真查办，尽法严惩。”（《国务院委派许世英为查办专员函》）袁世凯闻听此讯，立即派许世英为查办专员前往热河了解情况，许世英查得的结果是：“查避暑山庄陈设宝物，前清光绪十四年以前有无遗失，无档可稽。自十四年以后，起运一次即遗失一次，清理一次亦遗失一次。其故由于奸商盗买，为富不仁，因之穷苦园丁亦遂见利忘义，乘机窃取，盖几成无可逃避之事实。”（《许世英查办被盗古物情况致大总统呈》）

经过许世英的了解，证明避暑山庄珍宝早就有流失，并不是因为熊希龄的倒卖。既然如此，那为什么各种报道要把这项罪名扣在熊希龄头上呢？李江波认为真正起作用的还是袁世凯：“现在史学界普遍认为熊希龄被起用并派往各国去考察宪政，回国后一直被认为属于进步党人士。袁世凯就任临时大总统的时候，熊希龄曾大力拥护，也得到袁的重用。但袁世凯最终目的终究是要取缔国民党，摆脱国会的束缚，在他看来熊希龄始终只能作为过渡人物。因此袁世凯授意新闻媒介在热河行宫盗宝案上大做文章，便是想利用此事来挟制熊希龄。”

且不管这件事的幕后黑手是否为袁世凯，避暑山庄所藏珍宝确实运到了北京，而后展览于古物陈列所，这里的另一个疑问则是姜桂题为什么要将文津阁《四库全书》在没有清点的情况下主动运到了北京。李江波在文中的解读是：“熊希龄案姜桂题当然知晓，而且参与了侦破缉拿工作。在第一批热河行宫古物进京后，面对社会各界对热河行宫文物的关注，以及民间对姜本人在热河案中角色的质疑，人人谓之国之重宝的《四库全书》在姜桂题看来无疑是烫手的山芋。综上考虑，将热河行宫内最重要的文津阁《四库全书》尽快送京已成最好的选择。而且，不待教育部来人，先斩后奏，则可将其余殿阁藏书留在热河，也是熊、姜一直以来经营热河图书馆的希冀。姜桂题后来凭借这批殿阁藏书，建起了热河图书馆（今承德图书馆），馆址设在文庙尊经阁。热河图书馆收集了清代山庄内的各种古本图书 92 部 376 函。”

且不管姜桂题主动将文津阁《四库全书》运送北京的真正动机是什么，事实上这部大书来到了北京，教育部得到消息后立即派人到车站接书。没想到的是，这部大书竟然被内务部拦截而后运到了文华殿。李希泌所撰《鲁迅与图书馆》一文中载有此事：“姜某不等教育部派往热河接书的人员，竟于一九一三年年底

⊙… 碑亭的天花 ⊙… 文华殿后侧的主敬殿

把《四库全书》三万六千余册派人押运送京。教育部得到了'国务院'的通知后,始获悉《四库全书》已由热河起运,将于一九一四年一月六日运抵北京。教育部在一月六日派员去车站接书时,全书已被内务部拦截运往故宫文华殿古物陈列所了。鲁迅闻讯后,焦心如焚。他这一天的日记写道:'晨,教育部役人来云,热河文津阁书已至京,促赴部,议暂储大学校,遂往大学校,待之不至。询以德律风(注:指电话),则云已为内务部员运至文华殿,遂回部。'"

内务部为什么要这么干呢?我未曾查到相应的史料,我的猜测是:热河所运珍宝都已经藏在内务部管辖的古物陈列所内,而这些人觉得文津阁《四库全书》也是避暑山庄里面所藏的重要珍宝,他们前去接收是理所当然。但毕竟教育部在几年前就已经运作此事,并且已经得到了皇帝和大总统的批准,经过几年的折腾终于运到了北京,煮熟的鸭子就这么飞了,教育部的人当然不干。他们跟内务部进行了一番交涉,看来内务部的人也觉得这种做法不妥当,故于1915年8月25日致函教育部同意移交文津阁《四库全书》:"既准函称:照前清奏案应提交京师图书馆收藏,自宜移交贵部,转发庋藏,以期嘉惠学林。除由部饬知古物陈列所速将此项书籍检备提取外,应请贵部派员前来,商订移交手续暨日期,即希见复为荷。"

教育部得到了内务部的这份公函当然很高兴,于是立即派部里的鲁迅和戴克让去内务部商谈移交手续:"兹派佥事周树人、主事戴克让,于九月一日午后二时前赴贵部,商订一切手续,即希查照为荷。"此为教育部回复内务部的公函,而转天也就是9月1日,鲁迅在日记中记载了此事:"'午后同戴芦舲往内务部协议移交《四库全书》办法'。当经议定自九月六日起开始,由戴克让和京师图书馆馆员三人会同古物陈列所人员一起点收。"(李希泌著《鲁迅与图书馆》)

经过这番交涉,内务部终于同意把书转交给教育部。为此,教育部在1915年9月4日去函给京师图书馆馆长夏曾佑,命其派员前往接收文津阁《四库全书》:"为饬知事,查热河文津阁《四库全书》一部,照前清宣统元年七月奏案应提交京师图书馆收管。民国三年(1914),内务部起运热河前清行宫书籍及陈列各件来京,是项书籍即随同他项物品,由内务部交付所设之古物陈列所收管。现在该馆业经本部指定房屋开办。特由本部函知内务部请将《四库全书》即日移交本部，转发该馆藏庋，以符前案。旋接该部复称，热河文津阁所藏《四库全书》既准函称，照前清奏案提交京师图书馆收藏，自应移交贵部，转发藏庋。除由部饬知古物陈列所，速将此项书籍检备提取外，应请贵部派员来部，商订移交手续暨日期等因。顷已由本部派员于本月一日赴该部会商，订定于本月六日开始点收。除由本部主事戴克让前往古物陈列所接洽外，应即由该馆长酌派三人，届期同赴该所，会同该所人员，办理接收事宜。仰即遵照可也。”

近一个月后也就是当年的10月7日，京师图书馆馆长夏曾佑给教育部写了呈文，汇报图书馆派员清点文津阁《四库全书》完毕之事："为详报事，窃查本馆前奉大部饬令，派员前赴古物陈列所，点收文津阁《四库全书》，业经遵照办理详报在案。兹由该员等逐日前往古物陈列所，会同该所人员，逐日点收。统计是项书籍，凡二百五十六夹六千一百四十四函，又目录二十函，架图四册，另为一夹。内除第三百二十六、第三百二十七两函原庋藏《日讲诗经解义》，今系空函，业经双方查明签字外，均已一律点收完竣，陆续装运到馆。所有本馆奉饬派员点收《四库全书》完竣情形，理合备文详报大部察核备案。”

由此呈文可知，这部大书竟然缺了两函，然而1929年1月10日，当时的馆长陈垣在国立北平图书馆居仁堂开馆的典礼上讲话称："本馆《四库全书》系民国二年由热河避暑山庄文津阁移平。民国五年（1916），发交本部庋藏。凡六千一百四十四函，三万六千三百册，完全无缺。”

陈垣明确称这部《四库全书》完整无缺，不知他为何有此一说。陈垣所言并非只是领导讲话般的笼统说法，因为早在1920年，陈垣本人带着一些工作人员把文津阁《四库全书》不是一册一册而是一页一页数了一遍。因为上海商务印书馆准备影印这部大书，而张元济提出要先清点页数，才能算出相应的印刷成本。于是陈垣组织人力，并亲自参与，将这部书一页页地统计了一遍。刘乃和在《陈垣与北京图书馆》一文中载有此事：

1919年左右，有人提出影印《四库》，但必须先知道全书共有多少页，才能决定用多少纸张，用多少人力、物力，才能估计成本作印书计划。援师决定对该书做一全面调查，希望做到心中有数。于是组织人力，请了助手王冷斋等七人，进行清点。他带领七人，每天到京师图书馆，早去晚归。前一天他做好准备工作，写好书目，画好表格，写清要调查的项目。工作时则两人为一组，每部书每人清点一半，然后互换，以为核对。将每部书的书名、作者、卷数、函数、册数、页数等都一一调查填写，最后由一人复校。这工作自1920年5月开始，至8月完成，整整做了3个月。后来时局变化，《四库》印刷事未能实现。1937年他在北京近代科学图书馆馆刊上发表的《文津阁册数页数表》，就是这次调查的部分内容。

既然做了这么详细的统计，那所缺两函显然能够查出来，为什么陈垣说这部大书完整无缺呢？以我的猜测，这两函书已经补抄完毕，因此陈垣将补抄之本也视为完本。而补抄之事，可由1919年图书馆给教育部的呈文为证："窃本馆所藏《四库全书》，系文津阁原本。当民国四年（1915）接收之时，第三百二十六函及第三百二十七函内缺经部《日讲诗经解义》一部。查内务部现藏《四库全书》尚为完璧，可否咨请内务部转借该书来馆，由本馆抄写后，缴还原书之处，理合呈请钧部鉴核，以便誊书而弥隙陷。"

陈垣为什么要下这么大功夫统计这部数量巨大的文津阁《四库全书》呢？除了研究学问方面的原因，其实当时也有现实情况，那就是图书馆的经费极其匮乏，王祖彝在《京师图书馆回顾录》中写道："溯自民十以后，政局纷扰，度支匮乏，四五岁中，易馆长二十余人，主任亦易六七人，馆员薪俸不时给，人怀去志，因循敷演，其势使然。嗣教育部部员议以馆藏四库一书，订传抄流通之法，海内外公私家均可委托代抄全部，或仅抄零种，合笔墨纸张抄录装订之费，以羡余补欠薪，综一部之所赢，可数万元，且俾潦倒文士资缮校以糊其口，而亦无损于书，计莫此若，乃相与订立规则，请部批准施行。无如值举国困顿之秋，孰有余资以为此不急之务，国外亦观望不前，虽经之营之，俨若富可立至者，久之人莫应，其事遂寝于无形矣。"

图书馆经费匮乏，而馆长也频繁更换，教育部有人出主意，可让私人藏书家委托人来抄录这部大书，这样可以收到一定的费用，同时也可以让一些文人通过抄书得到一定的报酬。可惜这件事没人做主，而其结果就引起了欠薪者的抗议，王祖彝在文中写道："而部员以欠薪饥困，群起为索薪之举，初赴财政部，以群智所谋，得少沾润。继而财部亦罗掘俱穷，无术以应，穷极智力，亦莫能少有佽助，人咸不堪。有倡言于众者，谓中央各部署财交农商均有收入，陆海军费不能缺,外部借关款得截留,法部及法院有讼费可挹注,内部则标售官产,亦得资以维持,唯教育部及所属经费和欠累二十余月之久,视彼独多。内部既可售官产,则馆藏书籍,亦是官产也,可将文津阁库书抵押贷款,以济其急。论出,一时群相错愕,拟其言为突兀,而以救死计,亦颇依违之。于是附和其议者,遂来馆封存库书,势汹汹不可遏,俟之而已。然倡是议者,始亦姑作大言,仓促未深思,亦不虞和者之众。"

那时的国家财政十分紧张,军费开支不能缺失,而外交人员又可截留一些国外来的欠款,法院可以得一些诉讼费,内务部也可以出售官产,唯有教育部没有生财之道,故欠薪累积达二十多个月,可见书生之穷古今一律。但有人认为,内务部既然可以出售官产,而教育部所管辖的图书馆也算是官产,所以可以将文津阁《四库全书》抵押贷款。幸亏这件事没能办成,否则这部大书又不知道要经历怎样的曲折。而陈垣下那么大力气统计这部大书的页数,其目的也是促成与商务印书馆的合作。可惜后来因为纸张涨价等原因,这件事情未能办成,但对于《四库全书》的研究却起到了重大作用。

其实内务部转交给教育部的文津阁《四库全书》不仅缺两函,而且其中一匣四函的《四库全书简明目录》也未转交。为此,图书馆在 1915 年 11 月 1 日致函古物陈列所索要这部书:"径启者:本馆前奉教育部饬知,派员会同贵所点收文津阁《四库全书》,业将办理完竣情形详部并函达贵所在案。唯当时查得尚有《四库全书简明目录》一匣,内计四函,经贵所人员声称,应俟接到内务部职方司函知后方能交付等因,当经本馆请教育部社会教育司函请职方司贵所。现已多日,谅早接洽。现本馆拟派员走领是项简明目录,务请订定日期,即行见复,俾来接洽,至纫公谊。"

然而,内务部却不愿意归还这部书,其理由颇为奇特,内务部在 11 月 9 日给教育部社会教育司的回函中称:"径复者:准函称请转致古物陈列所将文津阁《四库全书简明目录》四函二十一册一并移交京师图书馆接收等因到司。查文津阁《四库全书简明目录》一书,奉天文溯阁《四库全书》暨由清皇室内务府收管之文渊阁藏本全帙中,均无此项同式目录。唯此书坊间刻本甚多,图书馆不难购备。其文津阁藏本,应仍由古物陈列所保管,以重秘籍,相应函复。"

内务部认为《四库全书简明目录》一书不算是文津阁《四库全书》的一部分,因为原藏沈阳的文溯阁《四库全书》在运到故宫时也无此目录。更何况此书不稀见,在市场上就能买到,所以他们决定不移交这部书。

除了这部《四库全书简明目录》之外,从热河运来的《四库全书》原书架内务部也未转交给教育部。于是在 1916 年 9 月 9 日,图书馆呈文教育部,希望内务部将古物陈列所内的《四库全书》书架转交给图书馆:"呈为呈请函知内务部转饬点交四库书架及简明目录事,窃查本馆所藏热河文津阁《四库全书》一部,系于民国四年(1915)九月奉大部饬知派员前往内务部所设之古物陈列所接收,当将书籍逐函点收清楚,详报在案。唯四库书架全副及《四库简明目录》一匣未经点交,传闻尚在该所。现在本馆拟将此项书籍按架陈列,拟请大部函知内务部转饬该所,将文津阁四库书架全副及文津阁《四库全书简明目录》一匣一并点交,实为公便。"

图书馆在索要书架的同时,仍然提到《四库全书简明目录》,显然教育部的索要并没起到多大的作用,于是将此事报告给国务院。1916 年 9 月 22 日,国务院第 847 号公函要求内务部将书架转交给教育部:"径启者:热河文津阁《四库全书》前经运京由贵部庋藏在案。所有该书架阁一分,现储古物陈列所,应一并拨交贵部,以资保存。除分函外,相应函达查照接洽办理可也。"

几天之后,内务部终于同意让图书馆将这些书架拉走。当年 11 月,图书馆呈文教育部,向其报告拉回《四库全书》书架的数量:"呈为报告接收文津阁四库书架事,九月二十五日,奉钧部令开,定于本月二十八日派部员戴克让、京师图书馆馆员乔曾劬,前往古物陈列所,与该所人员商酌接收手续并日期。除函复国务院外,相应令行该馆,即于是日派馆员乔曾劬到部,会同部员戴克让前往古物陈列所商酌办理等因。奉此,遵即派馆员乔曾劬、纪清杼会同部员戴克让如期前往古物陈列所,与该所人员王庆恒接洽。业于九月三十日开始搬运。先后共接收书架一百零三架,计一百零七件,唯此项书架历年稍久,朽损颇多,兹正雇工修理,一俟工竣,即可陈列。理合备文具报钧部,伏乞鉴核施行。"

至此,经过两年的折腾,文津阁《四库全书》终于运抵北平图书馆。而在这么长的时间内,这部大书竟然离奇地藏在紫禁城内的文华殿,由此这里也成为收

⊙… 文华殿的刻石 ⊙… 窗棂

⊙… 始终令我激动的文渊阁

⊙… 假山与文渊阁离得很近 ⊙… 这应当是文华殿区的后门

藏《四库全书》旧址之一。

近些年来文华殿一直作为故宫的瓷器馆，我曾多次带朋友来这里参观，来者都会被里面精美的官窑震撼到。五大官窑各具特色，但是都呈现出一种不露痕迹的优雅，这种风骨与明清瓷器，特别是清官窑反差巨大，但若从制作工艺来说，有些清官窑已经达到了极致。然而美的堆积还等于美吗？显然有人对此持有异议。

这种异议不影响人们对明清官窑的喜爱，熙熙攘攘的人流说明了一切。然而近来故宫调整展陈，瓷器馆临时关闭了，恰好这个时段我到故宫来开会，于是征得领导同意，前往文华殿拍照。

清静异常的文华殿几乎让我感觉走错了地方，在门前看到几位工作人员正在修剪海棠，此情此景，让我恍惚感觉自己回到了古代，隐隐看到这空旷的房屋内摆满了书架，文津阁《四库全书》有序地陈列在这里，虽然今日这部大书已不在这里了，那些精美的瓷器也不知道放到了哪个库房里，但这里显现出的气场，却依然能够使我心灵震颤。

以前每次来此看瓷器展，精力都集中在瓷器的精美上面，反而未曾留意过文华殿的格局。今日走入这空空荡荡的大殿，终于看清楚殿里的格局乃是工字形，前大后小，尤为奇特的是这座大殿的地面铺装的不是寻常所见的金砖，而是一种西式花纹的地板砖。也许以前来文华殿并未注意到地面的铺装，而工作人员告诉我说，这些瓷砖早已有之。这些瓷砖的花式，我在江南的几座大藏书楼中曾经看到，并且听那些藏书楼后人提到过，乃是从欧洲进口，铺装的时间大概是民国初年。以此推论，文华殿的这些瓷砖也可能是民国年间将其改造为古物陈列所时所铺装。使用百年之后，这些瓷砖依然完好无损，产品质量之高由不得人不发感叹。

我向工作人员请教为什么要将瓷器馆改为书画馆，他告诉我说，这是领导考虑到参观人群的出入方便，因为文华殿靠近东华门，按照博物院的路径规划，此门乃是主要出口之一，而游客参观完故宫可以就近参观书画馆。比较而言，喜欢书画的人比喜欢瓷器的人多，将书画馆安排到文华殿可以给观众提供更多的便利。

因为大殿很空旷，可以静下心来细看里面的装饰。从梁柱的彩绘以及藻井来看，整体保护完好。我不懂彩绘工艺，但从色泽上看，我觉得这是当年的原物而非后来修补者，只是有些地方已经脱彩。江老师告诉我，故宫有专门的维修部门，他们会根据自己的判断以修旧如旧的方式修补殿内的各处。

按照资料所载，文华殿建于明初，原本是皇帝的便殿，到了明成化年间，这里成为"太子视事之所"。后来明代设有文华殿大学士，负责辅导太子读书。到了清代，逐渐演化成三殿三阁的内阁制度，而文华殿大学士其实相当于宰相。文华殿的内侧称为"主敬殿"，应当算是后殿。我感觉主敬殿的面积略小，但格局相同。在明清两朝，每年的春秋都会在文华殿举行"经筵之礼"，到了清代则是命大学士、尚书、左都御史等高官充当经筵讲官，每次由满、汉各两位大臣分别讲"经""书"，皇帝本人则撰写御论，以此来阐发他学习"四书五经"的心得。

由此可知，文华殿乃是皇帝与大臣讨论学问的地方。可能正因为这个原因，《四库全书》七阁之一的文渊阁就处在文华殿的后方。两年前，我跟随一些专家共同参观了文渊阁，那是冬天，阁前的水池结了冰。如今虽已近初春，水池中的冰依然未曾融化，我再次站在那块巨大的御碑之前，想象当年乾隆对《四库全书》的修纂是何等重视。然而工作人员的一句意外之语引起了我的关注，他告诉我文渊阁后方还有一座假山。

我几次来参观文渊阁都未听闻到有假山之事，闻其所言大感兴趣，恰好工作人员带着后花园的钥匙，于是我第一次看到了这座体量庞大的叠石。

文渊阁的后院呈窄长形，故假山也只能修成长长的一排。这座假山全是用大块的太湖石叠造而成，中间还设计了可步行穿过的孔洞。这让我想起了承德避暑山庄内文津阁楼前的格局，因为文津阁也有一座假山，只是在阁的前方，而文渊阁则将假山安排在了后面。

从颜色看，这些太湖石经过几百年的风吹日晒，如瓷器般有了包浆，而这也正是历史厚重感的体现。我虽然只来过文渊阁几次，但每次看到这座巍峨的藏书楼，总会有一种莫名的激动，而由头究竟是什么，我却想不明白。

文津阁·国图古籍馆

四库七阁，唯此劫小

国家图书馆古籍分馆处于北京市中心的文津街7号，三十余年来，我来过这个院落许多回，但熟识的地方没风景，在这么长的时段内，我来这里拍照才是第二次。因为刚刚过完年，我不确定这里的开馆时间，故先给文津公司总经理董光和先生打了个电话。董先生称，该馆周六开门周日闭馆。我决定转天前往此处，然而正赶上董先生出外办事，他安排公司办公室的陈菲先生带我到楼内去拍照。

近来失眠严重，故去之前的一晚服用了安眠药，一觉醒来已是早上九点多。拾掇一番，立即前往文津街。一路畅通，到了景山之前才拥堵起来，赶到古籍馆时已经超过十点。运气不错，董先生公司的门前竟然有个空车位，停下，拎相机下车。此时门前有一位年轻人正准备骑电动车离去，旁边有一人问他准备去哪里，这位年轻人称："我等韦力老半天他还没到，我要赶去办一件急事。"闻言我立即向他挥手示意，同时高喊一声："陈先生好，韦力在此。"

我一出现就来到陈菲的面前，显然他没有料到。看来陈菲在办公室接待过无数来客，他颇为镇定地向我一笑，而后解释了出门的理由，同时告诉我，他已经请公司的吴连宝先生带我到各处参观。陈菲说，吴先生对这里的一切更为熟悉。我走进文津公司，坐了不到两分钟，吴连宝从地下室上来，带我到院里去拍照。

文津公司的侧邻就是国图出版社的读者服务部，二十余年前，此服务部位于本馆大门入口处不远的位置。那个时代还没有网购，买书也只能去新华书店，而书店不打折，唯有各大出版社的读者服务部能给资深买书人九折的优惠，而老顾客最多能优惠到八五折。就是因为这点优惠，使我熟识了几家老牌出版社的读者服务部，国图社为其中之一。当年该社叫书目文献出版社，后来改为北京图书馆出版社，之后北图更名为国图，该出版社也就顺理成章改为今名。但改名之后，我再也没有来此买过书。今日站在此服务部门前，听着里面的工作人员在电话中解答买书人的问题，突然间明白了何为时间的折叠。

吴先生带着我先到大门外拍本馆庄严肃穆的大门，此门乃典型的仿古建筑。这么多年来我从未见正门打开过，无论行人还是汽车一律走右侧的小门。文津街是一条并不宽敞的马路，也很短，以我的估计超不过三百米，却是一条要道，车流不断，无法站在马路上以正面的姿态拍照。我只好站在马路牙子上，让吴先生帮我看着车，抢拍了两张照片。

我拍照之后端详大门。这也是这么多年来的第一次，我注意到门口的两只雄伟的石狮子也是古物。吴连宝说这对狮子跟正楼前那对一样，都是从圆明园运来的，而原本在正楼的左右两侧还摆着大象与仙鹤各一对，都是精致的景泰蓝制品。我每次到本馆都会撩闲般地摸一摸那对大象的脑门，如今这两对吉祥物也不见了踪影。吴连宝告诉我，现在馆里也把它们视为文物，已经把它们珍藏在文物库房内。吴先生还说，他在库房内曾经看到过精美的屏风，这样的宝物我却未曾见过。

大门正前方是一个面积不小的广场，前些年我还在这里开过会，当时就是在广场上搭起主席台，下面摆上一排排的椅子。其实二十年前这里是一片绿地，我还隐约记得草地上也摆放着一些圆明园的刻石，如今仅余两根华表，也是从圆明园运来的。

从昨晚开始北京突然降温，白天的温度仅有 2℃，然而阳光却不错，我站在华表前仔细端详，除了基座和上面的祥云外，乃是由整块石头雕造而成。且不论当年的雕造者要费多大气力才能将这么大的石柱从山里运到圆明园，从圆明园运到这里也不是件容易的事情。吴连宝对我的感慨之语颇有赞同之意，而此时恰有一位工作人员从此路过，他听到我跟吴先生的对话，大声地说："这是用卡车从圆明园运来的。"我看这位工作人员的年纪应该不到六十岁，他何以了解当时的情形？吴先生跟我说，此人是这里的老员工，他应当听说过不少本馆的老故事。

按照相应资料记载，国家图书馆门前的文津街之名就是来自文津阁，这也足见该书在当年就可称为本馆的镇库之宝。其实建馆之初就有动议，要将这部书从热河也就是今天的承德调运来京藏入本馆之内。

国家图书馆的前身是京师图书馆，早在清光绪三十二年（1906），罗振玉就写了篇《京师创设图书馆私议》，此文发表在当年 6 月份出版的《教育世界》第 130 号上。罗振玉在此文中提出五点建议，第一点就是要仿照国外图书馆的模式建造一所公共图书馆，第二点讲述书的来源："二曰请赐书以立其基也。图书馆之书籍分二大部，一本国，一外国。本国之书，宜奏请颁赐库藏，以为之基。查从前颁赐之库书，在南中诸省者半付劫灰。而奉天、热河之赐书均尚完好。又当日四库存目之书，亦尚存大内，中多善本。又钦定各书，如《图书集成》及累朝方略之类，与夫翰林院所存《永乐大典》之烬余者，均宜奏请颁赐图书馆存储（又闻外务部所存外国书籍不少，亦宜储藏图书馆）。至武英殿及钦天监藏书版，亦应请归图书馆保存，以便随时缮修，并广其传布。”

罗振玉的这段话中讲到了“热河之赐书”，这句话虽然没有点明文津阁《四库全书》，其实罗之所指主要就是这部大书。两年之后，即光绪三十四年（1908），张之洞建议开设公共图书馆。而宣统元年（1909）七月，张之洞又给朝廷上了这样的奏折，《学部官报》第100期上全文收录了“宣统元年学部奏筹建京师图书馆折”。此折中的第一句话就提及希望皇帝能将文津阁《四库全书》赏赐给京师图书馆：“奏为筹建京师图书馆，拟恳天恩赏给热河文津阁所藏《四库全书》，并饬下奉宸苑内务府拨与净业湖暨汇通祠各地方，以便兴建而广文治，恭折仰祈圣鉴事。”

为什么学部在图书馆还未建造之时就惦记着文津阁《四库全书》呢？本奏折中有这样的话：“窃查中秘之书，内府、陪都而外，唯热河文津阁所藏尚未遗失。近年曾经热河正总管世纲、副总管英麟查点一次，与避暑山庄各殿座陈设书籍，一并查明开单具奏在案。拟恳圣恩俯准，将文津阁《四库全书》并避暑山庄各殿座陈设书籍，一并赏交臣部祗领，敬谨建馆存储，庶使嗜奇好学之士，得窥石室金匮之藏，实于兴学育才大有裨助。”

看来，各地所藏皇家之书唯有文津阁保护得最为完好，而奇怪的是，热河的正、副总管竟然主动要求把这些书一并运到北京。为什么如此不爱宝呢？定然另有故事在，然将热河之书运京之事得到了皇帝的批准。虽然如此，这部书并没有马上运来，《北京图书馆馆史资料汇编》收录有宣统三年（1911）七月给朝廷呈报的“宣统四年京师图书馆预算”，有这样一句话：“文津阁书奏准拨归本馆，奉旨俞允业已两年，预算运费一万五千两，拟派员一律取归，俾免散佚。”

运书之事皇帝已批准了两年，但这部书仍然没有运来，而学部已经将运费核算出来，这件事却拖延下来。直到民国四年也就是1915年，这部大书才运到北京。李镇铭在《京师图书馆的基础藏书及其渊源》一文中写道：“《四库全书》……

京师图书馆筹建之始即奏请清廷赐书以立其基，当时蒙允准将热河文津阁《四库全书》调拨京师图书馆，后因清室鼎革，一起拖到1915年由内务部运京，先存于古物保存所，后经教育部根据前清议案，咨行内务部拨交京师图书馆。次年，又将原书架交来。全书共计103架，6144函，36300册。另外有分架图书4函4册，殿本《四库全书提要》20函，124册……”

此书终于运到北京，然而却并没有交给京师图书馆，而是放到了古物保存所。好在最终这部书还是交给了京师图书馆，由此成为该馆的镇馆之宝。

关于京师图书馆馆舍的建设，按照蔡元培撰、钱玄同书的《国立北京图书馆记》之记载，京师图书馆在建造之前曾经用过多地作为馆舍：

国立北平图书馆者，教育部原有之国立北平图书馆与中华教育文化基金董事会自办之北平北海图书馆合组而成者也。旧隶教育部之国立北平图书馆，初名京师图书馆，成立于民国纪元前二年，馆址就什刹海广化寺充之。民国二年（1913），设分馆于宣武门外前青厂。未几，本馆停办，移贮图书于教育部。四年（1915），部议以方家胡同前国子监南学房舍为馆址，筹备改组。六年（1917）一月开馆。十七年（1928）七月，更名曰国立北平图书馆。十八年（1929）一月，迁馆址于中海居仁堂。馆中藏有文津阁《四库全书》一部，唐人写经八千六百五十一卷，又有普通书十四万八千余册，善本书二万二千余册，明清舆图数百轴及金石墨本数千通，均稀世之珍也。

由以上所载可知，京师图书馆最初开办于什刹海边上的广化寺内，但此时文津阁《四库全书》并未运到北京。而这里又提到了方家胡同的国子监南学房舍，到如今该地已经拆得没有了痕迹。1915年鲁迅在教育部任职，由他负责寻找合适的馆址。他几次前往方家胡同考察，最终定下来。到了1917年1月，位于方家胡同里的京师图书馆正式开馆，当月的《教育公报》还刊登了京师图书馆开馆告示，中称：“文津阁《四库全书》六千一百四十四函，敦煌石室唐人写经八千卷，宋元精椠暨旧抄本一万二千册，普通书八万册。但写经及旧椠等有纸脆易损者不供阅览。”

看来文津阁《四库全书》那时可以借阅。然而那时的方家胡同属于偏僻之地，读者对此多有怨言，故后来该馆又搬到中海内的居仁堂。但毕竟这是暂借之地，图书馆还是希望能够建造自己的永久馆舍，因此另外寻找长久的建馆之地。

建造永久馆舍，一是需要钱，二是需要场地，其实在那个时代并不容易解决。于是有人想到了中国教育文化基金会，该会是由美国退还的“庚子赔款”建立起来的一个民间文教机构。1924 年 5 月 21 日，美国总统柯立芝批准了退还中国庚子赔款余额的议案，而后美国分两次将余额退还给中国。1924 年 9 月 18 日，北京成立了中华教育文化基金会，此会负责管理美国退还款项的使用。此会成立后，从 1924 年到 1949 年间，对中国大专院校以及文化机构进行了几百次的补助，建造京师图书馆乃是最为著名的建设项目之一。

中基会创建之初，也就是该会的第一次年会时，就提及要建造京师图书馆的固定馆舍。《1933 年 1 月国立北平图书馆建筑委员会报告》中对此事有详细记载。该报告首先提到了京师图书馆当时的处境：“中华教育文化基金董事会建立图书馆之议，实始于民国十四年（1925）六月举行第一次年会时。当时该会议决办理文化事业，宜从图书馆入手。后以教育部所属之京师图书馆藏书甚富，徒以地址偏僻，馆舍湫敝，于保庋阅览，两均未臻妥善，乃向教育部建议，由双方合组一规模宏大，地址适中之新馆，俾旧馆书籍可得善藏之所，而新馆复可腾出一部分之经费，作为购置其他图书之用。一举两全，意无善于此者。后因政局多故，合组之议终不果行，该会乃于翌年二月第一次常会时，议决暂行出资自办，以期贯彻初旨。当经租借北海公园庆霄楼等处，设立北京图书馆，并组织图书馆委员会，以为管理机关。是为图书馆建设之开始。”

建造永久馆舍首先要选址，地址找到后，接下来就要征地，本报告中当然会提到这些细节：“当中基会与教育部商办契约之初，曾择定北海公园西墙外御马圈空地与养蜂夹道以西之公府操场为新馆地址。该地本属官有，故契约原有无偿拨用之规定。其后契约既未实行，乃由中基会出资二万元，购定御马圈空地，先行筹备，委托北平长老会建筑师丁恩氏（S. M. Dean）丈量基地，拟绘设计草图。至征募图案之事，则托协和医院建筑师安那氏（C. W. Anner）主持进行。安那君参酌美国建筑学会前例，拟订征募条例十八条，经图书馆委员会议决后，公布征集。十六年（1927）三月，收到图案计共十七份，经将全部装箱邮寄美国建筑学会审查评定。是年八月，接到该会电告，莫律兰氏（V. Lerth-moller）获膺首选，遂照条例聘为建筑工程师，而以获第四奖之安那氏（C. W. Anner）充监督工程师任务。”

看来当初中基会与教育部商谈的结果乃是由教育部免费出地，再由中基会出钱来建设。但后来无偿拨地之事难以实施，故中基会就花了两万元买下了北海公园西墙外的空地，而后委托建筑师进行设计，之后又将这些设计图纸寄到美国进行审核。由此可见，当时建筑此馆的规划十分审慎。

除了馆舍的规划，当然还涉及图书馆内最为常用的书架，这些书架竟然也是由海外制造运来的。该报告中写道："其书库及地下室之钢架，除一部分由美丰制造外，余一部分为善本书库及舆图库，由伦敦 Roneo 钢厂承造。"

对于本馆的筹建过程，李致忠先生主编的《中国国家图书馆馆史资料长编》一书中记载了1927年《北京图书馆第一年度报告》中所载："董事会与教育部商订契约之初，即择定北海西南墙外御马圈空地约四十亩与养蜂夹道以西之公府操场约三十亩，为建筑馆舍之地。地属于官，故契约有无偿拨用之规定，不意公府操场既不易得，而御马圈尚待价赎。不得已，仍由董事会拨付二万元于陆军部，至十五年（1926）三月末始克成议。先是委员会议定建设费一百万元中，以六十至六十五万营建筑，至是乃丈量基地，绘图既成，即嘱托北京长老会建筑师丁恩氏（S. M. Dean）拟绘设计草图，并由馆中提出新馆应有之设备。丁氏提出图样二种，一中国式，一希腊式，皆能适合现代图书馆之需要，而建筑费又不超出预算之范围。数经委员会审议，议决建筑决取宫殿式，庶与环境调和。"

在设计之初就有两种建议，一是中式，一是西式，而西式指的是希腊式。当时成立的建筑委员会还是决定选用中式，这个委员会委员中就有李四光、袁同礼等名家。但因建设之资乃是由庚子赔款作为基金，对于本馆的大事必然有美国人的参与，1927年的年度报告中对此有如下记载："七月获协和医院当局同意，得其建筑师安那氏（C. W. Anner）慨允担任名誉顾问。由安氏参酌美国建筑学会前例，拟订征募条例，数经委员会审议修改，十一月十五日乃成。约定应募者二十一人，中国人十一，欧美人十。十六年三月竞争图样先后寄到，凡十七图。当经委员会监督启封、编号并检视其体积是否与条例适合。又固封其作者姓名而影其图，邮寄美国建筑学会，即委托该会为之审查。由该会推定顾理治（C. A. Coolidge）等三人组织审查委员会，评定甲乙，并由专家顾问于其报告中证明寄到之图案悉与条例相合焉。”

建造图书馆的场地为什么要选到北海边呢？《第一年度报告》中有如下说法：“所拟兴筑之基地邻接于北海。北海在前清时代为清室游憩之所，今已改为公园，有重要之通衢经过其南，是以东南两面之建筑尤须特别注意。正门应从南入，而东面实为北海西岸风景中之一部，一览附送之地图，自知其地段之重要。公园与故宫距离甚近，其大宫殿与四隅之角楼均可一览无余。兹并附送故宫侧影之影片，以便揣想此区域各建筑之形式。唯以董事会之嘱，对于各图之批评暂不陈述意见焉。”

看来中基会选址于北海边乃是因这里离故宫很近，是北京城的中心地段，更何况旁边还有美丽的风景。这一带原本是皇家的御马圈，其西侧还有个旧操场，合并在一起总计有七十多亩地。然而此前御马圈已经被陆军部出售给了首善医院，这也是中基会出钱两万元买地的原因。几经周折，图书馆终于在 1929 年 5 月 11 日举行了奠基仪式。经过一番建设，成为当年中国最漂亮的图书馆。

该馆建成之后，大门前的道路当时并无名称，此前该馆已经更名为国立北平图书馆，此馆在 1931 年 4 月 10 日致信北平市公安局，要求将馆前之路定名为文津街。毛华轩、权儒学所辑《北京图书馆馆史（1948 年以前）档案选录》载有此函：

径启者：查敝馆新址，门前东起金鳌玉蛛桥，西迄西安门大街一段，向无专名，或指称养蜂夹道南口，或指称三座门，既难确切，又觉混淆。现在本馆新址指日落成，迁移在即。允宜肇锡嘉名，用资通晓。查敝馆藏有文津阁《四库全书》，最为宝贵，拟即将此段地方定名为‘文津街’。相应函达，即希查照办理见复为荷。此致。

到了当年的 5 月 18 日，北平市公安局给图书馆发了答复函，同意将该街命名为文津街。可见，该馆确实是将文津阁《四库全书》视为最重要的典藏。而张秀民先生在《国立北平图书馆馆址记》中也谈到了文津街一名的来由：“该馆地处旧皇城西安门内，交通便利，风景怡人。东临北海，界以白石栏；南临通衢，为通西安门要道，今易名文津街，以纪念馆藏文津阁《四库全书》者也。”

当年建造的国立北平图书馆今日看来也异常壮观，虽然天气清冷，吴连宝

⊙… 冒险站在路上拍个正面

⊙… 国家图书馆古籍馆主楼

⊙… 这里曾经是雕版博物馆　⊙… 面对北海的临琼楼

还是带着我在整个院落内一一看过去。他说自己在本院工作了这么多年，直到前一段才发现本馆的奠基石。他带我走到了主楼的左墙下角，果真在这里看到了汉白玉刻制的奠基石，上面以阴文刻着“国立北平图书馆中华民国十八年五月十一日奠基”。

主楼的右侧还有一座二层的小楼，这里原本是清史编纂委员会的办公之地。几年前这块牌子不见了，如今成为国图出版社的办公场所。原本该社在此楼的后方，吴连宝说，那里依然是国图社的办公地点，如今又加上这座小楼，其工作场地面积扩大不止一倍。我跟国图社打交道有近三十年的历史，之前是买书，后来是在该社出书。正因为如此，我与该馆的两任领导都成了朋友，以前的社长是郭又陵先生，而今的社长则是方自今先生。该社的总编殷梦霞老师更是长期打交道的老熟人，我几本书的责编几乎都是王燕来先生。除此之外，该社内还有多位我的熟人和朋友，如今我仍然有几部书稿放在该社。原本想进馆拜访这几位师友，然而想到拍摄之后还有他事要办，只能是悄悄地来，悄悄离开。

跟随吴连宝继续向前走，看到了侧旁的弘文堂，如今这里成为国家图书馆出版社的图书展室。其实原本这一带的房屋为本馆的食堂，后来被姜寻先生改造成了雕版博物馆。前些年因人事变动，这处雕版博物馆不见了影踪。

继续走下去，转到了该馆的另一侧，从建造手法上看，整个馆舍乃是中西结合的产物，只是这种结合显得颇为巧妙，既实用又符合四周的氛围，看来当年的建筑设计者确实为此费了不少的心思。楼东侧的两棵大银杏，看其粗壮程度也应当是建馆之时所栽。吴连宝说，秋天这里景色最美，金黄的银杏叶铺满一地，在阳光的映照下，这里的墙体也像涂上了金黄色。

转到楼的另一侧，我在这里看到了文源阁的碑记，此碑原本也立在圆明园内。1936 年该馆建造之时从圆明园运来了不少物品，国立北平图书馆所编《国立北平图书馆馆务报告》（民国十九年七月至二十年六月）里面写道：“复承北平市政府之赞助，将圆明园旧存之雕花望柱及石狮、乾隆御笔石碑、文源阁《四库全书》石碑等移存本馆，俾得永久保存此项遗物，在历史上、艺术上、建筑上莫不有极大之价值。”

看来圆明园之物运到此馆乃是北平市政府赞助的，难怪本院内有许多圆明园遗物。张复合在《北京近代建筑史》中也提到了这一点："图书馆以绿瓦红墙围绕，正门为三间玻璃门座式，体量高大，气势宏伟。门内庭院开阔，环境疏朗，主楼前矗立石碑、华表、石狮（由圆明园安佑宫迁来），增强了庭院环境气派。主楼二层带前廊，配楼一层，楼间连以平顶连廊，书库在主楼后部，各楼均有地下层。造型仿自清宫式大殿楼阁，绿琉璃庑殿顶，汉白玉须弥座石栏杆，半栱梁枋施青绿彩画，柱身也漆绿色（仿自故宫文渊阁）。比例端庄，色调雅致，总体权衡与细部做法基本合乎则例，是此类设计中比较成功的一座。"

张复合的这段话说得更为明确，他说主楼前的几个物品乃是由圆明园内的安佑宫迁来。其所说石碑乃指图书馆主楼前左侧花园内的一块圭形石，因为文源阁碑记刻石并不在主楼的正前方。

圆明园刻石的后侧是临琼楼，面对北海公园，原本在临琼楼和北海公园之间有一排排平房，而文津图书公司以及姜寻先生的公司都曾租用此房，我每次来国图都会到这两家公司去转一转。前些年这几排平房拆掉了，董光和的公司迁到院落的另一侧，姜寻的公司则搬到其他地方。如今这里已经变成一片绿地，原本的围墙也改成铁栏杆。我问吴连宝，为什么要将房屋改为绿地。他猜测说，就是为了能够借景北海公园。果真，透过栏杆看过去，公园的景色历历在目，尤其琼岛上的白塔在阳光的映照下更显现出一种别样的端庄。

跟随吴连宝进入主楼，大概有一个时段这里也是我常来之地。当年有两家拍卖公司经常在此楼内举办预展和古籍拍卖，在图书馆内拍卖古籍，开此先河者乃是德宝公司的老板陈东先生。陈先生也是位爱书之人，我曾两度到其廊坊家中参观，并且买到一些欲得之书。后来他搞起拍卖，按照惯例，绝大多数拍卖公司会将预展和拍卖地点选择在五星级饭店之内，这样做想来是为了衬托拍品的珍贵。而陈东却有别样的思路，他觉得古籍拍卖开办在图书馆内更能突显其文化价值。于是有那么几年，他使用此楼内的左右两间大厅举办预展。而我每次都会在这里一一翻看展品，到后来不知什么原因，陈东将拍卖地点转移到首都图书馆内。如今这两间大厅锁着门，我透过玻璃向内张望，眼前浮现都是当年预展和拍卖时的情形。

大厅的正前方乃是向上和向下的楼梯，下方一度为国图古籍馆的办公场所。

我来这里拜见过陈红彦馆长以及李际宁、赵前、程有庆等各位老师，现在这些老师都已到白石桥总馆办公。

吴连宝带我先向楼下走去，此处依然是办公之地，而其顶头的位置就是当年的书库，如今这里所藏善本都已经迁移到白石桥总馆的善本书库之内，存放于此者乃是普通线装书。根据馆方的规定，这里的书库一直禁止拍照，所以我想从认识的师友中要一张照片都难以得到。故如今只能站在门前，望着书库之门发一声感叹。而后跟着吴连宝沿梯上楼，他说两侧的木扶手以及脚下的地板都是当年的旧物。细看之下，这些扶手保护得十分完好，只是涂上了一些新油漆，而地板却未见丝毫的磨损，可见质量之高，那些设计者和施工人员真令人敬佩。

二楼之上正前方的大厅乃是古籍阅览室，后方则为办公场所。站在此处看过去，这座建筑一点都不过时，反而有着浓厚的古典之美。

虽然说这所馆舍建造得庄严典雅，但是当年的中基会只出建馆之资而不会再支付营运费用。《北京图书馆馆史资料汇编》（1909—1949）中载有 1925 年 2 月京师图书馆给教育总长的呈文，有如下段落 ：“不幸自去年以来，中央财政奇绌，本馆隶属钧部，发薪次数大致相同，是以积欠各馆员等薪俸已十五个月有奇。各馆员均属寒士，盖藏素虚，在按月发薪之日尚易支持，今则须四五十天方有数成可领。而馆中事务则较前愈繁，阅览之人渐增，来馆缮抄旧籍之人每日亦有百数十人需予应付，馆员等枵腹从公。欲按章课其勤惰，亦心有所不忍，若任其自由，则无以谋报。此关于馆员薪俸之为难情形也。”

到了 1927 年，时任馆长的梁启超先生因为费用无着落，在本年 3 月 1 日给教育总长写了一封辞职公函，谈到该馆乃是靠银行贷款来发薪水 ：“时属接办伊始，需款至亟，不得已，商恳北京商业银行，订明以盐余抵息，借本馆一个月经费四千元。当时以为政府拨款偶一愆期，嗣后定能照案支付。万不料月复一月，经费仍然丝毫无着，而商业银行又以前款未偿，不肯再借。”

当年梁启超想借新账还旧账，没想到旧账还不上，而新款银行也不再贷出。梁启超为了维护本馆的运作，竟然个人筹款来支付图书馆的各种开支 ：“启超处此，深虑事业停顿，尽废前功，且为政府维持信用计，不得不勉维现状，徐图救济。

迫于无可设法之中，暂将个人十余年来所积存之永年人寿保险单，商由通易信托公司押借现款，借充馆用。”

由此足见梁启超是位顾全大局之人。但即使这样，有关部门也拨不下款项，而在半年的时间内，梁启超已经靠个人的抵押贷款垫付资金上万元。他觉得自己已经无力再筹款，只好提出辞职："窃维本馆为国立机关，中外观瞻之所系，其应需经费，业由阁议通过，政府应负维持之全责。顾结果乃如上述，徒令启超一人独任其难。半年以来，抵借垫用已万余金。现在垫无可垫，无米难以为炊。窃念如此局面，断非能力薄弱如启超者所克支撑。倘昧陈力之义，恐增积重之累。瞻前顾后，唯有请准辞去国立京师图书馆馆长一职，俾释重负，并恳即日派员接管，以重馆务。至启超经手借垫款项，应另开造收支清册送请查核。即恳迅予如数发还，俾清债务而免拖累，至纫公谊。此致教育总长。”

梁启超的辞呈未见答复，十几天之后，他又给教育部写了第二封辞职信。看来教育部确实拿不出这些钱，于是该部又求助于中华教育基金董事会，1927 年 6 月 17 日教育部在给中基会的公函中提到，馆长梁启超靠个人筹资来维护本馆费用的问题："当时款无所出，势将不支，赖梁馆长以该馆事业为重，不欲因馆费一时未领，遽行停废。爰自接收改组以来，只凭私人之力多方借垫，迄今半年有余，赖此撑持。近者梁馆长以力尽难继，曾将馆中艰窘情形剀切详陈，一再函请本部准予辞职。本部除一面函复慰留，一面咨催财政部迅予拨款接济外，伏念国立京师图书馆为本部与贵会订立合办机关，而局势一至于此，曷胜遗憾。”

看来教育部也没什么办法，只能一遍一遍地催促财政部予以拨款，然教育部也清楚这样的要求估计难以答复："现准财政部复称俟库储稍见宽裕时，即当尽先接济等因，可见政府对于该馆始终具有维持诚意。奈时事多艰，国库如洗，目前或尚有心余力绌之虞，诚恐该馆一旦为经费问题所迫，势不得不出于停歇，则事至可惜。岂唯本部所窃痛心，抑亦贵会势难漠视。”

此函中的“国库如洗”一词，说明财政部也拿不出钱来支付图书馆的开支，毕竟文化事业并非当务之急，在如此困难的情况下，不可能再给该馆拨付费用，所以教育部只能希望中基会出手予以资助。而该会经过商议，在 1927 年 7 月 15 日致函教育部，同意每月垫付 2500 元给国立京师图书馆作为经常费用，期限是一年。对于梁启超的欠款，该会在致教育部的公函中提及："在未清偿以前，得就本会垫款撙节开支，每月酌提五百元作为偿还馆长垫款之用。"

看到这些记载，真的感觉到当年办馆之不易，图书馆乃是文化公益性质，其生存也主要是靠拨款。其实，该馆在建馆的前几年也有收费之规定。比如 1919 年 1 月 11 日，教育部指令第 64 号，核准京师图书馆改订的《藏书流布暂行规则》12 条。其中第三条为拍摄或抄录藏书的价格：

京师图书馆拍摄或抄录藏书的价格明细表

种类	数目	费用	
		摄影	转抄
宋元旧椠及其抄本	一册	四元	二元
明刊及其抄本	一册	二元	一元
清精写及名人校抄本	一册	一元	五角
文津阁《四库全书》	一册	一元	五角
敦煌石室写经	一卷	二元	一元

看来，当年无论拍摄还是抄录馆内所藏善本，图书馆都会收一定的费用，以此补贴营运资金。直到如今，还有不少读者诟病图书馆拍摄善本收资料使用费的问题，其实想一想图书馆办公费用的缺失，就能够谅解馆方的一些做法。

文溯阁·甘肃馆

七阁最高，睹容最难

《四库全书》藏书楼总计七座，至今有毁有存，然在这七座之外还有第八座。这是因为文溯阁《四库全书》有两座藏书楼，一座在沈阳，另一座在兰州。关于兰州的这座《四库全书》藏书楼应当怎样称呼，我未看到定论式的说法，为了跟沈阳的那一座有区别，我将其名定为“文溯阁甘肃馆”。

为什么会产生一部书有两阁这样的结果，我在沈阳文溯阁一文中已提及，但有必要再补充一些关于此事的因缘，郭向东、易雪梅、岳欣三位老师所编著的《文溯四库》一书中详细谈到了这些问题：“20世纪60年代，中苏关系出现了重大波折，战争一触即发。1965年初，辽宁省文化厅基于备战需要，为了确保文溯阁《四库全书》的安全，辽宁省文化厅向文化部提出了将文溯阁本《四库全书》拨交内地图书馆保藏的建议。国务院从战略布局考虑，把目光投向我国版图的地理中心——兰州市。”

由这段话可知，将文溯阁《四库全书》从原阁中转移到安全的地方，乃是辽宁省文化厅主动向文化部提出的要求。文化部向有关领导请示后，于1966年3月给予辽宁省文化厅如下答复：

你们基于备战需要，曾建议将你省图书馆所藏《四库全书》一部拨交西北地区图书馆保藏，此事业已由我们报请中央宣传部并中央文教小组批准，经与中共中央西北局商量结果，他们已指定由甘肃图书馆收藏，关于交接手续，请你厅径与甘肃省文化局联系办理”［中华人民共和国文化部“关于‘四库全书’拨交西北地区保藏”(66)文厅图字24号，1966年3月17日］。并指示：“这部图书是国宝，为了减少该书在装箱、折箱中受到损坏（特别是装书的楠木匣很脆，易于损坏)，以在辽宁省图书馆办理点交手续为好。”

而后甘肃省文化局接到了指示，他们对这件事十分重视，《文溯四库》中记载：“1966年5月12日，甘肃省图书馆给甘肃文化局报送了《关于文溯阁〈四库全书〉的接收和保管工作的计划》，对接收时间、人员配备、保藏地点等都做了详细的规定。并拟定采编部主任赵永义任组长，由方学俊、周省华、余贤杰、何勤贵等人组成接收小组。因当时局势紧迫，来不及修建专门书库存放这部大书。甘肃省文化局组织了一个考察选址小组，历时一个多月，先后对天水麦积山、永靖炳灵寺、靖远法泉寺等地进行了全面考察，后经甘肃省人民委员会批准，将永登县连城鲁土司衙门和寺院全部拨归甘肃省图书馆使用，作为《四库全书》临时存放之处。”

对于文溯阁旧藏《四库全书》的运输，《文溯四库》中写道：“1966年10月7日，一辆满载货物的列车缓缓驶出沈阳站，国宝《四库全书》装在其中三个车皮里，一路西行，穿过半个中国，途经北京、内蒙古、宁夏，行程三千公里，于六天后到达兰州。”

这段话虽然仅寥寥几十字，实际的运输过程却复杂得多。我觉得文溯阁《四库全书》的命运可以用“颠沛流离”来形容，其辗转多地的经历前文已经提到。

而今这部著名的大书又运到了甘肃，在这七天的运输过程中，甘肃省图书馆五位押运人员的吃喝也得不到保证，可谓历尽艰辛，终于在10月14日，火车停在了兰州土门墩货场，当时兰州军区的27辆军用卡车已经停在军用站台，之后解放军战士把这部《四库全书》装上卡车，连夜运到了甘肃永登县连城鲁土司衙门的妙因寺，这部大书存放在妙因寺大经堂内达四年八个月之久。

在此之后，甘肃省有关部门又在选更好的宝藏之地，经过一番考察，最终定下在榆中县甘草店镇项家堡村建造战备专库。如此选择的原因是那里仅有二十几户人家，在中国行政村区域划分中查找不到这个小村庄。那个时候，国家仍然在强调备战、备荒，为了能够将这部大书妥善保管，所以选择了一个这么隐秘的地方。除了安全上的考虑之外，将这部大书藏在甘草店镇还有一个原因，那就是这里气候较为干燥，利于书籍的长期保存，并且这里距离陇海铁路和312国道均很近，专家们考虑到一旦发生紧急情况便于迅速转移。

新的地址定下来之后，又经过一番建设，1971年6月，文溯阁本《四库全书》和连带的《古今图书集成》一并从永登县迁移到了榆中县甘草店战备专库，这些书在此一放就是34年。

显然，这样的保存方式只是出于安全考虑，根本谈不上使用与研究。这样一部重要的大书，相关学者无法使用，因此甘肃有关部门又决定重新选择一处保存《四库全书》的地点，这个地点要既利于使用，又能对书籍的保护更为有利。到2005年7月8日，相关部门又在兰州市北部的九州台建起了新的藏书楼，对于该楼的建设情况，《文溯四库》一书中写道：

2001年12月28日，列入甘肃省“十五”规划和文化建设标示性工程之一的文溯阁《四库全书》藏书楼，在兰州市北山九州台奠基。2002年7月，省政府成立了“文溯阁《四库全书》藏书楼”建设领导小组，副省长任组长，省政府副秘书长任副组长，省计划委员会、省建设厅、省财政厅、省文化厅、兰州市政府等成员单位，保证了藏书楼从选址、设计、资金投入到施工的顺利进行。2003年6月开工建设，2005年7月，“文溯阁《四库全书》藏书楼”建成，工程占地52.89亩，建筑面积6160平方米，投资4211.9万元。

为什么会选这个地方呢？我听到的说法很多，但我还是想引用《文溯四库》一书中的说法，因为该书的第一作者郭向东先生就是甘肃省图书馆的馆长，他所言当然最具权威性：“新址离黄河较远，地势较高，可避水患；三面环山，林木覆盖，较为隐蔽；海拔2067米，比兰州市区1520米海拔高出547米，处于北山绿化腹地，环境污染指数低，空气清新，远离闹市。罗九公路从旁通过，交通较为便利。”

此次来到兰州寻访书迹，前去参观文溯阁甘肃馆当然是重头戏。前来此地之前，我通过国家古籍保护中心的王红蕾老师已经跟郭向东馆长取得了联系，然而不巧的是，我前往兰州的当天，郭馆长前往北京参加国家图书馆举办的会议，他告诉我，已经为我的参观请求做了相应的安排。他嘱我到达兰州后跟甘肃省古籍保护中心副主任宋焱老师联系，于是第二天一早，王家安兄陪同我一同来到了甘肃省图书馆。

宋主任为人爽快，她带我先去参观古籍修复中心，在那里我看到了他们在古籍修复方面所做出的创新。近几年来，古籍修复行业逐渐由冷门变成了广受关注的热点，各种行业规范并不统一，相关的工作人员受到的约束少，他们施展各自的才能，创造出许多简便实用的方式方法，而我在这里就看到一些未曾见过的技艺。

参观完毕之后，宋主任带我和王家安乘车上山去看《四库全书》。

一路上我跟宋主任聊关于这部《四库全书》的纠纷，宋主任对此很达观，她说无论辽宁还是甘肃，大家争这部书，都是为了能够将这部国宝完好地保存下去，而甘肃省为这部书特地修建了这样一座藏书楼，其保存条件当然好过他处。

⊙… 碑亭内石碑正面的碑文才是翻刻乾隆当年所书者

⊙… 高大巍峨的文溯阁

⊙… 而今的名称是“文溯阁四库全书藏书馆”　⊙… 馆内《四库全书》的摆放方式

汽车沿着黄河蜿蜒北行，王家安说，兰州市夹在两山之间，中间是黄河，所以兰州的城区变成了长条状，黄河穿过的城市唯有兰州是省会城市。我向河中望去，黄河清澈碧绿，完全不像壶口瀑布喷吐而出的黄汤，昨天从机场前往市区的路上，眼前所见，均为延绵不绝的黄土山，这些山上看不到一块岩石，而黄河流进这样的区域为什么还清澈如许呢？看来，造化的安排非我这等俗人所能理解。

汽车驶出二十公里后，拐上了右上的盘山路，我注意到路口的位置没有任何标志，两侧有稀稀拉拉的人工种植的小树。宋主任说，兰州政府为了绿化荒山，曾经下了很大的气力，但因为当地的土质存不住水，想了很多办法都难以种活，全市每年都号召植树造林，但种一批死一批，不过倒也省事，因为转年再植树时就不用再挖新坑，直接在原坑上接着种下一棵即可。

盘山路坡度较大，沿途没有遇到车辆。宋主任说，这条路不是为文溯阁专修的，也是一条省道。前行了一段，身后的黄河时隐时现，兰州城区近在眼底。把一座藏书楼建在高山之上，这倒是一个绝妙的主意，至少在我看来，登临此处顿时会生出一览众山小的豪迈。

车开到了一座山的山顶，从外墙的建筑风格就知道已经到达目的地。下车的一瞬间我就感觉到了空气的清新，在这里首先见到了邓欣馆长，她还带着一位讲解员，众人跟着这位讲解员一路参观下去。

从外观看，右手的一座防火建筑乃是新建文溯阁的办公处，左手则是另外一排建筑。邓馆长说，《四库全书》就藏在这排房子的地库之内。讲解员先带我们参观园内，从文溯阁的后侧方开始，在这一侧首先看到的是碑亭，建造方式跟故宫的文渊阁相似，然而碑文落款却是“甘肃省政府”，转到正面方看到乾隆皇帝所书的碑文。

楼前广场面积较大，左右两旁各有一尊雕像，分别是河图、洛书，然而其制式却跟古书上的图案差异较大，不知所本。阁的外观我看上去感觉到比沈阳文溯阁要大许多，甚至超过了文渊阁。邓馆长说，该阁在建设时虽然也跟其他阁一样，按照天一阁的明二暗三制式，但从整体上进行了放大。

进入阁内，在入口处看到一尊蜡像，邓馆长介绍说，这尊蜡像面庞乃是用硅胶制作，所以比一般的蜡像要逼真得多。而后她指给我看蜡像面部的胡须和眉毛,果真一根根清晰可见。从这一身黄袍看,站在这里的应该是乾隆皇帝,但他看上去颇为矮小,我估计身高约在一米七。邓馆长解释说他们是根据真人大小制作的,但他们是从哪里得知乾隆皇帝身高我却忘记细问。

在甘肃馆内宋主任的办公室里时有一位女工作人员进来找陈军馆长签字,在聊天时该老师称,她前几天刚给乾隆皇帝换了衣服。面对此雕像,我头疼地问宋主任,那位老师说给乾隆皇帝换衣服是否指的就是这尊雕像,宋主任说正是如此,我不知道当年在宫中是谁给负责给皇帝换衣服,也不知道这样的工作有怎样的职称。但以我的想象,这也应当是无上光荣的一个职业,只是不知道这位老师有没有这样的荣誉感。

这位乾隆爷手里握着一本书,细看之下是一本真书,我想看清楚书名,却未曾看到。我觉得皇帝手里拿着这样一本书,如果在电视剧或电影中,显然有植入广告之嫌,于是向邓馆请教皇帝手里的书有没有特殊的安排?她告诉我只是随意放了一册,没有我想的那样有什么深意。看来,我的这种过度解读也是一种毛病,真应该认真改一改。

讲解员首先带我参观这里的展馆,看到墙上那么多熟悉的书以及那么多熟悉的历史人物,这让我心中涌起的亲切感又忍不住往外冒。在这里看到的第一位古人画像乃是周永年,而我本能地认为处在这个位置上的应该是纪晓岚。邓馆解释说,把周永年安排在前面,是因为他倡导“儒藏说”,而正是因他的这个观念才有了修《四库全书》之举。

邓馆说的没错,然而周永年的观念其实跟《四库全书》没有直接的关联,以愚见,排在第一的位置上,如果不是纪晓岚那也应当是朱筠,因为正是他在乾隆三十七年(1772)给皇帝上了《购访遗书及校刻〈永乐大典〉意见折》,他的建议得到了乾隆皇帝的赞同,而后皇帝下令在全国征书,开始做修《四库全书》的准备工作,因此说朱筠才是首倡者。邓馆也同意我这个说法,但她觉得周永年可以说是这种思想的理论建设者。

我在后面的展板上还是看到了朱筠和纪晓岚二人的画像,只是这两位《四库全书》的大功臣混杂在其他人之中,并没有像周永年那样摆在突出的位置上。接下来在这里又看到多位藏书家的画像,而正是这些人贡献底本,才使《四库全书》有了编撰的可能。作为一个爱书人，我能够体会到自己珍爱之书被强令征走之后的纠结心情。

从历史资料看，最初征书活动进行得并不顺利，这让弘历比较恼火，于是他又多次下令，让地方大员向藏书家们解释，这些书只是拿来作底本使用，用完之后肯定返还，同时，如果征来之书中有违碍字句，也绝不会追究藏书人的责任，他甚至直接点名，认为马裕献书太少："马裕家夙称善于收藏，何所存仅于此，必系地方官办理欠妥，其家未免心存畏惧，又惮将善本远借，故所开书目不精不备。着该盐政善为询觅，务祈多多益善。"因为马裕家只上报了195种书，弘历认为他们家藏书那么多，怎么可能仅贡献这么少的数量？于是他命军机大臣到马裕家去做思想工作。

既然有皇帝的点名，马裕当然要踊跃贡献，于是他献上了766种善本，其中658种被采入《四库全书》中。马裕成为四人献书中的第一名，而后乾隆皇帝赏给他一部《古今图书集成》，而他贡献的那些底本，原本按乾隆皇帝所言一定要退还，实际情况也不了了之。不知马裕认为他的这近八百种善本换一部铜活字本的《古今图书集成》是否划算，但既然是皇帝的命令，划不划算也不是他能够决定的事。

这座新建造的文溯阁，从整体而言全部被布置成跟《四库全书》有关的展厅。我在这里还看到了许多纂修过程中的书影，基本可以完整看到成书过程，能够感觉到这个两层的大展厅在编排布置方面下了较大功夫，而展览完结部分，则以三分多钟的环形投影为结尾，可谓完美收官。

参观完展厅，众人跟邓馆来到后方的藏书之地，这里可谓戒备森严，照相机不准带入，每个人都要套鞋套戴口罩，而后在两位工作人员的陪同下，穿过半米厚的防爆门，沿着楼梯来到了地库。在这里看到了一排排的樟木书架，这些书架的制式与其他馆完全不同，我参观沈阳文溯阁时已经看到《四库全书》的原架，看来当年在搬运这部大书之时并未拉走那巨大的木架。回来翻看《文溯四库》一书，方知这些书架是在甘草店时制作的。

文溯阁甘肃馆保存条件确实不错。讲解员解释说，这里常年恒温恒湿，始终处在恒定的环境内。这对古籍的保存最为有利，然而在这里却看不到《四库全书》那特有的小木匣,这多少没能让我的眼睛过足瘾。宋主任安慰我说他们以前拍过一些照片,回头她会发给我,后来我从这些照片中果真看到了这些樟木柜里面的情形。

文溯阁·故宫保和殿

世凯调京，学良护返

原藏于沈阳故宫的文溯阁《四库全书》在民国初年曾运送到北京，藏于故宫的保和殿内。冯广民在《文溯阁四库全书运奉记》中说："文溯阁《四库全书》原在奉天。民国三年（1914）运京，存于保和殿，合文渊、文津鼎足而三。今春（十四年）奉天教育人士，拟办图书馆，呈请当局，索回此书。"而武斌在《沈阳故宫文溯阁〈四库全书〉辗转流传记略》一文中亦称："辛亥革命后，民国政府有设立国立博物馆之议。1914年，古物陈列所建立，从盛京皇宫调拨十一多万件珍贵文物运往北京，划归古物陈列所收藏展览之用。第二年，沈阳故宫文溯阁《四库全书》《古今图书集成》也全部运京，归属古物陈列所，陈放于紫禁城保和殿。"

这件事很有意思，乾隆年间所编纂的北四阁《四库全书》除了藏在圆明园的那部被焚毁外，另三部于一百多年后又返回到它们当年的出生之地。为什么有这样一个大的周转呢？据说是袁世凯担心这三部珍宝被毁，所以才让段芝贵把藏在沈阳故宫的文溯阁《四库全书》运到了北京。董濂在其所撰《文溯阁〈四库全书〉运复记》碑文中有如下说法：

《四库全书》凡七阁，奉天之文溯其一也。民国三年，袁世凯将称帝，以段芝贵督奉。段氏，袁之私人，既莅奉，遂运文溯阁书于京师以要宠，奉人士恒痛心焉。

董濂说袁世凯称帝后任命段芝贵为奉天督军，而接下来的一句"段氏，袁之私人"乃是说段芝贵为袁世凯之嫡系。他来到奉天后，觉得文溯阁《四库全书》很珍贵，为了巴结袁世凯，就把文溯阁《四库全书》运到了北京。为什么要以这套大书来邀宠？文中未做解释，然董众在文中称，段芝贵运走这部《四库全书》乃令当地有识之士为之痛心。这至少说明段芝贵运走这部大书，并未征得当地人的同意。而《奉天通志》却明确记载："文溯阁《四库全书》于民国四年由都督段芝贵移运北京。"这个举措令"本省人士至以为憾"。

文溯阁《四库全书》运到北京后藏在保和殿内，其旁不足两三百米的距离则是文渊阁。文渊阁的南侧仅一墙之隔就是文华殿，之后原藏在热河避暑山庄的文津阁《四库全书》也运到了这里。这三部体量巨大之书如此紧密地汇在一个角落，想一想都觉得奇特。

几十年来，这三个殿我去过多回，保和殿处在故宫的中轴线上，乃是紫禁城正中心的三大殿之一，这里一向人潮如海。然为了保护文物，只能让游客站在门口隔着栏杆向里面望一望,不能进入里面参观拍照,故我对三大殿的印象也是如此探头探脑一番而已。

以前文华殿是故宫博物院的瓷器馆,陈列着大量故宫所藏精品瓷器,故而成了爱好收藏的人必看之地。据说有些业内人士一遍一遍地来这里观摩拍照,回去制作出相应的仿制品。正是因为这个缘由,文华殿成为瓷器收藏家最为留恋之地。我也在这里面看过不少回,曾经沧海难为水,因为在这里看过太多的精美官窑,而后在市面上所见,尤其潘家园堆积如山的那些仿古瓷,真的难以让自己的眼睛"下咽"。然而,文华殿一度藏有文津阁《四库全书》却少有人知。

文华殿之后紧邻的就是著名的文渊阁,文渊阁《四库全书》在抗战期间辗转多地,最终运到了台北故宫,但此阁岿然立于原地,我曾几度来这里朝圣。然而这三部《四库全书》当年在抄写之时乃是完成一部运走一部,故它们三兄弟从未聚首过。到了民国初年,文津阁、文溯阁所藏图书运回初产之地,乃是要建立古物陈列所。民国初年为什么急着要建立古物陈列所?李扬、郭娴娴所撰《民初古物陈列所的创建及社会反响》一文中称:

民国肇造,百废待兴。如何对待前清皇室的私产,是当时政学各界广泛关注的问题。而故宫作为皇家收藏的中心,自然成为舆论的焦点。1912年2月9日南京临时政府向袁世凯提交由临时参议院审议通过的《清室优待条件》中明确提出:"原有之私产由中华民国特别保护。"随后,清廷表示同意并颁布《退位诏书》。因此,清室的"古物"仍属私有,且皇帝退位后"暂居宫禁"。这种形势一度使要求"复辟"的呼声甚嚣尘上。溥仪自称:"复辟——用紫禁城里的话说,也叫作'恢复祖业',这是'光复故物''还政于清'——这种活动并不始于尽人皆知的'丁巳事件',也并不终于民国十三年(1924)被揭发过的'甲子阴谋'。可以说从颁布退位诏书起到'满洲帝国'成立止,没有一天停顿过。对此,民国政府是清楚的。袁世凯就任总统后,复辟之风仍未止息,于是他命内务总长与司法总长照会皇室,'以遏乱源'。"

而后不久,社会上又热炒避暑山庄盗宝案,同时出现倒卖文物给外国人的事情,这些情况都促使民国政府决定建立一处古物保护所来保存这些珍宝。1914年6月袁世凯发布限制古物出口的命令:"嗣后关于中国古物之售运,应如何区

别种类，严密稽查，规定惩罚之处，着内务部会同税务处分别核议，呈候施行。”（《大总统发布限制古物出口令》）

1913 年 9 月朱启钤出任内务总长，“内务部为筹设古物陈列所致大总统呈（1912 年 10 月 1 日），查古物应归博物馆保存，以符名实。但博物馆尚未成立以先，所有古物任其堆置，不免有散失之虞。拟请照司所拟，于京师设立古物保存所一处，另拟祥章，派员经理”。（《中华民国史档案资料汇编》）

1914 年《内务公报》载：“现在热河、奉天等处古物渐次移运到京，所有陈列地点早经拟定，就武英殿殿宇规度建置，查有本部佥事金绍城于建筑事宜素为谙习，堪以委充该处工程监修委员，会同古物陈列所所长副所长妥为办理，委除任外，合并令行该副所长遵照，此令。”（《令古物陈列所会同金绍城办理陈列所工程事宜文》）

由此可见，古物陈列所具有国家博物馆的性质，但由于该所成立后并无珍宝，于是从热河和奉天分别调来皇家所藏之物。从这个角度来说，段芝贵将文溯阁《四库全书》运往北京也并非为了巴结大总统袁世凯，他不过是执行国家的命令而已。而来辰在其所写《沈阳故宫文溯阁〈四库全书〉的历险记》一文中称：“沈阳故宫文溯阁《四库全书》的历险开始于 1914 年。此年，为拥戴袁世凯登基，准备影印《四库全书》，于是将文溯阁藏本运抵北京，存于故宫保和殿。袁世凯短命的皇帝梦破灭后，此书被冷落在故宫中。”

来辰说将文溯阁《四库全书》运到北京是准备将其影印，而影印的目的是拥戴袁世凯登基，不知道这种说法的依据何在。

古物陈列所成立之初首先使用的是武英殿，而后对文华殿进行改装，又接着对外开放。随着古物的增多，有一些文物又放到了保和殿，文溯阁《四库全书》就是陈列在保和殿中供游客参观。

从前几年开始，故宫施行了周一闭馆的政策。因为没有游客，院里每周可有一天进行全院系统的维护与整理，这也给拍照带来了便利。经领导同意，我请江老师带我一并拍这三座曾经收藏《四库全书》的大殿。其实文华殿和武英殿处在中轴线的两侧，前往拍照的影响较小，唯有保和殿处在主游览区，几乎每天都会有几万人到这里参观。

而今走在中轴线上，空空荡荡没有任何游客，仅有两位工作人员给我开门。看来人的视觉总是受各种细节的干扰，因为今日眼中所看到的紫禁城与寻常绝不相同，由此才能看出它是何等恢宏，每座大殿的建筑格局及其方位所表现出的美学特征，真令人叹为观止。

登上层层台阶，来到保和殿的门前，站在中轴线上从正面看过去，这座大殿壮丽恢宏。走入大殿之中，确实能够感受到高敞大殿给人的气势上的压迫。从乾隆五十四年（1789）开始，保和殿成为科举殿试之处。这是当时最高级别的考试，不知道那些参加殿试的举子在此填写答卷会不会战战兢兢，至少我觉得这会影响个人水平的发挥。民国初年，将文溯阁《四库全书》陈列在此处，倒是符合它曾经的用途。

如今的保和殿仍然是金砖铺地，这么多年过去了，地面的金砖完好无损，我不清楚它的金砖是否也是苏州造。周晨先生告诉我，苏州当地已经恢复了这种造砖工艺，只是不知道现在制作的金砖能不能经过两三百年的考验。

抬头上望，大殿的藻井依然完好无损，只是增添了一些岁月的痕迹。乾隆皇帝所书的“皇建有极”匾额仍然悬挂在那里，我在殿内尽量拍下每一个细节，边拍边琢磨当年的文溯阁《四库全书》究竟摆在哪一侧。可惜我既找不到痕迹也找不到相应的记载，可以确知的只是那部《四库全书》曾藏在本殿之内而且一度差点被溥仪卖给日本人。

虽然说那时已经进入民国，但是热河行宫及沈阳故宫内的文物仍然属于皇室的财产，其实古物陈列所内所藏的展品都是北洋政府出钱向小朝廷购买的。傅连仲在《古物陈列所与故宫博物院》一文中说到这件事：“这些文物都作了价，由政府出资向溥仪购买，但因政府一时无法支付购买费用，因此当作由清室借给民国政府陈列，待民国政府财政好转后再交付全款。”

看来古物陈列所名义上是跟小朝廷购买了这些文物，但实际上并未支付款项，当小朝廷发生财政困难时，就准备出售文溯阁《四库全书》。郭伯恭在其所撰《四库全书纂修考》中称：“二十年（一九三一）‘九一八’事变起，辽沈陷日，阁书与城俱亡，事后日方假借所谓‘国立图书馆’之名义代为封存。我国典藏，又失去其一矣！先是（民国十一年）清室曾以经济困难，欲将文溯阁书盗售于日，价已

⊙… 保和殿

议定为一百二十万元；值北京大学教授沈兼士等于是年四月二十二日致函教部，竭力反对，其事遂寝。日人多年热望，'九一八' 后竟如愿以偿，于劫我土地奴我人民之余，复攫我文献典籍以去，良可慨也！" 而武斌在《沈阳故宫文溯阁〈四库全书〉辗转流传记略》中有相同说法："按照清帝逊位优待条例的规定，这些运北京的原藏沈阳故宫珍宝文物还是属于小朝廷的财产，古物陈列所展览的文物是 '借用' 的性质。所以在 1922 年，溥仪小朝廷因经费困难，准备将文溯阁《四库全书》以 120 万元售给日本人。消息传出，舆论大哗。北京大学教授沈兼士于 4 月 22 日致函教育部，竭力反对此事。迫于社会各界压力，溥仪卖书东洋之事遂作罢。"

这件事总算压了下去，而文溯阁《四库全书》继续陈列在保和殿内，一放就是 10 年。在这么长的时段里，奉天省的一些文人依然惦记着原本属于他们的珍宝。1925 年，奉天省教育会长冯广民等人来京参加 "清室善后会议"。冯广民参观了古物陈列所，他在保和殿又看到了这部大书。这让冯广民大为感慨："《四库全书》，有清一代文献，集古艺文之大成，我奉文化之所系也，人遗之而我不能保之，士君子之耻也，转而东之，余之责焉。"

冯广民决定想办法把这部大书弄回沈阳，但以他的力量绝无这种可能，而那时奉系人物在北方很有势力，于是冯广民开始动用这方面的人力资源。武斌在其文中写道："冯广民等人先赴天津求助于张学良，又至北京，求助于在北京的奉籍要员如参议杨宇霆、农商部代总长莫德惠和古物陈列所会办梁玉书等，'拟将库书收还，深蒙赞同'。回沈后，冯广民请奉天省省长王永江出面与北京方面磋商。他说：'溯此书搜海内古今典籍，蔚为大观，实我国文化上之渊薮，未曾有之巨制也。' 如能速将还奉，'以全国粹'，将对东三省教育事业 '功德无量'。"

冯广民找到了奉天省省长王永江，而王永江与北京方面磋商一番仍然没有结果，于是想到东北王张作霖。武斌在文中写道："王永江电告在天津的张作霖，向他说明《四库全书》的重要价值和索还的必要性，同时电告在北京的杨宇霆、莫德惠等人，请他们在民国政府中斡旋。张作霖接到王永江电函后，立即回电，要王永江放心，说此事定可办到。杨宇霆致电当时的教育总长章士钊，称文溯阁藏本为 '奉省旧物，仍归奉省保存'，并言辞恳切地说：'务请诸公秉公持论，允赐

⊙… 保和殿内景

⊙… 保和殿内景 ⊙… 保和殿的天花

发还，将来东省文化日兴，皆出诸公之所赐也，无任感盼之至！’ 章士钊接电后即提出阁议。1925 年 7 月，段祺瑞临时执政府国务会议议决，令古物陈列所将文溯阁《四库全书》运回沈阳，贮置于原阁。王永江得到内阁会议通过议案允许将书运回的消息后，立即派冯广民等人进京，办理接受事宜。冯广民等邀集旅京的奉天省人士 30 余人，用 8 天时间将全书检收包装，共装了 810 箱。于 8 月 7 日将 36000 余册《四库全书》和 5000 余册《古今图书集成》全部运回沈阳。”

关于将文溯阁《四库全书》运回沈阳之事，《文溯阁四库全书运奉记》上节录了杨宇霆给教育总长章士钊的电文：“查文溯阁《四库全书》本系奉省旧存，于民国三年（1914）运京。前据奉省各界绅董，拟集资设立图书馆，请求将库书发还，以备陈列。当即据情电请梁众异兄，商请执政饬发。现接众兄复电，已奉批交阁议。奉省旧物，仍归奉省保存，质诸公论，定邀许可。务请诸公秉公持论，允赐发还，将来东省文化日兴，皆出诸公之所赐也。无任感盼之至！杨宇霆叩，鱼。”

章士钊接到这封电报后进行了内阁会议讨论，之后给杨宇霆回电称：“鱼电奉悉。奉天文溯阁《四库全书》一部，本日阁议决定仍交回文溯阁保存。未交以前，由内教两部清理核对等因。兹除咨商内务部妥定办法再行奉达外，特先电复。”

杨宇霆接到此电后，立即安排人尽快到保和殿清点这部大书。而内务部也派出了相应人员配合清点。《文溯阁〈四库全书〉运奉记》中称：“一方面选派科长周树人、徐协贞，佥事杨廉、杨晋源，主事裘善元，部员高文祚、赵鹤年、张庆瑞、万德龢、张定勋，京师图书馆馆员谭新嘉，书记李堃会同内务部人员等，于二十七日起，赴保和殿检查，计经史子集共六千一百四十四函。内有八本一函，或六本一函，间有残缺者。于八月五日点交奉天省教育会会长冯子安查收，起运返奉矣。”

经过这样紧张的张罗，这部大书终于又回到沈阳。为了牢记这段纠结的历史，董濂写了篇《文溯阁〈四库全书〉运复记》并刻碑。关于此碑的情况，《沈阳市文物志》中写道：“该碑位于沈阳故宫博物院西路文溯阁东墙壁上。此碑是 1931 年（民国二十年）辽宁省教育会刻立，共 900 余字，记载了四库全书运复经过。1914 年袁世凯命奉省督军段芝贵将《四库全书》运至北京，1924 年奉系军阀张作霖在第二次直奉战争中取胜，开始控制北京政府，奉省有识之士趁势提出归还《四库全书》之议，经多方交涉此议乃成。1925 年将四库全书运回奉天文溯阁，并设省署保管委员会保护，又重新修葺文溯阁以藏其书。《四库全书》经战乱残缺72卷，1926年纠集学者以文渊阁本补抄之，成书共77卷。《四库全书》几经转辗，终于回到奉天人民手中，这是对保护文化典籍的一大贡献。”

这篇碑文上当然要记载冯广民对此事的贡献：“民国十四年，张上将军入京师，段祺瑞执国政。冯公广民以奉教育会长参善后会议，游古物陈列所，睹是书，喟然叹曰：‘《四库全书》有清一代之文献，集古艺文之大成，我奉文化之所系也。人遗之而我不能保之，士君子之耻也，转而之东，余之责焉。’亟归，而谋诸洁珊袁公金铠，泯源王省长永江，咸韪其议。乃走津，谒军长张公学良，总参议杨公宇霆，至京，谒农商总长莫公德惠、古物陈列所会办梁公玉书，得诸公力赞，遂允于阁议，于是电张元俊、汪芝云、赵纯来京，并奉人旅京者三十余人，以八日力，检收于保和殿，而东归奉天，时八月七日也。”

文溯阁《四库全书》运回沈阳后，当地成立了专门的保管委员会。1926年11月，奉天省政府在沈阳故宫原址成立东三省博物馆筹备处。1928年，张学良的老师金梁任东三省博物馆委员长，提议选印这部《四库全书》中的精本，并续修《四库全书总目》。老师的建议张学良当然大为支持，他一次性捐款二十万元，请金梁担任四库全书馆坐办，主持影印出版文溯阁《四库全书》。

然而这部书体量太过庞大，张学良所捐之款加上当地财政都不足以支付影印费用。而后有些专家给张学良出主意，在全国范围内募捐。为此，张学良和翟文选、杨宇霆共同署名在全国范围内发出通电：

世界学者所震惊独一无二最伟大最完备之《四库全书》，人人欲一寓目以为荣幸者，现已着手印行，公之世界矣。论此书之伟大，则全部36275册，计230万页，每页两面有字，以较西式之单页，实460万页也。论此书之完备，则自中国始有文字以后至清代[乾隆四十七年]以前，中间包括5000余年，所有历史、民族、社会、政治、制度、宗教、天象、地舆、物产、文艺、哲理、美术、医算、农工、商矿及百家杂学等，一无所遗，内容丰富，无可比拟。当清代乾隆，国运全盛，威力大伸，征服边境诸蛮之后，乃出其全力，尽征搜公家私家藏书，又慎选朝野名流学士，开馆修纂，凡书中有伪作者，空疏者，皆一一辨而出之，弃其糟粕存其精华，每纂成一书，拟撰提要冠于篇首，撮举著书人履历及概要，呈经御览审定，其书之精详可知。当时所收之书，有一大部分之书系相传孤本，未有刻板者，又有一大部分之书，当时虽有刻板，已属难得，传至今日，又成孤本者，故全书十分之九，外间无从得见。得其一二册已足弥贵，况其全乎！故有此书，而其他中国之书可废。

这封通电简述了《四库全书》的价值所在，同时讲明影印出版该书的意义。可惜的是，因为各种原因，影印此部《四库全书》之举最终未能完成。

1931年"九一八事变"后该委员会处于停顿状态，当年12月15日成立伪奉天省政府，省长臧式毅于十天之后签署了省政府训令，委派秦化田为文溯阁保管员，并命其清点这部《四库全书》。

1932年5月12日，伪奉天省教育厅厅长韦焕章在给臧式毅的呈文中称："《四库全书》为旧文学之总汇，文系手抄卷，多孤本，名贵珍重，自无待言，设法保存，不容稍缓。本省文溯阁《四库全书》，自民国十四年（1925），经省教育会会长冯广民等，由北平移还，库置原阁，当即组织委员会负责保管。迨民国二十年（1931）秋季，保管委员大半星散，后虽保管有人，究不足以策万全而昭郑重。前奉钧署令，饬该《四库全书》保管处，由职厅管理等因，职厅等办理本省教育事务。关于省有文化机关，原负有重大之责。唯《四库全书》至关重要，其保管责任，绝非一机关所能负荷。筹思再四，拟仍组织委员会。以本省各机关职员及硕学宿彦若干人为委员，由奉天省公署或奉天省教育厅分别聘用，共同负责保管，以重文献，仍由职厅随时监督。"

臧式毅接受了韦焕章的建议，而后组织了新的文溯阁《四库全书》保管委员会。当年又成立了伪国立奉天图书馆，臧式毅将这部《四库全书》划归该馆。当时金毓黼任该馆副馆长，他用六个月的时间对此书进行仔细核查，第一次搞清楚了文溯阁《四库全书》的存佚情况。

金毓黼在清查这部《四库全书》的时候看到文溯阁年久失修出现了渗漏情况，于是在金毓黼的建议下建了新阁。武斌在其文中写道："伪国立奉天图书馆在清点文溯阁《四库全书》后，因文溯阁多年失修，出现渗漏现象，在文溯阁前西南处修建了一座二层楼书库，称为'新阁'，因其建筑为钢筋水泥结构，又俗称'水泥库'。1937年6月，新阁竣工，文溯阁《四库全书》和《钦定古今图书集成》全部移入，原配书架仍留在文溯阁之中。新阁藏书顺序不变，书架统一改为四格。”

对于这件事，金毓黼在《文溯阁〈四库全书〉要略及索引》中有过说明：“文溯阁书库建筑迄今已百五十余年。以其经此悠久岁月，故渗漏倾圮，势所难免，以藏珍帙，实非所宜。本馆有鉴及此，爰于康德二年（1935），请准文教部，批拨巨款，重建二层楼房之新书库于院之西南，内部结构皆依照现代之藏书库，不仅无渗漏之虑，对防火险尤为注意。书架皆以钢制，门窗悉包铁叶，以期万全。外部则飞阁雕墙，仍仿旧制。已于四年季夏将书移入，意必为关心国宝之士所赞许也。”

1945年，日本战败投降后，民国政府任命金毓黼、周之风为东北区教育辅导委员会委员，而后周之风又组织馆员对《四库全书》进行了清点。1950年朝鲜战争爆发，文溯阁《四库全书》再次运出沈阳，存放在黑龙江讷河一座关帝庙内。1952年讷河发生水灾，这部《四库全书》又转移到了北安县。朝鲜战争停战后，1954年1月，这部《四库全书》又运回沈阳。1965年，因为备战的原因，辽宁省图书馆请示省文化厅，要求将《四库全书》调离辽宁。这个请求得到了辽宁省委的批准，而后由文化厅呈文给文化部，建议将文溯阁《四库全书》拨交给西北地区的图书馆。文化部党组在当年9月4日发文给辽宁省文化厅同意拨交。此函的公文号为“（65）文党153号公函”，该函中已说明此事已报请中央宣传部及中央文教领导小组。经与中共中央西北局商定，指定甘肃省图书馆收藏此书。这就是文溯阁《四库全书》被运到甘肃省收藏的原因。

辗转入黔，密藏地母

到达贵阳的前一天，我先跟陈琳老师确认寻访顺序，她说自己已经做了路线规划，第一站就是去探访地母洞，因为这个地点离她的住处不远。我住的酒店却与该洞的方位完全相反，我告诉陈老师司机会在八点半来接我，她认为要一个小时以上才能赶到约定的地点，原因是从酒店到地母洞要穿过整个贵阳市，而早高峰的堵车已经是中国所有城市的通病。

我是在网上订的酒店，这里很安静，我所住房间的窗外的确是翠竹满山，除了鸟声听不到任何人为的声音，天下的事的确难以百好集于一身，有了安静的环境也就无法照顾到探寻路径的远近。早餐之后见到司机，请他开到这个小区，我问司机陈先生，一个小时是否能到达目的地，他闻听我说的地点后轻松地说："二十分钟肯定能到。"

这么大的反差令我大感疑惑，司机解释说，若走城区老路确实一个小时也不一定开得到，然而三个月前贵阳刚刚开通了一环半快速道，可能是有的人觉得一环半这个称呼不好听，而今定下来的名称叫中环。沿着中环路开行，从我所住的酒店到陈琳老师指定的会面地点竟然一个红绿灯都没有，而我们如此迅速到达反让陈老师措手不及，她说正在努力赶来，让我们原地等候。

坐在车内，看着窗外陌生的景色，眼前所见是贵阳的山区，在这山间平地上见缝插针般盖起了一片片高楼大厦，真可谓凡有井水饮处，即能盖楼房。司机陈先生告诉我这一带的房价也就五千多元一平方米，而这里的位置相当于北京的四环内。他也知道北京四环内的房价平均超过了十万，他说如果聪明的话卖掉北京的房，可以在贵阳同等位置上买二十套面积相仿的房子，自家住一套，另十九套出租，他认为这才叫优哉游哉的神仙日子。

他的这种算账方式倒是令我耳目一新，看来有必要在贵阳考察一下当地的房地产市场，我的这个小目标还没琢磨出个所以然，陈琳老师来电话说她已经到了附近，而后用电话指挥司机继续向前开行。透过车窗远远望去，一位穿着登山行头的女士站在路边，我看到她的倩影，隐隐有一种熟识之感，然而她戴着宽边的墨镜和宽沿的遮阳帽，无法看清她的面庞。

陈老师上车后没有寒暄，转头跟我说，几年没见你还是没什么变化，看来果真遇到了熟人，然而她不摘掉墨镜和帽子，我依然不能将她的名字与眼前所见的人叠合在一起。她看出了我的犹豫，接着补充道："2008年国家古籍保护中心举办版本目录学高级研究班，当时您给学员们上了一课，我也在那个研修班内待了几个月。"

原来是这样，我马上向她表示歉意，因为自己记人的水平实在太差。陈老师倒不以为意，她当时在贵州省图书馆历史文献部做主任，也就是惯常所说的省图善本部主任。可能是我的偏好，我始终认为各省图善本部主任是该馆中业务能力最强的，而陈主任却告诉我她已经从那个位置上退休，而今被聘到《贵州文库》总纂办公室做编辑，这也是她喜欢的工作。

上车之后，陈老师指挥司机一路向山上开行，行驶大约两公里，来到了一个公园的入口，我看到旁边的大石头上刻着"鹿冲关森林公园"。公园入口的侧旁就是停车场，司机将车停入其中，而沿途上山的路侧也停满了汽车。陈先生说，这个停车场停一天也就一块钱，不明白那些人为何不愿意掏一块钱而把车扔到路边。陈琳老师说，距她上次来此地已经有了十年以上的时间，那时这里没有这个大门，车可以直接开上去。今天当然不可能这么做了，我告诉她没有关系，沿着山间的路向上走一走也是一种锻炼。

走进森林公园，沿着坡道一路上行，前行不远有一块平整的地面，有不少人在锻炼身体。广场的中央位置有几个人正在用鞭子抽个头很大的金属陀螺，放在一个直径半米左右的金属盘内，而更为特别之处是每位抽陀螺的都是左右手各持一条皮鞭，左右开弓鞭打盘中的金属物。小时候我也玩过陀螺，但我的玩具乃是请人用木头削制而成，在底端加一个金属珠，其粗糙程度完全不能跟眼前所见并提。但我们当年的玩法只是单鞭下势，不像眼前所见的双枪将，究竟为何如此我未能搞明白。

但我的目的是来寻找地母洞，于是看了几眼陀螺就跟着陈琳继续向山上走，眼前的路没有台阶，只是车行道的缓坡。这样的路对当今的我而言走起来最为费力，因为坡道远不如台阶走得舒服。今日的阳光很好，虽然是五月，但走出不远已经有了冒汗的感觉。陈老师边走边向我讲解此洞的再发现过程。

她说前些年中央电视台有个栏目叫"国宝档案"，要拍纪念抗战胜利六十周年的片子。这档节目想系统地拍摄抗战期间文物南迁的过程，而当年的文澜阁《四库全书》几经辗转藏到此山的地母洞内。这部大书在此洞秘密藏了六年多,后来抗日的战火离贵阳越来越近,藏在这里的《四库全书》又运到重庆,因此“国宝档案”准备来此拍摄。

但是自从《四库全书》运走之后,地母洞就少有人再提起。栏目组的人通过关系找到贵州省文化厅的领导,领导又找到省图馆长,就派陈琳主任去落实地母洞的具体位置。

当时陈琳问过不少熟人,大家都知道地母洞,曾经藏过《四库全书》,也大多能够说出该洞在哪座山上,然而具体的方位却没有任何人能够说清楚,陈琳只好跟一位同事开车到此山来寻找。那时这里还没有建成公园,虽然开车上山方便,却给打听地方带来了难度。他们在山上见人就问,那时来此游玩的人很少,好不容易遇到路人,问得的结果却大多让人失望,总算问到知情的人,而按照对方指的路径却寻找不到,他们只好向山下开,找到那个人再细问。

这份认真总算有了结果,终于在山的另一处找到了地母洞。那时的地母洞已经荒废了几十年,既没有介绍牌,也看不到当年在洞内所建的房屋,虽然如此,能够找到该洞还是让陈琳大感高兴。她说此洞有近六十年的时间无人问津,所以这次找到地母洞可以说是一次再发现,而发现人是她自己,她当然感到很骄傲。

听到陈琳的讲述我也觉得很兴奋,一者我到这千里之外来寻找地母洞竟然遇到九年未见的朋友,二者今日的带路人竟然就是此洞的再发现者,看来有些事情真的是冥冥之中自有安排。

陈琳老师讲述着她的再发现,我听得津津有味,脚下的路也不再觉得难走。沿着路快走到山顶的位置,在右手侧看到地面上修出了几个圆盘状的石阶,我不明白这种修法有何寓意。而在圆盘的外侧立着一块说明牌,上面写着“文澜山”“地母洞”。

文澜山这个字样让我兴奋起来,几个月前我到浙江开化去开会见到浙江省图书馆馆长徐晓军先生。聊天时,我问他地母洞的具体位置,徐馆长直接告诉我:“在文澜山。”这个山名让我听来更感意外:“文澜阁本的《四库全书》存在了文澜山,太巧了吧!”徐馆长却说这不是巧合,正是因为那里藏了这部文澜阁本的

《四库全书》才有了这个山名。徐馆长说，为了纪念抗日战争胜利七十周年，《贵阳晚报》写了篇关于地母洞珍藏《四库全书》的文章，这篇文章被当地的一位领导看到了，他觉得这件事对弘扬传统文化很有价值，于是做出指示，因此贵阳市的有关部门就对地母洞重视起来，进行了一些整修，并把地母洞所在的这座山改名为文澜山。

因一部书而改变一座山名，我不知道古今中外是否还有另外的例子，但至少让我听来颇感亲切。我问徐馆长何以知道这些细节，他说自从贵州省重视地母洞后，中央电视台驻贵州记者站特意派人到浙江省图拍摄《四库全书》，通过一些接触让徐馆长了解到这些细节。

站在这个指示牌前，我向陈琳老师和陈先生复述了徐馆长给我讲的这个故事，陈琳也称这座山以前确实没有名字。当然，她来此寻找地母洞时也没有这个指示牌，我们边说边沿着指示牌侧旁的小径向内走去。前行的路做过仔细的整修，山崖的一侧立上了水泥栏杆，上面已经长上了青苔，即使长了青苔也不能说明这个栏杆有多古老，因为陈琳十几年来的时候还没有安装栏杆。

小径长约二百多米，走到一半时有向上的岔路，陈琳依然记得来此的路径，我们沿着右侧的小路继续前行。往前走了三十米，我们看到一块平地，平地上方是悬崖，而其下方则有一大一小两个洞，洞口的位置刻着“地母洞”三个大字。这三个字被填上红漆，在阳光的照射下略显刺眼，其实对我而言，没有这三个字我也能辨识出这就是地母洞。因为有一张老照片，毛春翔跟几个工作人员站在这个洞口，其身后则是成箱成箱的《四库全书》。这张照片流传甚广，以至于我牢牢地记住了这个洞口的形象：它像一只巨兽的大口，吞噬着人间瑰宝《四库全书》。

还未到洞口时就已经闻到了烟火味，而今站在这里，眼前所见是一团团的烟雾从洞内飘出，不绝如缕，陈琳说这种情况上次来时未看到过。我们沿着台阶走进洞内，当脚落在洞里的地面上时，我的心情多少有点小激动，虽然呛人的浓烟令我呼吸不畅，但我站在这里却感受到四围堆满装有《四库全书》的大木箱。它们将我包裹在此处，共同形成了巨大的能量场。

站定后细看，在洞的深处有用石条垒起的供桌，供桌上的佛像体量都很小，香烛却有多个。洞中的浓烟正是来自这些香烛，洞里没有人，但从香烛烧过的长度来看此人离洞的时间不长。我不清楚这里为什么有这样的供奉，但是在著名的藏书洞内点香烛总让我有隐隐的担忧。尽管我知道早就书去洞空，没有什么危险，但养成的观念还是让我本能地要杞人忧天一下。

透过烟气观察洞内的情形，这个洞的面积的确不小，在侧方的位置可以看到钟乳石的痕迹，而洞的最深处有一块体量较大的钟乳石看上去像是一尊观音。陈琳说地母洞名称的来由恐怕跟这尊观音有一定的关系，按理说这里称为观音洞似乎更贴切。

洞内的右侧有用石块砌墙的痕迹，看来这是当年毛春翔等人所盖房屋的残垣断壁。此墙的侧旁则穿入另一个洞，洞内有用石块砌成的类似井栏的围栏，大概原来这里是个水池。当年毛春翔等人在此一住就是六年，山上没有水井，他们只好用山崖上滴落的水，想一想那样的年月，生存真不容易。

为何要把原本在浙江的文澜阁《四库全书》藏到贵阳的地母洞，对于这件事浙江图书馆善本部主任童圣江先生写了一篇《抗战时期文澜阁〈四库全书〉的转运与蔽藏》。此文从日本人制造的“卢沟桥事变”谈起，随着战事的发展，当时的浙江省图书馆馆长陈训慈为了防止馆藏珍本古籍遭到破坏，于是决定将馆藏之书与《四库全书》隐藏起来。最初是藏在富阳渔山石马头村赵坤良旧宅内，当时全馆的职工都聚集在孤山分馆，他们昼夜不停地干了四天，将这些书全部装箱，走水路运到了富阳。自此之后几经辗转，这批书十年后才回到原处。

文澜阁《四库全书》仅在浙江省内就转移了三次，但依然觉得不保险。为此当时的教育部长陈立夫提出要将书转移到安全的地方，而当时的经手人是浙江大学校长竺可桢。贵州师范大学历史系何长凤写过一篇《文澜阁四库全书·竺可桢·贵阳地母洞》，文中称：“1937 年 9 月，奉中央教育部指令，竺可桢校长率领师生员工，带着图书、仪器、设备西迁。从杭州出发，辗转浙江、江西，经广西，于 1940 年初搬迁到贵州遵义，得到比较安全稳定的教学科研环境。与此同时，教育部部长陈立夫及浙江省政府提出，请竺可桢校长在搬迁浙江大学时，将庋藏于杭州文澜阁的《四库全书》也随校搬迁到内地安全地方存放，以免使国宝毁于战火。竺可桢校长接受了这个任务，组织人员打捆装箱转运。”

⊙… 地母洞　⊙… 潮湿的洞内

⊙… 地母洞内景　⊙… 当年整修留下的痕迹　⊙… 可能是当年的饮用水源

此后不久政府决定将这部大书运往更为安全的贵州，当年运送这部书当然很不容易，童圣江在其文中写道："1938年3月下旬，在浙大教授李絜非和浙江图书馆阁书保管员虞佩岚的护送下，阁书自龙泉起运，翻越武夷山脉与仙霞岭山脉，先转道福建浦城，再至江山。请假回籍的职员毛春翔受总务主任史美诚之邀，也前往江山县城协助。在快到江山县城以南31公里处的峡口镇时，由于道路险峻，有一辆车倾翻，十一箱三千多册阁书翻入水中。虞佩岚急忙到附近的村庄中招募人员，将水中的书箱捞起，同时在当地雇了另外一辆车连夜运到江山县城。"看来当年的运输过程颇为惊险，竟然有十一箱书掉入江中。

1947年4月《图书展望》复刊第三期上，刊载有毛春翔所撰《文澜阁〈四库全书〉战时播迁纪略》一文，讲到运书途中的意外细节："在龙泉起运之前，余奉史君美诚函召去江山县城协助运输。自浦城至江山峡口，险路甚多，运输车中有一辆，在离江山峡口不远处倾覆，十一箱翻落江中，虞君佩岚急往附近村庄招雇粗工，入池起箱，另雇他车星夜运达江山县城。翌晨幸有太阳，借簟在城隍庙大天井中曝晒，书浸水中久，晒两日，水渍如故。絜非先生以运输时间迫促，不容久延，即命装箱，谓运抵长沙，再从容翻晒，余与佩岚未有异议。后书安抵贵阳，藏于西门外约一里之遥张家祠堂，夏君定域奉令前往保管，重加曝晒始干。三千余册书，每册每页须细心揭开，夏君竭数月之力，始完成此艰巨工作。"

《四库全书》运到贵阳后并没有直接藏到地母洞中，而是保存在贵阳城西门外一里左右的张家祠堂内。何长凤在文中写道："文澜阁《四库全书》搬迁到贵阳后，受到贵州省政界、学界、教育界的重视与保护。开初存放在西门外张家祠堂内，因离城中心只有一二里，又靠近火药局，怕日机轰炸损坏，不久便搬迁到贵阳地母洞。这里离城有十多里，又有森林覆盖，岩溶山洞坚固，安全可靠。"

这段文字只是说有关人员担心张家祠堂离火药局太近容易发生危险，同时又怕日机轰炸，所以才把书搬到了地母洞。然而根据毛春翔《纪略》一文所言，其实日机已经轰炸到了贵阳，只是日机的炸弹还没有投到张家祠堂时就投完了，所以才使得这部文澜阁《四库全书》幸免于难，"贵阳僻处万山之中，人咸以为安全地带，不意敌机亦能光临。二十八年二月四日，敌机十八架袭击贵阳，自城南开始投弹，至城中心弹尽，逸去，毁建筑物无数，死人数千。张家祠堂在西郊，幸免于难，然地当冲要，离城太近，敌机难免再来，阁书安全，终属可虑。由贵州省立图书馆一勤工建议，觅定贵阳北郊距城八里之地母洞，作为阁书安置之所。”

原来将《四库全书》由张家祠堂迁往地母洞乃是贵州省图书馆内一位工人的建议，可惜的是毛春翔在文中没有写出此人的姓名。这个工人的建议使得《四库全书》得以安全地秘藏了六年，而这位提议者姓名却难以知晓，这真是个遗憾。

对于当时洞内的情形以及保护措施，毛春翔在《纪略》一文中写道：“洞在高山之巅，高四五丈，深七八丈，实为天造地设书库，虽附近无居民，荒凉异常，但敌机轰炸，可保无虞。于是呈厅转部，奉准建屋三楹，迁书其中。招雇工友二名，请警局派警二名驻守洞口。洞口有平地数方丈，另建屋供工警居住，夏君时住山中指挥工警，时住张家祠，便利接洽关于保管事务。”

他们当年在洞内建了三间房，而今我看到的只是一段残墙，在洞口平地上他们也盖了房屋以供雇佣的两位工作人员和两位警员居住。如今这块平地上已经看不到任何房屋的痕迹，但是当时他们的房屋盖得比较简陋，因为洞中所建之房只是用木板做屋顶，而洞顶渗出的水使屋内颇为潮湿。于是毛春翔等人开始每年晒书，而这一晒就是几个月，毛春翔在《纪略》中说：“山洞潮湿，每年秋季必须曝书一次，每日五六箱，贵州多雨，晴天少，每季曝书，辄历时数月。曝书开始前，函请浙大教授一人莅临指导，成为定例。曝书竣事，购多量石灰，撒播洞中吸收潮气。曝书时，启箱装箱，翻书、点书、捆书，工作至为辛苦。上峰颇知体恤，每季晒书，皆有伙食津贴，数目多寡，临时核定。”

但是这种办法仍然无法保证洞中所藏之书的安全。1939 年 6 月 23 日，竺可桢到达贵阳，当天下午在贵州省教育厅三科科长杨克天和省图书馆馆长蓝淑华的陪同下到地母洞去查看《四库全书》的保护情况。竺可桢在这天的日记当中写道：“由威西门向北至官溪镇，须步行十里许，三点出发四点到。全系小路，半大山中，雨时则极泥泞不可往。至地母洞，知其只有二仆人看守。洞尚大，高约二丈，尚通风见阳。唯所盖屋面用木板，均潮湿。因开一箱在内者视之，则其中已略潮湿。因与杨、蓝二人商定，屋顶须改用瓦片，箱中书籍须晒曝，而该地必须有人主持。因此不能不有预算，约计每月 160 元之谱。”他们冒着雨在泥泞不堪的小路上走了十多里，终于来到了地母洞前，想一想当年他们来一趟地母洞是何等不容易，而今我的境遇比他们当年好了太多。

竺可桢看到的情况确实挺差，因为里面的房屋已经很潮湿，打开一箱书看也有了潮湿的痕迹，于是他决定将洞中的房屋改为瓦片做顶，而这里藏的书也要定期进行晾晒，为此他特意拨付一些钱作为费用。

毛春翔《纪略》一文中谈到此洞的防潮改造以及具体的晾书过程："三十一年一月，教部特派邵鹤亭先生赴黔西调处交大风潮，顺便视察地母洞藏库，垂询防潮工作在技术上应如何改进，余乃建议将书库三面间以板壁，在箱底沟中多置白灰，潮气可以稍煞。邵先生一一采纳，报部提款，将余之建议付诸实施。嗣余又觉每年仅秋季晒书一次，仍不济事，自三十二年始，春季加晒一次。事出自动，不敢更向部请领津贴，勉从办公费项下提款补助工警伙食。黔人质朴，得此少许津贴，亦知感奋，汗流浃背，毫无怨言。"

看来当时有关部门要求晾晒洞中之书，每年的秋季进行一次，但毛春翔感觉这一次的效果似乎并不明显，于是主动在春天又加了一次晾晒，但因为是自行决定，他不好张口向部里要费用，就从办公费用中省下一点钱来补助那两位工友和两位警务人员。毛春翔说这些人都很质朴，虽然补贴的钱很少，但是他们干得还是很卖力气，这让负责人毛春翔特别感动。其实当时的晾晒之人不仅是这四位，童圣江在其文中写道："阁书藏于地母洞，解决了免于敌人轰炸破坏的安全问题，但是贵州多雨，民谚'天无三日晴，地无三尺平'，山洞中更加潮湿，不利于书籍的保存，每年在夏秋之交、晴天较多时，必须开箱曝晒，每次动辄数月，费时费力。浙江大学每年选派一名教师前去指导、协助晒书。如1940年为浙江大学图书馆副主任祝穆伯，1942年为浙江大学史地教授谭其骧，1943年为浙江大学文学院教授戴明扬。"

浙江大学每年都会派一位教师前往地母洞帮助晾书，而著名教授谭其骧也参与其事。当年的学人对典籍是如此看重，真是令人感慨。

但是地母洞所藏《四库全书》受潮的事情还是被当时的委员长蒋介石听到了，蒋介石于是给吴鼎昌发电报，中国第二历史档案馆收藏的《军委会侍从室第二处为转抄蒋介石将〈四库全书〉移入安全干燥地点存放电致教育部公函（1942年4月26日）》谈的正是此事。蒋介石说："恐洞内空气潮湿，日久霉烂，请移往离筑较远干燥安全地点妥为保管。”吴鼎昌接到电报后，令贵州省教育厅从速办理，厅长欧元怀在毛春翔的陪同下前往地母洞查看，他们打开了几箱书发现没有霉烂问题，因此认为不必转移，毛春翔在《纪略》一文中也谈到了这件事：“三十二年春，蒋委员长电谕贵州省主席吴鼎昌以‘地母洞潮湿，藏书恐霉烂，应另觅安全处所迁藏’。吴主席转令教厅从速办理，厅长欧元怀电话要余陪往地母洞察看，经启数箱检查，未见霉坏之书，欧厅长认为满意，主不迁移。因面谕拟稿，详叙藏书实况，交省府电复委座，请准免迁。”

文澜阁《四库全书》藏到了贵阳，贵阳当地的学者也很希望能够从这部大书中摘抄跟贵州有关的文献。贵州文献征辑馆所编《馆务撮要》中有《抄录文澜阁有关黔省著作》一文，收录了当时文献征辑馆给教育部打的报告：“径启者，顷闻教育部令饬西南各大学推举人员，校勘现藏黔垣之《四库全书》，一俟人员推定，即将开始。窃查《四库全书》，搜罗至广，其中有关黔省掌故之典籍，不在少数。本馆拟乘校勘之便，派员随同选择抄录，庶古籍借以流传，而黔中文献亦有征考。相应函请贵厅代为转呈教育部，予以核准，俾资着手办理。请烦查照，并希见复为荷。”

可惜的是因为当时战局比较紧张，这件事情未能实施。但是后来贵州文献征辑馆的人听说地母洞每年要晾晒《四库全书》，他们就找到夏朴山等人商议，经过有关部门的同意，征辑馆派李独清教授趁晾晒之机抄书。他们用了一年多的时间，竟然将《四库全书》中所有谈到贵州的文献都抄录了出来。李独清在《续修贵州通志和征辑文献经过》一文中谈到了一些细节，我转引何长凤在其文中的三段引文如下：

偕书手二人，自1940年5月至1941年8月，历时年余完成。

除有传本者，如陈法《易笺》，乾隆《贵州通志》不抄外，其余片语只字，皆抄录下来，以供修志之用。

我把这些材料编排成八册，定名为《贵州史料第一集》，因经费困难，尚未付印，而黔南事变发生，这些材料可惜都损失了。

1943年秋，日军集结50万军队分三路入侵黔南地区，面对这种紧急情况，毛春翔立即向重庆方面提出请求，要把《四库全书》运出贵州。当时战况十分吃紧，很多人顾不上运送这部书,恰好浙江省图书馆馆长陈训慈当时任国民党军事委员会侍从室秘书,而他的哥哥正是蒋介石的"文胆"陈布雷。经过这层关系,最终有关部门同意由后勤部向战区司令部调拨六辆卡车,终于将藏在地母洞中的书陆续运到了重庆的青木关。地母洞保存《四库全书》的使命由此结束,但是此洞为保护典籍所做出的贡献却不能被后人遗忘。

而今我站在洞口,望着这烟雾缭绕的大洞,感慨当年要费何等的气力才能把这部大书搬上搬下。而毛春翔等工作人员住在这荒山之内,一住就是六年,要有何等的定力才能完成这责任重大而枯燥无味的工作。我真觉得有关部门应当在洞壁刻上毛春翔等人的名字,让后人不要忘记为了保护典籍做出贡献的人。

文澜阁·青木关

急运入蜀，终得归杭

文澜阁《四库全书》在贵阳的地母洞藏了三年多，后来随着局势的转变，原本属于大后方的贵州又有了危险。关于当时的大形势，童圣江在《抗战时期文澜阁〈四库全书〉的转运与蔽藏》一文中有如下简述："从1943年夏秋以后，世界反法西斯战争形势发生转折，中国牵制了日本大部陆军兵力，在欧洲战场，德意法西斯逐渐溃败，日本在太平洋战场也接连失败，海上交通线被切断，南洋日军面临被切割的困境。为此，日本制定了从中国战场寻求突破，企图固守大陆以坚持长期战争的计划。日军集结50万军队，并于1944年4月至12月间贯穿中国河南、湖南和广西三地进行大规模进攻战役，历史上称为豫湘战役（日本称为'一号作战'或'大陆打通作战'）。"

这场战争打得十分残酷，关于双方的损失情况，童圣江在文中写道："国民党正面战场大溃退，损失兵力50–60万，丧失4个省会和146座城市，20多万平方公里国土；日军伤亡约十万人。十一月下旬，日军分三路入侵黔南地区，相继侵入独山县，占领黑石关。"

面对此种情况，把文澜阁《四库全书》转移到更安全的地方是唯一的办法，但在这战争的危险时段，将这部大书运走显然并非易事。好在陈训慈在国民党军委工作，在他的斡旋下，这部大书终于得以从贵阳运往重庆："1944年12月初，日军沿黔桂铁路长驱直入黔境，一直攻至贵州独山，贵阳人心惶惶不可终日。保管员毛春翔急忙向重庆方面请示，要将阁书运出贵州。原浙江图书馆馆长陈训慈其时在重庆任国民党军事委员会侍从室秘书，协助其兄陈布雷工作，他向教育部交涉，提出将阁书从贵阳迁至重庆。经过教育部的协商，由后勤部向战区司令部调拨六辆坚固的卡车运书。"

对于这件事，《时刻关注》编委会所编《国宝传世之谜》一书中也称："1944年11月，日军突然长驱入黔，贵阳危急，库书存放的安全又成问题，陈训慈紧急约见教育部人员商谈，再次决定将库书迁蜀。12月8日由战区司令部派出6辆大卡车，走了半个月的时间，将库书运至重庆青木关，藏于教育部部长公馆内。"

文澜阁《四库全书》运达重庆后，关于这部书的珍藏地点，童圣江在文中有如下简述："12月6、7日，毛春翔雇工数十人，将书箱搬下山装车。8日，与教育部派来的督学杨予秀、陈国礼一同随车护送。至23日，运书车全部陆续抵达重庆青木关（今属重庆沙坪坝区），将书藏于教育部部长公馆隔壁的瓦房中。房子朝东，位于山脚下，地势高且干燥，有四大间，非常适合藏书。同时，教育部部长公馆配备有四名武装警卫，十分安全。”

由此可知，文澜阁《四库全书》藏在了重庆市的青木关。而在青木关的所藏之处乃是教育部部长公馆隔壁的瓦房内，地点说得十分明确，但要想落实却并非易事。教育部部长的公馆成了探寻的线索，孟国祥所著《烽火薪传——抗战时期文化机构大转移》一书中对这部大书的具体收藏地点有如下明确说法：

1944 年，日军企图打通桂黔大陆交通线，从广西北犯贵州，11 月打到独山，黔境告危。毛春翔赶紧请示重庆方面。教育部决定将《四库全书》转移重庆。经陈立夫与军政部部长陈诚商洽，动用卡车 6 辆，自 12 月 5 日起，将《四库全书》运抵陪都重庆青木关，藏纳于丁家湾 9 号的瓦屋，自此结束了饱受云贵高原阴雨潮湿的 6 年之苦。为了转运的安全，教育部派督学杨予秀、特约编辑陈国礼前往贵阳指导取书，贵州省教育厅派督学姜荣林陪同押运。阁书几经迁徙和翻晒，书箱、夹板破损挤裂甚多，获教育部批准，添置杉木箱 16 只，于是阁书便又重新整理了一遍。

孟国祥在此书中点明文澜阁《四库全书》藏在重庆青木关的丁家湾 9 号，然而我通过各种检索手段都查不到这个具体的门牌号，只能从抗战时期国民政府的教育部入手。《巴县志》第三章“文化艺术”中有“四川省青木关民众教育馆”一节：

民国二十八年（1939），国民政府教育部迁驻巴县青木关，由该部第二社教工作团附设青木关民教馆，后改为教育部附设青木关民众教育馆，下设教导、艺术、健康、总务、生计、研究 6 部，民国三十五年教育部迁走后，改为四川省立青木关民众教育馆，迄于巴县解放。

此段话提及国民政府教育部于民国二十八年搬到了青木关，当时该镇属于巴县，重庆市文化局所编《重庆文化艺术志》中有略为详尽的说法：“民国三十五年（1946）4 月，教育部附设青木关中央实验民众教育馆交四川省教育厅接办，更名为四川省立青木关民众教育馆，王朝隆任馆长。次年 1 月，改聘黄世铺任馆长。因经费困难，仅能维持正常工作。中华人民共和国成立后，该馆舍由青木关乡人民政府接管，所存图书、挂图、器材等分别移交重庆市人民图书馆、文化馆。”

以上两个说法都未提及当时的教育部在青木关的具体位置，但抗战时的青木关是那个时期文化艺术的繁荣之地，高俊、黄万钟所撰《戴爱莲在青木关》中提及："驰名中外的舞蹈艺术家戴爱莲，抗日战争时期从法国回国，1934年夏天偕同她的丈夫、著名画家叶浅予来到青木关。”

从法国回来的舞蹈家戴爱莲也来到了青木关，虽然是战争时期，她依然教授着她所钟爱的舞蹈："戴爱莲为给祖国培养舞蹈人员，这年暑期，在青木关举办了一期舞蹈讲习班，地点在教育部幼稚园（现巴师附小校址），学员主要是从体训所学生中挑选来的二十多人，培训了将近两个月，于九月初结业。”

这段话点明了教育部所办幼儿园的所在地。当时举办的舞蹈晚会在当地有重要的影响："舞蹈讲习班结业时，在教育部民教馆中山堂举办了一次舞蹈表演晚会，教育部长陈立夫、郝更生等都参加了这个晚会，晚会规模甚大，观众两三千人，是青木关有史以来盛况空前的一次。”

但以上这些记载并没有点明国民政府教育部在青木关的具体位置，张建中主编的《重庆沙磁文化区创建史》一书中引用了《巴县文史资料》第二辑内收录的《迁都重庆的国民政府》一文，详列出国民政府首脑机关驻地名单，其中明确写道："青木关温泉寺：国民政府教育部。”郭永明、蒋观国所撰《抗战时期青木关的国民政府教育部》一文有更为明确的说法：

抗战初期（1938年），国民政府教育部由南京迁至重庆，1939年“五·三”“五·四”大轰炸后，又迁到巴县青木关，总部在温泉寺（旧名老庙，即现在巴县师范学校校址）。当时修建的一大片房屋全是穿逗房。

看来文澜阁《四库全书》的珍藏地的范围可以缩小到青木关的温泉寺，关于此寺的情况，黄万钟在其所撰《青木关轶闻》中称："青木关温泉寺大雄宝殿门首，悬挂着一块长约六尺、宽二尺的黑漆匾额，上书四个金灿灿的满尺颜体大字‘清泉滴翠’，落款是：辛巳年春，林森题。”

由此可知，1941年春，时任国民政府主席的林森来到此寺游览并题字。在那个时期，教育部就在此寺内办公："抗日战争时期，国民政府迁都重庆，教育部设在青木关原温泉寺——老庙。”

看来温泉寺在当地又被称为老庙，而这处老庙又的确是教育部的办公地点："抗日战争时期，国民政府迁都重庆，中央机关、学校遍设青木关一带，教育部设在青木关的老庙，青木关便成了战时的文化中心。教育部长陈立夫调离后，朱家骅（字骝先）继任部长，他的公馆设在丁家弯龙洞坎上。"

但是，这座老庙后来被拆掉，黄万钟在《青木关轶闻》中写道："温泉寺几经拆建，原貌无存，匾额亦不复见，大雄宝殿遗址现为'巴县师范'学生食堂。"

这真是件遗憾的事，当年的教育部旧址已然没有痕迹，但是当年的教育部长并不住在老庙之内，关于其所住地点，黄万钟在文中写道："抗日战争时期，国民政府教育部迁来青木关温泉寺，部长陈立夫的公馆坐落在青木关南山脚下的丁家弯龙洞坎上。公馆建造甚为别致，仿农村三合院修成，占地一百多平方米，为砖柱木质平房。房间里有用木板嵌镶的红地板，朱砂色的门窗；走廊较宽，木条镶花栏杆。坐在走廊可以瞭望广阔的田园，对山的温泉寺，青木关的街道，小院筑有围墙，用石灰粉刷。门前围墙上拓的陈立夫手笔行书'双手万能'四个如同簸箕大的字，远远望去，笔迹亦清晰可见。后院有一小花园，种植各种花卉和笔柏。垣墙外一片竹林，青松翠柏间杂其间，真是一所幽静、舒适的庭院。"

看来各种材料中所记载的教育部部长公馆应该是位于青木关的"丁家弯龙洞坎上"。此文中的弯字都未加氵，有可能是当年称呼，也有可能是两种写法并存，但这段描述十分明确。然而，龙洞坎也同样搜索不到具体的位置，关于丁家湾的规模，黄万钟在文中的描绘是："丁家弯原有三十四家农户，教育部在靠山边新建许多宿舍。为了确保部长的安全，内政部警察总队四中队在公馆周围设岗亭三处，并派一班人昼夜执勤，不准外人越雷池一步。"

当年的丁家湾如此之小，仅有三四十户人家，故教育部只能靠在山边建造新的宿舍。由此可以确定，当时的教育部公馆应该是处在丁家湾的某处山脚之下。这种说法与童圣江在其文中的叙述相符，由此让我确定下来：文澜阁《四库全书》曾经藏在重庆青木关丁家湾的山脚之下。

前往重庆的半年前，我给当地的版本学家徐立先生打过几次电话，他说自己对于文澜阁《四库全书》在重庆的藏地也做过调查，还给青木关的朋友打过电话，但没人能够说清楚这部大书的具体收藏之地。虽然如此，我还是不死心。

2018年3月5日,我再一次来到重庆。

2008年,成立不久的国家古籍保护中心举办目录版本学高级培训班,此期的学员均为各地省市图书馆的善本部主任及副主任。我也有幸给这个培训班搞过一场讲座,由此结识徐立先生。在之后的聊天中,我方得知他是著名书法家徐无闻先生的公子。徐无闻先生藏品丰富,后来大部分到了徐立手中。徐立告诉我,家中的所藏其实有不少乃是他祖父流传下来的。三代珍藏之物当然令我大感兴趣,我马上提出想前往其府上一睹真容的愿望,徐主任爽快地答应了我的请求。

可惜的是,人事蹉跎,此后虽时有联系,我却未能前往践约。一晃过了十年,直到今日才有了我跟他的"第二次握手"。他依然神采奕奕,只是比我印象中略胖,他说自己已退休几年,把大部分精力用在练习书法和研究典籍方面。如此平和的心态令我大为艳羡,而我的急性子使得我刚与他见面就提出前往丁家湾去寻找文澜阁《四库全书》遗址。他笑着说,听很多朋友讲过你办事之快,而今一见面来不及话旧,就先去寻访,果真朋友们的传言不虚。

从徐立先生所住的北碚前往丁家湾约有二十多公里的路程,徐兄开车不紧不慢,与他的性格十分吻合。到达丁家湾后,眼前所见有如迷你型的重庆,也是一座小小的山城。而丁家湾处在青木关的哪个具位置,徐兄并不了解,导航上也没有这个地点。于是我们每开一段路都会停下来打问,问过多人,终于在一条街的尽头看到了后面的青山。我马上想起童圣江在文中所讲,本能地觉得那个地点就在此山脚之下。然徐立却笑着说,即使是一座小山,也处处是山脚,而文献中的记载并没有提到处在山脚的哪一侧,故仅凭山脚二字恐怕找不到目的地。

我们的车开到了青木关主街的顶头位置,接着右转也是一条较为宽阔的马路。徐立说,这就是老的成渝公路,也是当年通往重庆的主干道。当年这条路十分有名气,然眼前所见不过是一上一下两条道,充其量也就是条县级公路。徐立则称这已经是拓宽后的情况,以前比这个还要窄得多。

在成渝公路行走的过程中,我无意间看到右手边有扇大门,上面的牌子是"重庆市青木关中学校"。从以往查得的资料上得知,当年的教育部在丁家湾搞了不少跟教育有关的机构,说不定这里也是当年的遗址所在。我请徐立停车,到

⊙… 前往青木关竟然要横穿这栋楼　⊙… 看到一口古井　⊙… 丁家湾9号全景

收发室询问,但里面的工作人员却并不能回答我的问题。

当我在青木关中学了解情况时,徐立也向附近的几个商铺打问,他在前方不远处向我招手,我马上跑过去,徐立告诉我,他已经打听到了丁家湾的具体地址。原来它被挡在一片临街的楼房之后,此楼仅留下一个门洞作为穿过的道路,并且这个入口处没有任何丁家湾的标牌,如果不是熟悉的人,完全找不到通往丁家湾之路,于是我们把车停在路边,步行由此穿入,而我留意到,这个入口右侧商店的门牌号为"新青路411"。

通往丁家湾之路宽度超不过两米,汽车无论大小都难以驶入。看来那一带的居民应该另有出入口,否则搬任何体积稍大的物品都难以通过。穿过窄窄的门洞,后面的道路也不宽阔,两侧的建筑全是青砖,与街面的情况形成较大的反差,更为难得的是,在这窄路旁又划出一块半米宽的绿地,当地人对绿色的酷爱真令人赞叹。前行不远,在路的转弯处看到一口老井,井口和井沿乃用一块整石雕造而成,可见当年的人们对这口井是何等在意。站在井口向内探望,已经被淤泥塞死,不知废弃了多久。但地下的泉眼看来没有干涸,因为井口附近的墙上长满了绿色植物,看来当地的水位较高。

沿着道路继续前行,虽然比前一段略宽,但依然超不过三米,路面已做了水泥硬化。这一带安静异常,一路走来也没有遇到行人,只能听到我们两位的脚步声回荡在两堵墙之间。走出一百多米后看到一个村庄,在某家的侧墙上有"关口村丁家湾组64"的门牌号,我见此大喜,说明徐立所探之路果真正确。丁家湾之名今日仍然在使用,只是这里已经划归关口村。

眼前所见的丁家湾是沿着山脚蜿蜒上行,村的整体呈窄条状。此村的住房大多翻盖成简易的楼房,但也有一些老屋在。徐立用当地话打听国民政府教育部公馆所在地,虽然问的是几位老人,但他们都不知道我们要找的具体地点。我猛然想起文献中所说的丁家湾9号,其中一位妇女告诉我们说,9号在丁家湾的最里面。

走到丁家湾的顶头位置依然没有找到9号,眼前所见是一片山脚下空阔的广场,这一带的山势呈扇形,从风水角度而言,这是块宝地。我本能地觉得,这一带就应当是当年的温泉寺所在地。而后在这里四处寻找,却找不到任何文字印证我的判断。

在这片空地的左侧有一块山崖，走近细看，这是当年的一个刻意维修过的水池，水池后的崖壁上也有维修过的痕迹，可惜上面没有刻字。正在此时，在崖壁的另一侧有一位中年妇女在那里烧火，徐立向她打听情况。原来这一带曾经有一所计量学校，后来迁到他处。这位妇女本是学校教职员工的家属，在迁走之前她曾在山坡上开垦了几块地，所以时常要回来耕地。因为来此路途较远，她每次来这里都会带一些面条，再捡拾一些树枝煮着吃。关于教育部公馆的事情，她完全不了解。

虽然如此，我对自己的判断还是颇有信心。我注意到空地前方不远有几排平房，且通往平房的路有宽阔的石台阶，从石阶的风化程度看，应该有不短的历史。我跟徐立拾级而上，准备到山坡上去寻找。

这些石台阶有的长度超过两米，以我的想象这应当是当年温泉寺的故物。台阶的侧旁有一些废弃的房屋，从建造手法看应当是近几十年所建。沿着台阶继续上行，前方变成了上坡的土路。土路的顶端有一排房屋，已经废弃，每间屋都开着门，里面有一些不用的杂物。站在此处下望，丁家湾已在脚下，而其对面的山坡上也有几处废弃的房屋，看其建造手法及所处的位置，我本能地觉得那就是当年的教育部长公馆。可惜在这大山之上，没有遇到任何可以打听之人，只好拍照后沿着石阶下行。

快走到广场时，徐立发现右侧也有一个村庄，我猜测这是门牌号所说的关口村，在村的侧旁看到一处老的房屋，于是前往此处探看。这处老屋乃是用干打垒的方式所建，想来也是教育部工作人员居住过的房屋，然而村中静悄悄的，遇不到可问之人，只好向村内走去。在村中某个院落，我看到“关口村丁家湾组 11”的门牌，说明这里依然是丁家湾。我猛然想到孟国祥在其专著中所说的 9 号，于是从此楼旁边穿过，在后一排果真找到了“丁家湾 9 号”。

这是一个半开放的院落，钉着号牌的房屋乃是一栋新盖起的二层小楼，楼的外立面部分贴了瓷砖，而院落的前方则有一堵已经残损的石墙，其侧方是倒塌的房屋，从残墙的断面看过去，这处房屋也是用干打垒的方式建造。童圣江在文中提到，当年的文澜阁《四库全书》藏在“教育部部长隔壁的瓦房内”。显然这处残损的房屋不是瓦房，如此说来，如今的丁家湾9号跟当年的9号不是一回事，孟国祥所说的9号应该另有其地，可惜孟国祥在文中未曾注明是新号还是老号。

沿着村中之路继续向下走，一路看下来，本村既有老屋也有新居，虽然静悄悄，的没有遇到住户，但能够看得出，本村依然有生机。

从村中又穿行到了上山前的道路，在这处交叉口遇到一男一女，都是上了年纪的老人，徐立不失时机地上前了解情况。他的这随口一问竟然有意想不到的收获，徐立向老太太请教当年的教育部公馆是否就是村中的丁家湾9号，老太太立即反问说："你们找的是陈部长的公馆吧？" 此言令我大喜，她能说出陈部长，显然是知情之人，于是继续向她打问细节。

老太太自称姓丁，今年已73岁，她的父亲叫丁伯良，当年在陈立夫家中做厨师，母亲也在陈立夫家做家佣。老太太的哥哥就出生在陈立夫家里，当年陈立夫离开此地时，问丁伯良愿不愿意一同前往。丁伯良觉得孩子都在本地，不愿意离开青木关，陈立夫就带着一位姓杨的医生去了台湾。

终于问到了知情人，竟然跟教育部长陈立夫这样熟识，于是我马上问老太太当年的部长公馆究竟位于哪里。她伸手向前一指："就在山脚下的这片空地之上。" 其所指之处正是我跟徐立拍过照的地方，我为自己的第六感小小得意了一下。丁老太太告诉我们，这处公馆已经被翻盖了好几回，如今看不到当年的原貌了。她反问我二人："你们二十年前怎么不来？当时房屋还没有被拆。"

老太太的问话令我二人不知如何回答，我只好反问她："背着筐上山做什么？" 因为我看到那位老汉筐中有一些绿色植物，老太太说，他们上山割草，用来喂鸡。我看老太太手中拿着的菜刀锈迹斑斑，不知道为什么用这样的钝刀割草。而老太太依然沉湎在过去的话题之中，她指着山脚下的一片建筑说："现在的青木关中学高中部就是当年教育部的办公地点。" 她又告诉我们，村的另一头有一口古井，当年那口井乃是青木关唯一的水井，所以人们对它很爱护。想来就是我跟徐立在路的转角处看到的那一口，它果真跟当年的教育部有很大的关系。

我们感谢了老太太的指点，而后沿着原路往山下走，徐立感慨我运气之佳，我则说不是他多问的这两句，我们也不会有今天的好运气。终于将文澜阁《四库全书》最终的隐蔽之地找到了，这当然令我十分兴奋，而眼前所见的青山绿水瞬间也显得明亮起来。

这部文澜阁《四库全书》存在丁家湾时，1944 年 12 月，在陈训慈、蒋复璁的呼吁下，一些浙江旅居重庆之人组织了“文澜阁四库全书保管委员会”。此会虽是民间发起，却得到了教育部的认可。1945 年 2 月 17 日，教育部聘请徐青甫、余绍宋、竺可桢、陈训慈、蒋复璁、顾树森、贺师俊为该委员会的委员。后来经过沙孟海的建议，又添加张宗祥为委员。此委员会的秘书则是为文澜阁《四库全书》做出巨大贡献的毛春翔。1946 年 9 月 2 日该委员会所撰《蒋复璁等报告接运文澜阁四库全书经过情形呈》中写道：

本会成立以来，以委员散处，不常开会，唯常委等常晤集商议保存事宜，督导秘书毛春翔在青木关谨慎守护，并于六七月间全部曝晒，随时有报告至会。

看来，在青木关期间，毛春翔还全部晾晒过文澜阁《四库全书》，正是因为他的精心保护，该书才未曾受损。抗战胜利后，该委员会决定将本书运回杭州，但那时的蒋复璁担任中央图书馆馆长，故中央图书馆想将此书收归该馆。正是在张宗祥的斡旋下，这部书才得以返回杭州。童圣江在其专文中写道：

按照陈训慈的说法，设立此“保管委员会”，“当时是以保管妥善为理由，实际是预为以后原璧返浙之地”。事实上，自阁书抵达重庆始，即有各方意见想阻止把这部《四库全书》运回浙江。如四川“有力人士”倡议将此书留在西南地区，以帮助当地拓展文化。又如中央图书馆则想把这部书收归中央，竺可桢提出反对意见。抗战胜利后，中央图书馆馆长蒋复璁曾在南京向张宗祥试探意见，将阁书留在南京。张宗祥巧妙地回答道：“这本是一件公物，是民国向清室接收下来的财产，任凭当局的处置，我个人有何意见可以发表？不过我补抄时未用公家一纸一笔，都是向浙人募来的财富，外省的富翁也不曾惊动一个。所以现这一部书多多少少有一部分是属于浙人公有的……至于我个人意见是希望留在杭州的。”

张宗祥当年在补抄这部大书时没有动用公家的款项，而他集资来的抄书费用也只接收浙江人的捐赠，正是因为这样的先见之明，使得他要求将该书运回杭州时他人无话可说。

关于这部大书从青木关运回杭州的情形，该委员会委员蒋复璁等所写《经过情形呈》中有如下简述：“及八月间抗战胜利，本会旋即开会商讨运输办法，一月三十一日奉钧长渝签拟具复，当与钧部社教司总务司商议，以水运既欠安全，空运则与有关当局接洽困难，故决定由公路陆运。四月与交通部公路总局洽商，承介绍渝蓉广商车总队租三吨卡车六辆，即将情形呈报，并附呈概算，当蒙批准，并派定社会教育司徐科长伯璞领队，会同本会秘书兼管理员毛春翔及部中职员黄阅等共六人押运，所有运费概算，以随车警卫人数增加，核定连原呈数共计三五〇九二五一八元·一八，由徐科长如数向会计处领出付交。”

将这部大书运回杭州当然是不容易的事情，为此该委员会做了详细而周密的准备：“前项车辆系五月八日开赴青木关装载文澜阁《四库全书》及附藏书共一百五十六箱，至十一日自渝启行。车上计有押运人员六人，勤务二人，警卫一班计十一人；警卫系函请内政部警察总队派遣，并携足子弹，以保旅途之安全。商车总队方面，每车司机助手各一人，并有熟谙汽车修理之技工一人。一面并妥订开车规则，督令遵守。”

然而运输途中并不一帆风顺：“自五月十一日自渝启程，十六日抵贵阳，停留数天，三十日始到达衡阳，在邵阳衡阳间曾遇匪途劫前行之车，当由押运人员督令警卫开枪驱散，除该队另呈内政部外，曾由陈秘书景阳签报钧长有案。自此东行入赣，至六月十二日到达上饶。此时适为梅雨季节，赣境公路素劣，大雨冲坏桥梁，正在修理中，以是等待较久。又闻悉浙境公路路基更坏，而浙赣铁路则已恢复通车，故经派毛春翔先行搭车赴杭，向浙江教育厅报告，并与路局商量自诸暨用火车装载卡车至杭之办法，接洽就绪，路桥初告修复，于二十八日开抵诸暨。自此即将书车装载火车，分次运杭，于七月三日与六日先后装运，至六日下午止全书安全抵运杭垣，自城站装赴外西湖浙江省立图书馆卸放。”

经过56天，终于将这部大书全部运回了杭州，如今此书珍藏在浙江图书馆的善本库房之内。当我走进该库房翻阅此书时，眼前瞬间浮现出这部大书所经历的艰苦历程。好在该书未被毁掉，一直留存到了今天，这才让后世尤其是浙江人多了一份文化上的骄傲。

文

归宿

七部阁书到如今存有三部半，除藏在台北故宫博物院的那套无法探知现状外，剩下两套半的存书状况则是本节的叙述内容。而文溯阁《四库全书》的归宿已经写入《庋藏》篇中，于此不再赘述。

六次迁徙，终得固地

文津阁《四库全书》现藏于国家图书馆新馆二期稽古右文厅内,在此之前庋藏于国家图书馆白石桥总馆内。如今此处改建为国家图书馆典籍博物馆,距新馆也就一两百米,而文津阁《四库全书》就是从那里搬入了新馆二期。虽然距离短,但也算是文津阁《四库全书》史上的一次搬迁。这次搬迁,被图书馆界称为第六次。董蕊、林世田所写《文津阁〈四库全书〉大事记》一文这样简述文津阁《四库全书》辗转运输过程 :“文津阁本是七部《四库全书》中的第四部,成书于清乾隆四十九年(1784)十一月,于乾隆五十年(1785)三月运往承德避暑山庄文津阁,在文津阁庋藏近130年。宣统元年(1909)七月,清政府为筹建京师图书馆(国家图书馆前身),允准调拨文津阁《四库全书》。1913年12月底,全书自承德起运,1914年1月初到京,暂存故宫文华殿,1915年,由京师图书馆正式接收。随着京师图书馆的改名易址,全书曾多次搬迁。2008年9月,迁入新馆二期稽古右文厅。自承德启运算起,是为第六次搬迁。”

对于文津阁《四库全书》搬迁的历史,李致忠先生的《昌平集》中收有《六迁定位冀永逸——文津阁〈四库全书〉搬迁记》一文,从题目即知,李先生也认定文津阁《四库全书》进行过六次搬迁,该文则是对这六次搬迁的简述。

关于文津阁《四库全书》第一次搬迁的原因,涉及热河都统姜桂题,他在不打任何招呼的情况下,就把这部《四库全书》运到北京,这当然让很多人猜测他真实的动机。李先生在文中也提到这个问题 :“8月12日,热河都统姜桂题电咨教育部,谓 :‘俟派员到热后,自当将文津阁藏书一律点交运京,以符成案。其余殿阁所藏书籍,则留存热河图书馆,以为纪念。’其实,所谓热河图书馆,当时还只是一纸空文,尚无端绪,姜氏之所以要这么说,完全是一种托词,意在寻找借口,不想交出各殿旧有藏书。并且不待教育部来人接书,‘竟于1913年年底把《四库全书》三万六千余册派人押运送京’,目的何在,司马昭之心路人皆知。”

且不管其动机如何,文津阁《四库全书》由此来到了北京,自那时起,这部大书就再未离开京城,虽然此后又搬迁五次,但都是在北京城内转悠。文津阁《四库全书》运京之后,被内务部运到了紫禁城内的文华殿,为此教育部与之多次沟通,想尽办法将此书索要回来。李希泌、张椒华所编《中国古代藏书与近代图书馆史料(春秋至五四前后)》一书中,收录有1913年6月27日到1916年11月

27日“关于京师图书馆接收文津阁《四库全书》的交涉函件”。1915年8月6日，也就是文津阁《四库全书》被内务部运到文华殿后的一年零七个月，教育部再次致函内务部索要这部大书：

径启者，查热河文津阁所藏《四库全书》一部，照前清宣统元年（1909）七月奏案应提交京师图书馆。二年十二月三十一日，准前国务院公函开，准承德姜都统派员押运来京，祈派员往接等因。又准三年一月七日公函开，热河都统咨送书籍及杂件等到京，六号可抵，除分致内务部外，相应抄录原咨，并清表一本，送由贵部办理等因到部。唯是项书籍当时即随同他项物品，送往文华殿。二月七日，复准贵部公函称，热河委员亟待起程，书籍一项，应一律点验，相应函请将此项《四库全书》目录封送，以凭核对等因，准此，当即先将国务院送来清册一本，函送贵部查照在案。刻下京师图书馆业由本部指定房屋，并呈明大总统派定专员充任馆长，力策进行。是项《四库全书》为中国古今图籍之总汇，京师图书馆为首都册府，自应收藏，以宏沾溉。拟请即日移交本部，转发藏庋，借符方案而惠艺林，实纫公谊。

经过这样的解释，内务部终于同意将该书归还教育部，而后双方互函商议交接手续。又经过了一年多的时间，直到1916年9月30日，教育部才派员将这部大书运回京师图书馆。李致忠先生在文中写道：“至此，文津阁《四库全书》始入藏于京师图书馆，上距1909年议决已过七年。这个过程中，包含着不少鲁迅先生亲自斡旋的心血。这可以说是文津阁《四库全书》的第二迁。”

然而这个时段的京师图书馆还没有自己的固定馆舍，从1912年8月27日开始，京师图书馆借广化寺之地开馆，然而馆员们发现所用广化寺房屋潮湿狭窄，对藏书不利，在当年的10月29日就停止开馆。而后教育部的鲁迅先生到处寻访合适之地，最终选定处在方家胡同中的国子监南学，此处有119间房屋，京师图书馆于此第二次开放，从文华殿运回的《四库全书》也就放在国子监南学后院的平房内。

国子监南学处在今日国子监附近，雍和宫的西南方向，今天这里已经是北京的核心区，然在民国初年却是偏僻之地，为此很多人批评说图书馆开办在那里不便于前往查书。1918年年底，有人提议将京师图书馆移到故宫午门的城楼内。紫禁城乃是北京的中心位置，估计移到那里没人再说偏僻了。然而，当时的教育总长傅增湘却说这些年国家不太平，如果将馆藏之书放在城中心，很容易被战火焚毁，放在偏僻之地反而容易保存，故此次搬迁未果。

1928年7月18日，京师图书馆改名为北平图书馆，同时由陈垣、马裕藻、马衡等五人组成了筹备委员会。经过本会的提议，国民政府批准将中海内的居仁堂拨给北平图书馆，文津阁《四库全书》也随之迁入居仁堂内，此为该书的第三次搬迁。

1924年10月1日，美国政府决定退还剩余的庚子赔款，为此在中国成立了"中华教育文化基金董事会"。该会成立后，与中国教育部进行协商，准备合办"国立京师图书馆"。经过一番周折，1931年春于文津街建起了京师图书馆的第一座固定馆舍，文津阁《四库全书》也就从居仁堂迁入文津街新馆，此为该书的第四次搬迁。

然而这次的搬迁却有一个小周折，李致忠先生在文中写道："迁时《四库》正门书架进不去，只能进其右侧南门，然西拐库中之门仍是书架进不去，只好拆门毁墙以进架，装好再重砌新墙和装门。故至今那道门墙与原建之墙有异。"

而今的文津街图书馆已改名为国家图书馆古籍馆，我来此院很多回，却未能找到拆后重装的新墙。看来有空时得随李先生再次前往，请他指点当年的拆墙之处。然而1987年国图新馆建成之后，文津阁《四库全书》第五次被搬迁，这次搬迁未能接受上次运不进门的教训，然而未再拆墙，只是将书架放在另一个可以存放的场所。李先生在文中写道：

1987年新馆一期工程在风景秀丽的紫竹院公园北侧落成。1988年，80万册（件）善本特藏举库西迁。这次新建善本书库，未能汲取文津街老馆兴建时的经验教训，仍未预留入口。所以搬迁时，只好挑选一最大的四库书架到新馆做实地测量，结果怎么调整角度也进不去，墙门又不可行，无奈之下只好择地另存，这一存就是二十年。此为该书的第五次搬迁。

李先生说的存放二十年之处其实就是今天的国家典籍博物馆一楼，存放之地位于古籍阅览室的正门。我曾到这里参观，那是我第一次看到《四库全书》原函原架摆放在一起，那种强大的气场让我心里受到了很大的震撼。穿行其间，每个书架之间所留过道很是狭窄，正如李先生所言，这部大书存在此处乃是一种临时措施。

直到2008年5月，新馆二期建成，这次接受了前两次的教训，不仅为《四库全书》建造了专门的书库，又预留了入口。从那一年到今天，又过了十年的时间，我每次到国图办事，都会不由自主地祈祷这部大书真的别再折腾了。这就正如李致忠所写之文的题目——《六迁定位冀永逸》。李先生在这用了个“冀”字，看来他也没十足的把握，但衷心期待就此安定。

虽然经过了这么多年的折腾，但文津阁《四库全书》与其他六部比起来是受折腾最少者。文源阁《四库全书》一次也未搬迁过，然而它与圆明园一同变成了灰烬。文溯阁的一部曾经从沈阳搬到北京，而后又搬回去，之后因为战争的原因迁来迁去，最终运到了甘肃兰州。文渊阁的那一部则是在抗战期间辗转几千里，颠沛流离饱经风霜，最终运到了台湾。文汇阁和文宗阁的也因为太平天国的战火烧得干干净净。南三阁中唯有文澜阁存世，但此书被太平天国战火烧毁了不少，后来当地有识之士想尽办法将其抄补完毕，然而它也在抗战期间向西南内陆搬迁，辗转多地，最终运到四川重庆附近，直到抗战结束后才返回原地。

以上是七阁《四库全书》的不同命运，如果以搬迁的频繁度及道途的远近论，其实留存至今受折腾最少的一部是文津阁《四库全书》。原因之一是这部《四库全书》在抗战时期没有随北平图书馆的其他善本南迁，而是留在北京一直到抗战胜利，其间也未曾移出过文津街的图书馆。

其实早在“七七事变”之前，国家已经处在不稳定的状况下。1933年5月2日，教育部给北平图书馆馆长蔡元培和副馆长袁同礼发了密电：“国立北平图书馆蔡馆长、袁副馆长鉴密：北平图书馆承文内阁、清学部藏书之遗，为全国图书馆之最大者，所藏宋元精本及《永乐大典》甚夥。而明代实录及明人集仍系本来面目，远非《四库全书》删改者可比，尤为重要，特电。仰将挑有精本南迁，以防不虞为要。教育部冬。”

此电要求两位馆长把馆藏的精本挑选出来，准备南运到安全的地方。这封电报同时明确提出，有许多善本都比《四库全书》更好，因为《四库全书》在编纂过程中删削了违碍字句。对于这样的篡改，后世学者多有诟病，看来正因如此，当时教育部的官员也认为这部书不如其他书重要。既然如此，为什么在京师图书馆成立之前，相关人士就多次给朝廷和北洋政府去函要求把这部书划归图书馆呢？此书运到北京被内务部截留之后，教育部的人又经过不懈努力，终于将此书索要回来，并且在交涉过程中，教育部大多会提及文津阁《四库全书》是何等有价值。但如今因为局势原因，要将馆藏善本装箱南运，而教育部去函中又明确点出《四库全书》重要性并不大。真的不明白为何该部前后说法如此不一。

1933年5月3日，胡适在给段锡朋和钱昌照的信中，谈到北平图书馆将贵重之书南运的情况，其中有如下一句话："第一次贮存各书，均系'最要者'，此次陆续装运者则为'次要者'，亦已储存清楚。"

如此说来，第一次运出之书乃是馆藏中价值最高者，而后陆续运出之书则是比价值最高的部分略次要者。而这批略次要之书中依然不包含文津阁《四库全书》，那么当时的相关人员到底想不想把这部大书运到安全之地呢？1940年7月12日，北平图书馆在呈给教育部的《国立北平图书馆工作报告》中谈到"未移出图书"的问题："留平未能移出者有下列各项：甲、文津阁《四库全书》，因宋哲元阻挠不许运出；乙、二十五年一月至七七事变中间所购之中文善本书；丙、普通中文书；丁、普通西文书及日文书；戊、普通地图；己、普通金石墨本。"

当时北平图书馆也有将这部大书移出的打算，后来因为受到宋哲元的阻挠才未能运出。宋哲元何以阻挠此事，我至今未能查到原始史料，但至少说明，不将这部大书运出北平并非馆方的意愿。他们当年只是选运最贵重者，虽然文津阁《四库全书》算不上最贵重者，但也是该馆重要的典藏之物，因为部头庞大，运输困难，等他们着手时却受到军阀的阻挠，故而这部大书始终藏在文津街书库内。

1937年，全面抗战爆发，北平图书馆副馆长袁同礼离开北平前往长沙，他在那里与长沙临时大学准备筹建新的图书馆。然而北平图书馆内的工作人员大多留在原馆，袁同礼通过信函的方式处理馆务。既然北平已经成了敌占区且图书馆内的藏书大多数留存，这些馆员是如何生存的呢？1937年留在北平图书馆的工作人员给图书委员会写了封信，提出北平沦陷后本馆的运作方式。《北京图书馆馆史资料汇编》（1909—1949）收录了该函。此函提出七点要求，第一条和第六条分别为：

一、在长沙设立办事处，处内职员薪水一律按五成发给，所余之款作为准备金。

六、留平职员薪水暂按十成发给。遇必要时得由馆长决定核减之。

但是，傅斯年不同意文中所提要求。1937 年 10 月 4 日，傅斯年在给蒋梦麟和袁同礼的信中说道："孟邻、守和两先生：……平馆善后办法各项中，斯年有下列意见：1.'在湘五折，在平全薪'，斯年觉得似不甚妥，且有奖励人不出来之意思。平馆情形，固应维持，然两处待遇如太不均，似非适宜也。可否即用政府之办法，即五十元以下者不计，五十元以上者，先以五十元为生活费，不折，其余则折扣之，六至八折。两处情形一律，以不得自由离平为限制，殊胜于薪水待遇之差也。2. 西文期刊或可大体续定，但中西文书以少购为宜。今非搜集之时也，当俟时局稍[定]可也。"

在那特殊的时期，图书馆经费特别困难，故相关人士想尽方法节约费用。其实留在该馆的工作人员确实是生活困苦，陈恩惠在《题写北京图书馆新馆奠基石有感》一文中写道："1942 年冬天，北图被华北反动政府接管后，北图的暖气管道被住在当时北图西侧的'静生生物调查所'的日本军人给截断，北图这边还照常开馆，读者给北图起了个别号叫作'广寒宫'。希望祖国还有前途，没有离开北图的职工，只有每日由家带上窝头、咸菜来馆上班，终日喝不到一口热水。一个月只能分到半袋面粉，还不敢拿回家去吃，赶紧送到切面铺里换了钱，可以买到四十斤的杂合面……过着饥寒交迫的生活。"

虽然生活如此困苦，但这些工作人员却努力保护好馆中的典籍，而那时的中基会也在想办法维持本馆的运营。比如该会的执委会在 1938 年 1 月 18 日于上海召开了第 122 次会议，对于北平图书馆的问题作出了七项决议，前四项为：

（一）议决继续维持北平图书馆。

现派在长沙临时大学服务之北平图书馆一部分职员，应即回平办公。其旅费由馆方担任。凡不愿返平者，可给予三个[月]薪金遣散之。

在图书馆委员会未能在平行使职权以前，中基会特派司徒雷登先生为驻平代表，维护馆中利益，并受权协助馆中一切行政。

袁副馆长应回平服务，准其假至本年四月董事会为止。在此期间，袁君得赴昆明协助临时大学，并发展西南图书馆事业。

中基会的这个决定被北平图书馆委员会所接受，当年1月30日，平馆委员会做出决议案，其中两条为：

1. 在本会未能在北平行使职权以前，由中基会授权司徒雷登先生负责维护北平图书馆。

2. 在袁副馆长未返平以前，由王访渔、张允亮、顾子刚三人组织行政委员会，维持馆务。表示接受。

虽然有这样的决议，当时的北平依然处在沦陷区，外面的指令在这里并不能得到完整的执行。1942年1月2日，伪华北政务委员会命伪教育总署接收北平图书馆，并将其改名为国立北京图书馆。4月14日，周作人以教育总署督办的身份兼任北京图书馆馆长。1943年度《国立北京图书馆馆务报告》中写道："本馆于三十一年（1942）一月由教育总署接收改组，馆长一职于四月中奉令由前教育总署督办周作人先生兼任，除依照组织大纲派王钟麟氏为秘书主任外，余则多就原有职员留用，而少则补其缺额。"

周作人到任后，并没有对馆里的工作人员进行大换血，他基本留下了原有的馆员，只是又增补了一些名额。但是，那时的周作人还是教育总署督办，不能拿出更多的时间管理图书馆。《年度报告》中又写道："只以公务殷繁，颇难兼顾，所有主持馆务综揽事机，胥委诸秘书主任王钟麟氏办理，周先生受其成，月仅一二至焉而已。"

可能是实在无暇顾及图书馆内之事，一年之后也就是1943年1月22日，周作人向伪教育总署呈文，提出了辞职的申请："为呈请辞去兼代本馆馆长职务事。窃自上年四月膺受简命，装载以还，兢兢从事，幸无陨越。唯以身任政务，馆事殷繁，实觉未能兼顾。拟恳钧署特呈华北政务委员会，准予辞去兼代国立北京图书馆馆长一职，另简贤能接替，以重职守。理合具文，呈请鉴核施行。"二十天之后，伪教育总署下令同意了周作人的辞职要求："兼代国立北京图书馆馆长周作人呈辞兼职，应照准，遗缺派该署署长张心沛兼代。除分别任免外，合行令仰知照。"

然而张心沛也未能到本馆任馆长，故那个阶段，该馆的馆长像走马灯一样换来换去："三十二年二月三日兼馆长周作人辞职，秘书主任王钟麟连带辞职。同日，署令派张署长心沛兼任馆长，八日兼馆长张心沛辞职。二十七日署令简任景耀

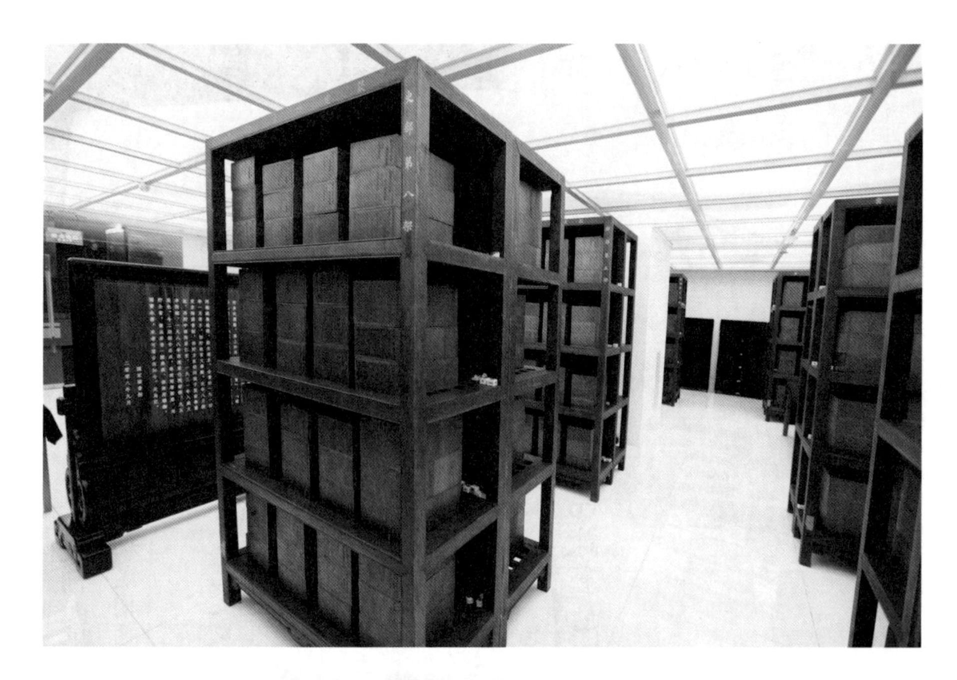

⊙… 壮观的四库全书馆　⊙… 屏风后面的简介

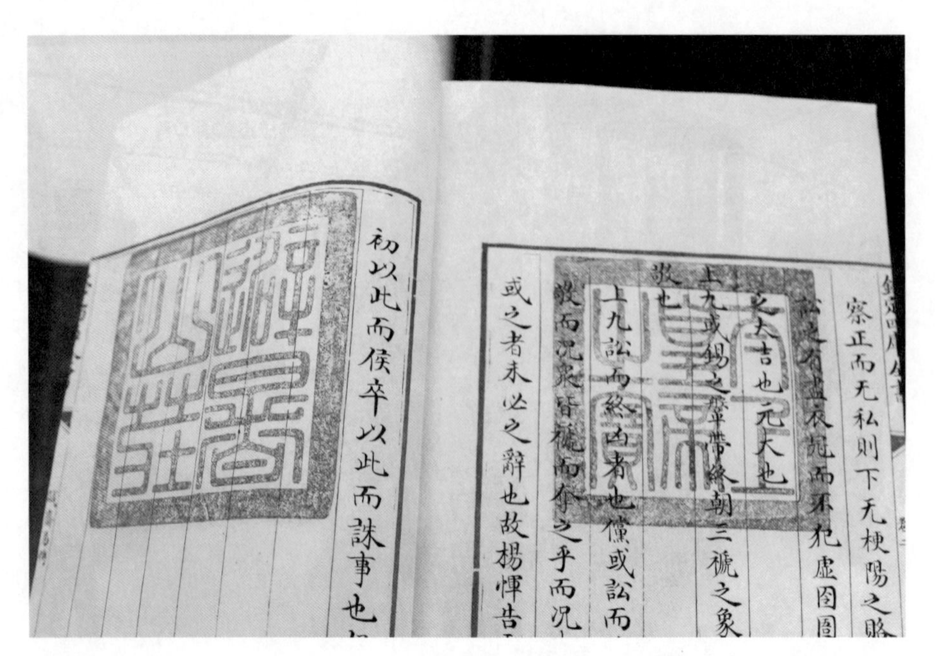

⊙… 阁书上钤有“太上皇帝之宝”　⊙… 国家典籍博物馆大堂

月代理馆长，三月二十四日馆长景耀月因病辞职。同日华北政务委员会函聘俞家骥为馆长，同日馆令委任俞华君代理秘书主任。”〔《国立北京图书馆馆务报告》（三十二年度）〕

北平沦陷时期，日本人也想参与该馆内的事务，《七七事变后平市图书馆状况调查》一文中写道：“江朝宗氏长北平‘治安维持会’时代，曾派有日人桥川时（石）雄氏为该馆顾问，桥川氏并曾到馆视察数次，嗣以该馆乃美庚费所创办，背景复杂，情况特殊，旋即未再到馆，直至今日该馆行政，迄未受任何方面之干涉。”

桥川时（石）雄也是位汉学家，我曾在琉璃厂的老书商魏广洲先生家中看到过桥川时（石）雄给魏的来信，信中讨论之问题都有关目录版本。近些年的拍卖会中还出现过周作人给桥川时（石）雄所写手札，可见此人也是位中国通。诸多原因凑在一起，使得桥川时（石）雄并未染指北平图书馆所藏之书。但是，图书馆内所藏之书若有贬斥日本之语者就会被查封，《七七事变后平市图书馆状况调查》一文中提及：

唯是图书一项，因该馆历年搜藏，甚为浩博，内中或不乏所谓“有碍邦交”之文字，该馆曾于二十六年冬，审慎检查，计提出中文新书 2245 册，中文旧书 220 册，中文官书 1270 册，中文教科书 368 册，万有文库 6 册，中文连环图画等 53 册，西文书 311 册，总计 4473 册，均经装箱封存，嗣于二十七年六月间，全部为北平“新民会”取去。该馆为慎重起见，其后又经人详查一次，类凡疑似者，又提出若干册，就中以期刊为多，悉数封闭一室，名为禁书库，一概停止阅览。

唯一庆幸的是，无论华北伪政府还是日本人，都未曾打文津阁《四库全书》的主意。北平光复后，教育部又接收了“国立北京图书馆”，而后对该馆之书进行清点，《北京图书馆馆史资料汇编》（1909—1949）中收录有 1945 年 10 月 19 日王访渔、顾子刚给袁同礼所写之函，该函中称：

数年中，本馆图书大体损失甚小。《四库》及留馆之善本书籍毫无损失，由沪运回之中西文书亦均完整无缺。普通书库内关于党义及国家法令以及俄文书籍，伪新民总会均认为违禁之书，于二十七年五月三十一日强行提去三十箱。又，静生生物调查所借用之生物书四百六十余种亦未及归还。该所即被敌军盘踞，此项书籍，闻一部分已移存伪理学院。此外，除敌伪强行借阅之书籍、报纸、杂志未能尽数归还者，均不过六七十种。顷已陈请沈兼士先生，将上开各项书籍代予设法索还。此藏书之大略情形也。

由此可知，抗日战争期间，北平文津阁《四库全书》并未受到损伤，而伪政权和日本人查封之书后来也被沈兼士索要回来。对于这个结果，王访渔和顾子刚在此信中感叹说："北平沦陷八年有余，只有本馆损失比较轻微，斯固文化界之大幸。"

正是这样那样的原因，使得文津阁《四库全书》没有再受千里奔波之苦，虽然经过六次搬迁，但完好地保存至今。国家图书馆新馆二期建成之后，特意在显要位置建造起了文津阁《四库全书》专藏馆。然此馆并不对外开放，有时在春节期间会打开玻璃幕的遮帘，让读者透过玻璃欣赏。

2014年8月5日至7日，我在国家图书馆参加第五批《国家珍贵古籍名录》的评选工作。在评审之余，国家古籍保护中心安排众位评审专家去参观文津阁《四库全书》。其实，在十几年前我曾经进过那间临时藏室，但我对这部大书百看不厌，有这样的安排当然是求之不得，于是跟随各位专家来到了二期新馆之内。

通过安检门进入四库馆中，远远看到的是一面新做的硬木屏风，屏风的正中是由前任馆长任继愈所题的"文津阁四库全书"。屏风的两侧是一排一排的书架，这些书架即是乾隆时期所做的原架，每个架头上都刻有"钦定四库全书"字样，还有架号。每一函书单独有一个扁长方形的楠木盒，奇怪的是每个盒的表面都有硬物划出阿拉伯数字，大多是6和7。我向陪同的国图专家赵前先生请教这些数字的涵义，他说这是当年陈垣先生清点此书时所做的记号，这个号码代表每一函里面的册数。

关于这部文津阁《四库全书》的具体数量及储存方式，当年的国立北平图书馆曾写过一本概要说明书，其中写道："文津阁本经、史原贮阁之下层，子、集贮阁之上层，上下高低不同，架之级数亦因而有别。经、史架各四级；子、集架各六级，上二级系另为一层，与下四级不连。子部架中有一架刻有乾隆御制诗，咏《旧唐书》《旧五代史》七言排律一章。各架每级置书四列，每列三函，计经、史每架各四十八函，子、集每架七十二函。经部共置二十架，计九百六十函五千四百九十九册，内有目录三函十七册；史部置三十三架，计一千五百八十四函九千四百八十五册；子部置二十二架，亦一千五百八十四函九千零五十四册；集部置二十八架，计二千零十六函一万二千二百六十二册，都一百零三架，六千一百四十四函，三万六千三百册。每页各十六行，行二十一字，外有分架图四册四函。”

三万六千多册书一函一函地盛放在木匣之内，而后整齐地排列在专用架上，看上去有很强的视觉冲击力。其实当年编此书时，不仅在内容方面下了很大功夫，在装潢上也颇用心思。《四库全书概要说明书》中写道：

四部皆裹背装，书皮用绫，夹以木版，系以绫带，带宽六分许，端缀扁铜环，纵束版外，其外盛以立盖木函，面有刻字，第一行为“钦定四库全书”六字，第二行为函数次序，第三行为四部分别，第四行为所贮书名。一函内贮两种以上者，函内各以格间之，函面书名亦分刻数行。所刻笔画，均饰以色。第一三行字微大，余则略小。书皮书带及函面刻字所饰之色并因四部而异，经部绿色，史部红色，子部蓝色，集部灰色，经久不变，一望了然。

我请赵前兄随意拿下一函，打开木匣拍摄里面的情形。果真如说明书上形容的那样，既有夹板也有丝带，并且根据不同的分类法，还有不同颜色的封面。经过几百年的递传，到如今藏在木匣里面的书却触手如新，丝毫没有老化的痕迹。这不仅说明当年材质之精良，同时也显现出历代的有识之士，尤其国图的馆员为保护这部大书付出了巨大的心血。

李致忠先生在《四库全书首架乾隆御题解》一文中称：“国家图书馆所藏清代热河避暑山庄文津阁《四库全书》，是现存《四库全书》中书、函、架完璧犹存的唯一的一套。其首架壁板上镌刻着一首乾隆皇帝御题诗，阴刻白字，软体行书，非常醒目。”

而关于该诗的题目和内容，李先生在文中有如下记录：

《题旧五代史八韵》

上承唐室下开宋，五代兴衰纪欲详。

旧史原监薛居正，新书重撰吉欧阳。

泰和独用滋侵佚，永乐分收究未彰。

四库搜罗今制创，群儒排纂故编偿。

残缣断简研摩细，合璧连珠体裁良。

遂使已湮得再显，果然绍远借搜旁。

两存例可援刘昫，专注事曾传马光。

序以行之诗代序，惕怀殷鉴念尤长。

己未仲秋月上浣御制。并钤镌两颗图章，一曰“所宝惟贤”，一曰“乾隆御笔”。

然而我在该馆忙着看书，却未曾留意第一个书架上所刻的弘历御题诗，可谓此行的遗憾。

翻看这些书，每册书的前面钤有“文津阁宝”，每册的卷尾两页则分别钤着“太上皇帝之宝”和“避暑山庄”，每方印都夹有一张鹅黄色的薄纸，用来吸印油。北大图书馆善本部主任沈乃文先生问赵前这里面的吸印油纸是否是同一种，赵前称不同，因为也有其他色泽，看来当时是随意夹在书内的。每册书的前扉页右下角贴有“详校官”和“复勘者”，赵前先生特意拿下一册，是纪昀负责复勘的书，此书乃《李太白文集》。看到此页我颇感亲切，不由想起两三年前访得其后人时的情形。

说话间，赵前先生又打开一函，拿出其中一册书，他告诉众人，此册书内有补抄。众人围观一番，没能看到门道。他指给大家看，原来此书中的某页写错了，当时的书写者裁下写错的这一栏，另外写上后又重新粘贴上去，只是贴得很是巧妙。然而我从朱丝栏上看出了破绽，此条栏线隐隐变成了两条紧并在一起的细线，而其他栏线均为一条，由此可知是在此处裁下者。一同进来看书者还有北大的张丽娟女士，她也看得很仔细，因为她以前就在国图善本部工作，后来才调到北大图书馆，她说自己从来没有看过这部《四库全书》，众人颇感好奇。看来能够目睹这部伟大的书真是一种幸运。

浙江省图书馆　历任馆长，续补文澜

太平天国战争期间，文澜阁《四库全书》遭到损毁，尽管丁丙、丁申兄弟全力抢救，但还是缺损很多。光绪八年（1882），经谭钟麟批准，丁氏兄弟等组织一百多人开始补抄所缺之本，很多藏书家纷纷贡献底本，支持补抄。然此次补抄仍然未将阁本补齐，到民国四年（1915），浙江图书馆首任馆长钱恂又对该书进行补抄，而当时馆长一职被称为总理。关于钱恂的生平，《湖州市教育人物传略》中有如下简述：

钱恂对教育事业的贡献，主要是倡导和推动留学日本。光绪十六年（1890），他初入两湖总督张之洞幕府。二十二年（1896），游历国外后再成张之洞幕宾，竭力倡导派学生留日。其理由，一是日本的教育对中国切实可法；二是日本离中国近，易过语言关、生活关。主张"中学为体，西学为用"的洋务派首领张之洞完全采纳钱恂的建议，当年即选派十三名学生东渡，这是日本有"清国留学生"之始。

这段讲述中未曾提及钱恂对于藏书史的贡献。钱恂是浙江湖州人，他的伯父钱振伦是道光十八年（1838）进士，与曾国藩同榜，且是翁同龢的姐夫。光绪十年（1884），钱恂入薛福成幕，当时薛为宁绍道台，命钱恂整理天一阁藏书，而后编成了《天一阁见存书目》，以此可见钱恂在目录版本学方面的专长。后来他跟随薛福成出使英、法、意、比等国，光绪二十一年（1895），钱恂进入张之洞幕府，协助张做了很多洋务之事，三年后张之洞给皇帝上奏折，竭力举荐钱恂才学出众："该员中学淹通，西学切实，识力既臻坚卓，才智尤为开敏。历充欧洲各国出使大臣随员、参赞，于俄、德、英、法、奥、荷、义、瑞、埃及、土耳其各国俱经游历，博访深思，凡政治、律例、学校、兵制、工商、铁路靡不研究精详，晓其利弊，不同口耳游谈，洵为今日讲求洋务最为出色有用之才。"张之洞是著名的版本目录学家，钱恂一直与他关系密切，想来二人应有这方面的交流。

钱恂在杭州任职期间，还对当地搜集的书板予以全力保护。1911年武昌起义胜利后，各地有过光复行动，上海组建江浙联军，由朱瑞带队在当年11月22日联合会攻南京，为此不少浙江战士阵亡。为了祭奠这些阵亡将士的英灵，朱瑞提议将已属于浙江图书馆的圣因寺改为祭祀烈士的祠宇。沈春樵在《钱恂先生对杭州木刻藏板的保护》一文中写道：

当时的"圣因寺"已归属浙江图书馆，藏有浙江官书局移交、各藏书家捐赠、浙图刊刻的书板二十余万块，经整理尚存十五万块，最早为乾隆年间刊刻。而“圣因寺”对当时来说是保藏木刻板的妥当之处。为了既使南京阵亡将士祀祠有一个合适的地方，又使十五万块杭州木刻板保藏有一个妥善之地，钱馆长多次与浙江省军政领导人交涉，据理力争，终于保住了“圣因寺”，也保护了十五万块书板。

钱恂给当时的浙江省教育司写了一封很长的咨文，首先写道：“照得本馆所管书板十五万块，每五十块装一笼，每三笼作一幢。一幢之地连人行用路，须十二平方木尺。是一千幢之书板，非有十二万方尺之地，不足以容之。加以有板即须有员役护守，此员役之食宿工作，随在须屋以容之。有板即须有印刷工事，此印刷之煤墨纸张，又随须屋以容之。断无板一处，人一处，印刷又一处之办法。”钱恂还在咨文中谈到他与当地军政要员商量过的细节，而当时的都督已经同意将圣因寺作为浙江省立图书馆的馆舍，故钱恂在咨文中强调：

查圣因寺之拨归图书馆用也，乃都督明文，都督为全省所公认，则明文亦应全省所遵守。不守明文，是废都督矣。守明文者，守最初之明文。若欲改易，果能将最初明文实有窒碍，说的理由十分充足，亦未始不可商改，断无贸然改易之理。蒋都督之言，可谓确切极矣。今未见只字公商，而欲拆圣因寺，即非文明世界，亦无是理，况民国乎！

而后他又在咨文中列出十一条不应将圣因寺改建为烈士祠宇的理由，最后引用国外事例说明改变圣因寺用途会对文物造成的破坏：

又圣因寺有贯休十六罗汉石刻，又有二百年来旧石刻五六大件，乃一代掌故所关，兼地方志乘所载。本总理又新从土中发现一石，在本总理注意保存，一经改社，必瓦砾置之，亦非吾辈本意。杭州名胜图刻书籍，一毁于杨连真迦，再毁于太平天国，慎勿再蹈此厄。义国密兰地方有一教寺，寺壁有名画十三人圣餐。当拿破仑用兵时，兵马系马壁下，画遂半伤，今众观仅存上半。历史即以此为拿一罪案。世界文明愈进，居权位者，举动尤宜加倍谨慎。共居桑梓，人言可畏。敢相与交勖，为此合咨贵司。

钱恂经过周旋，终于保护了杭州如此数量巨大的书板。而关于钱恂对浙馆的贡献，顾志兴在《文澜阁〈四库全书〉的三次补抄》中举出两点：一是他曾参与过丁丙组织的补抄，对文澜阁《四库全书》感情深厚；二是民国元年（1912）

浙江图书馆孤山馆舍落成，由钱恂任馆长，在职期间，他清理检点了阁书，编成《壬子文澜阁所存残目》，为之后的续抄做了准备工作。为保护阁书，钱恂又自作主张将浙图西面一墙之隔的红洋房改为贮藏阁书之所，而这所建于清末的红洋房原拟作为德国皇太子访华时的接待用房，辛亥革命后成为浙江军政要员的游乐场所。

对于第二点，顾志兴在文中接着写道：

将红洋房改作书库，这就招致了那些军政要员的不满，纷纷到浙江教育司“告状”。其时主管社会教育的是朱希祖（逖先）、沈兼士和钱玄同，司长是沈钧儒（衡山）。按理此事要由社会教育部门出面处理，但据张宗祥回忆，玄同是念劬养大的小弟弟，见了这位老大哥比耗子见猫还怕，逖先、兼士都是章太炎的学生，太炎和念劬是老友，两人脾气有点相似，他们极清楚的，不敢去问念劬。后来沈钧儒决定由时任中等教育课课长张宗祥出面处理。事先沈、张统一了这幢洋房还是供人聚饮或者赌博的好，还是藏书的好这样一个原则问题。张宗祥就去浙图找钱恂说明来意，要钱恂写了一封信给浙江教育司。沈钧儒就在政务会议上读了钱恂的信，会上通过红洋房从此成为浙图的馆舍，用以贮藏《四库全书》。自此文澜阁《四库全书》改善了贮藏条件，书与阁也从此分开。

文中的念劬就是钱恂的字，原来钱恂是钱玄同同父异母的哥哥，他比钱玄同大三十多岁，难怪这些人不敢阻止钱恂的所为。对于文澜阁《四库全书》的补抄，顾志兴在文中又有如下简述：

钱恂在浙图当了十个月的总理（馆长），他是民国元年（1912）2月到任，11月辞离到北京去任袁世凯的大总统顾问和参政院参政。离杭之日，文澜阁的《四库全书》补抄仍系于心，临行之日请浙江省政府拨给公款四千银圆，作为补抄库书的经费。到了北京后，又与北京的浙江同乡会，联合倡议补抄库书，并劝募得千余银圆，以补费用之不足。老先生办事老到，先请浙江省巡抚使行文教育部，商借其时已送京的原热河避暑山庄文津阁本《四库全书》作补抄底本，最后又呈请时任大总统的袁世凯批准，在北京设立补抄文澜阁四库全书馆。另外在浙江聘请单丕、陈瀚为驻杭分馆校理。这次补抄始自民国四年（1915），终于十二年（1923），因民国四年为乙卯年，故称“乙卯补抄”。

钱恂主持的“乙卯补抄”共总抄书13种，但他又从旧书店购回文澜阁原本182种，这些都是他为该部阁书所做的贡献。

另一位为完善文澜阁本做出贡献的浙图馆长则是张宗祥。1923年，张宗祥从北京回到杭州，改任浙江省教育厅厅长，他到任后第一件事就是组织人补抄文澜阁本《四库全书》，经过他的安排，费时两年，补抄了211种，4497卷，计2046册，这次的补抄被称为“癸亥补抄”。此次的补抄得到了很多浙江籍商人的大力帮助，其中有不少人是藏书家，例如周庆云、张元济、蒋汝藻、王体仁、刘承幹等。

抗战期间，文澜阁本一路西迁，张宗祥对此书的安全一直十分关心。抗战胜利后，有人说此书应当留在贵阳，也有人说应当留在四川。当时的中央图书馆馆长蒋复璁向张宗祥提出：“现在国都定在南京，南京为四方观瞻之地，江南三库就只剩文澜一阁，浙江地较偏僻，杭州虽有西湖，究不若南京阔大，一部书放在南京更起作用，就为此想征求你的意见。”张宗祥则以该书乃是浙江人出力补抄为由，拒绝了蒋的要求：“这本是一件公物，是民国向清室接收下来的财产，任凭当局的处置，我个人有何意见可以发表。不过我补抄时未用公家一纸一笔，都是向浙江募来的私财，外省的富翁也不曾惊动一个。所以现在这一部书多多少少有一部分是浙江人公有的，好在菊生、湘舲等几位都在上海，你何妨向政府建议征求浙江父老的意见看是如何？至于我个人的意见是希望留存浙江的。”

正是张宗祥的努力周旋，终于使得文澜阁《四库全书》又回到杭州。1950年3月6日，张宗祥被任命为浙江省立图书馆馆长，在此后的十年中，他又收集了文澜阁原本三十余册。1954年，文澜阁《四库全书》搬迁到原国民党将领杨虎的别墅青白山居内，此事也是由张宗祥所主持。

除了钱恂和张宗祥之外，陈训慈也曾任浙江省立图书馆馆长，他的任职时间是从1932年1月到1941年1月，在他的任期内，又收到了文澜阁本《欧阳文忠集》等一系列原本。关于他对文澜阁本的贡献，吴育良在《文澜阁〈四库全书〉的补抄及价值》中写道：

陈训慈任浙江图书馆馆长期间，先后购得文澜阁《四库全书》原抄本《欧阳文忠集》五册，明刊张采辑《西晋文》《东晋文》《阿弥陀经句解》，旧抄《三才实义》《四书说约》《止焚稿》《志远斋史话》等善本。文澜阁《四库全书》自战乱后经三次补抄，基本复旧，但后经查核仍缺二十六种，陈训慈四处奔波查寻得以补足。1937年7月抗日战争爆发，为保护阁书，陈训慈辗转将阁书一路向西转移，经桐庐、建德、兰溪、金华、龙泉、浦城、贵阳、重庆等地，行程几千公里，历时九年，终于保护了阁书的安全。

历时九年，可以想见当时浙图为了保护阁书下了何等的气力。而我有幸在多年前结识了浙图的徐晓军主任，几年后他升任为浙江省图书馆馆长，而在此前，我曾跟随他到浙江一些市县核查善本。他对待典籍也像以前的那些浙图馆长一样挚爱。

2014年12月3日，我再次来到杭州，向徐馆长提出想看看藏在善本库内的文澜阁《四库全书》，徐馆遂陪我前往善本库内探看这部大书。浙图的善本阅览室内，有多位工作人员正忙着拍照与录入，每位工作人员的工作台旁都有一种独特的小车载着待整理的线装书，每部书里面都夹着一张像工作单一样的纸，我取出一张拍照，单子的名称是“浙江图书馆古籍普查出入库登记单”。徐馆长解释说这是正在搞馆藏普查，为了能彻底查清家底，现在连残书也列入了普查的部分。

我对这里的拍照设备很感兴趣。这种设备从外观看似乎没什么特别，但我在旁边观看了一会儿工作人员的操作，觉得比寻常所见的便捷许多，它将拍照与录入二者合一。工作台的下板是由两块大小相同的隔离板构成，中间有两指宽的缝隙，将书籍插入这个缝隙，书本就自然展开。

任何一本书只有翻到正中间位置才会两边厚薄相同，但若将书从第一页翻起，必然是一侧厚一侧薄，这样拍出来的结果也必然是一半虚一半实，而这块操作板正好巧妙地解决了这个问题：两块操作板的下面各有弹簧，把书任意展开后，合上全透明的玻璃盖板，自然就将两边厚薄不同的书在下面弹簧的顶压下变得平整如一，这正是设备的巧妙之处。这种设备我在不同的公共图书馆都看到过，以此说来并不足为奇，我所说的奇特之处，是指盖板之上悬空的照相机有导线与电脑相连，拍照之后，影像自然显现在屏幕之上。

比较而言，我的做法就太愚笨了。我是先将书页用相机拍照，拍完之后，取出存储卡再传入电脑，然后再作录入，这不仅是一步变为两步的麻烦，更为重要

⊙… 浙江图书馆的主楼　⊙… 入口处的卡片箱

⊙… 造型典雅的楼梯　⊙… 仅剩的两个《四库全书》原书橱

的是拍照与录入并非由同一人完成，而每个人的着眼点又有所不同，很可能录入时又发现新的信息，这时就需要补拍。除了这样的麻烦，还会因为多次翻看对书本身也造成一定的损伤。这些使我深切地体会到眼前这个设备的巧妙，一人操作，却完成了三个人的工作步骤。我问徐馆这套设备哪里来的，他说是馆里设计好后找人做的，总计做了多台，都已经下发到浙江各地的市县图书馆。

参观完拍摄现场后，徐馆长带我进善本书库观看，在入口处我看到"浙江图书馆特藏书库管理细则"，其中第二项第三条为"馆外人员因特殊原因入库，应持馆长或分管副馆长签字条方可入库"，我马上明白了徐馆要亲自带我前来的原因。库房在地下一层，里面很是敞亮，最让我眼亮的则是文澜阁《四库全书》的木箱。这些木箱呈橘黄色，工作人员告诉我，木箱是 20 世纪 80 年代所制，在使用过程中，有些木箱渐渐产生裂缝，馆里担心这样会影响到书籍的保护，二十年后又重新换了一批木箱，现在的这批木箱呈红木色。徐馆说制造这批书箱时馆里十分重视，为防止出现上一批木箱的问题，还专门请了监理公司，虽然花了一些监理费，但制作出的木箱确实质量高，在库里放了这么多年，没有任何一个产生裂纹。

我虽然对《四库全书》的书箱感兴趣，但更感兴趣的当然是书本身。我请工作人员打开一个木箱，看到了里面摆放整齐的《四库全书》，每本书上都贴有侧签，但形状和字迹都有差别，其中一个侧签很特别，上面的落款刻着"图书馆长钱恂手检"，在古书的侧签上注明馆长的姓名，这倒是真少见。虽然钱恂任上补抄本并不多，但我却无意间看到了他对这部大书所做贡献之物证，还是颇为兴奋。

我在这里看到的文澜阁本《四库全书》，其中几函都是用纸作的封面。徐馆告诉我，这种纸封面的文澜阁本就是八千卷楼丁氏兄弟所换，不知是出于什么原因，丁丙收到《四库全书》之后，全部换下原书的绫面而改为纸面，为了收这些文澜阁零本，丁家富裕的家业由此而衰落。我问徐馆怎么能知道丁家的衰落，他说馆里现在收藏着一些丁丙的手稿，早期的手稿都是用专门的特制稿纸书写，后期的稿纸则改为补抄《四库全书》废页的背面。这让我想起黄丕烈的一句诗"我为嗜书荒产业"，其实这句话也是我对自己敲的小警钟。

我在库内寻找角度拍照,那位带我入库的管理人员不断指导我拍照的方式,他只说了几句,我就知道他对拍照极为内行。仅从我那相机快门的声音,他就能判断出曝光过度,其他还有一些术语让我也有些摸不着头脑。他很快看出了我的笨拙,瞥了我一眼说:“你还是用尼康 750 吧,那个型号对你足够用了。”我明白他的潜台词,是说我的水平用这个型号的相机太浪费了,徐馆安慰我说,你不是专门搞摄影的,不用听这个。他不知道这种话我已经听过数回了,我才不会不好意思呢。

拍完浙江图书馆的善本库,我向徐晓军馆长提出希望能去拍孤山的古籍库,这就是经钱恂等人争取下来成为书库的红洋房,而当年文澜阁《四库全书》也一度储藏于此处。其实这里我十几年前曾经来过,那还是第一次寻访藏书楼,因为当时不认识熟人,没有拍到馆内的情形。十年前虽然来此馆内进了书库,但没带相机,这番是第三次踏入此门。这里的大门口挂着两块牌子,一块是“浙江图书馆古籍部”,另一块则是浙江省的文物保护牌,上面写着“浙江图书馆孤山馆舍”。

这里是一个独立的院落,有大铁门,禁止游客入内,因为馆舍处在西湖景区的主要游览线上,不时有游客向里面探望。进入院中,正前方即是那座著名的红楼,徐馆告诉我,此楼建于 1906 年,是专门为迎接德国皇太子而建,与此一墙之隔的那座白楼才是浙图的古籍馆,1912 年钱恂当馆长后,觉得当时藏《四库全书》的文澜阁有些潮湿,就把白楼和红楼之间的隔墙拆掉,占领了红楼,将文澜阁《四库全书》搬进了红楼,使得藏书环境大为改善。但没有想到的是文澜阁腾空之后,却被当时正在举办的浙江文博展占了地,致使后来文澜阁归了浙江省博物馆,直到今天也难以索回。

从外观看,白楼也是一座西式小洋楼,只是外观上不如红楼精致。进入白楼,左右两旁的卡片橱也是用红木制作,虽然在电脑时代,这种索书卡片用途已不太大,但却有很强的观赏性,我暗暗想着随着电脑的普及,如果有些公馆将这些卡片和橱处理出来,一定要弄几个摆在自己的书楼里,这比挂一幅名画在墙上看着要舒服得多。

楼里的建筑格局保护得很是完整,包括各种木制构件,完全没有损坏,再配上那古式吊灯,真让我羡煞。里面所有的木结构都涂成了红色,只有楼梯下摆着两个黑色的木橱，徐馆长告诉我这就是文澜阁《四库全书》的原木橱，他说这个木橱也是丁氏兄弟重新恢复文澜阁《四库全书》后制作的，大部分在文澜阁里，现在浙图仅剩这两个。书橱离地的木脚很高，徐馆长说这是为了通风防潮，但后来重修文澜阁时，因为底下腿太高，不便于摆放，有些书橱的腿就被锯短了，放在这里的两个却是当年的完整式样。

大厅里有一位工作人员也在翻拍古籍，她说自己正在整理编目，大厅的另一面是办公室和阅览室，其中一间阅览室竟然同时挂着五个铭牌，表明这里一室多用，但这些铭牌说明了哪些资讯可以在这里查看，我不妨把这五个功能列明如下：古籍阅览室、缩微品阅览室、近代文献阅览室、家谱阅览室、金石拓片阅览室。

穿过这些阅览室继续前行，顶头最大的一间房就是古籍库，里面一排排的金属书架，地上有导轨，侧面有摇臂，徐馆长说这些书架已经用了二三十年，有些部件已经老化，现在摇动起来确实有些困难，下一步可能要进行更换。

从书库上二楼，在楼梯的夹角看到一些特殊的木箱，侧旁都钉着人字形的木条，木条之上有金属把手，这种木箱也从来没见过。徐馆长说，这就是当年搬运文澜阁《四库全书》时所用的木箱。

二楼的线装书库与一楼不同，没有用金属书架，而是改成了两面开门的木橱，很是精致，我浏览一过，完全没有开裂的痕迹，有些木橱安有玻璃门，这些门也没有变形，而我自己制作的书橱，不知什么原因变形较为严重，有的关不上门，有的甚至将书橱的玻璃都掰裂了。在这里我看到了一些有意思的小物件，一种是代书板，我向工作人员请教这个东西的用途，他说给读者每取出一部书，就要把这个代书板放在取走书的位置，这样一眼看过去，就能知道哪些书还没有归还回来，等读者归还时，也容易找到原来的位置。原来还有这样的小窍门，这又让我学了一招儿，因为自己也经常从书库中拿书，拿走之后很少能够再归还到原位，而有些大套书打散之后就一直没有再找齐。

另一个有意思的小物件是一个折叠的小梯子，从外观看没什么特别之处，只是取上层的书较为方便，但把它翻过来之后就变成了一把座椅，设计得如此巧妙。徐馆长却说这个设计看似好看，却不实用，因为在使用过程中很少人愿意把它翻来折去，而最传统的东西反而最实用，说话间他拎来一把木椅，原来又是那种长着尾巴的小板凳。

白楼的另一侧改为浙图的古籍修复室。修复室的情景跟书库完全不同，这里真是明窗净几，里面摆放着各种修复工具，其中最亮眼的东西是一个黑色的水槽。徐馆长告诉我，这个水槽也是馆里的特制，因为一般的保护中心所用水槽都以不锈钢制作，但金属制成的水槽会跟水里的化学物产生反应，影响修补的书页，使得对古书的保护反而变成了对古书的损伤，为了解决这个问题，他们发明了这个非金属类的水槽，既实用又不伤书。房间里还有一个巨大的朱红色条案，徐馆长说这个条案也是特制的，修书操作很是方便。我看到工作人员在修书过程中所使用的各种工具，也是其他地方不常见者，由此可见浙图对古籍保护是何等用心。

说话间，徐馆拿出一本用纸包着的残书，他说这是在整理残书时发现的一册善本，打开纸包一看，竟然是一册元刻本，虽然老话说“大有大的难处”，但我现在却觉得大也有大的好处，随便从残书堆中就能翻出元刻本，这样的发现自己想都不敢想。

北四阁

每册卷首钤有该阁专用玺，开本较大。

		所在地	建成时间	阁名由来	现状
北四后成，查错由始 P253	文津阁	承德避暑山庄	乾隆三十九年（1774）	“知津为要”	阁完好，文津阁本《四库 现藏于国家图书馆
昔日辉煌，依稀可辨 P267	文源阁	圆明园	乾隆三十九年（1774）	“以水喻文，愿溯其源”	1860 年英法联军火烧 书、阁皆毁，少量残书
身处内府，被火重建 P281	文渊阁	紫禁城	乾隆四十一年（1776）	沿用明书阁旧称	阁完好，文源阁本《四库 现藏于台北故宫博物
书阁分离，一再而三 P293	文溯阁	沈阳故宫	乾隆四十七年（1782）	“溯涧求本”	阁完好，文溯阁本《四库 现藏于甘肃省图书馆

我国古代最大的丛书，包含先秦至清初重要文献典籍。然因每一阁的抄写乃是分别完成，又经过了一系列的抽毁撤换，故各阁的《四库全书》收书数量略有差别。以文津阁为例，收录图书是5370种，36275册。

《文溯阁记》：“水各有源，同归于渊，渊为源尾，源为渊头，由渊觅源，其经为津，其行为溯。”

四库全书

乾隆三十七年（1772）	乾隆三十八年（1773）	乾隆四十八年（1783）	乾隆五十二年
朱筠上开馆校书的条陈	乾隆皇帝下令开“四库全书馆”	北四阁本《四库全书》抄写完成	七部《四库全

南三阁

只钤“乾隆御览之宝”“古稀天子之宝”，开本较小。

乾隆四十七年（1782），乾隆皇帝下令抄写《四库全书》贮于南三阁。

		所在地	现状
名虽缺水，环水而建 P305	文宗阁	镇江	咸丰三年（1853），太平军占领镇江，书、阁皆毁；2011 年在原址附近复建
四库七阁，唯此无痕 P317	文汇阁	扬州	咸丰三年（1853），太平军攻入扬州，书、阁皆毁
搜补残卷，再建书阁 P331	文澜阁	杭州	咸丰年间太平军占领杭州，文澜阁被毁，文澜阁本《四库全书》散失；光绪七年（1881）复建文澜阁，残书现藏于浙江省图书馆

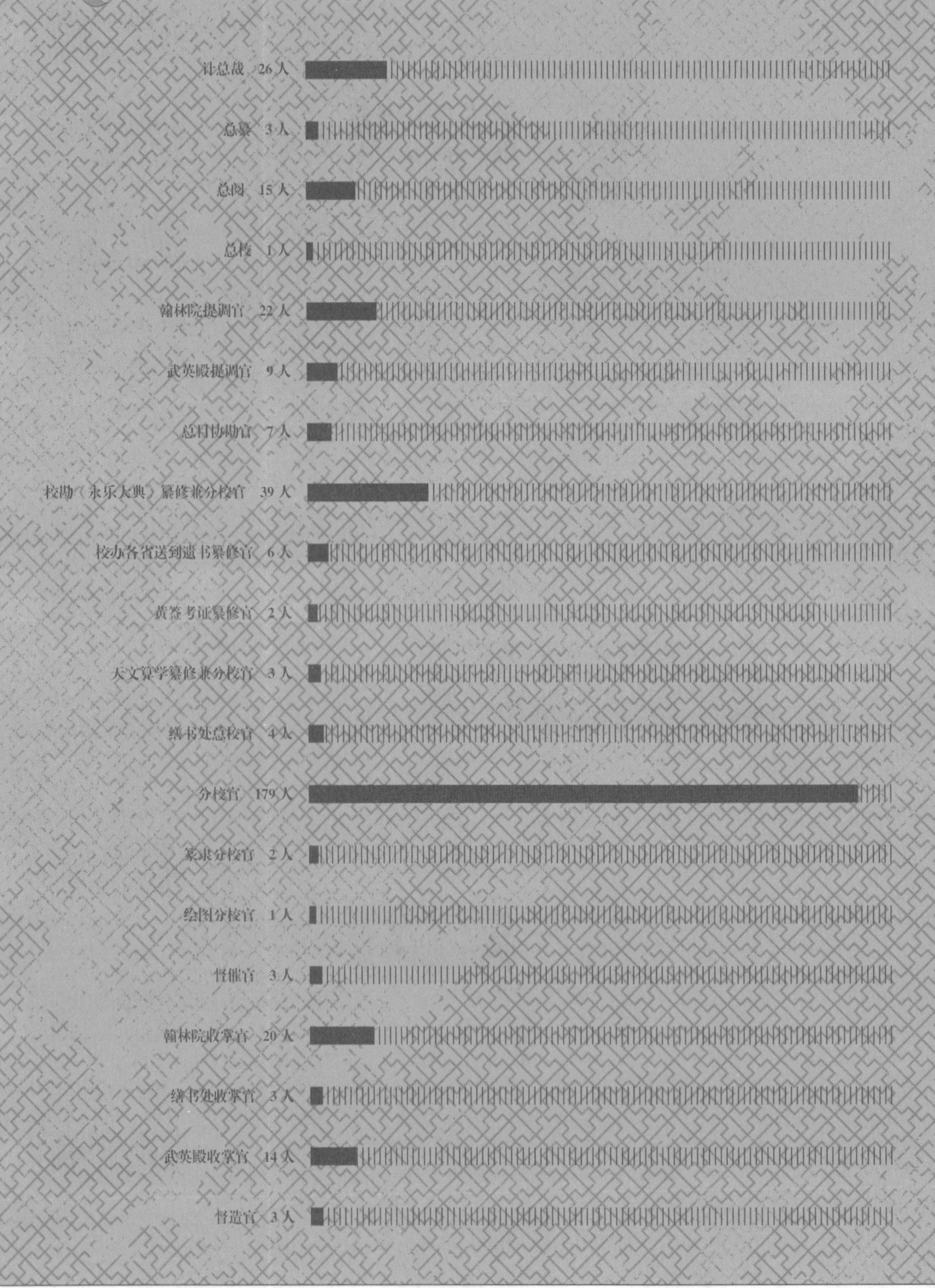

官员

总纂官

提调官

协勘总目官

纂修官

天文算法纂修官

收掌官

官员

总阅官

总校官

提调官

复校官

分校官

篆隶分校官

绘图分校官

编次黄签考证官

督促官

收掌官

掌官

造官

诸臣

对官

诸臣

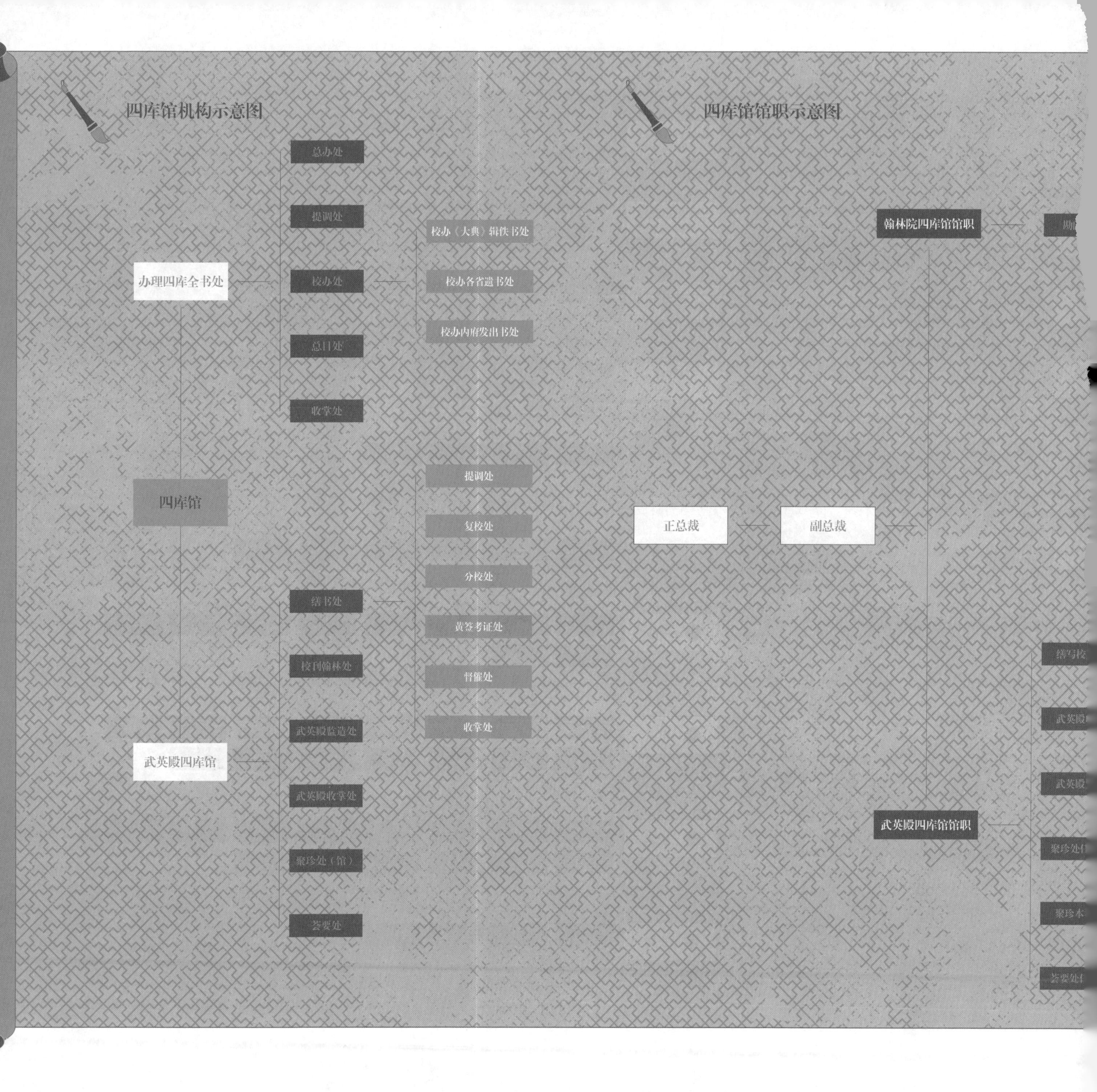

四库馆机构示意图
四库馆
办理四库全书处
总办处
提调处
校办处
总目处
收掌处
校办《大典》辑佚书处
校办各省遗书处
校办内府发出书处
武英殿四库馆
缮书处
校刊翰林处
武英殿监造处
武英殿收掌处
聚珍处（馆）
荟要处
提调处
复校处
分校处
黄签考证处
督催处
收掌处
四库馆馆职示意图
正总裁
副总裁
翰林院四库馆馆职
武英殿四库馆馆职

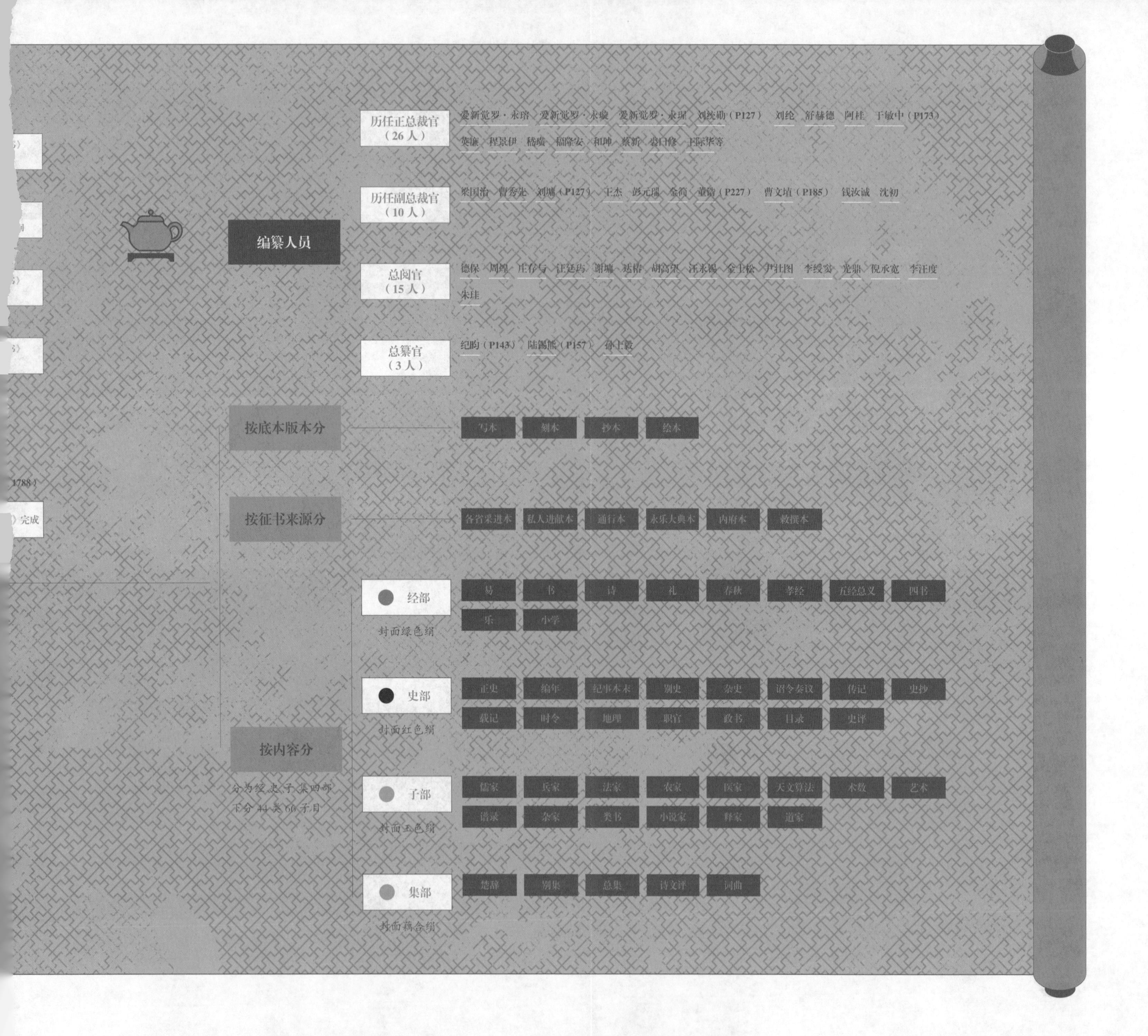

编纂人员
历任正总裁官（26人）
爱新觉罗·永瑢 爱新觉罗·永璇 爱新觉罗·永瑆 刘统勋（P127） 刘纶 舒赫德 阿桂 于敏中（P173）
英廉 程景伊 嵇璜 福隆安 和珅 蔡新 裘曰修 王际华等
历任副总裁官（10人）
梁国治 曹秀先 刘墉（P127） 王杰 彭元瑞 金简 董诰（P227） 曹文埴（P185） 钱汝诚 沈初
总阅官（15人）
德保 周煌 庄存与 汪廷玙 谢墉 达椿 胡高望 汪永锡 金士松 尹壮图 李绶 光鼐 倪承宽 李汪度
朱珪
总纂官（3人）
纪昀（P143） 陆锡熊（P157） 孙士毅
按底本版本分
写本 刻本 抄本 绘本
按征书来源分
各省采进本 私人进献本 通行本 永乐大典本 内府本 敕撰本
按内容分
分为经、史、子、集四部
下分44类66子目
经部
封面绿色绢
易 书 诗 礼 春秋 孝经 五经总义 四书
乐 小学
史部
封面红色绢
正史 编年 纪事本末 别史 杂史 诏令奏议 传记 史抄
载记 时令 地理 职官 政书 目录 史评
子部
封面玉色绢
儒家 兵家 法家 农家 医家 天文算法 术数 艺术
谱录 杂家 类书 小说家 释家 道家
集部
封面藕合绢
楚辞 别集 总集 诗文评 词曲